김현 문학전집 7
분석과 해석/
보이는 심연과 안 보이는 역사 전망

1992

〈편집자의 말〉

『분석과 해석/
보이는 심연과 안 보이는 역사 전망』에 대하여

 김현 전집 제7권은, 김현 생전에 출판된 마지막 평론집 『분석과 해석: 주(鶴)와 비(蜚)의 세계에서』(문학과지성사, 1988, 신국판, 328면)에서 프랑스 문학과 관계 글 3편을 모은 제4부를 본 전집의 편집 원칙에 따라 다른 자리로 옮기고, 『분석과 해석』에 제외되어 있거나 그 이후에 씌어진 한국 문학 관계 평론 8편을 '보이는 심연과 안 보이는 역사 전망'이란 별도의 제명 아래 모아 덧붙여 엮은 것이다. 이 제명은 그가 쓴 마지막 평론의 제목을 편집진에서 임의로 따온 것으로서, 그의 사후에 출판된 『말들의 풍경』의 제2부 제명으로 이미 사용된 바 있다.

 1984년에서 1988년에 이르는, 『책읽기의 괴로움』 이후의 평론들을 모아놓고 있는 『분석과 해석』은 앞의 책에서 이미 족적을 드러내고 있는 1980년 이후의 그의 고뇌를 더욱 확대·심화시켜, 문학과 세계에 대한 분석·해석의 인식론 및 방법론을 더욱 예리하게 진전시키고 있는 완숙한 경지의 평론집이다. 그 완숙성은 무엇보다도 그의 고뇌가 생경한 관념으로서가 아니라 육화된 진정성으로 표출되고 있다는 뜻일 터인데, 가령 이 평론집에서 두드러진 현상 중의 하나인 역사적 관심의 부활은 소박한 의미의 역사적 당위의 주장이나 입장 표명으로서가 아니라, 우리들이 삶 속에서 겪는 역사적 현실의 감추어진 구조를 문학적으로 드러내고 그것을 해체하는 섬세한 실천적 작업으로 나타난다. 그러므로 그가 자신의 초기 역사주의와 비교하며 "이번의 역사주의는 억압적 세계의 파괴라는 당위와 연결되어 있다"(「책머리에」)고 말할 때의 그 당위도 이념적 주장으로서가 아니라 "억압적 세계의 기본적 욕망에 대한 분석·해석"으로서, 문학적 구체성 위에 구축된다. 이른바 간-텍스트성에 입각한 작품 이해와 열린 체계로서의 쟝르 이해 문제가 제기되는 것도 바로 그러한 작업이 문학 자체의 역사적 성격에 대한 관심으로 연장되고 있기 때문이다.

물론 이러한 실제 작업을 가능케 하는 다른 한쪽의 버팀목이 그의 이론적 성찰임을 우리는 잘 알고 있다. 주로 프랑스 비평 연구로 나타나는 그 이론적 성찰 작업은 1980년 이후 실천적 비평 작업과 더욱 팽팽한 역동적·상보적 관계를 맺어갔었다. 이 『분석과 해석』과 직접적인 관련을 보여주는 것들로 우리는 『제네바 학파 연구: 제강의 꿈』(1986)과 『르네 지라르 혹은 폭력의 구조』(1987)를 들 수 있다. 전자의 부제를 이루는 '제강의 꿈'은 『산해경』에서 따온 것으로서, 같은 곳에서 따온 『분석과 해석』의 부제 '주와 비의 세계에서'와 대칭적 의미 관계를 이루고 있다. 그것은 꿈과 세계, 즉 문학과 현실, 이론과 실제가 서로 맴도는 둥근 하나의 관계임을 보여준다. 지라르 연구 또한 마찬가지다. 「증오와 폭력」 「폭력과 왜곡」 등의 평문은 그 상보적 작업이 그의 글쓰기 속에 얼마나 자연스럽게 녹아들어 있는지를 입증하는 대표적 예일 것이다.

그러한 그의 글쓰기와 관련하여 이 책이 흥미롭게 드러내고 있는 것 중의 하나가 그 자신이 자신의 비평을, 더 나아가 자기 세대 비평을 반성적으로 반추하고 있는 모습이다. 「책머리에」에서 "나는 거의 언제나 4·19 세대로서 사유하고 분석하고 해석한다"라고 적고 있는 그는, 그 자기 성찰을 객관화하기 위해 60년대 문학을 역사적으로 위치지우는 한편 '비평의 유형학'을 시도하고 있는데, 거기서 그는 자신을 '분석적 해체주의자'로 대타화시킨다. 분석적 해체주의란 "문학이 우리가 익히 아는 경험적 현실의 구조 뒤에 숨어 있는, 안 보이는 현실의 구조를 밝히는 자리이다라고 믿는 세계관을 뜻한다"(「비평의 유형학을 향하여」). 그리고 그 분석적 해체주의에 있어서의 분석은 '해체-구축'의 실천이다. 『분석과 해석』은 그러한 그의 모습을 성실히 감동적으로 보여준다.

이 책의 초판본은 4부로 구성되어 있다. 1부에는 시인론·시작품론들이, 2부에는 소설가론·소설작품론 들이, 3부에는 문학 일반론과 비평가론들이 모여 있으며, 4부는 3편의 프랑스 문학 관계 글들로 짜여져 있다. 우리가 전집 편집 방침에 따라 이곳에서 제외시킨 것은 4부로서, 그것들은 본 전집 제12권에 수록되었다. 3부까지의 짜임새나 내용에는 아무런 변형도 가해지지 않았다.

　'보이는 심연과 안 보이는 역사 전망'이란 제명 밑에 별도로 모아놓은 8편의 평론들은 대부분 『분석과 해석』 이후에 씌어진 것들로서, 모두 김현 사후에 간행된 『말들의 풍경』(1990)의 제2부에 수록되어 있다. 그것들을 우리는 여기서 시에 관련된 글들과 소설에 관련된 글들로 나누어 두 부분으로 정리해놓았다.
　대부분 죽음을 의식하면서 쓴 글들이기 때문이겠으나, 그것들은 죽음 앞에서 들여다보이는 삶의 깊은 심연을 향한 투명한 시선과 애정을 갖추고 있으며 안 보이는 죽음 너머에 대한 막막함과 가슴 아픔을 글 밑에 깔고 있다. 그러나 죽음 앞에서 그가 허무주의나 패배주의로 빠져들지 않을 수 있었던 것은 그가 끝내 '탐색자'로서 죽음을 맞이하려 했기 때문이다: "탐색자들의 죽음은 죽음이면서 삶이다. 그 탐색 자체가 하나의 의미이기 때문이다"(「낭만적 예술의 한 극점」). 그러한 태도가 죽음 앞에서의 삶을 더욱 치열한 것으로 만들었을까, 이 마지막 글들이 보여주는 것은 자신의 근원적 뿌리를 향하여 그 자신이 자신을 열고 들어가는 듯한 도저한 움직임이다. 그 움직임은 특히 두 방향으로 나타나는데, 하나는 80년대의 자기 작업의 근거가 되는 역사적 상처——광주——의 뿌리로 다가가는 것이고, 다른 하나는 문학의 욕망 혹은 문학이라는 욕망의 뿌리로 다가가는 것이다. 그것은 공간적으로나 시간적으로나 저 자신의 시원의 탐색이라 할 수 있다. 전라도는 그의 고향이며 문학은 그의 유년 시절에 각인되어 있다(『한국 문학의 위상』을 보라). 죽음은 그 시원의 자리로부터 존재한다. 태어남은 죽음의 시작이며, 죽음은 거듭 태어남인 것이다. 그 사이에서 "삶은 아픔이며 늙음이다. 그러나 놀라워라, 그 아픔과 늙음 사이로, 구원의 뜨거운 빛이 스며든다"(「병든 세계와 같이-아프기」). 아픈 삶을 같이 나누는 사랑이 존재하는 까닭이다. 그리하여 그는 죽음을 예감하면서도 마지막 순간까지 담담하면서도 따뜻한 글들을 계속 쓸 수 있었는지 모른다. 문학이야말로 그의 사랑법이었으므로. 그 사랑에 밑받쳐져 있기에 그의 마지막 진술은 처절하면서도 아름답다.

　어느 꽃이 더 아름다울까? 나는 알 수 없다. 나는 바라보고, 웃는 대신 운다. 오십의 나이에 울음은 가슴 아프다. (「보이는 심연과 안 보이는 역사 전망」)

차 례

『분석과 해석/보이는 심연과 안 보이는 역사 전망』에 대하여/iii

분석과 해석: 주(鵃)와 비(蜚)의 세계에서

책머리에/13

I

술취한 거지의 시학: 정현종 ——————————— 17
숲속의 환상적 아름다움: 박이도 ————————— 34
치욕의 시적 변용: 이성복 ———————————— 46
속꽃 핀 열매의 꿈: 김지하 ———————————— 57
유랑민의 꿈: 마종기 —————————————— 68
울음과 통곡: 신경림 —————————————— 77
떨어지는 새의 아픔: 감태준 ——————————— 92
무거움과 가벼움: 오규원 ———————————— 105
상처와 치유: 천양희 —————————————— 115

II

계단만으로 된 집: 황순원 ———————————— 129
달관의 역사적 의미: 김원일 ——————————— 140
떠남과 되돌아옴: 이청준 ———————————— 148
덧붙이기와 바꾸기: 조해일 ——————————— 157
객관적 현실주의로의 길: 김원일 ————————— 165

닫힌 소설 미학을 뛰어넘어: 박태순 ──────────── 172
증오와 폭력: 안정효·전상국 ──────────── 181
폭력과 왜곡 ─────────────────── 196

III

소설은 왜 읽는가 ───────────────── 215
비평의 유형학을 향하여 ─────────────── 223
60년대 문학의 배경과 성과 ─────────── 239
감동하는 의식의 관용적 역사주의: 김병익 ────── 248
이광수적 사유의 의미: 김윤식 ──────────── 257

보이는 심연과 안 보이는 역사 전망

I

고난의 시학 ───────────────────── 267
어두움과 싱싱함의 세계: 이승훈 ─────────── 273
방법적 원리로서의 수다: 김정웅 ─────────── 278
죽음과 태어남: 이성부 ──────────────── 284
보이는 심연과 안 보이는 역사 전망: 최하림·임동확 ─── 294

II

이야기의 뿌리, 뿌리의 이야기: 김원일 ──────── 311
낭만적 예술의 한 극점: 유익서 ─────────── 329
병든 세계와 같이-아프기: 박상륭 ─────────── 337

원문 출처/344

분석과 해석:
주(鴸)와 비(蜚)의 세계에서

……왜냐하면 문학이란 평범한 관계를 기본적인 관계로 만들고 그것을 수치스런 관계로 만드는 말 바로 그것이기 때문이다.
——롤랑 바르트

……이곳의 어떤 새는 생김새가 올빼미 같은데 사람과 같은 손을 갖고 있고 그 소리는 암메추리의 울음과도 같다. 이름을 鴸라고 하는데 제 이름을 스스로 불러대어 이것이 나타나면 고을에 귀양가는 선비가 많아진다.
——『山海經』

……이곳의 어떤 짐승은 생김새가 소 같은데 머리가 희고 외눈에 뱀의 꼬리가 있다. 이름을 蜚라고 하며 물을 지나가면 물이 마르고 풀을 지나가면 풀이 죽는다. 이것이 나타나면 천하에 큰 돌림병이 생긴다.
——『山海經』

책머리에

『책읽기의 괴로움』을 펴낸 지 4년 만에 새 평론집을 꾸민다. 베끼기라고 내가 부른, 텍스트들의 얽힘에 대한 관심이 이전보다 더욱 강화되고, 쟝르에 대한 주의력이 깊어진 것이 이 책의 특색이라고 할 수 있다. 나는 모든 작품은 그 이전에 나온 작품에 대한 긍정적/부정적 성찰의 결과다라는 명제와, 쟝르는 좁은 도식 속에서가 아니라 열린 체계 속에서 이해되어야 한다라는 명제를 이해시키려고 애를 썼으나, 그 성과가 어떤지는 알 수 없다. 이 비평집에서는 또한 초기의 비평에 나타났던 역사적 관점이 되살아난 듯한 느낌이 들 정도로 그것에 대한 관심이 비교적 깊게 나타나 있는데, 그것은 초기에 내가 그때까지의 문학을 역사적으로 이해할 필요성에 부딪혔던 것과 마찬가지로, 80년대의 문학적 분출을 이해할 필요성에 부딪혔기 때문에 생겨난 현상이다. 초기의 역사주의가 새로운 세계의 만듦이라는 당위와 연결되어 있다면, 이번의 역사주의는 억압적 세계의 파괴라는 당위와 연결되어 있다. 억압적 세계의 기본적 욕망에 대한 분석·해석은 그래서 생겨난 현상이다.

이 책의 교정을 보면서, 나는 두 가지의 기이한 체험을 하였다. 내 육체적 나이는 늙었지만, 내 정신의 나이는 언제나 1960년의 18세에 멈춰 있었다. 나는 거의 언제나 사일구 세대로서 사유하고 분석하고 해석한다. 내 나이는 1960년 이후 한 살도 더 먹지 않았다. 그것은 쓸쓸한 인식이지만 즐거운 인식이기도 하다. 쓸쓸한 것은 내가 유신 세대나, 광주 사태 세대의 사유 양태를 어떤 때는 이해하지 못한다는 데서 생겨나는 것이고, 즐거운 것은 나와 같이 늙지 않은 사람들이 많다는 것을 확인한 데서 생겨나는 것이다. 그것과 밀접하게 연계되어 있겠지만, 나는 내 자신이 조금씩 변화하고 있다고 믿고 있었지만, 그 변화의 씨앗 역시 옛 글들에 다 간직되어 있었다. 나는 변화하고 있지만 변화하지 않고 있었다. 리듬에 대한 집착, 이미지에 대한 편향, 타인의 사유의 뿌리를 만지고 싶다는 욕망, 거친 문장에 대한 혐오…… 등은 거의 변화하지 않은 내 모습이다. 변화는 그 기저 위에서의 변화이다.

……또다시, 좋은 세상이 오고 있다고 풍문은 전하고 있다. 과연 좋은 세상이 올 것인가? 그것은 헛된 바람이 아닐까? 나는 주저하며 세계를 분석하고 해석한다. 그것이 나에게 맡겨진 일이니까. 아니 차라리 그것만이 내가 할 수 있는 일이니까. 그러나 눈은 침침하고, 손은 더디다.

1988년 봄
푸르른 관악산을 바라보며
저자

I

술취한 거지의 시학
── 정현종의 문학사적 자리

　정현종의 시사적 자리는, 오십년대를 휩쓴 서정주의 토속적 여성주의를, 유치환·박두진·김수영의 한문투의 남성주의와 서구적 구문법에 의지한 개인주의에 의해 극복한 곳에 있다. 서정주의 토속적 여성주의는, 시사적으로는 한용운·김영랑의 뒤를 잇는 여성주의이며, 일본 제국주의가 남긴 국한문 혼용체를 벗어나려는 토속주의이다. 그것이 오십년대를 휩쓸 수 있었던 것은, 한국어를 되살려야 한다는 문화적 당위에 오십년대가 내내 휩싸여 있었으며, 전쟁 때문에 오십년대가 절망·체념·달관 등의 여성적 서정에 쉽게 감염될 수 있었다는 정황에 그 원인을 두고 있다. 서정주의 토속적 서정주의는 그 문화적 요구에 가장 걸맞는 것으로 받아들여진 것이다. 서정주의 시적 움직임에 가장 격렬하게 반발한 것은 김경린·박인환·김수영 등의 도시적 현대주의였지만, 서정주의 도도한 물결을 막기에는 여러 면에서 힘이 부쳤다. 그러나 그들은 싸웠고 그 싸움에서 김수영이 살아 남았다. 김수영은 서정주와 혼자 싸운 것이 아니라, 유치환·박두진 등과 같이 싸웠다. 그들은 서정주의 토속어에 대항하여, 비시적인 어휘들이라고 혹독하게 비판받은 한자어들을 사용하였고, 체념·달관의 여성적 제스처에 대항하여, 야유·풍자·저항 등의 남성적 제스처를 보여주었다. 그들이 사용한 한자어들은 박래품, 문화적 매판으로 매도되었으며, 그들의 남성적 제스처는 비문학적 제스처로 비판되었다. 그럼에도 불구하고 그들의 움직임은 서정주의 물길을 좁히는 데 성공한다. 그들은 서정주의 물길을 좁히고, 지사적 고고함, 예언자적 분노, 비판적인 지식인의 물꼬를 새로이 튼다. 토속적 서정주의를 받아들이지 않은 점에서, 정현종은 유치환·박두진·김수영 등의 시적 전통에 그 맥이 닿아 있다. 그는 유치환·박두진·김수영 등의 현대주의·남성주의를 받아들이되, 유치환의 유교적 지사주의, 박두진의 기독교적 메시아주의, 김수영의 첨단적 비판주의를 받아들이지 않는다. 정현종도 서정주와 싸운다. 그런 의미에서 그는 이성부·오규원과 가깝지 박재삼·고은·신경림 등과 가깝지 않다. 그는 유치환·박두진·김수영 등과 함께 여성적 체념·달관을 거부하지만, 그들의 세계관을 그대로 수락하지는 않는다. 그는 이 세계가 고통스럽고 절망적인 세계이며, 이 세계에서의 삶은 죽음으로 끝이 난다는 것을 믿는다는 점에서는 비관적 현실주의자이지만, 이 세계내에서 이 세계의 무의미성과 싸울 수 있다고 믿는다는 점에서는 낙관적 현실주의자이다. 그의 현실주의는 개인의 자유 위에 기초해 있다는 점에서 개인주의적이며, 자기의 세계관을 억압적으로 내세우지 않는다는 점에서 자유주의적이다. 그가 유치환·박두진·김수영 등과 갈라지는 곳은 그곳이다. 그곳에서 정현종은 칠십년대에 가장 아름답게 흐른 물길 중의 하나를 판다.

통사론적으로 보자면 그의 시의 큰 특색은 서구식 어법이며, 어사론적으로 보자면 한자어이다. 한문 번역투의 글에서 가장 혼란이 많은 것은 조사이며, 한문 대가들의 번역을 잘 읽어낼 수 없는 것은 그 조사의 오용 때문인 경우가 많다. 한문 번역 문장처럼 한자를 많이 사용하면서, 조사의 정확을 기하면, 이상하게도 그 문장은 서구어에 가까워진다.

  不足으로 끼룩대는 속의 空腹을
  大海魚類 등의 접시로도 메꾸고 (『거지와 광인』, 나남, 1986, p. 24)

의 시행에서, 부족으로 끼룩대는 속, 대해어류 등의 접시 등은 그 좋은 예이다. 한자를 많이 쓴다고 해서, 그 문장이 반드시 서구어에 가까워지는 것은 아니다. 그 한자가 동양 고전의 무게를 갖고 있으면, 김관식의 시에서처럼 한문에 가까워지지만, 그것에 동양 고전의 무게가 없으면, 한문과 오히려 멀어진다.

  山中宰相은
  臨終할 때도 그린 듯한 눈썹에 또렷한 눈매
  運身이 自由로워

잠자듯 꿈꾸듯 고운 顔色 그대로
香내음새 날을 두고 피어나리라

라는 김관식의 「산중재상(山中宰相)」에 나오는 자유와 향은,

靈魂의 집일 뿐만 아니라 香油에
젖은 살은 半身임을 벗으며 鴛鴦衾을 덮느니,

낳아, 그래, 낳아라 거듭
自由를 지키는 天使들의 오직 生動인 불칼을 쥐고
바람의 核心에서 놀고 있거라 (p. 25)

라는 정현종의 「독무(獨舞)」의 자유와 향과 완전히 다르다. 이 예는 같은 어휘라도 그것이 서로 다른 문맥 속에 위치할 때는 다른 의미를 얻게 된다는 의미론의 한 원칙을 보여주는 예로 기록될 수 있겠지만, 정현종의 한자어들은,

세월을 佩物처럼 옷깃에 달기 위해 (p. 24)

라는 그의 시의 한 이미지를 빌면, 패물처럼 그의 시 속에서 반짝이며, 가장 동양적이며 가장 서양적인 양가적 가치를 발휘한다. 그 양가적 가치를 발휘하는 데 큰 역할을 맡고 있는 것이,

(생각하겠지 하늘은)
亡者들의 눈초리를 가리기 위해
밤 映窓의 해진 구멍으로 가져가는
확신과 熱愛의 손의 運行을 (p. 23)

의 시행에서 볼 수 있는 의의 사용이다. 조사 의는 동작을 명사화시키면서 그 동작의 윤곽을 확실히한다. "손은 확고하고 열렬히 움직인다"와 "확신과 열애의 손의 운행"은 동작의 관념화라는 차원에서 상당한 차이를 드러낸다. '움직인다'는 관념화되기 전의 움직임이며 '운행'은 관념화된, 혹은 관념화하고 있는 움직임이다.

통사론적으로 보자면, 그의 시의 큰 특색 중의 하나는 서구식 어법인데, 그것은 인칭대명사·소유형용사·관계대명사적 용법, 서구식 문장 배치 등의 빈번한 이용의 결과이다. 가령

　　때때로 내가 밤에 깨물며
　　의지하는 붉은 사과 (p. 29)

의 내가나,

　　그대의 숨긴 極致의 웃음 속에
　　지금 다시 좋은 일이 더 있을 리야
　　그대의 疾走에 대해 궁금하고 궁금한 그 외에는
　　그대가 끊임없이 마루짱에서 새들을 꺼내듯이
　　살이 뿜고 있는 빛의 갑옷의
　　그대의 서늘한 勝戰 속으로
　　亡命하고 싶은 그 외에는 (pp. 26～27)

의 그대의 등은, 정현종이 얼마나 인칭대명사·소유형용사에 민감한가를 잘 보여준다. 보통의 한국 사람이라면 "때로 심심풀이로 먹는 붉은 사과"나 "그대가 숨긴 극치의 웃음" "질주에 대해 궁금하고 궁금한 그 외" 등으로 표현하였을 것들이, 정현종의 의식 속에서는 서구식 문장으로 재배치되어 나타난다.

　　金인 時間의 비밀 (p. 31)

이나,

　　그 잎 위에 흘러내리는 햇빛과 입맞추며
　　나무는 그의 힘을 꿈꾸고 (p. 81)

따위의 관계대명사적 용법이나,

　　한 처녀가 자기의 눈 속에서

나를 내다본다

나는 남자와
풍경 사이에서 깜박거린다

남자일 때 나는
말발굽 소리를 내고

풍경일 때 나는
다만 한 그루 나무와 같다

달도 돌리고 해도 돌리시는 사랑이
우리 눈동자도 돌리시느니

한 남자가 자기의 눈 속에서
처녀를 내려다본다 (p. 196)

와 같은 시에서 볼 수 있는, 주어—자동사, 주어—목적어—타동사의 단순한 구조를 그대로 따르는 어법 등으로 그의 시는 더욱 서구적으로 드러난다. 문화적 순수주의자들이나 전통 복귀론자들의 눈에는 견딜 수 없는 폭력으로 느껴질지 모르지만, 그것은 서구적 문법 체계에 의해 한국어를 배우고——우리에게는 전통적인 어법으로 비치는 개화 초기의 어법에 대해 황현은 그것이 일본 문법에 의거한 것이라고 준엄하게 질타한 바 있다!——중학교 때부터 내내 영어(불어 혹은 독일어)와 부딪쳐 온 세대의, 그것도 비교적 공부 잘한 세대의, 당연하다고는 할 수 없으나, 자연스러울 수 있는 문장 감각이다. 다시 말해 그것은 어쩔 수 없이 그것 역시 한국적이라고 인정해야 할 문형이다.

정현종의 세계는 혼란스럽고 괴로운 세계이다. 초기에 그 세계는 형이상학적으로 인식되지만, 후기에 그것은 현실적·구체적으로 인식된다. 초기에 정현종이 세계를 고통스럽고 혼란스러운 것으로 인식한 것은, 의식의 맨 끝은 죽음이며, 삶이란 그 죽음으로 가는 혼란스러운 길이라는 실존주의적 세계관 때문이다. 삶의 마지막에 남아 있는 것이 죽음뿐이라면, 삶이란 무엇일까? 그것은 살 만한 가치가 있는 것일까? 그런 고뇌를 지니고 살아야 하는 유한한 인간 곁에, 죽음을 모르는 철면피한 물질이 자리잡고 있다.

    意識의 맨 끝은 항상
    죽음이었네.
    구름나라와 銀河水 사이의
    우리의 어린이들을
    꿈의 病身들을 잃어버리며
    캄캄함의 混亂 또는
    괴로움 사이로 人生은 새버리고 (p. 28)

라고 삶의 허점을 노래한 시인은

    내 귀에 밝게 와서 닿는
    눈에 들어와서 어지럽게 흐르는
    저 물질의 꼬불꼬불한 끝없는 迷路들 (p. 70)

을 저주스럽게 노래한다. 인간은 유한하고 물질은 끝없다. 그 실존적 고뇌가 초기의 정현종을 괴롭힌다.

  후기의 정현종을 예비하는 것은, 그 형이상학적 고뇌가, 이 땅에서 삶은 특히 고통스럽다는 현실적 인식으로 구체성을 획득할 때이다.

    고통의 별 아래 태어난 우리들,
    한국을 사랑하는 것은
    그 별빛을 사랑하는 것입니다 (p. 136)

한국은 말이 머리 둘 곳 없는 곳(p. 86)이며, 그곳의 역사는 악몽과 뜬구름의 역사(p. 105)이다. 우리는 고통의 별 아래 태어나, 고통스럽게 살아가야 할 사람들이다. 그것이 형이상학적인 것이든, 역사적·현실적인 것이든, 정현종의 고뇌는, 세계는 무의미하고 고통스럽다라는 인식에서 연유한다.

  정현종 시의 또 다른 특색은 그 고뇌의 시원의 자리가 보이지 않는다는 점이다. 대부분의 시인들은 자기 고뇌의 시원의 자리를 즐겨 내보여, 자기 고뇌의 진실됨을 입증하려 한다. 정현종에게선, 그 시원의 자리가 쉽게 보이지 않는다. 그는 그의 유년 시절을 완강하게 숨기고, 그가 세계를 처음에 어떻게 인식했는가, 세계가 처음에 그에게 무엇을 주었는가를 밝히지 않는다. 그의 고뇌는 추억이나 회상의 형태를 취하지 않는다. 한 독일 시학자의 말 그대로 서정성이 추억·회억의 다른 말이라면, 그의 시는 비서정적이다. 그러나 한 프랑스 문학사회학자의 말 그대로 서정성이 비화해적 세계 이해라면, 그의 시는 서정적이다. 그것은 무서운 서정이다. 혹은 전통적 서정이 결핍된 서정이다.

무의미한 세계 속에서 사람은 어떻게 살 수 있을까? 정현종은 「사물(事物)의 정다움」에서, "캄캄함의 혼란 또는/괴로움 사이로 인생은 새 버리고"(p. 28)라고 쓴 뒤에,

> 헛되고 헛됨의 그 다음에서
> 우리는 花環과 알코홀을
> 가을 바람을 나누며 헤어졌네 (p. 28)

라고 노래함으로써, 전도서의 어투 그대로 헛되고 헛된 삶에, 화환, 알코홀, 가을 바람이라는 출구가 있음을 암시한다. 화환, 알코홀, 가을 바람은, 그 울림에 있어, 축제를 환기시킨다. 헛되고 헛된 삶에도 축제가 있을 수 있다. 그것은 고통의 축제이지만, 그 축제에서도 도취는 있다. 도취의 가장 명백한 물질적 상관물은 술이다.

정현종의 술은 이중적 의미를 갖고 있다. 먼저 그의 술은 다른 사람의 술처럼 삶의 허망함을 잊게 하는 술이다.

> 어디로 갈까를
> 끊임없이 생각하며
> 길과 醉氣를 뒤섞고 (p. 29)

의 취기는 삶의 헛됨을 잊기 위해 마신 술에서 올라온 취기이며,

>   술을 마시며
>   滿足의 바닥 없는 늪 속을
>   낯선 데로 求乞하며 가고 있었네 (p. 34)

의 술 또한 만족할 수 없는 삶의 늪을 채워줄 술이다. 그의 술은 또한 보들레르의 대마초나 앙리 미쇼의 메스칼린처럼 삶의 비의에 다다르게 하는 술이다.

>   時間의 뿌리를 뽑으려다
>   제가 뿌리뽑히는 아름슬픈 우리들
>   술은 우리 정신의
>   화려한 형용사 (p. 107)

우리는 무한해지기 위해 시간의 뿌리를 뽑으려 하지만, 결국 뿌리뽑히는 것은 우리들이다. 우리들은 아름슬픈!──아름(답도록) 슬픈, 혹은 (한)아름 (가득히) 슬픈──우리들이며, 술은 그 우리 정신의 화려한 형용사이다. 그 술은 술이면서 동시에 자신의 유한함을 잊고 물질의 무한에 가까워지는, 물질의 무한을 보는 도취이다. 그 도취는 거지와 광인의 도취이다. 그것은 끝없는 구걸의 도취이며 미친 짓의 도취이며, 그 도취야말로 우주의 숨통 그 자체이다(p. 181).

>   나는 너희가〔거지와 광인: 인용자〕體現하고 있는 저 오묘한
>   뜻을 알지만 나는 짐짓 너희를 외면한다
>   왜냐하면 나는
>   안팎이 같은 너희보다
>   (너희의 이름은 안팎이 같다는 뜻이거니와)
>   안팎이 다른 나를 더 사랑하니까.
>   너와 나는 그 동안
>   隱喩 속에서 한몸이었으나
>   실은 나는 秘意인 너희를 해독하는
>   기쁨에 취해
>   그런 주정뱅이의 자로 세상을 재어온지라
>   나는 아마 醉中得道했는지
>   인제는 전혀 구별이 안 가느니──

누가 거지고
누가 광인인지 (p. 180)

「거지와 광인」이라는 시에서, 시인은 자신이 주정뱅이의 자로 세상을 재왔다고 고백한다. 주정뱅이의 자란, 안과 밖을 구별하지 않는 자이다. 안과 밖을 구별한다 함은, 유한과 무한, 삶과 죽음, 의미와 무의미…… 등의 대립을 구별하지 않는다는 뜻이다. 그 주정뱅이를 대표하는 것이 거지와 광인이다. 거지와 광인과 주정뱅이는

오호라 大醉의 불타는 꽃 속에
걸리는 데 없이 흥청 (p. 208)

거린다. 그 흥청거림이 헛되고 헛된 삶의 출구이다. 헛되다는 것은 대립을 인정했을 때 느껴지는 감정이다. 무한에 비하여 유한은 헛되고, 죽음에 비하여 삶은 헛되고, 무의미에 비하여 의미는 헛되다. 그 대립을 없애버릴 때, 우리는 대취한 불타는 불꽃 속에 있게 된다. 이 흥청거림 속에서, 춤·노래·놀이, 다시 말해 시가 태어난다. 춤·노래·놀이·시는 다 같이 흥청거리는 자족체이다. 그것은 헛되고 헛된 삶을 초월하는 어떤 것이다. "춤의 풍미에 몰입하는/영혼은 밝은 한 색채이며 대공(大空)"(p. 24)이며, 그래서 내 할 일은 오직 하나,

내 가슴에 뛰어드는 저 푸른 풀잎을 껴안는 바람처럼
고요히 고요히 춤추는 일 (p. 120)

이다. 시인은 푸른 풀잎을 껴안는 바람처럼 춤춘다. 이미지만을 따라가자면, 바람은 "지평선의 향기에 취해"(p. 162) 벌판의 풀잎을 흔든다. 지평선은 "항상 공복(空腹)의 술잔"(p. 161)이다. 나는 지평선의 술향기에 취해 풀잎을 껴안는 바람처럼, 대취의 불타는 흥청거림 속에서 고요히 춤춘다. 노래 없이 춤출 수 있을까? 과연 시인은

노래하리라
半島의 눈부신 明堂에서

세상에 가장 무거운 운명이
　　　가장 깊이 낳으는 모습을 (p. 127)

이라고 노래하고 있는데, 그 노래는 "술잔을 들며 부르는 노래"(p. 127)이며, 반도의 눈부신 명당에서 세상에 가장 무거운 운명이 가장 깊게 낳으는 모습이라는 이미지는, 서정주의, 시인에게 있어 "최상의 역경은 최상의 상명당(上明堂)이라는 의식"(『미당수상록』, p. 240)이 필요하다는 주장의 반향이다. 시인은 최상의 역경에서 가장 깊게 낳으는 운명의 모습을 술마시며 노래하려 한다. 그 노래는

　　　마음을 발가벗는
　　　노래 (p. 198)

다시 말해 대립이 없는 노래이다. 그 춤과 노래가 어울리면 "논다는 걱정도 없이"(p. 211) 노는 놀이가 된다. 그 놀이에 대립이 있을 리 없다.

　　　둥근 기쁨 하나
　　　　　마음의 광채
　　　둥근 슬픔 하나
　　　　　마음의 광채
　　　굴리고 던지고 튕기며 노는
　　　내 커다란 놀이 (p. 186)

　시인의 마음속에서는 슬픔도 기쁨도 다 마음의 광채이다. 시인은 굴렁쇠를 굴리듯 그것을 굴리고, 투포환을 던지듯 그것을 던지며, 쇠구슬을 튕기듯 그것을 튕기며 논다. 마음의 광채는 둥근 공이며, 투포환이며 쇠구슬이다. 그것은 원이다. 그것은 안과 밖이 없는 어떤 것이다. 시인의 놀이는 둥근 원의 놀이이다. 그 놀이는 「떨어져도 튀는 공처럼」에 아름답게 묘파되어 있다.

　　　그래 살아봐야지
　　　너도 나도 공이 되어
　　　떨어져도 튀는 공이 되어

살아봐야지
　　쓰러지는 법이 없는 둥근
　　공처럼, 탄력의 나라의
　　왕자처럼

　　가볍게 떠올라야지
　　곧 움직일 준비가 되어 있는 꼴
　　둥근 공이 되어

　　옳지 최선의 꼴
　　지금의 네 모습처럼
　　떨어져도 튀어오르는 공
　　쓰러지는 법이 없는 공이 되어 (p. 119)

　둥근 공, 원은 쓰러지는 법이 없으며 항상 가볍게 떠올라 곧 움직일, 곧 놀 준비가 되어 있는 최선의 꼴이다. 원은 놀이의 표상이다. 그 원의 놀이를 시인은 꿈꾼다. 아니 차라리 그것이 시다.

　　시 안 써지면
　　그냥 논다
　　논다는 걱정도 없이
　　논다
　　놀이를 완성해야지 (p. 211)

　완성된 원의 놀이가 바로 정현종의 시다. 그 원은 떨어져도 튀어오르는 공(p. 119)이며 아래로 아래로 날아오르는 시인(p. 107)이다.
　공은 가볍게 튀어오른다. 그것은 탄력 그 자체이다. 탄력은 놀이를 놀이답게 하는 활력이다. 가장 탄력 있는 이미지는 그럼 무엇일까? 내 속에서 공처럼 탄력 있는 이미지는, 공 같은 젖·궁둥이를 불러낸다. 공처럼 탄력 있는 이미지는 육체의 이미지이다. 과연, 정현종의 시에는 탄력 있는 육체가 범람한다. 눈썹은 대개 불타고 있으며(p. 26), 신경 역시 그러하다(p. 28, p. 61). "나의 성기의 불타는 혀의 눈이 확인한 성기의 불타는 혀"(p. 83)를 보면 혀 역시 불타고 있다. 젖은 안개나 가등(p. 49),

술취한 거지의 시학: 정현종　27

성기(p. 83)는 혀를 갖고 있으며, 모든 사물(p. 71), 무덤·별들(p. 78), 거울(p. 80), 하늘(p. 173)은 입술, 흔히는 붉은 입술을 갖고 있다. 그 입과 혀에 대응하는 것이, 기나긴 상처(p. 57), 바람(p. 73), 불 꺼진 창(p. 110), 수평선(p. 165), 하늘·땅(p. 190)의 눈·눈동자이다. 입과 혀는 빨고 핥으며, 눈동자는 보고 굴린다. 그외에도, 밤의 살(p. 50), 삶의 마른 뼈(p. 51), 별의 반짝이는 살(p. 66), 소리 자신의 목소리(p. 72), 새벽의 푸른 육체(p. 116), 하늘의 입술, 땅의 젖꼭지(p. 173), 세상의 옆구리(p. 178), 세상의 어깨(p. 182) 등의 표현이 그의 시에 산재해 있다. 그것은 시인이 사물에서 육체를 느끼고 있음을 입증한다. 사물은 사람처럼 육체를 갖고 있다. 그 사물들과 왜 시인이 같이 놀 수 없겠는가? 시인은 별의 반짝이는 살 속으로 걸어들어가기도 하고(p. 66), 모든 사물의 붉은 입술의 부름에(p. 71) 귀기울인다. 사물의 육체를 만진다는 점에서 그는 바람 남편(p. 85)이다. 그의 살만짐은 탄력 있는 놀이이다. 그것은 에로스로 가득찬 놀이이다. 열에 든 육체를 서로 만지는 것 이상의 에로스로 충만한 행위가 어디 있겠는가! 정현종의 놀이가 흔히 에로스와 결부된 것은 그것 때문이다.

육체의 이미지가 아닌 이미지와 놀 때 시인은 어떻게 하는가? 시인은 "거듭 동냥 떠나는 새벽 거지"(p. 23)답게, 각설이타령처럼 말이나 문장을 변형시켜, 원말-문장과 바뀐 말-문장의 충돌을 즐긴다. 그것은 어떤 원말을 양식화하거나 패러디화하는 데서 생겨나는 문학적 현상이다. 가령

 의식의 맨 끝은 항상
 죽음이었네 (p. 28)

따위는 실존주의자들의 주장의 양식화이다. 그런 유형의 양식화보다는, 패러디로서의 변형이 훨씬 탄력 있으며, 그런 의미에서 훨씬 재미있다. 예를 들어,

 비에 술 탄 듯 술에
 비 탄 듯 비가 내린다 (p. 71)

라는 시구는, "물에 술 탄 듯, 술에 물 탄 듯"이라는 전래의 표현과, "마을에 비 내리듯 내 마음에 눈물 내리네"라는 베를렌의 시 한 구절의 패러디이며 그래서 환기되는 것은 술 먹으며 비 내리는 것을 보는 시인의 감정의 울림이다.

　　　눈물의 씨앗인 사랑 (p. 75)

이라는 시구는, "사랑이 뭐냐고 물으신다면 눈물의 씨앗이라고 말하겠어요"라는 유행가(1969)의 한 구절의 패러디이며, 그래서 환기시켜주는 것은 통속적인 사랑의 풍경이다. 또한,

　　　아라랑 아리랑의 靑天하늘
　　　오늘도 흐느껴 푸르르고
　　　별도나 많은 별에 愁心 내려
　　　기죽은 영혼들 거지처럼 떠돈다 (p. 108)

같이 옛 민요를 패러디화한 경우나,

　　　사랑은 항상 生 뒤에 온다 (p. 84)

라는, "즐거움은 고통 뒤에 온다" "사랑은 삶이 느린 것처럼, 희망이 격렬한 것처럼 간다" 등의 아폴리네르의 「미라보 다리」를 패러디화한 경우는, 더욱 섬세한 분석을 필요로 한다. 정현종의 시에는 이런 예들이 아주 많다. 그 패러디의 목록을 꾸미는 일은 그러나 그리 쉽지 않다. 왜냐하면 그것은 그가 읽고 듣고 본 모든 것을 뒤따라가야 이루어질 수 있는 작업이기 때문이다. 그가 좋아한 시인·소설가·예술가·대중음악가는 누구일까? 그는 어떤 술집에서, 어떤 가수의 노래를 들으며 어떤 술을 마시는가?

　시인이 말을 충돌시키며 노는 이유는, "각각 그들 자신의 거울을 갖고 있는"(p. 30) 사물들과 사람들에 감격했기 때문이다. 감격은 말을 부풀리는 가장 원초적인 감정이다. 술을 마실 때 그 감격은 더욱 부풀어

오른다. 시인은 그때 너무 좋아서 사물들을, 사람들을 말로 번역한다.
술 마시면 말이 많아지지 않는가! 술은 혀를 불태우는 액체이다.

> 너무 좋아서
> 나는 너를 번역하기 시작한다
> 네 눈을 '눈'이라 번역하고
> 네 얼굴을 '얼굴'이라 번역하고
> 네 손을 '손'
> 네 가슴을 '가슴'
> 네 그림자를 '그림자'
> 그리고 네 기쁨을 '기쁨'이라 번역하고
> 네 슬픔을 '슬픔'
> 네가 있으면 '있다'고 하고
> 네가 없으면 '없다'고 하고
> 흘러 흘러
> 피는 '피'로
> 네가 문장의 처음을 열면
> 나는 끝없이 그 속으로 들어가
> 인제는 날개의 하늘이 된 거기서
> 자유형 헤엄을 치는데
> 알콜 함유량이
> 부드러운 40도쯤 되는
> 가령 '술집'은 문맥을 부드럽게 하느니
>
> 그리하여 단어들을 섞어서
> 수수께끼를 만들기도 하는데
> 열쇠는 사랑(사량?)
> 오 추억이 삶보다 앞서가는
> 신명의 묘약!
>
> 너무 좋아서
> 나는 너를 번역하기 시작한다
> 메아리와도 같이 숨쉬는 문장이여
> 내 죽음은 아직
> 마침표를 찍지 않으리 (pp. 209~10)

「너무 좋아서」의 너는 사물이며 사람이다. 시인은 너무 좋아서 너를 번역하기 시작한다. 문장의 처음이 열리면 시인은 그 속에 들어가 술 취한 사람처럼 부드럽게 헤엄친다. 알콜 함유량이 부드러운! 40도쯤 되는 말들 속에서 헤엄치려면, 어지간한 주량이어야 할 것이지만, 시인은 "항상 공복"(p. 161)인 수평선이라는 술잔으로 마시는 사람이라, 능히 견디어낸다. 시인은 술 취해 단어들을 섞어 수수께끼를 만드는데, 그것을 푸는 열쇠는 사랑, 에로스이다.

사랑의 추억——이때의 추억은 달무리에 가까운 추억이다——이 삶보다 앞서가는 삶! 그 삶 속에서 죽음은 아직 마침표를 찍지 못한다.

놀이로서의 시는 도피의 시가 아니다. 놀이는 부정적 세계내에서 세계의 부정성을 최소한으로 줄이려는 인간의 생득적・본래적 욕구이다. 도피는 세계 자체를 부정하고 세계 밖으로 나가는 것을 뜻하지만, 놀이는 그렇지 않다. 물론 세계 밖으로 나가는 도피의 경우에도, 이 세계 밖이라면 아무데라도 좋다라고 외치는 낭만주의나, 이 세계 밖에 이 세계보다 훨씬 아름답고 완전한 세계가 있다라고 말하는 신비주의를 도피라고 부를 수 있느냐는 반문이 안 생기는 것은 아니지만, 여하튼, 놀이의 시는 도피의 시가 아니다. 그것은 노자(老子)의 무위에 가까운 시이다. 그 시는,

마음을 버리지 않으면
차지 않는 이 마음 (p. 100)

의 마음에 가까운 시이다. 그것은 시를 버린 시이다. 그것은

저 혼자 고요하고 맑고
저 혼자 아름다 (p. 89)

운 시이다. 혼자라는 말에 놀라, 그것을 비연대적이라는 뜻으로 이해하며, 정현종의 시를 폐쇄적이라고 비판해서는 안 된다. 저 혼자의 혼자는 스스로라는 뜻이다. 다시 말해서 안과 밖이 없는이라는 뜻이다. 혼자 고요하고 맑고 아름다운 시는 무위의, 놀이의 시다. 그 시는 텅 빈

마음 그 자체이어서, 발표할 필요가 없는 시이다. 그런데도 시인은 그것을 발표한다. 마음은 아직 텅 비지 않았으며, 시는 아직 혼자 고요하고 아름답지 않다는 증거이다. 발표하고 싶다라는 그 욕심 때문에 시인은 자신이 가난하다고 생각한다. 발표하지 않아도 버틸 수 있을 정도로 시인의 마음이 풍요롭지 못한 것이다.

  詩를 썼으면
  그걸 그냥 땅에 묻어두거나
  하늘에 묻어둘 일이거늘
  부랴부랴 발표라고 하고 있으니
  불쌍하도다 나여
  숨어도 가난한 옷자락이 보이도다 (p. 103)

 그러나 시인이 완전히 자기 마음을 비울 수 있을까? 시인은 도인을 그리워하지만 도인은 아니다. 그는 말을 갖고 놀아야 하는 무거운 운명을 짊어진 사람이다. 말이 텅 비는 경우는 침묵뿐이며, 오호라, 침묵은 가장 위대한 시이지만, 쉽게 쓰거나 읽을 수 있는 시가 아니다.

 정현종은 이 세계내에서 이 세계의 무의미성과 싸운다. 그것은 그가 자아를 넓히고 넓혀 우주와 하나로 만들 때에도, 그리고 우주를 좁히고 좁혀 자아와 하나를 만들 때에도 마찬가지이다. 그것이 그를 낭만주의자로 만들지 않고, 현실주의자로 만든 기본 여건이다. 그는 세계 밖의 신이나 신비에 귀의하지도 않으며, 세계를 부정하지도 않는다. 그의 술은 마약처럼 의식을 완전히 잠재우는 신주(神酒)가 아니며, 그의 하나님은 개인의 자유 의지를 부인하는 하나님이 아니다. 그는

  瓶과 하나님을 나란히 놓고 (p. 43)

세계내에서 놀이의 즐거움을 극대화한다. 그 현실주의자는 거꾸로 된 느낌표처럼 이 세계내에서 방황한다. 그 방황은 고통스러운 방황이지만 즐거운 축제이기도 하다.

  나무 옆에다 느낌표 하나 심어놓고

꽃 옆에다 느낌표 하나 피워놓고
새소리 갈피에 느낌표 구르게 하고
여자 옆에 느낌표 하나 벗겨놓고

슬픔 옆에는 느낌표 하나 올려놓고
기쁨 옆에는 느낌표 하나 웃겨놓고
나는 거꾸로 된 느낌표 꼴로
휘적 휘적 또 걸어가야지 (p. 212)

  무의미한 세계의 온갖 사물들을 감격·감탄·감동의 눈으로 바라보면서도, 시인 자신은 거꾸로 된 느낌표처럼 걸을 수밖에 없다. 그 현실주의자의 도저한 절망과 도취가 나를 감동케 한다. 서둘러 이 서투른 글을 찢어버리고 싶다!

숲속의 환상적 아름다움
―― 박이도의 시세계

박이도(朴利道)는 안개꽃을 보고

  그림일 수 없는
  저 안개,
  印象主義風의
  신비로움이 나를 사로잡는다

라고 노래하고 있는데, 그 인상주의풍의 신비로움이야말로 안개꽃의 신비로움이라기보다는 차라리 박이도의 시세계(『빛의 형상』, 영언문화사, 1985)를 규정하는 신비로움의 정체이다. 시인이 말하는 인상주의풍이란 마네나 모네의 인상주의에 가까운 것으로 윤곽이 뚜렷하지 않고, 밝음과 어둠이 뒤섞이어 있는 상태를 지칭하고 있다. 그 인상주의풍의 신비로움을 가장 잘 드러내고 있는 시가 가령 「익사(溺死)」와 같은 것이다.

  누구와 살다 이 세상을 떠났나
  못 이뤘던 사랑이 파도에 밀려나와
  수런대는 갈밭에 보름달을 띄웠네

  육신은 어찌할꼬
  달빛에 드러난 저 얼굴
  울고 가는 기러기 사연에
  외롭다 하직하는 낙엽 속에 묻어라

  찬비 오는 하늘에 오를까
  해밝은 모래밭에 누울까

의지할 곳 없는 영혼
   가을꽃에 숨어라
   가을꽃에 숨어라

박이도의 시 중에서 유난히 인상주의풍으로 신비로운 이 시는

   누구와살다/이세상을떠났나
   못이뤘던사랑이/파도에밀려나와
   수런대는갈밭에/보름달을띄웠네
   육신은/어찌할꼬(혹은 육신은어찌할꼬)
   달빛에드러난/저/얼굴
   울고가는/기러기사연에
   외롭다하직하는/낙엽속에묻어라
   찬비오는/하늘에오를까
   해밝은/모래밭에누울까
   의지할곳/없는영혼
   가을꽃에/숨어라(혹은 가을꽃에숨어라)
   가을꽃에/숨어라(혹은 가을꽃에숨어라)

와 같은 두 박자의 리듬에 의지하고 있으면서, "육신은어찌할꼬"와 같이 한 박자로 줄어든 두 박자, "달빛에드러난/저/얼굴"과 같이 세 박자로 늘어난 두 박자를 사용하여, 리듬에 큰 탄력을 부여하고 있다. 이미지를 따라가자면, 이 시는 죽은 여인을 노래한 시이다.

   누구와 살다 이 세상을 떠났나
   못 이뤘던 사랑이 파도에 밀려나와
   수런대는 갈밭에 보름달을 띄웠네

 이 시의 화자는 시인이다. 시인은 죽은 여자의 시체를 보고, 누구와 살다 이 세상을 떠난 것일까라고 자문한다. 그 자문은 기능적 자문이다. 그것은 사랑에 실패해서 여자는 죽었다라는 것을 알려주기 위한 수수께끼의 기능을 맡고 있다. 사랑에 실패해서 자살한 여인은, 파도에 밀려, 갈밭에까지 쓸려왔는데, 갈밭에 누워 있는 여인의 얼굴은 보름달

숲속의 환상적 아름다움: 박이도 35

에 비춰, 그 자체가 보름달 같다. 그 정경은 i) 못 이뤘던 사랑은 파도에 밀려나 보름달을 띄웠다, ii) 갈대들이 수런대고 있다라는 이미지의 도움을 받아, 그 여자의 얼굴을 구경하고 있는 사람들이 여럿이며(수런대는 갈밭!), 그 여자의 얼굴이 보름달 같다는 울림을 울리고 있다. 그 다음,

> 육신은 어찌할꼬
> 달빛에 드러난 저 얼굴
> 울고 가는 기러기 사연에
> 외롭다 하직하는 낙엽 속에 묻어라

는, 저 얼굴을 낙엽 속에 묻어라라는 화자의 애타는 마음의 시적 전환이다. 울고 가는 기러기, 외롭다 하직하는 낙엽(기러기·외로움·하직 등은 서로 잘 달라붙는 자성을 갖고 있다)은 계절이 가을임을 나타내는 징조적 이미지들이다. 그 이미지에서 재미있는 것은 울고 가는 기러기 사연에 낙엽도 외롭다 하직한다라는 울림이지만, 여하튼 가을 보름날 익사한 여인의 얼굴은 낙엽 속에 묻어야 한다라는 화자의 안타까운 마음은 인상주의풍으로 신비롭다. 육신은 낙엽 속에 묻어야 하겠지만, 그러면 영혼은?

> 찬비 오는 하늘에 오를까
> 해밝은 모래밭에 누울까
> 의지할 곳 없는 영혼
> 가을꽃에 숨어라
> 가을꽃에 숨어라

화자는 죽은 여인의 영혼은 가을꽃에 숨겨야 한다고 생각한다. 영혼은 하늘에 떠올라 방황해서도 안 되고, 모래밭에 누워 썩어도 안 된다. 그것은 가을꽃 속에 숨어야 한다. 뒤집어보면, 그렇다면 가을꽃은 의지할 곳 없는 죽은 여인의 영혼이다. 그 뒤집음은 시 전부를 뒤집게 한다. 가을 보름밤 갈대밭에 드러난 것은 익사한 여인의 몸이 아니라 가을꽃이다. 그 가을꽃은 외로움·쓸쓸함을 환기시켜주는 신비로운 꽃이다. 그 신비스러운 꽃은 죽은 여자이면서 가을꽃이다. 그 이중의 겹침

이, 빛과 어둠의 겹침처럼, 박이도의 시를 신비스럽게 만든다. 죽은 여자의 영혼에게 가을꽃에 숨어라고 안타까워하는 화자는, 가을꽃의 외로운 아름다움에 놀란 화자이다. 그 겹침을 가능하게 한 것은 무엇일까?

박이도는 그의 시에 시원(始原)의 자리를 잘 드러내 보여주는 시인이다. 그 시원의 자리를 정리해보면:
박이도의 생가는 이북이며, 그의 집은 넉넉한 부농이었던 것 같다.

  나의 생가엔 아직
  순박한 소작인들의 발자국 소리가
  여기저기 들리는 듯,
  헐벗은 아이들의 기침 소리 같은
  개 짖는 소리도 들리는 듯,   ——「北鄕」

그의 유년의 집이 이북이었기 때문에, 그는 눈·북풍·들판의 정경에 유달리 민감하며, 넉넉한 부농이었기 때문에 사물을 넉넉한 거리를 두고 관찰할 수 있게 된다. 그 거리야말로 시인으로 그를 키운 미학적 거리이다. 보라, 그는 "끝간데 없는 시계에/많은 눈이 쌓이고/지금은 아무리 골몰히 생각하여도/그때 떠나온 북향의 어디엔가/황금의 들녘에 들려오던/위대한 경적의 메아리는/이제 돌아오지 않는다"(「北鄕」)라고 눈과 들녁을 회상하고, "겨울 바람은/머리풀고 소복하고/눈사람으로 걸어온다"(「겨울바람」), "들판의 어느 순간/초가 지붕을 날리고/노적가리를 날리고/힝힝 황소의 뚝심으로 치달리는/짐승 같은 거/북풍이여"(「傳言」)라고 겨울바람을 묘사한다. 눈·들녁·북풍 등은 그의 마음의 자리들이며 그곳에서 그는 편안하게 자리잡고, 그의 유년의 안온함을 회상한다. 그 회상 속에서, 폭설은 부정적 성격을 잃고,

  이조의 머슴과
  高麗葬이 살아 있는
  백설의 마을에
  까치 한 쌍
  한적을 깬다   ——「暴雪」

처럼 서정적인 배경으로 전환되고, 짐승 같은 북풍은, 그 광포성을 잃고,

> 그것에서는
> 첩첩 강산에 뿌리고 간
> 애국자의 피 같은 거,
> 목석같이 죽어간
> 우리들 조상의 무표정이
> 묻어오는 전언을,
> 나는 찢어진 문풍지 사이로 엿듣네 ──「傳言」

처럼, 조상의 무표정이 묻어 있는 전언으로 전환된다. 심미적 거리 때문에 가능해진 그 전환은, 모든 것을 서정적으로, 다시 말해 정서 환기적으로 보게 한다.
　박이도의 생가에서 박이도의 상상력을 가장 크게 자극하는 것은 그의 생가를 둘러싼 밤나무 숲이다.

> 옥수수대로 안경을 만들어 끼고
> 신방을 차리던 볕바른 토담에
> 까치옷과 부딪쳐 눈물 흘리고
> 나의 생가를 둘러선
> 밤나무 숲 속에서
> 가슴 조이던 幼年時代 ──「回想의 숲 1」

그 밤나무 숲 속에서 "내 사랑의 싹이 움트고/내 지혜의 은도(銀刀)가 빛"난다. 밤나무 숲에서 싹튼 사랑의 대상은,

> 만주로 이사간
> 절름발이 에미나
> 마을에도 교회에도
> 학교가는 길가에도
> 보이지 않는 에미나

> 왜 보고 싶었는지,
> 푸른 밤의 별빛처럼
> 이유야 없었지 　　　　　　　　　　　——「回想의 숲 2」

를 보면 가난한 집안의(왜냐하면 가난하지 않으면 만주로 이민갈 리가 없기 때문이다) 절름발이 계집애이다. 가난·절름발이는 일상적인 의미에서 아름다운 대상이 아니다. 그러나 시인의 상상력 속에서 계집애는 "이유 없이" 가난·절름발이와 연결되어 "푸른 밤의 별처럼" 아름답게 반짝인다. 그 아름다움이 역사 의식의 결핍에서 생겨난 아름다움이라고 비판할 수 없는 것은 아니지만, 박이도의 경우, 그 비판은 적절하지 않다. 그의 시 문맥에서는 '인상주의풍의 신비로움'이 중요하기 때문이다. 또한, 그 밤나무 숲에서 그의 '지혜의 온도'가 빛나게 되는데, 그 빛남은,

> 껑충 껑충 자라는 키
> 햇빛에 반짝이는 이파리들이
> 수다스러이 설레이는 포부로
> 나는 엄청난 외지로 떠나고 싶었다 　　　　——「回想의 숲 3」

에서 볼 수 있는, 떠남에의 욕망과 결부되어 있다. 그 떠남에의 욕망을 부추긴 것은, 어느 저녁답 밤나무 숲에서 만난 나그네들이다.

> 어느 저녁답
> 나는 밤나무 숲 속에서
> 조랑말 방울 소리를 들었지
> 놀라서 뛰어갔더니
> 지나가던 나그네들
> 그늘에 누워 피로를 풀더군
> 시원한 바람 속에
> 그들의 얼굴엔
> 알지 못할 웃음이 떠오르더군
> 나는 즐거이 조랑말 방울을
> 만져보았네
> 한번 타보고 싶었네 　　　　　　　　　　——「回想의 숲 3」

정신분석학적으로 보면 그가 타보고 싶었던 조랑말은 성적 대상의 구체화된 모습이겠지만, 그의 회상의 문맥 속에서는 그것은 '엄청난 외지로' 달려가게 할 수 있는 대상이다. 그 나그네들의 어려운 삶(여관이나 집에서 쉬지 못하고 남의 집 뒷산에서 쉬는 나그네들!)에서 "알지 못할 웃음"을 보는 시인의 상상력은 있는 곳에서 멀리 나가보려는 낭만적 상상력이다. 그의 눈은 나그네를 보지만, 그의 상상력은 떠남·방황을 꿈꾼다. 구체적인 대상으로서의 나그네는 떠남·방황과 겹친다. 나그네는 떠나고 싶은, 거대한 외지로 나가고 싶다는 욕망이 만들어낸 투사물이다. 과연,

> 그때 내 소망은 무엇무엇
> 지금 헤아릴 수 있으랴
> 온 세계로
> 자유로이 떠나고 싶었지
> 거대한 숲을 헤치며
> 보다 신비한 언어를 찾아
> 많은 물상에 접하고 싶었지 ——「北鄕」

라고 그는 고백함으로써, 그때 그가 가장 바란 것은 온 세계로 자유로이 떠나는 것이었음을 보여준다. 그 떠남은 자유·신비라는 성질과 결합되어 있다. 유년 시절의 자유·신비는 막연한 성적 욕망의 변형이기 쉽다. 시인은 "나의 본능은 욕망으로 가득히/벅차 있었"(「北鄕」)다라고 단언하고 있다. 그 욕망이 제대로 드러나는 것을 무의식적으로 두려워한 시인은 그 대상을 가난한 절름발이 계집애로 분석해, 설마 그런 애하고야라는 무의식의 가짜 만족을 만들어낸다. 그러나 위의 시구에서 가장 중요한 변화는 그의 생가를 둘러싼 밤나무 숲이 온 세계를 뜻하는 거대한 숲으로 변모한 것이다. 편안한 유년의 공간은 헤쳐나가야 할 청년의 공간으로 변모한다. 숲은 회상의 자리이며 싸움의 자리이다. 그 싸움은 대개의 경우 "보다 신비한 언어"——물상과의 싸움이다. 그 싸움은

> 먼 길 떠나온 나그네
> 숲 속에서 잠이 들었다

>   짙은 녹음이 깃들여
>   쌓아올린 여름의 城
>
> ——「숲이 어느 날」

에서의 성의 싸움이며

>   밤이 되면
>   우리는 모든 커튼을 내리운다
>   방안은 모든 주변으로부터
>   완전한 자유를 얻는다
>
> ——「房」

에서의 방의 자유이다. 숲은 성·방 등과 동위적 이미지이며, 자유·꿈은 싸움과 동위적이다.

 숲은 박이도 시의 가장 중요한 모티프이다. 그 숲은 때로 "이제 들을 수 없는 여울"(「音聲」), "먼 사원의 뒤뜰"(「가을이 온다」), "달빛 흘러내리는 지평"(「房」)으로 변형되며, 그 숲에서 꿈꾸는 외지는 때로 "노래하는 브랜다 리의 젖가슴"(「낱말」), "향수를 풍기는 필그림모자"(「帽子」)──필그림 pilgrim은 순례자라는 뜻이 아닌가──"어느새 팻분이 돌아왔네"(「흰 겨울」) 등의 이국 정조로 나타나기도 한다. 그러나 그 원형에 있어, 숲은 이곳/저곳의 대립의 자리이다. 그것을 가장 명료하게 보여주는 것이 「돌아오지 않는 화살」이다.

>   夕陽의 때, 숲 속에 가면
>   나는 한 마리의 사슴
>   숨죽여 바라보는
>   西天의 불길에 환성을 울린다
>   直立의 原木, 그 옆에 서면
>   나는 우뚝 선 굴뚝의 연기처럼
>   무럭무럭 솟아오르는 회상의 불길에
>   감당 못 할 욕망의
>   화살을 쏘아올린다.
>   王冠처럼 위엄한 뿔을 흔들어
>   어둠이 휩싸이는 이 숲 속에
>   나는 경종을 울리고 싶구나

고요를 깨워서
저녁의 우렁찬 메아리로
夕陽 앞에 화답하고 싶구나
이 많은 나무와
짐승과 새들의 목청을 합해서
세계의 끝까지 퍼지도록
이 숲 속의 교성을
나는 지휘하고 싶구나

날카로운 환상의 촉수를 뻗쳐
오색의 화음이 되는 꿈
그 경지에 몰입하는 자연 속에
나는 어른이 되어
부르도쟈를 타고 싶었다
저 山을 깎아 학교를 세우고
숲 속의 모든 생명을 모아다
오케스트라를 만들고 싶었지
단절된 바다에까지 강을 파서
맑은 강물이 흐르게 하고
나는 그 강으로 빠져나가
세계의 항구마다 들러서
축포를 울리며 대중을 모아
나는 숲 속의 왕자라고 선언하고 싶었다
그곳의 미녀들을 거느리고
개선의 귀로에 서고 싶었다
나는 숲 속의 신령이고 싶었다
나는 세계의 霸者이고 싶었다

나는 길가에 쓰러진 취객도 아니며
숲 속을 걸어가는
한 마리 환상의 짐승도 아닌
엄청난 현실에 던져진
초탈할 수 없는 사유의 감옥에
울고 섰는 수인
나는 이제 사슴도 아니다

나는 이제 부르도쟈도 없다
　　또한 숲마저 빼앗긴
　　나의 아침
　　황홀했던 서천의 불길은 꺼지고
　　쏘아올린 화살은 돌아오지 않는다

　이 시는 i) 나는 엄청난 욕망의 화살을 쏘아올린다; ii) 나는 세계의 패자이고 싶다; iii) 나는 엄청난 현실에 던져진 하찮은 사람이다라는 내용을 갖고 있다. 그는 석양녘에 숲 속에서 욕망의 화살을 쏴올린다. 석양은 빛과 어둠이 겹치는 시간이며, 숲은 빛과 어둠이 교차하는 자리이다. 그는 그 겹치는 시간과 자리에서 숲의 모든 것을 깨워 조화롭게 노래부르게 하고 싶어한다. 그 감당할 수 없는 욕망에 불을 붙인 것은 석양의 불길이다. 석양의 불길에 불타오르는 그는 어린 아이이다. 그는 어른이 되고 싶어하여, 세계의 항구마다 들러 대중을 모아 자기가 숲의 왕자라고 말하고 싶어하며, 그곳의 미녀들을 데리고 개선하고 싶어한다. 그 엄청나게 소박한 꿈은 모든 것이 가능한 어린 아이의 욕망의 꿈이다. 그것은 세계 개조의 꿈이 아니라, 자기가 세계의 중심에 있고 싶다는 자아 중심주의의 꿈이다. 내가 세계의 중심이요! 라는 외침은 나르시스의 환상적 외침이다. 그 외침은 "길가에 쓰러진 취객"의 숲 속의 외침이며, "숲 속을 걸어가는/한 마리 환상의 짐승"의 꿈속의 외침이다. 시인은 그 외침이 환상적 외침이라는 것을 깨닫는다. 그의 실제의 의식은 그가 현실 속에 던져진 존재이며, 그가 세계의 중심이 아니라는 것을 깨닫게 한다. 그는 저곳을 꿈꾸지만 이곳에 갇혀 있다. 이곳에 갇혀 있는 그가 할 수 있는 것은

　　小市民의 골목으로
　　천천히 걸어가서
　　어린 아이들을 위해
　　피리를　　　　　　　　　　　　　　　　　　　　——「帽子」

부는 것이며,

　　나는 드디어 종점의 공지로

        내어쫓긴 小貨物!   ——「외출」

이라는 것을 깨닫는 일이다. 그러나 그 소화물은 자아 중심주의의 환상
을 간직한 소화물이다. 그것은 자문하고 꿈꾸고 노래한다.

        온몸에 충만했던 따뜻한 피가
        내 발치에 흘러내리고, 육신은
        작은 모래알이 되어 흘러내리며
        그 원시의 단음이 섬광처럼
        전신에서 출발한다 마지막 순간까지
        그런 하늘 밑을 걸어가며
        내 한 마리 짐승으로
        정신없이 바라보고 싶어라

        어디론가 가성을 지르고 싶어
        나는 철없는 미치광이고 싶어라   ——「還元」

  소화물로서의 나는 한 마리 짐승, 철없는 미치광이로 환원되기를 바
라는 소화물이다. 그 환원의 과정이 사실은 박이도의 시이며, 그래서
그의 시에는 이곳과 저곳이 겹쳐 있다. 그 환원이 아주 심해지면 환상
의 꽃은 동화 속의 순수성으로 축소되어 현실성을 잃는다

        돌쇠네 마을은
        마른 쇠똥이 널려 있고
        어둠 속에 내리는
        소리없이 내리는 눈발 속에
        과부가 나들이간다.
        먼 데 개 짖는 이웃에
        숨죽여 숨죽여
        고무신 자국 남기며
        나들이간다
        몰래 애기 낳으러
        성황당 고개를 넘어간다   ——「돌쇠네 마을」

와 같은 시는 환상―회상의 꿈이 동화의 순수성으로 환원되어버린 한 예이다. 그 순수성에 정서 환기력이 없는 것은 아니지만, 그 환원된 순수성은 지나치게 정제된 물의 순수성에 가까워 현실의 잡스러운 맛이 없다. 그러나 그 환원이 적절할 때, 환상은 상징적 기능을 맡아 현실로 삼투되어 들어온다.

　　지난 겨울 혹한에 얼어죽은 새들의 死骸가 묻힌 풀밭에 피어나는 꽃들은
온통 죽은 새들의 깃털 빛깔을 하고 고운 손짓을 한다

　　공중에서 흙 속으로 묻힌 새들의 영혼은 지금 깊은 두메 속에 한 국민학교
에서 흘러나오는 풍금 소리만큼 가늘고도 서글픈 노래를 들려준다

　　죽은 새야 네가 날으던 하늘엔 지금 네 목숨만큼 소중했던 또 한 마리의
작은 새가 날으며 풀밭에 피어나는 사랑의 꽃들을 보살펴주고 있다

　　가늘고도 서글픈 노래를 통해 죽은 새는 산 새와 겹쳐지고, 풀밭의 꽃들과 동일화된다. 그 동일화된 꽃, 죽은-산 새들은 또한 국민학교의 풍금 소리와 겹쳐져 어린애들과 하나가 된다. 시골 두메산골의 어린애들은 꽃이나 새와 같다. 죽어도 곧 되살아난다. 그 꽃·새·어린애 들은 사랑스럽다. 그 사랑스러움이 환상의 꿈이 얻은 현실성의 정체이다. 아니 차라리 현실성 그 자체이다. 온통 죽은 새들의 깃털 빛깔을 하고 고운 손짓을 하며 가늘고도 서글픈 노래를 부르는 꽃 같은 아이들은 얼마나 사랑스러운가! 그 어린애는 환상의 숲에서 "보다 신비한 언어를 찾아/많은 물상에 접하고" 싶어하는 어린애이다. 그 어린애가 보는 물상은 "인상주의풍의 신비로움으로" 그를 사로잡는다.

치욕의 시적 변용

　깊은 주의를 기울이지 않고 이성복의 시를 읽어나가는 독자들은 그 시들 사이의 거리가 넓고 깊은 것에 우선 당황하게 된다. 때로는 환상소설의 한 장면처럼 납득하기 힘든 정황 묘사가 나오는가 하면, 때로는 그 이유가 선명히 설명되지 않은 절규가 터져나오고 있는 그의 시들은 그것을 이해하고 즐기기 위해 보낸 시간을 헛되이 만드는 듯한 절망감과 허망감을 느끼게 하기도 한다. 거기가 고비다. 그것을 참고 이성복의 시를 천천히 되풀이해 읽을 때, 시들은 서로 친화력을 드러내, 한편 한편의 시적 완결성을 넘어서서 이성복적 공간, 한 비평가의 말투를 빌면 이성복적 풍경이라고 부를 수 있는 것을 구성한다. 그 풍경 속에서 독자들은 이성복의 절망·희망·기쁨을 맛보고, 그 풍경 속에서 독자들은 이성복의 기억 속의 여러 삽화들에 부딪힌다. 그것들이 바로 때론 평화로운 서정을, 때로는 절망적인 절규를 내포한다.

　이성복이 만드는 풍경은 잘 계산되고 제어된 풍경이다. 그 풍경은 물론 마음의 풍경, 넋의 공간이다. 그것은 시인의 기억 속의 공간이다. 그의 기억 속의 공간, 그가 '카타콤'이라고 부른 지하 묘소에는 "평화가 오지 않고"(『남해금산』, 문학과지성사, 1986, p. 15), 기억의 원형 경기장에는 "혀 떨어진 입과 꼭지 떨어진 젖과……"(p. 15) 같은 것들이 자리잡고 있다. 그런 평화롭지 못한 기억의 작용 때문에 그의 꿈은 언제나 악몽으로 가득하다(p. 33). 그 기억들을 의식적으로 모아, 시인은 한 편의 시를 만들었다간 부수고, 다시 만든다. 시인이 따로 발표한 두 편의 장시, 「분지 일기」(1982)와 「약속의 땅」(1983)은 섬세하게 구축된 뛰어난 시들인데, 그것을 그는 산산이 해체하여, 여러 편의 시로 다시 만든다. 그 구축—해체의 움직임은, 시인의 마음이, 악몽에 세련된 시적 형태를 부여하기 싫다는 쪽으로 자꾸 움직이고 있음을 입증한다. 시인은 시인이니까 시를 잘 써야 한다. 그러나 시를 잘 써서 그것을 발표하는 순간, 시인은 그것이 그의 "거친 호흡과 신열"(p. 12)에 어울리지 않는 것을 안다. 그것은 악몽에 어울리지 않는다. 그는 그것을 다시 잘게 부순다. 그러나 놀라워라, 그 부서진 시들이 다시 모여 하나의 긴장된 마음의 공간을 이룬다.

이성복의 구축—해체의 시적 움직임은 한편으로는 "빗물 고인 길바닥의 그림자"(p. 22)와 같은 나의 넋의 도정을 파헤치는 움직임이면서, 또 한편으로는 서정적 자아의 회상의 작용으로 세계의 총체성을 인지하고 자각하려는 시적 움직임이다. 이성복은 그의 기억의 지하 묘소, 그 얽히고설킨 미로에 끈질기게 붙어 있는 악몽의 이미지들을 구축—해체하며, 그렇게 해서 얻어진 시들을 해체—구축하여 삶의 보편적 범주들을 만들어내려 한다. 그가 그의 기억들을 자꾸만 부수고 조립하는 것은 "나를 알아볼 때까지/나는 정처 없"(p. 11)기 때문이다. 정처 없는 사람은 그를 그로 인식시키게 할 표지들을 갖고 있지 않은 사람이다. 그 표지들을 만들어내지 않아도, 그림자 같은 내가 나로 인지될 수 있을까? 그 질문은 그렇다면 그는 왜 표지를 갖고 있지 않는가라는 질문을 유발시킨다. 무엇이 그를 정처 없게 만들었을까? 시인은 시적 화자인 내가 겪은 악몽의 이미지들을 낱낱이 늘어놓지 않는다. 시에 막연히 암시된 것에 의하면, "이곳에 입에 담지 못할 일이 있었어! 가담하지 않아도 창피한 일이 있었어!"(p. 19)라는 정도이다. 그 입에 담지 못할 일들 때문에 사람들은 안방으로 몰려가 "소곤소곤 이야기"(p. 19)할 수밖에 없다. 그 일을 당한 사람은, 역시 시에 막연히 암시된 것에 따르면, 내 누이, 혹은 그냥 누이다. "누이를 빼놓고는 아무도 몰랐다"(p. 20). 화자는 그래서 "아버지를 볼 수 없었고 믿을 수 없었다"(p. 20). 아버지와 누이 사이에 무슨 일이 벌어졌던 것일까? 이성복 시의 특색은 그런 질문을 유발해내는 데 있지만, 더 큰 특색은 그 질문만으로 그치지 않게 하는 데 있다. 이성복은 그 "입에 담지 못할 일"을 개인적인 사적 차원에서뿐만 아니라 보편적인 공적 차원에서 되풀이 물어볼 수 있게 그것의 의미를 크게 확산시킨다. 이곳에 무슨 일이 있었다. 그런데 아무도 말하지 않았다. 그것은 치욕이다. 화자 나는 그것 때문에 치욕을 느낀다. "눈처럼 녹아도 이내 딴딴해지는 그것 치욕은 새어나온다 며칠이나 잠 못 이룬 사내의 움푹 패인 두 눈에서"(p. 18). 그 치욕은 며칠 잠을 이루지 못할 정도의 큰 치욕이다. 아버지는 그런데도 아무 말도 하지 않았다. 그것도 치욕이다. 그 아버지는 단수가 아니라 복수이다. 그 아버지에는 아버지의 아버지들까지 포함된다. "자주 조상들은 울고 있었다 풀뿌리 아래서 울고 있었다 누이야, 우리가 하늘이라 믿었던 곳은 자갈밭이었지"(p. 21). 조상들도 말하지 않았다. 그것도 치욕이다. 왜 말하지 않았을까?

    치욕이여,
    모락모락 김나는
    한 그릇 쌀밥이여, (p. 23)

치욕은 쌀밥 때문에 생겨난다. 아니 치욕이 쌀밥 그 자체이다. 그 치욕의 눈으로 세계를 보면, "아무 일도 약속대로 지켜지지 않았다 늙은 여인들은 챙 낮은 집에서 울다가 잠이 들고 비린내 나는 아이들은 여전히 깊은 물가에서 놀고 있다 강한 자들은 여전히 강하고 약한 자들은 끝없이 피라밋을 쌓고 있다 사기·절도·살인·사기·절도·절도·살인……"(p. 24). 가난한 사람들 동네에선 꽃들도 "부스럼처럼 피어나"(p. 25)고, 아이들이 노는 물 속에선 "비누 거품에 엉킨 물고기가 거친 숨을 몰아쉬"(p. 26)고 있다. 그곳에서의 삶은 항시 "낡은 유리창에 흔들리는 먼지 낀 풍경 같은 것"(p. 27)이어서 "격렬한 고통도 없이 날이 가고 사람들은 소리 없이 아팠다"(p. 29). 이곳은 "말이 통하지 않는 곳"(p. 30)이다. "예언자도 그리 믿을 만한 사람은 못 된다. 그의 배는 부르고 걱정이 없었다"(p. 30). 예언자들, 의로운 자들에 대한 화자의 불신은 매우 깊고 크다. 그런데도 나는 살아 있다. 살아 있는 것은 생명의 마지막 불길이다. "희미한 불이 꺼지지는 않았다. 아, 꺼졌으면 하고 중얼거렸다 꺼지지 않았다"(p. 31). 왜 나는 살아 있는 것일까? 그는 살 이유를 찾지 못했다. 살 이유가 없다면 죽는 수밖에 없다. 나는 죽음의 강물 위에 몸을 맡기려 한다. "머잖아 이 욕망도 끊어질 것이다 달그락거리는 기억의 서랍에 먼지 곱게 쌓일 것이다 명산대천(名山大川) 흐르던 핏물 든 숨소리에 이끼 끼일 것이다 머잖아, 머잖아 근질거리는 혀에 곰팡이 슬고 이물(異物) 같은 죽음이 휜피톨 곁에 다가올 것이다"(p. 41). 이 세계에는 그러나 화자 나의 죽음을 막는 사람이 있다. 그는 내 치욕을 대신 앓고 있는 내 어머니이다. 어머니는 "촛불과 안개꽃 사이로 올라오는 온갖 하소연을 한쪽 귀로 흘리시면서, 오늘도 화장지 행상에 지친 아들의 손발에, 가슴에 깊이 박힌 못을 뽑"(p. 44)고 있다. 그 수일한 이미지에 나오는 어머니를 현실 원칙의 상징인 아버지와 대립시켜 수락과 인종의 상징으로 제시하고 있는 시편들(pp. 42~52)은 이성복의 시 중에서 "왠지 쓸쓸해지기만 하는 어떤 삶을"(p. 47) 감동적으로 표현하고 있다. 그 어머니 시들은 가슴보다 큰 슬픔을 안고 사는(p. 52) 한국의 어머니들을 절제 있게——그 절제 속에 얼마나 큰 울음이 숨어 있는 것이랴——묘사하고 있는 뛰어난 시편들이다. 그러나 화자 나는 어머니와의 유대를 끊고 "나를 가둔 물"(p. 53)로 되돌아온다. "머리 풀듯이 괴로움 풀고/속절없이 한세상 지나가면/이 물은 다시 흐를 것인가"(p. 53). 그 죽음의 길은 "돌아가는 길인가, 오는 길인가"(p. 57). 오는 길이건 돌아가는 길이건 그 죽음의 길은 방황의 길이다. "온종일 그는 걸었다 자기를 무너뜨리며/다시 걸었다 어두운 궁륭에선 태아처럼 꼬구리고 잤다"(p. 66). 그 죽음의 길은 다시 태어나는 길이다. 가는 길은 오는 길인 것이다. 오래 헤매다가, 나는 "그토록 피해다녔던 치욕이 뻑뻑한/뻑뻑한 사랑이었음을"(p. 69) 알게 된다. 그 앎은 고통받은 사람을 이제는 내 가슴으로 덮혀줄 수 있다는 연대감으로 발전해나간다. 죽음의 길에서 찾아낸 그 지혜는 죽음이 삶이며 삶이 죽음이라는 이미지들 속에 간결하게 표현되어 있다.

    언제나 초록의 싱싱함을 만드는 죽음은
    빛이 닿지 않는 깊은 품속에서
    부리 긴 새의 잠을 흔든다 (p. 85)

갔다가 돌아오는 그가 바로 부리 긴 새가 아닐까! 치욕은 죽음의 길에서 지혜롭게 수용되고, 치욕의 누이는 그 수용의 지혜를 보여주는 설화의 자리가 된다. 화자 나는 "남해금산 푸른 하늘가에" 혼자 있으며, "남해금산 푸른 바닷물 속에"(p. 88) 혼자 잠긴다. 그 앞에 해와 달이 끌어주는 치욕의 여자가 보인다.

한 여자 돌 속에 묻혀 있었네
　　그 여자 사랑에 나도 돌 속에 들어갔네
　　어느 여름 비 많이 오고
　　그 여자 울면서 돌 속에서 떠나갔네
　　떠나가는 그 여자 해와 달이 끌어주었네 (p. 88)

　이곳에 무슨 일이 있었다. 치욕을 당한 누이는 화자의 사랑으로 덥혀져 울면서 떠나간다. 해와 달, 다시 말해 자연이나 세월이 이끌어준다는 점에서 그 여자의 모습은 설화적이다. 말을 바꾸면 보편적이다.

　이성복이 그린 화자 '나'의 삶의 도정은 통과 제의적 도정이다. 치욕적인 삶, 죽지 못하게 하는 어머니, 저세계로의 길떠남, 되돌아옴이라는 네 단계의 도정은 시련과 극복, 죽음과 재생이라는 통과 제의의 도정이다. 그것은 삶의 표면에서 일어난 도정이며 동시에 삶의 내부에서 일어난 도정이다. 그 도정은 그것이 시작과 종말을 같이 보여준다는 점에서 서사적 도정이다. 서정적 자아는 회상의 달무리 속에서 삶과 삶을 이루는 사물을 본다. 그런 의미에서 통과 제의적 도정은 서정적 도정이 아니다. 그것은 사건의 선적 움직임에 관련되어 있는 도정이다. 그렇다면 이성복은 서정시집을 쓴 것이 아니라 서사시집을 쓴 것이 아닌가? 라는 질문이 생겨날 수 있다. 과연 그의 시집은 여러 면에서 서사적 특질을 드러내고 있다. 우선 시집의 줄거리 자체가 서사적이다. 그것은

　　i) 나는 기억의 지하묘지로 들어간다;
　　ii) 누이는 치욕스런 일을 겪었다;
　　iii) 나는 죽고 싶다;
　　iv) 어머니 때문에 죽음은 유예된다;
　　v) 나는 죽음의 길을 떠난다;
　　vi) 나는 되돌아온다;

라는 핵단위들로 이루어져 있다. 그 중에서도 후반의 세 단위들은 매우 서사적이다. 어머니는 "가건물 신축 공사장 한편에 쌓인 각목더미에서

자기 상체보다 긴 장도리로 각목에 붙은 못을 빼는 여인"(p. 44)이며, 그녀의 아들은 "화장지 행상"(p. 44)이거나 "해고 근로자들"(p. 45)이다. 그녀의 가족은 "아버지와 할머니, 큰아이와 작은놈, 머리를 뒤로 묶은 딸아이"(p. 46)로 구성되어 있다. 그녀의 가족은 고약한 냄새를 풍기는 가난한 가족들이다. 그 다음, 시의 화자는 서정적 자아보다는 서사적 자아에 가깝다. 비교적 드문 예이지만,

　　드문드문 잎이 남은 가을 나무 사이에서
　　婚禮의 옷을 벗어깔고 여자는 잠을 이루었다

　　엄청나게 살이 찐 검은 사슴이
　　바닥 없는 그녀의 잠을 살피고 있었다 (p. 14)

와 같은 시의 진술자는 묘사의 기능에 충실한 서사적 자아에 가깝다. 그런 예 밖에도, 독백·의식의 흐름 등을 그대로 차용한 시들이 많이 있다. 시의 진술자가 서사적 자아에 가깝기 때문에 감정이나 감각보다는 지혜에 가까운 이미지들이 그의 시에는 많이 나온다. "삶이 가엾다면 우린 거기/묶일 수밖에 없다"(p. 16), "우리가 아픈 것은 삶이 우리를/사랑하기 때문이다"(p. 16), "때로 늙은 나무도 젊고 싶은가 보다"(p. 27), "의로운 자들의 입에서 피가 웃는다"(p. 30), "나뒤는 슬픔의 몫도 아름답다"(p. 68). 그 지혜를 이성복은 그의 시론에서 잠언성이라 부르고 있다. 그에 의하면, "이 삶을 숙명적인 것으로 파악할 때 잠언적인 진술이 가능해"진다. "예를 들자면, 구약의 욥기, 흑인 영가, 고대 민요에서 삶이 무거운 짐으로" 나타날 때, 그것들은 삶의 지혜와 삶의 거부를 동시에 표출하고 있다. 이성복의 의식 속에서 통과 제의적 삶은 하나의 숙명이다. 그것을 거부하면서 거기에서 지혜를 찾아내려 할 때 그의 잠언성이 획득된다…… 그러한 서사적 양태에도 불구하고 그의 시집을 서사시집이라고 단정할 수는 없다. 비록 그의 시집이 "〔시인이라는〕 개인을 통한 집단적 삶의 개진"이라고 하더라도, 집단적 그리움, 욕망이나 갈등을 드러내는 것은 이성복이라는 시인의 목소리이기 때문이다. 다시 말해 시인의 개인적 감정의 여운 아래서이기 때문이다. 어디를 헤매건, 이성복이 결국 되돌아오는 곳은 그 자신이다.

그대가 헤매는 거리를 다 헤매고
　　　마침내 그대 자신을 헤맬 때 (p. 56)

　삶의 의미를 물질화하고 있는 푸른 잎사귀가 기적처럼 떠오를 수 있다. 집단을 헤매고 있을 때도 사실은 자신을 헤매고 있다는 느낌이야말로 서정적 자아의 본능적인, 직관적인 느낌이다…… 그러나, 다시 한번, 그의 시집이 서정적 자아의 드러남에 의해 특징지어지고 있다 해서, 그의 시집을 단순한 서정시집이라고 부를 수는 없다. 그의 시집이 던지는 핵심적인 질문 중의 하나는 차라리 서정적 자아가 세계의 총체성을 인지하고 지각할 수 있는가, 더 나아가 그것을 표현할 수 있는가 없는가이다. 대부분의 시인들은 서정적 자아를 서사적 자아로 대치함으로써 그것을 이룩하려 하며, 그런 의미에서 그 시들은 대개 행갈이한 산문에 가깝다. 그러나 이성복에게 특이한 것은 대개 서정적 자아를 포기하지 않고 서사적 자아를 그 속에 수용하려는 시도이다. 세계는 그때 갈등을 일으키고 있는 계급들의 싸움의 자리로 나타나는 대신 계급들의 갈등을 일으키는 근원적 욕망에 대한 본원적 반성의 자리로 나타난다. 이성복에게 있어서는, 그 자신이 그 세계이며, 그 세계를 치욕스럽게 만드는 욕망의 자리이다.

　이 뛰어난 시집을 재미있게 읽는 가장 쉬운 방법은 이성복이라는 시인의 감각의 깊이를 따라가보는 방법이다. 가령

　　　당신은 짐승, 별, 내 손가락 끝
　　　뜨겁게 타오르는 정적 (p. 13)

이라는 시행을 읽으면서, 짐승·별, 손가락 끝, 타오르는 정적의 물질적 가치에 힘껏 탐닉해보는 것은, 그것의 형이상학적 의미에 집착하는 것보다 훨씬 재미있다. 형이상학적 의미에 집착할 때 애매하게 드러나는 당신의 이타성은, 물질적으로 접근할 때 생생한 현실로 드러난다. 당신은 짐승 같은 육체성과 별 같은 비육체성을 동시에 갖고 있지만, 내 손가락으로 당신을 만질 때 당신은 말없이 뜨겁게 불타오른다. 그 불타오

르는 관능성이 바로 타인의 이타성의 실제적 모습이다. 그런 식으로 이성복의 감각의 깊이를 따라가면, "아우성치며 울고 불고 머리칼 쥐어뜯"(p. 27)는 것은 "세차장 고무호스의 길길이 날뛰는 물줄기"(p. 27)로 물질화되고, "미끄러운"(p. 29) 것은 "잡채다발"(p. 29)로 물질화되고 있다. 더 나가면, 고무호스나 잡채다발은 남성성의 한 표상일 수도 있다. 동시에 이성복에게 있어, 가벼운 것은 웃음 소리, 민들레 꽃씨, 인플레(p. 36)로 물질화되고 있는데, 웃음 소리에서 연상되는 흰 이빨, 흰 이빨에서 연상되는 흰 꽃씨, 그리고 (민)들레에서 연상되는 인플레가 가벼움이라는 의미소 주위에 뭉쳐 있다. 물질적 이미지는 말재간의 이미지이기도 한 것이다.

  거기 얼마나 서 있어야 할지 몰랐다
  애가 끓었다,
  난로 위의 물주전자처럼 (p. 64)

과 같은 시행은 그것을 분명하게 보여준다. 그러나 실제로 내 마음을 감동시키는 것은 그런 말재간보다는,

  가슴은 여러 개로 分家하여 떼지어 날아갔다

  그것들이야 먼데 계시는
  내 어머니에게로 날아갈 테지만

  젖은 불빛이 뺨에 흘렀다 (p. 65)

에서 볼 수 있는 가로등 불빛에 반짝이는 눈물을 젖은 불빛이라고 묘사하는 시행이나,

  어머니, 무서워요
  금빛 거미가 저희를 먹고
  흰 실을 뽑을 거예요 (p. 51)

에서 볼 수 있듯이 노동을 착취하여 자본을 증식시키는 행위 주체를

금빛 거미로 묘사하는 시행들이다. 그것들은 말의 깊은 의미에서 감각이란 실존의 고뇌에 다름아니라는 것을 보여준다.

　이성복의 시적 자아는 그것이 세계라고 생각한 것 하나하나에 다 같은 주의력을 갖고 반응한다. 그것은 들판의 들풀에서부터 죽음의 강에 이르기까지 그가 인지하고 상상한 모든 것을 수용한다. 그 중에서도 가난·어머니·세상 버림을 노래할 때의 시적 자아의 목소리는 특히 아름답다.

>　강변 바닥에 돋는 풀, 달리는 풀
>　미끄러지는 풀
>　사나운 꿈자리가 되고
>　능선 비탈을 타고 오르는 이름모를 꽃들
>　고개 떨구고 힘겨워 조는 날,
>
>　길가에 채이는 코흘리개 아이들
>　시름없는 놀이에 겨워 먼데를 쳐다볼 때
>
>　온다, 저기 온다
>　낡은 가구를 고물상에 넘기고
>　헐값으로 돌아온 네 엄마
>　빈 방터에 머리 베고 툇마루에 누우면,
>
>　부스럼처럼 피어나는 온동네 꽃들
>　가난의 냄새는 코를 찔렀다 (p. 25)

위의 시는 가난을 묘사하고 있지만, 그 가난은 가난을 싸움의 전제 조건으로 내세우는 과시적 가난도 아니며, 가난을 저주받은 생존 범주로 내세우는 절망적 가난도 아니다. 그 가난은 있는 그대로의 가난이며, 그곳에서는 살기가 힘들다는 괴로움으로서의 가난이다. 그 있는 그대로의 가난을 전투력의 결여――보라, 그 가난의 공간에 있는 코흘리개 아이들은 "시름없는 놀이에 겨워 먼데를 쳐다"(p. 43)보고 있다――를 들어 수용적 가난이라고 비판하고, 한 신학자처럼 "가난한 자는 민중의 주체적 실체로서 구원의 대상이 아니라 구원의 주체"라고 주장할 수는 있지만, 그렇다고 해서 이 시의 값어치가 떨어지는 것은 아니다. 왜냐하면 우선은 가난한 자는 구원의 주체가 아니라, 차라리 구원이 솟아나는 자리이기 때문이며——그래야 마음이 가난한 자도 구원받을 수 있을 것이 아닌가!——그 다음에는 농민·노동자에게 농민·노동자의 가난함을 일깨워주는 시도 중요하지만, 고소득층·중산층에게 가난의 공간을 이해시키고, 그들을 부끄럽게 만드는 시도 중요하기 때문이다(지나는 길에 지적하자면, 방티란 경상도 사투리로 머리에 이는 함지박을 뜻한다).

그러나 나는 이성복의 가난의 시들보다, 그의 어머니 시, 세상 버림의 노래들에 훨씬 더 끌린다. 나에게는 그의 시적 상상력이 그쪽에 훨씬 더 어울려 보인다.

> 사랑하는 어머니 비에 젖으신다
> 사랑하는 어머니 물에 잠기신다
> 살 속으로 물이 들어가 옷이 불어나도
> 사랑하는 어머니 微動도 않으신다
> 빗물이 눈 속 깊은 곳을 적시고
> 귓속으로 들어가 무수한 물방울을 만들어도
> 사랑하는 어머니 微動도 않으신다
> 발 밑 잡초가 키를 덮고 아카시아 뿌리가
> 입 속에 뻗어도 어머니, 뜨거운
> 어머니 입김 내게로 불어온다
>
> 창을 닫고 비를 막아도 들리는 빗소리,
> 사랑하는 어머니 비에 젖으신다
> 사랑하는 어머니 물에 잠기신다 (p. 43)

이 시에서의 어머니는 삶 속에서 만날 수 있는 어머니이며 동시에 세계내의 삶의 원리, 아니 여건으로 존재하는 대지모신으로서의 어머니이다. 그 어머니는 어떤 재난이 그녀를 덮쳐도 "미동도 않으신다"(p. 43). 그 어머니의 받아들임·고뇌·절망을 시인은 비—땅의 물질적 이미지로 바꿔 표현하고 있지만, 그것을 시인은 잊을 수가 없다. 어머니는 "창을 닫고 귀를 막아도 들리는 빗소리"를 미동도 않고 받아넘긴다. 그 어머니야말로 고통스러운 삶을 수락하는 원리 자체이다. 그 수락이 단순한 체념일까? 나는 그렇게 생각하는 사람들이 많다는 것을 알고 있지만, 그들이 무의식중에 다른 수락을 받아들이고 있음도 알고 있다. 사람은 이십사 시간 내내 신경을 곤두세우고 살 수는 없는 법이다. 잘 싸우기 위해서는 어디선가 쉬어야 한다. 어머니는 그 신경 곤두선 싸움의 자리에 미동도 않고 버티고 있는 휴식과 안락의 자리이다. 그 어머니가 있어도 때로 세계는 버리고 싶은 장소이다.

  요단을 건너는 저 가을빛
  물결을 지우며 달리는 나룻배 한 척
  마음도 그와 같아서……

  꺼지리라, 꺼지리라
  저 불꽃 꺼지고 나면
  거짓말로 위로하고 위로받으리라 (p. 60)

마음은 요단강을 건너는 나룻배와도 같고, 꺼져가는 가을빛과도 같다. 요단강이나 가을빛이라는 서구적 이미지의 도움을 받고 있지만, 꺼지고 싶은 삶의 불꽃이라는 이미지는 애절하게 울린다. 그 애절함이야말로 수박 먹는 가족들의 모습에서 배어나오는 "왠지 쓸쓸해지기만 하는 어떤 삶"(p. 47)의 모습 바로 그것이다. 그 애절함은 죽고 싶다는 절규를 뒤에 깔고 있으며, 그것은 때로 실현되기도 한다. 마음은 정말 "헤아릴 수 없이 외로운 것"(p. 59)인가 보다.
 이 뛰어난 시들을 되풀이 읽고 싶다.

 부기: 시인이 직접 말한 것에 따르면, 남해금산은 한반도의 마지막 산이다. 그것은 육지에 매달려 있으면서, 바다를 내려다보고 있다. 그 육지의 마지막 산을 색채로 표상한 것이 시집 표지의 짙은 초록색이다. 그의 시와 그것들을 모아놓은 시집은 그의 마지막 산과 마찬가지로 마지막 노래이다. 절정이면서 죽음인 백조의 마지막 노래와도 같다. 시인의 그 설명은 매우 강한 호소력을 갖고 있다. 그러나 나는 그 강한 호소력이 지나치게 제어된 상징들로만 이뤄질 때 곧 그 힘을 잃게 되리라고 시인에게 말했다. 시인은 거기에 승복하지 않았다.

속꽃 핀 열매의 꿈
—— 김지하에게

　모든 글들이 다 글쓰고 싶다는 내 욕망을 자극하는 것은 아니다. 어떤 글들은 아주 평판이 높아 그것을 읽고 싶다는 욕망을 자극하지만 마음을 조금도 움직이지 않게 하고, 어떤 글들은 첫 줄부터 마음을 사로잡아 되풀이 그것을 읽게 만들고, 나아가 그것에 대해 무엇인가를 말하게 한다. 문학비평가로서 가장 즐거운 때는 그런 글을 만날 때이다. 내 마음속의 무엇이 움직여 그 글로 내 마음을 무의식적으로 이끌리게 하는 것일까? 그것을 생각하다보면 때로 내 마음을 움직인 글은 자취도 없이 사라지고 내 마음이 움직인 흔적들만 남아, 마치 달팽이가 기어간 흔적처럼 반짝거린다. 그 흔적들을 계속 쫓아가면, 그것은 기이하게도 다시 내 마음을 움직인 작품으로 가 닿고, 그 길은 다시 그것을 쓴 사람의 마음의 움직임으로 다가간다. 내 마음의 움직임과 내 마음을 움직이게 한 글을 쓴 사람의 마음의 움직임은 한 시인이 '수정의 메아리'라고 부른 수면의 파문처럼 겹쳐 떨린다. 나는 최근에 그런 떨림을 느끼게 한 한 편의 시를 읽었다. 그 시는 김지하의 「무화과」(『우리 시대의 문학』 5집)라는 시이다.

　　돌담 기대 친구 손 붙들고
　　토한 뒤 눈물 닦고 코풀고 나서
　　우러른 잿빛 하늘
　　무화과 한 그루가 그마저 가려섰다.

　　이봐
　　내겐 꽃시절이 없었어
　　꽃 없이 바로 열매맺는 게
　　그게 무화과 아닌가

어떤가
친구는 손 뽑아 등 다스려주며
이것봐
열매 속에서 속꽃 피는 게
그게 무화과 아닌가
어떤가

일어나 둘이서 검은 개굴창가 따라
비틀거리며 걷는다
검은 도둑괭이 하나가 날쌔게
개굴창을 가로지른다

 비교적 짧은 이 시의 무엇이 내 마음을 움직여 그것에 대해 무엇인가를 써보고 싶다는 깊은 욕망을 불러일으킨 것일까? 나는 내 마음의 움직임의 흔적을 따라 이 시의 내면으로 내려가볼 작정이다.

 나는 시의 리듬에 대해 내 나름의 고정관념을 하나 갖고 있다. 그것은 시의 리듬은 시를 의미론적으로 분절하여 읽는 방식에 시의 자연스러운 리듬이 자꾸 저항할 때 힘있게 된다는 고정관념이다. 의미론적 분절과 음악적 분절이 완전히 일치할 때 시의 리듬은 단조로워지고 그것이 심해지면 동요나 표어에 가까워진다. 그러나 그것이 서로 길항할 때 시의 리듬은 팽팽해지고 긴장되어 폭발 직전의 힘을 갖는다. 지나치게 서로가 서로를 배제하여 그 긴장이 터져버릴 때 시는 물론 실패하여 시의 흔적들만을 남긴다. 그 고정관념을 그대로 간직한 채 「무화과」를 의미론적으로 분절해보면:

돌담〔에〕기대 | 친구〔의〕손〔을〕붙들고
토한뒤〔에〕 | 눈물〔을〕닦고코〔까지〕풀고나서
우러른 | 잿빛하늘
무화과한그루가 | 그〔것〕마저가려섰다

이봐 | ──
내겐 | 꽃시절이없었어
꽃없이 | 바로열매맺는게

그게〔＝그것이〕｜무화과아닌가
──｜어떤가
친구는손뽑아｜등다스려주며〔또말한다〕
이것봐｜──
열매속에서｜속꽃피는게
그게〔＝그것이〕｜무화과아닌가
──｜어떤가

일어나둘이서〔＝둘이서일어나〕｜검은개굴창가따라
비틀거리며｜걷는다
검은도둑괭이하나가｜날쌔게〔＋〕
개굴창을가로지른다

　의미론적으로 분절하자면, 이 시는 맨 마지막 2행을 제외하고는, 각 행마다 두 박자의 분절을 가능케 한다. 맨 마지막 2행은 "검은도둑괭이하나가｜날쌔게개굴창을가로지른다"라고 분절되어야 하지만 그렇게 분절할 수 없게 시인이 2행으로 나눠 의미론적인 분절에 긴장을 부여하고 있다. 그 의미론적 분절을 가능케 한 이 시는 음악적으로 보면:

돌담기대｜친구〔의〕손｜붙들고〔－〕
토한〔－〕뒤｜눈물닦고｜코풀고나〔서〕
우러른〔－〕｜잿빛하늘
무화과〔－〕｜한그루가｜그〔것〕마저｜가려섰다

이봐〔－－〕
내겐〔－－〕｜꽃시절이｜없었어〔－〕
꽃〔－〕없이｜바로〔－－〕｜열매맺는〔게〕
그게〔－－〕｜무화과〔가〕｜아닌가〔－〕
어떤가〔＝어떠한가〕
친구는〔－〕｜손〔－〕뽑아｜등다스려〔주며〕
이것봐〔－〕
열매속에〔서〕｜속꽃피는〔게〕
그게〔－－〕｜무화과〔가〕｜아닌가〔－〕
어떤가〔＝어떠한가〕

일어나〔서〕| 둘이서〔-〕| 검은〔--〕| 개굴창가 | 따라〔--〕
비틀거리〔며〕| 걷는다〔-〕
검은〔--〕| 도둑괭이 | 하나가〔-〕| 날쌔게〔-〕
개굴창을 | 가로지른〔다〕

이 시는 4·4조를 그 밑에 깔고 있는 3박자와 4박자가 혼용된 리듬을 갖고 있다.
 의미론적으로 2박자로 분절되던 이 시는 음악적으로는 3박자—4박자 혼용으로 분절되며, 그 두 분절은 서로 길항하여, 이 시를 때로는 2박자로, 때로는 3박자, 4박자로 읽게 만들고 있다. 길항하는 두 리듬만이 이 시를 지배하고 있는 것은 아니다. 내 마음의 움직임은 때로 한두 낱말에 특이한 울림을 부여하여 큰 두 리듬과는 다른 리듬으로 이 시를 읽게 만든다. 보라:

돌담기대 | 친구손 | 붙들고
토한뒤 | 눈물닦고 | 코풀고나서
우러른 | 잿빛하늘
무화과한그루가 | 그마처 | 가려섰다

이봐 | —
내겐 | 꽃시절이없었어
꽃없이 | 바로 | 열매맺는게
그게 | 무화과아닌가
친구는손뽑아 | 등다스려주며
이것 | 봐
열매속에서 | 속꽃피는게
그게 | 무화과아닌가
어떤가 | —

일어나 | 둘이서 | 검은개굴창가따라
비틀거리며 | 걷는다
검은도둑괭이하나가 | 날쌔게
개굴창을 | 가로지른다

내 마음의 움직임에 따라 읽은 이 시의 리듬도——리듬이 심리적인 시간의 되풀이라고 정의한 것은 리차즈였다——엄격하게 따지자면 의미론적 분할과 음악적 분할의 변주 분할이다. 그러나 그 변주 분할을 가능케 한 몇 개의 어휘들, 그마저, 내겐, 바로, 그게 등이 내 마음을 그토록 강하게 울린 것은 무엇 때문일까?

이 시는 짧은 단막극처럼 구성되어 있다. 1련과 3련은 정경 설명이며, 2련은 대화이다. 그것을 풀어서 써보면:

전경: 나는 돌담에 기대, 친구의 손을 잡고, 토한 뒤에, 눈물 닦고, 코풀고 나서, 눈을 들어 잿빛 하늘을 바라다본다. 무화과 한 그루가 그 하늘을 가리고 서 있다.
대사: 내가 친구에게 말한다. "이봐, 내겐 꽃시절이 없었어." 친구가 대답한다. "꽃 없이 열매맺는 게 바로 무화과 아닌가. 안 그런가?" 그는 내게 잡힌 손을 빼내 그 손으로 등을 두드리며 말한다. "이것봐.〔이 무화과처럼〕열매 속에서 속꽃 피는 게 무화과 아닌가. 안 그런가?〔자넨 그 무화과 같은 사람일세.〕"
후경: 둘은 일어나 검은 개울 따라 비틀거리며 걷는다. 검은 도둑괭이 하나가 날쌔게 개울을 가로지른다.

이 한 편의 짧은 단막극은 나와 친구와의 대화로 이뤄져 있다. 나와 친구는 술을 잔뜩 먹고 서로 이야기를 주고받는다. 장소는 돌담이나 무화과, 개울이라는 어사를 보면 중부 이남의 시골이다. 무화과는 주로 중부 이남에서 자라는 유실수의 열매이기 때문이다. 술은 내가 더 취해 친구의 손을 잡고 토한다. 눈물 닦고——토할 때는 대개 눈물이 나온다——코풀고 나서 하늘을 우러러본다. 하늘은 잿빛이다. 다시 말해 비가 오려 할 때의 하늘이거나, 늦은 저녁 하늘이다. 무화과 한 그루가 그 하늘마저 가리고 있다. 나는 우러러볼 하늘이 없다. 나는 무심히 내 심정을 토로한다. "이봐, 내게는 꽃시절——꽃처럼 활짝 펴 남의 시선을 끌던 시절이 없었네.〔나는 고생만 했네.〕" 친구가 무화과를 가리키며——이 동작은 숨어 있다——또 등을 두들기며 말한다.〔자네는 무화과 같은 사람일세.〕무화과는 꽃 없이 바로 열매를 맺어. 아니 열매 속에서 속꽃 피네. 〔자네는 화려한 시절을 보낸 뒤에 성숙한 게 아니라, 성숙한 채로 화려한 걸세.〕" 내 마음이 달래졌는지 어쩐지는 알 수 없지만, 둘은 일어나 비틀거리며 개울을 따라 걷는다. 하늘이 잿빛이듯, 개울 역시 검다. 그 검은 개울을 역시 검은 도둑괭이가 날쌔게 가로지른다.

나와 내 친구의 대화를 가능케 한 정경은 비정상적이다. 나는 홀로 굳건히 서 있지 못하고 돌담에 기대어 친구의 손을 잡고 있다. 나는 토한다. 나는 눈물·콧물 흘린다. 바라다본 하늘은 잿빛이다. 그 하늘마저 무화과가 가리고 있다. 돌담 곁 개울은 검고, 그 검은 개울을 가로지르는 도둑괭이 역시 검다. 나와 친구는 비틀거리며 걷는다. 그 비정상적인 정경 속에서 나와 친구는 이 시의 핵심이 될 대화를 나눈다. 나는 그에게 자기에겐 꽃시절이 없었다고 말한다. 다시 말해 나는 쓸쓸하고 슬프고 괴롭다. 나는 절망적이다. 그 절망감은 그의 다른 시에서 토로된

　　다 소용없구려
　　한세상이 다
　　종이우산 폈다 접는 일

이라는 도저한 허무주의와 결부되어 있다. 나를 내 친구가 달랜다. 자네는 무화과 같은 사람이다. 꽃 없이 열매를 바로 맺는 무화과같이, 자네도 꽃 없이 바로 열매를 맺었다. 자네는 뛰어난 사람이다. 뛰어난 사람은 열매 속에 속꽃을 피운다, 무화과처럼. 그 달램이 나에게 위안이 될까? 2련과 3련 사이에는 큰 침묵이 자리잡는다. 그리고 그들은 어둠 속으로 사라진다. 나의 절망과 친구의 위로는 매우 진부한 주제이다. 그러나 그 진부한 주제를 형용하는 무화과라는 이미지는 뛰어난 이미지이다. 무화과라는 이미지가 그 진부한 대화——나는 실패했다; 너는 위대하다——를 순식간에 비극적 높이로 이끌어올린다. 그 비극적 높이는 열매 속에 속꽃이 피어 있다는 놀라운 인식에 의해 가능해진다. 꽃시절이 없는 것처럼 보여도, 열매가 있으면 그 속에 꽃은 들어 있다! 그 인식은 비극적이다. 꽃은 숨어 있기 때문에 보는 사람에게만 보인다. 다시 말해 범속한 사람에겐 안 보인다. 열매는 안 보이는 꽃이다. 보이는 꽃만을 바라는 사람에겐 그 인식은 비극적이다. 그것은 절망을 자아내기 때문이다. 보이지 않는 꽃을 볼 수 있는 사람에게도 그

인식은 비극적이다. 그것은 영혼을 정화시켜주기 때문이다. 그런 운명이 있을 수 있다는 것을 인정함으로써 그의 넋은 정화된다.

나의 태도는 현실 속에서 보상을 바란다는 점에서 현실주의자의 태도이다. 나에겐 꽃시절이 없었다. 현실은 나에게 고통만을 준다. 친구의 태도는 신비주의자의 태도이다. 꽃시절이 없더라도 열매가 있으면 그 속에 꽃이 있다. 속에 꽃이 있다는 태도야말로 내부 초월이라고 부를 수 있을 초월의 전형적인 태도이다. 속에 꽃처럼 밝고 환하고 아름답고 부드럽고 따뜻한 것을 간직하고 있는 한 초월은 가능하다. 그 내부 초월의 길을 처음 인식한 시인들이 독일 낭만파들이다. 그런 의미에서 친구의 신비주의는 낭만파적이다(열매와 꽃의 의미에 대하여 김지하는 다음과 같이 말한 바가 있다: "시인이라는 것은 본래부터 가난한 이웃들의 저주받은 생의 한복판에 서서 그들과 똑같이 고통받고 신음하며 또 그것을 표현하고, 그 고통과 신음의 원인들을 찾아 방황하고, 그 고통을 없애며 미래의 축복받은 아름다운 세계를 꿈꾸고, 그 꿈의 열매를 가난한 이웃들에게 선사함으로써 가난한 이웃들을 희망과 결합시켜주는 사람입니다. 그렇기 때문에 우리는 참된 시인을 민중의 꽃이라 부르는 것입니다"〔『남녘땅 뱃노래』, p. 62〕. 시인은 꿈의 열매를 나눠주는 사람이기 때문에 꽃이다라는 이미지에서도 꽃과 열매는 도치되어 있다. 김지하의 무의식을 잘 엿볼 수 있는 대목이다).

이 짧은 단막극의 등장인물은 나와 친구의 둘이며, 그 둘 외부에 전경과 후경을 기술하고 있는 화자가 있다. 화자가 이 시의 정경을 이루는 사건을 바라다보는 시선은 매우 어둡다. 그는 가능한 한 객관적으로 그 사건을 기술하려 하지만, 그 노력 밑에서 부정적 주관성이 슬며시 솟아오른다. 일련의 잿빛 하늘, 그것을 가로막는 무화과 같은 이미지는 어두운 부정의 이미지이다. 1련에서 부정적으로 묘사된 무화과는 2련에서 긍정적으로 묘사되어, 나의 절망, 허무감을 극복할 수 있는 이미지로 변모한다. 그 긍정은 그러나 계속적이지 못하다. 3련에서 화자는 다시 검은 개울, 비틀거리는 걸음걸이, 날쌔게 개울을 가로지르는 검은 도둑괭이들을 보여줌으로써 부정의 분위기를 고조시킨다. 그 화자가 묘사하는 정경 속에 두 인물이 떠오른다. 그 두 인물은 세 마디의 대사를 서로 주고받는다. 나는 말한다. "이봐, 내겐 꽃시절이 없었어." 나의 말은 나는 지금 쓸쓸하다, 절망적이다라는 의미를 전달하고 있지만, 그

의미를 넘어서서 그것은 다른 울림을 울린다. 그 말은 우선, 나는 꽃시절을 원했다, 그런데 내겐 그 꽃시절이 오지 않았다라는 울림을 울린다. 나의 바람 때문에, 나의 절망이 왔다. 내가 바라지 않았더라면, 내 절망도 오지 않았을 것이다. 내 절망은 내 욕망에 뿌리를 두고 있다. 그 말은 그뒤에, 내겐 꽃시절이 오지 않았다, 그러나 네겐 꽃시절이 왔다라는 울림을 울린다. 네 성공은 내 절망과 대비적이다. 네 성공이 화려하면 할수록 내 절망은 어둡고 어둡다. 내 절망은 내 부러움에 뿌리를 두고 있다. 아니, 내 절망은 내 욕망, 내 시샘에 뿌리를 두고 있다. 내 절망의 뿌리를 내 속에서 찾으면 욕망이 드러나고, 내 밖에서 찾으면 시샘이 드러난다. 내 말에 뒤이어 친구의 달래는 말이 나온다. "자네는 꽃 없이 바로 열매를 맺는 무화과와 같다." 그 말은, 나는 성공했지만, 너도 성공했다라고도 울리고, 나는 성공 못 했지만 너는 성공했다라고도 울린다. 너는 화려한 꽃시절은 없었지만, 나와 같이, 혹 나와 달리 열매를 맺었다. 그리고 친구는 그 열매의 질에 대해 덧붙여 설명한다. "그 열매에는 속꽃이 피어 있다." 그 말은, 너의 성공은 화려한 성공이지만, 그 화려함은 감춰져 있다라는 의미를 갖고 있다. 네 성공의 숨은 원리는 숨어 있는 꽃열매이다. 나와 친구와의 대화는 탄식과 위로의 대화이다. 그 대화는 실제로 존재하는 두 사람 사이에서 일어난다. 그러나 그 두 사람이 과연 두 사람일까? 화자는 3련에서 "일어나 둘이서 개울가를 따라 비틀거리며 걷는다"라고 씀으로써, 그 둘이 하나같이 '비틀거리고 걷'는 모습을 보여준다. 검은 도둑괭이같이 날쌔게 걷지는 못하지만, 그 둘은 하나같이 개울가를 따라 비틀거리며 걷는다. 그들은 어둠 속으로 사라진다. 어둠 속으로 사라진 그 둘은 사실에 있어 하나가 아닐까? 더 나아가 나와 친구·화자는 한 사람이 아닐까? 나는 꽃시절을 바랐다라는 바람의 동력이 그 나를 셋으로 나눠, 그 바람의 치기를 객관화시키고 있는 것이 아닐까? 그렇다면 나는 실재적 자아이며, 친구는 잠재적 자아이며, 화자는 그 두 자아를 관찰하는 예술적 자아이다. 실재적 자아의 욕망을 잠재적 자아는 너는 실패한 것이 아니라고 달래고, 그 두 자아의 대화를 예술적 자아는 어둡게 그려내고 있다. 절망에만 빠져 있지 않기 위해 자아는 분열하며, 한 자아는 달래고, 한 자아는 그 달램을 예술로 만든다. 한 자아의 욕망은 적절히 규제되어, 그의 절망은 폭발력을 제어받는다. 그 분열의 과정은 아름답고 감동적이다.

이 시의 핵심적 이미지는 무화과의 이미지이다. 내 감각의 깊이는 무화과를 끈적끈적함과 연관시킨다. 그것은 복숭아의 부드러운 꺼끌꺼끌함, 배의 딱딱한 시원함에 대비되어 있다. 내 감각의 깊이엔 사과가 자리잡고 있지 않다. 그것은 당연한 일이다. 내 고향에는 사과나무가 드물었기 때문이다. 그러나 이 시의 무화과는 내 감각의 깊이를 혼란시키고 새 감각소를 추가한다. 그 감각소는 여성성이다. 시의 첫련에서 나는 여성적인 인물로 묘사되고 있다. 나는 돌담에 기대(쭈그리고 앉아) 있고, 친구의 손을 잡고 있으며, 눈물·콧물 흘리며 토하고 있다. 나는 잿빛 하늘을 우러러보려 하지만, 무화과 한 그루가 그것마저 가리고 있다. 여성적인 나는 이 세계 밖(하늘)을 바라보려 하지만, 무화과는 그것을 가로막는다. 여성적인 내가 바라보는 것을 막고 있으니까, 무화과나무의 이파리들은 남성적 성격을 띠고 있다. 친구는 여성적인 나와 남성적인 무화과잎——하늘을 가릴 정도이니까, 그 무화과나무는 무성한 잎을 갖고 있다——의 매개항이다. 그는 여성적인 나에 대해서는 남성이지만, 무화과에 대해서는 나와 마찬가지로 여성이다. 무화과잎은 나와 친구를, 긍정적으로 보자면 감싸고 있으며, 부정적으로 보자면 하늘과 차단하고 있다. 그것은 보호자이며 규제자이다. 1련에서 무화과잎으로 남성적 성격을 드러낸 무화과는 2련에서 열매로서 여성적 성격을 드러낸다. 그것은 나에게 꽃시절이 없었다고 탄식하는 나를 달래는 어머니 같은 성격의 친구가 제시하는 과일이다. 그 과일은 물론 실제로 제시된 과일이 아니라, 말로 제시된 과일이다. 너는 이 무화과 같다! 그 무화과는 꽃 없이 바로 열매맺는 과일이다. 그것은 특이한 과일이다. 그 특이성은 그러나 부정적 성격을 갖고 있지 않다. 그것은 오히려 긍정적 성격을 갖고 있다. 무화과는 다른 과일과 다르게 꽃 없이 열매맺는다. 너는 그러니까 특이한 사람이다. 그 다음, 무화과는 열매 속에서 속꽃이 핀다. 대개의 과일은 꽃이 핀 뒤에 열매가 맺는다. 그런데 무화과는 열매 속에 꽃을 피운다. 열매는 단단함이라는 감각적 깊이를 갖고 있다. 그 단단함 속에 아름다운 꽃이 간직되어 있다. 대개의 과일은 열매 속에 달디단 과육을 간직하고 있지만, 무화과는 꽃을 간직하고 있다. 무화과는, 나나 친구에게, 먹는 과일이라기보다는, 속꽃을 피어나게 하는 토양으로 인지되고 있다. 단단함 속의 부드러운, 아름다운 꽃! 무화과는 남성적 단단함 속에 여성적 화려함을 간직하고 있다. 그 여성적 화려함이 내 절망을 달랠 수 있는 감각소이다. 무화과나무는 무화과잎의 남성성과 무화과의 여성성을 동시에 간직하고 있는 자웅동체이다. 무화과라는 이미지는 잎만으로 이뤄질 수도 없고, 열매만으로 이뤄질 수도 없다. 그것은 그 둘의 결합, 아니 합일에 의해 이뤄진다. 그 이미지의 내면에서는 환한 꽃이 피어나고 있다. 그 내면의 꽃이 무화과에 여성성을 부여한다.

그러나 이 시의 특이한 점은 나나 친구가 무화과의 그 여성성에 동화되지 않는다는 데 있다. 일련에서의 여성적 나와 남성적 무화과잎의 대립은 이련에서 속에 꽃을 간직한 열매라는 여성성에 의해 해소될 듯한 징후를 보인다. 해소가 이뤄진다면, 분리—화합의 제의적 성격이 두드러질 텐데, 실제로는 해소가 연기된다. 3련에서 나와 친구는 비틀거리며 개울가를 걸어가 어둠 속으로 사라진다. 해소가 이뤄진다면, 꽃에 대응하는 밝음의 세계가 나타나야 할 것인데, 그 밝음의 세계는 나타나지 않고 어두운 뒤틀린 세계만 나타난다. 그 어두운 세계는 검은 개울이라는 심연의 이미지의 도움을 받아 그 불길함을 길게 드러내고 있다. 그러나 나나 친구는 그 검은 개울—심연 속에 빠지지 않는다. 그들은 유예된 해소의 시간 속에서 어둠 속으로 사라질 따름이다. 그들이 사라진 뒤, 검은 도둑괭이 한 마리가 검은 개울—심연을 날쌔게 가로지른다. 마법의 힘을 갖고 있다고 하는 검은 고양이의 갑작스런 나타남은 이 시의 세계가 밝은 해소의 세계로 진전되지 않고, 검은 마술의 세계로, 진전되리라는 것을 암시하고 있다. 다시 말해 인위적인 마술의 세계, 보들레르가 인공낙원이라고 부른 검은 낙원의 세계, 술과 마약의 세계에 이 시는 연계되어 있다. 세계는 고통스러운 곳이다. 그 속에는 그러나 꽃이 있다라는 화해로운 인식이 이뤄지는 대신, 아니 그 인식이 계속 유예되면서 검은 마술의 세계가 갑작스럽게 제시되는 이 시는, 그것 때문에 오히려 시적 긴장을 획득한다. 왜냐하면 화해로운 인식이 이뤄지는 순간에, 말이나 말로 이뤄지는 시의 세계는 이미 거추장스러운 걸리적거림의 대상이 되기 때문이다. 계속 시를 쓰기 위해서는 그 인식이 계속 유예되어야 한다. 해소는 유예되고 그 해소에 대한 그리움만이 남아야 시를 쓸 수 있다. 시인의 표현을 빌면, "꿈은 그리움을 빗장으로" 하기 때문이다. 그 꿈은 "이제 잘리고 찍힌 나무결 속에서 깊은 한을 품은 채 해방을 그리는 모든 나무들의 야생의 꿈"이다.

아, 이제야 알겠다. 왜 그마저, 내겐, 바로, 그게 등의 어휘들이 내 마음을 그토록 강하게 흔들었나를. "무화과 한 그루가 그마저 가려섰다." 현실은 잿빛 하늘을 바라다볼 수 없을 정도로 음울하다. 무화과잎은 잿빛 하늘마저도 가리고 서 있다. 그마저가 있음으로 시인의 우울하고 쓸쓸한 마음은 더욱 강하게 밖으로 나타난다. "내겐 꽃시절이 없었어." 시인은 나를 강조한다. 시인의 강조하는 나는, 그가 다른 시에서 잘린 나무라는 이미지로 표현한 것이다. 그 잘린 나무는 "넓은 벌판 우거진 숲 속에서 자라던 자유로운 나무의 삶을 삶답게 해주던 나무의 살아 뜀뛰는 야생의 꿈을 이제는 온 힘으로 나무결에 집중"하는 나무이다. 그 나가 엘리트주의, 혹은 넓은 의미의 영웅주의의 흔적을 간직하고 있지 않은 것은 아니지만, 그 흔적 때문에 내가 사람들의 삶에서 유리된 고립주의의 삶을 살아야 한다고 생각하는 법은 없다. 그것이 나의 미덕이다. 나는 차라리 본질과 외관의 괴리에 고뇌하는 실존주의자에 가깝다. 삶의 본질을 드러내려는 나의 꿈은 깊고, 그것의 실현을 방해하는 방해물들은 높다. "꽃 없이 바로 열매맺는 게/그게 무화과 아닌가." 바로는 꽃 없음이 결격 사유가 아님을 보여주는 어사이다. 꽃 없이 열매가 맺을 수 있다라는 것을 바로라는 말은 강조하고 있으며, 그게 또한 그러하다. 그 강조는 "열매 속에서 속꽃 피는 게/그게 무화가 아닌가"의 그게에서도 마찬가지이다. ……그러나 그 앎만으로 충분하지 않다. 나는 왜 2련에서 특히 몇몇 말들을 강조하여 읽었을까? 그것은 내가 여성성에 무의식적으로 침잠해 있기 때문이 아닐까? 무의식적으로 나는 갈등이 해소되어 편안해진 상태, 노자가 박명의 상태라고 부른 상태를 희구하고 있었던 것이 아닐까? 나의 무의식은 검은 마법의 세계에 대해 겁을 내고 있는 것이 아닐까? 나는 무릎 꿇고 내 마음을 들여다보기 시작한다. 컴컴하다. 편안치 않다!

유랑민의 꿈

> 수시로 마른 빵을 씹던 유랑민의 꿈,
> 해결할 수 없는 겨울 밤의 목마름. (p. 60)

　마종기의 표면적 삶은 "한여름 냉방 장치의 응접실에서"(『모여서 사는 것이 어디 갈대들뿐이랴』, 문학과지성사, 1986, p. 23) "안락한 외제 소파에 틀고앉아"(p. 23) 안락하지 못했던 "동학의 전기를 읽"(p. 23)거나, 피아니스트 폴리니의 연주회에 가서 "흰 배경으로/두 마리 흰 새가 날아오르는"(p. 12) 것을 보거나, 안무가 미카엘 포킹에 대해서 친구에게 편지를 띄우는 유형의 삶이다. 그는 노벨상 시인 밀로즈씨의 자작시 낭송회에 참석하기도 하고, 때로는 "겨울의 긴"(p. 54) 안데스 산맥을 가보기도 하고, 스페인에 가 "낡은 베레모를 쓰고/오징어 튀김에 싼 술"(p. 73)을 마시기도 한다. 그런가 하면 "오랜만에 귀국해서 친구랑/촌길 주점에서 도토리묵을 먹"(p. 11)기도 한다. 미국에서 의사 생활을 하며, "영어를 잘하는" 아들과 "가진 것에 약한 아내를"(p. 68) 부양하고 있는 마종기의 삶을 간단하게 부르조아지의 무반성적 삶이라고 비판하기는 쉽다. 그러나 그 비판을 깊이 있게 하기 위해 그의 표면적 삶을 다시 따라가보면, 그 비판을 뒷받침해줄 요소들이 그리 많지 않음에 놀라게 된다. 그의 시는 외국에서 부유하게 사는 사람이 고향을 건너다보며 한가롭게 내뱉는 감상적인 말들의 단순한 모음이 아니라, 고향에서 떨어져 나와 외국 땅에 자리잡은 사람은 과연 떠돌이가 아닌가라는 물음에서부터 사람의 삶 자체가 그런 떠돌이의 삶이 아닌가라는 성찰을, 아니 차라리 떠돌고 있는 내 존재의 근거는 무엇인가라는 물음을 진솔하게 제시하는 흔치 않은 시로 차라리 나타난다. 딜레탕트 부르조아의 모습을 한 시인이 삶의 의미를 되묻는 영원히 떠도는 떠돌이 편력인으로 바뀌는 모습은 마종기 시의 핵심적인 부분 중의 하나이다. 그의 시를 외국 거주자의 감상적 제스처라고 보려는 순간, 그의 시의 보편성이 내 마음을 찌른다. 나는 깜짝 놀라 그의 시를 천천히 되풀이 다시 읽는다.

    한여름 냉방 장치의 응접실에서
    문득 얼굴에 흙칠을 하고 싶다. (p. 23)

라고 자괴하고 있는 시인의 마음 한구석을 점유하고 있는 것은 쉽고 편하게 세계를 살아가고 싶다는 욕망이다. 그 욕망의 밑바닥에는, 국민학교나 중학교 때 육이오를 겪은 세대면 누구나 느꼈을,

    피난 시절은 어른들의 먼지 속,
    전쟁은 보이지도 들리지도 않던 나이에
    나는 아침부터 심심하게 배만 고프고 (p. 11)

라는 시구에 암시되어 있는 배고픔의 추억이 자리잡고 있다. 다시는 그 배고프던 시절로 되돌아가고 싶지 않다라는 의지가 나는 편안하게 살고 싶다는 욕망의 근원적인 자리이다. 나는 편안하게 살고 싶다는 욕망은 이 세계는 편안하다라는 인식을 낳고, 그 인식은 이 세계에는 탈난 곳이 없다라는 인식으로 확대되어간다.

    호세 리쟐이 진단한 사회의 암은 우리였네.
    나태한 우리와 타협해서 쉽게 사는 우리,
    의타심에 눌려서 눈치로 사는 우리,
    작패로 싸우고 죽이고 이간질하는 우리,
    암세포로 썩어가는 나라의 병은
    아무도 볼 수 없는 우리들 마음에 있었네.
    (나도 외국을 떠도는 의사인데
    아무 병도 보이지 않았다.
    필리핀 의사를 만나면 마작이나 하고
    구라파 여행 때는 군침만 삼켰다.) (pp. 66~67)

호세 리쨜은 19세기말 필리핀이 아직 스페인의 식민지였을 때 『사회의 암』이라는 소설을 쓴, 서른다섯의 나이에 총살형을 당한 필리핀의 의사이다. 그가 진단한 사회의 암은 "나태한 우리와 타협해서 쉽게 사는 우리"(p. 66)의 그 편안함이다. 그 암을 마종기는 느끼지 못했다고 한다(느끼지 못했다고 기술하고 있는 마종기는 물론 그것을 느끼고 있다). 그 편안함은 어렵고 힘든 모든 것에서 자신을 떼내 그런 것은 없는 것처럼 느끼는 행위 속에 내재해 있다. 과연, 시인은

>모든 인연에서 떨어져나올수록
>내게 더 가까이 다가오는 피부의 밤,
>언제나 우리를 속상하게 하는
>겹치고 겹치는 어려운 시대도 가려주는
>위안의 끝없는 넓이여. (p. 68)

라고까지 말하고 있다. 편안한데 무엇 때문에 구태여 불편해지려 하겠는가. 그래서 그의 마음은 위안의 끝없는 넓이에 몸을 맡기고 편안히 흐르려 한다.

>그냥 흐르기로 했어.
>떨어지기로 했어.
>눈총도 엽총도 없이
>나이나 죽이고 반쯤은 썩기도 하면서
>꿈꾸는 자의 발걸음처럼 가볍게. (p. 61)

그 편안한 흐르는 삶은 시인의 표현에 의하면 "천 년짜리 장자(莊子)의 물"(p. 61)의 삶이다(이 자리에서 장자의 물의 삶이 과연 편안한 흐르는 삶인가 하는 질문을 던지는 것은 의미 없다. 그것은 시인의 생각이기 때문이다. 그러나 지나가는 김에 장자의 물의 삶, 무위의 삶은 나태의 삶이 아니라 자연의 순리에 거역하지 않는 삶이라는 것을 첨부하자). 그 물의 삶은,

>우리들 인연이야 어차피 바람이고
>내가 조준할 것은 이 세상에 없었다. (p. 31)

는 시구가 보여주듯 이 세계엔 시인이 겨냥할 것은 없다는 초속주의
(그 초속주의가 초월주의와 다른 것은 물론이다)에 물들어 있으며, 그래서
시인은 감히,

  나는 신비주의자가 될밖에 없었 (p. 14)

다고 말한다. 이 세계에는 조준할 것이 없으니, 이 세계에서는 편안히
살면서 이 세계 밖에 의미가 있는지 조준해보고 싶다는 것이 시인의
신비주의이다. 편안히 살고 싶다는 동물적 욕망에 사로잡혀 이 세계의
암종들에 대해 눈을 감았음에도 불구하고, 이 세계 밖에라도 의미가 있
는가 묻는 순간, 편안함은 존재론적인 변환을 일으켜 불편함의 근거 그
자체가 된다. 편안함이 마종기의 시에서는 바로 불편함인 것이다. 시인
은 편안하게

  내가 한 십 년
  아무것도 안 하고 단지 시만 읽고 쓴다면
  즐겁겠지. (p. 13)

라고 묻고 있지만, "내가 만약 질좋은 시인이 된다면"(p. 13)이라는 생
각으로 그 물음은 자연스럽게 이어나가게 되며, 그렇게 되는 순간 나는
무엇을 해야 하는가 하는 불편한 질문이 제기된다. 그때 편안한 물은

  한번 끓고 난 물은 탄력이 없어.
  비단같이 얇게 하늘거리는 땅 위에서
  생수 같은 사람이 되고 싶어서. (p. 44)

라는 시구에 나타난 대로 탄력을 잃은 물이 되어, 생수 같은 물에 대립
한다. 그 생수 같은 물은 "물 같은 목소리"(p. 42)를 가진, "우리들의 게
으름을 일깨워주는"(p. 43) 새의 물이다.

  새들은 아침잠이 없구나.
  동이 터오는 기미만 보이면

> 일어나 세수하고 우리를 부른다.
> 물 같은 목소리,
> 〔………〕
> 새들은 기미만 보고도
> 우리들의 게으름을 일깨워주는구나. (pp. 42~43)

편안함이 불편함이듯, 편안한 물도 불편한 물이다.

"나는 신비주의자가 될밖에 없었"(p. 14)다고 고백한 시인은 그러나

> 간직했던 生來의 軟弱의 모래톱
> 끝없이 떠다니는 모래들의 소문. (p. 15)

을 기억해달라고 부탁한다. "연약의 모래톱"이나 "끝없이 떠다니는 모래들"은 신심의 굳은 돌에 대립되어 있는 불안정한 실존을 표상하는 이미지들인데, 시인은 저 세계를 꿈꾸면서도 자신의 실존을 뛰어넘지 못한다. 거기에서 신비주의자답지 않은 질문들이 연이어 쏟아져나온다. 승진을 하기 위해 아무 죄 없는 쥐들을 꼭 실험용으로 이용해야 하는가라는 생존적 차원의 질문에서부터(「실험실의 쥐」) 시인의 용도는 무엇입니까라는 예술적 질문에 이르기까지 그 질문의 내용은 다양하고 포괄적이다.

　시인은 "그 겨울을 〔……〕 거의 지하실의 실험용 쥐들과 같이 지냈"(p. 20)다. 번호가 적힌 순서대로 시인은 매일 몇 마리의 쥐들의 배를 가른다. "물 대신 술을 계속 먹인 쥐들은 간이 붓고 체중이 줄고" "커피를 먹인 쥐들은 몸무게가 늘었지만 내장에 피가 맺히고, 코카콜라를 먹인 쥐들은 내〔그〕가 죽이기도 전에 비틀비틀 단내를 피우며 썩어간"다. 각종 음료수에 대한 혈액내의 화학 물질 농도와 내장벽의 근육 및 조직 변화의 연구는 성공했지만, 시인—의사는 쥐들의 "성공한 놈아, 성공한 놈"이라는 기침—외침을 잊지 못한다. 쥐들의 기침 소리가 그의 잠을 설치게 하는 것이다. 왜 잠이 오지 않는 것일까? 그것은 시인—의사가 그 쥐들을 인간적으로 이해하고 있기 때문에 그런 것이 아닐까? 내가 성공하기 위해 무고한 것들을 죽여도 되는가? 그 질문은

사람이란 무엇인가라는 질문과 이어진다.

> 사람은 생각하는 갈대라지만
> 아프리카 한복판 가뭄에 굶어죽은
> 수십만의 이디오피아 사람은
> 무슨 생각을 하는 갈대였을까.
> 갈대같이 말라서 쓰러져 죽고 마는
> 그 갈대를 꺾어서 응접실을 치장하고
> 생각하는 갈대답게 아프리카를 본다. (p. 49)

생각하는 갈대로서의 사람은 "생각하는 갈대답게" 굶어죽는 갈대도 생각하는 갈대일까 묻는다. 굶주린 사람도 사람일까? 그 단순한 질문 뒤에는 인간이 만든 모든 제도에 대한 의문이 숨어 있다. 사람은 사람답게 살아야 하는데, 굶어죽는 사람을 바라보며 생각하는 사람도 사람인가? 오랫동안 지식인을 괴롭혀왔으며, 아직까지도 괴롭히고 있는 그 질문은 안락한 부르조아의 근거를 뒤흔드는 질문이다.

> 이디오피아에서, 소말리아에서
> 중앙아프리카에서
> 굶고 굶어서 가죽만 거칠어진
> 수백 수천의 어린이가 검게 말라서
> 매일 쓰레기처럼 죽고 있습니다.
> 캄보디아에서, 베트남에서
> 오늘은 해골을 굴리고 놀고
> 내일은 정글 진흙탕 속에 죽는 어린이.
> 열 살이면 사람 죽이는 법을 배우고
> 열두 살이면 기관단총을 쏘아댑니다.
> 엘 살바돌에서, 니카라과에서
> 중앙아메리카에서 남아메리카에서
> 해뜨고 해질 때까지 온종일
> 오른쪽은 왼쪽을 씹고
> 왼쪽은 오른쪽을 까고
> 대가리는 꼬리를 먹고
> 꼬리는 대가리를 치다가 죽고.

> 하루도 그치지 않는 총소리,
> 하루도 쉬지 않는 살인.
> 하느님 시인의 용도는 어디 있습니까. (pp. 32~33)

 이 가난한 시대에 시인은 무슨 소용이 있는가. 시인으로서의 나는 사람답게 살고 있는가. 아니 산다는 것은 도대체 무엇일까. 그 질문은 쓰디쓴 절망적인 질문이다. 시인의 세계 인식은

> 어두운 골방에 앉아 하루종일 봉투 만들고
> 라면으로 끼니를 잇는 노파를 아신다면,
> 하느님, 내가 외롭단 말 못 하게 하세요. (p. 34)

라는 데 이르면 더욱 가혹해져, 시인—의사의 편안한 삶은 산산조각이 나, "하느님, 내가 고통스럽다는 말 못 하게 하세요"[p. 34]라고까지 시인으로 외치게 한다. 세계는 편안한 사람들로 가득차 있는 것이 아니라 고통스러운 사람들로 가득차 있다. 고통스럽다! 그 말도 사실은 사치스럽다. 시인은 더 나아가

> 정의는 때때로 간단한 깃발이다. (p. 58)

라고 단호하게 외친다. "세계의 곳곳에서 서로 목청을 뽑는/씩씩하고 웅장한 정의의 관현악"(p. 58) 때문에, 죽는 사람들이, 고통하는 사람들이 얼마나 많은가를 시인은 분명하게 알고 있다. 또한 시인은 미국의 "가볍고 싱싱"(p. 56)한 자유와 "고국에서 배운" "무겁고 힘겨운 자유"(p. 56)의 차이를 분명하게 알고 있다. 그는

> 오래 헤매며 살던 짙은 안개의 세월 끝나고
> 내가 드디어 뜨거운 눈을 뜨 (p. 53)

게 되리라 기대한다. 그의 뜨거운 눈은 신비주의자의 불안한 눈도 아니며, 생각하는 갈대의 차갑게 바라보는 눈도 아니다. 그 뜨거운 눈은

>   모여서 사는 것이 어디 갈대들뿐이랴.
>   바람부는 언덕에서, 어두운 물가에서
>   어깨를 비비며 사는 것이 어디 갈대들뿐이랴. (p. 72)

라고 생각하며, 같이 전망 있는 미래를 향하는 눈이다. 그 눈이 감기고, 입에서 단순한 기도가 새나온다.

>   눈물 속에서
>   당신을 보게 하시고
>   눈물 속에서
>   사람을 만나게 하시고
>
>   죽어서는
>   그들의 눈물로 지내게 하소서. (p. 76)

그 기도는 참회의 기도이며 바람의 기도이다.
  나는 편안하게 살고 있다; 그러나 다른 사람들은 고통스럽게 살고 있다; 나는 그들의 고통에 대해 아무 말도 하지 않을 수 없다라는 마종기의 세계관을 무엇이라고 부를 수 있을까? 나는 그것을 단순하게, 다시 말해 가치 부여를 하지 않고 중산층의 휴머니즘이라고 부르고 싶다. 그 휴머니즘의 핵심은 같이 모여서 살아야 인간답게 살 수 있다는 연대 의식, 혹은 공동체 의식이다. 의사다운 그의 표현을 빌면 "많은 피의 찌꺼기가 죽고 또 죽어서 상처를 아물게" 하듯, 함께 모여 고난을 이겨내야 삶의 상처는 아문다. 그런 그의 지혜는 삶의 전체적 모습을 드러내는 것을 겨냥하는 서사적 세계의 지혜가 아니라, 자기의 체험에 의거해 삶의 한 부분의 진리를 드러내 성찰의 계기로 삼는 루카치가 쓰는 의미의 수필적 세계의 지혜이다. 마종기의 시가 서사적 이야기나 서정적 추억보다는 정경 묘사나, 이런 경우, 저런 경우 할 때의 그 경우 묘사에 자주 기우는 것은 그것 때문이다. 그는 자기가 세계의 진리를 쥐고 있다고 주장하지도 않으며, 세계의 근원이라고 할 유년기의 천국 속에 자리잡지도 않는다. 그는 현실 속에서 의사로서 환자를 치료하고, 그가 좋아하는 시나 소설을 읽으며, 전람회·음악회·무용 등을 보러 다닌다. 그는 그러한 삶 속에서 삶의 진리들을 만난다. 그 진리들은 전체적이지는 않지만, 부분적인 설득력을 갖고 있다. 그런 수필적 체험을 그는 수필로 표현하는 것이 아니라 시로 표현한다. 그의 시는 그래서 때로 진술에 가까워지는데, 진술의 산문성을 피하기 위해 그는 때로 화자의 목소리를 바꿔 산문적 분위기를 지운다. 동요풍이라는 부제가 붙어 있는 「폴란드의 바웬사 아저씨」 같은 작품은 그 좋은 예이다.

꽃 파는 여자와 결혼한 노동자
나는 바웬사 아저씨가 좋아요.
애국이니 혁명을 말하지 않고
고개숙이고 헤매는 아저씨 이마의 땀.
밤에는 친구끼리 몸을 기대는
폴란드의 가난한 노동조합원.

일곱 명 아기의 아버지와 죄지은 신자
술 한잔 마시고 그다니스크 시를 걸어가는
술 한잔 취하면 부르는 유행가.
"우리가 죽어서 모두 재가 된다면
폴란드여, 제발 그 재만은 자유롭기를"
얼마나 자유를 그리워하면
무섭지 않아도 눈물이 나고
맨몸으로 쓰러지는 눈 덮인 거리

"옳은 것은 원래부터 무의식이다"
폴란드의 자유와 생존의 열망이
이제 많이는 땅 밑에 묻혀버렸지만
계엄령의 얼음판에서도 불을 자주 보는
바웬사 아저씨가 나는 좋아요.

화자의 목소리를 소녀의 그것으로 제시함으로써, 바웬사에 대한 시인의 인식은 산문적 질서를 벗어나 시적 분위기를 획득한다. 그 분위기의 다른 이름은 사랑·존경 등이다. 그것은 "정의보다 훨씬 높고, 맑고, 따뜻한 것"(p. 59)이다. 다시 말해 비억압적이며 진리 계시적이다. 그때 그의 시들은 아름답다.

울음과 통곡

한밤에 깨어 강물 소리를 듣는다.

사람사는 일이란 무릇 이러한 건가,
빗소리 천둥 소리에 잠시 귀기울이고
꽃샘 잎샘에 잠시 목 움츠릴 뿐
도도히 흘러가는 강물 같은 건가.
(『씻김굿』, 나남, 1987, pp. 229~30)

　긍정적인 방향에서건, 부정적인 방향에서건, 신경림의 시는 많은 비평가·시인 들의 관심의 대상이 되어왔고, 앞으로도 그러리라 생각된다. 그러나 그 관심의 깊이와 넓이에 반하여, 그의 시세계를 포괄적으로 설명하고 해석하는 작업은 유종호의 매우 뛰어난 한 편의 글에서밖에는 거의 행해지지 않았다. 그의 시는 대개 농민문학론의 수일한 예로 제시되거나, 아니면 시대 착오적인 농촌 묘사의 한 예로 제시되어, 문학 이론의 시녀 노릇만을 해왔다. 그것은 시인 신경림에게는 득이 될 수도 있었고, 실이 될 수도 있었다. 그는 그것 때문에, 여하튼, 농민문학론의 기수가 되어 많은 사람들의 주목을 받게 되었고——그것은 득이다. 그것 때문에 그의 시적 움직임의 폭은 크게 줄어들었다——그것은 실이다. 나도 그의 시를 농민문학론의 틀 속에 가두고, 그의 시들이 농민문학론의 진전에 얼마나 기여하고 있는가를 지적함으로써 그에 대한 글을 갈무리하고 싶다는 강한 유혹을 받았지만, 나는 그 유혹에 지지 않았다. 무엇보다도 먼저, 나는 그의 시를 다시 천천히 읽어보고 싶었기 때문이다. 나는 그의 시에 대한 모든 선입견을 비우고, 그의 시만을 천천히 되풀이 읽었다. 그것의 결과로 나는 그의 시에 대해 몇 마디 하고 싶다는 생각을 갖게 되었다. 이 글은 그 생각의 표현이다.

비교적 초기에 씌어진, 그리고 시인이 다행스럽게도 버리지 않고 시집 속에 끼워넣은 몇 편의 시는 신경림의 시적 출발이 내면화된 감정, 특히 울음이었다는 것을 보여준다.

> 언제부턴가 갈대는 속으로
> 조용히 울고 있었다.
> 그런 어느 밤이었을 것이다. 갈대는
> 그의 온몸이 흔들리고 있는 것을 알았다.
>
> 바람도 달빛도 아닌 것.
> 갈대는 저를 흔드는 것이 제 조용한 울음인 것을
> 까맣게 몰랐다.
> ──산다는 것은 속으로 이렇게
> 조용히 울고 있는 것이란 것을
> 그는 몰랐다. (p. 50)

「갈대」라는 제목이 붙어 있는 이 시는, 갈대가 밤에, 저를 흔드는 것이 바람도 아니고 달빛도 아니고, 제 울음, 그것도 조용한 제 울음이라는 것을 깨닫고, 사는 것이란 속으로 이렇게 조용히 울고 있는 것이라고 결론내리는 모습을 진술하고 있다. 갈대의 깨달음은 그는 (전에는) 몰랐다라는 과거형의 동사로 부정적으로 제시되고 있지만, 그것은 인식론적 각성이라고 할 정도의 깨달음이다. 갈대는 모름의 상태에서 앎의 상태로 이행했기 때문이다. 그 이행은 삶이란 무엇인가라는 물음과 관련된 이행이다. 갈대가 그날만 흔들렸을 리는 없다. 그러나 그 갈대는 "그런 어느 밤"에 제 울음 때문에 제가 흔들리고 있음을 깨닫고, 삶이란 그렇게 조용히 우는 것이라는 것을 알게 된다. 갈대의 앎은, 그뒤의 신경림의 시를 특징짓는 두 가지의 요소를 간직하고 있다. 산다는 것은 속으로 우는 것이다라는 것이 그 한 요소이며 산다는 것은 조용히 우는 것이다라는 것이 그 두번째 요소이다. 삶은 우선 내면화된 울음이며, 그 다음 정적 울음이다. 그 진술의 의미는, 그것을 대립적인 다른 개념과 대비시킬 때 더욱 뚜렷하게 드러난다. 삶은 우선 외면화된 외침이 아니라 내면화된 울음이다. 그 다음 삶은 동적 외침이 아니라 정적 울음이다. 그 삶의 근원 현상으로서의 내면화된 정적 울음은 김춘수·고은·박재삼의 울음과 많은 유사점을 갖고 있는 울음이다. 그 울음이 더욱 내면화되고 정적이 되면 슬픔이 되고, 그 슬픔이 더욱 내면화되고 정적이 되면 한이 된다. 보라, 「묘비」에서 시인은 사자가 "쓸쓸히 살다가 그는 죽었다"라고 단도직입적으로 진술하고 난 뒤, 그의 무덤 위에 서 있는 흰 비도 "어언듯/거멓게 빛깔이 변해가는 제 가냘픈 얼굴이 슬펐다"(p. 51)라고 묘사하고 있다(이 시구에서, 가냘픔과 슬픔은 같은 이미지 무리에 속한다. 슬퍼하는 우락부락한 사람을 우리는 상상하기 힘들다). 시인은 계속해서, 「심야」에서 "쓸쓸히 죽어간 사람들이여 [⋯⋯] 어느 날엔가/나도 그들과 같은 것이 되어/그들처럼 어디론가 쓸쓸히 돌아가리라"(p. 52)라고 노래하고 있다. 삶은 쓸쓸한 것이며 죽음은 더욱 그러하다. 시인은 삶(그리고 죽음) 앞에서 쓸쓸히 울 뿐이다. 그 쓸쓸함은 "이름도 모습도 없는 것이 되어/[⋯⋯] 가슴속에 쌓여오고 있"(p. 52)는데, 그 쌓여 있는 슬픔이 바로 한이다.

　　이 더러운 역사를, 모두 흙 속에서
　　영원히 원통한 귀신이 되어 우는가 (p. 39)

내면이 슬픔·울음으로 가득차 있으면("그 한, 그 설움"[p. 84]이라고 시인은 말한다), 외면 역시 그러하지 않을 수 없다. 과연,

　　원귀로 한치 틈도 없는
　　낮은 하늘을 조심스럽게 날며

　　저 밤새는 슬프게 울 (p. 57)

며, 바람도, 비도, 아이들도 울고 있다.

　　빗줄기가 흐느끼며 울고 있다
　　울면서 진흙 속에 꽂히고 있다
　　아이들이 빗줄기를 대하고 있다
　　울면서 강물 속을 떠돌고 있다 (p. 59)

초기 신경림에게 있어, 삶이란 내면화된 정적 울음이다. 그 인식론적 각성 때문에 신경림이 수동적·체념적 세계관을 수락하는 것은 아니다. 그는 삶이란 내면화된 정적 울음이지만, 그 울음들이 같이 울릴 때 그것은 통곡이 될 수 있음을 또한 알기 때문이다.

> 그러다 서로 헤어져
> 삽짝도 없는 방문을 밀고
> 아내의 이름을 부를 때
> 우리의 음성은 통곡이 된다 (p. 42)

나의 울음이 개별적이고 단독적일 때 그것은 울음으로 끝나지만, 그것이 집단적이고 집합적일 때 그것은 통곡이 되어 큰 외침이 된다. 그러나 신경림의 특이한 점은——이것이 시인으로서의 그의 성공을 보장해준 것이라 나는 생각하는데——그것이 울음이든, 통곡이든, 신경림까지도 울고 통곡하지는 않는다는 점이다. 그는 울음·통곡의 현장에 우는 사람, 통곡하는 사람과 같이 있지만, 같이 울지는 않는다. 그는 같이 울고 통곡하는 대신에, 울고 통곡하는 모습을 보고, 그것에 대해 이야기하고, 그것을 노래한다. 그런 그의 모습은 「이 두 개의 눈은」에서 어느 석상의 모습으로 비유되어 노래된다.

> 아무도 나에게서 이것을 빼앗지는 못한다. 이
> 두 개의 눈은
> 지켜보리라 가난한 동포의
> 머리 위에 내리는 낙엽을, 흰 눈을,
> 그들의 종말을
> 학대하는 자와 학대받는 자의
> 종말을 보기 위하여 내가 지닌 것은
> 이제 이것뿐이다. 이
> 두 개의 눈 (p. 37)

두 눈을 뜨고 그는 울음의 현장을 똑바로 본다. 그 바라봄이 인식론적 거리를 만들어내고, 그것이 그에게 시를 쓰게 한다. 그가 「갈대」에서, 나는 알았다……라고 쓰지 않고 갈대는 알았다(몰랐다)라고 쓴 것은 그것 때문이다. 그는 울지 않는다. 우는 것은 갈대·바람·빗줄기·아이들·밤새들이다. 그는 그것을 보고 노래하거나 이야기한다. 그때 삶이란 내면화된 정적 울음이다라는 그의 인식론적 주장은, 학대받고 버림받은 자들만이 내면화된 정적 울음을 운다라는 주장으로 바뀐다. 학대하는 자들은 내면화된 정적 울음을 울지 않는다! 그들은 "오히려 〔……〕조롱하고/오직 가난만이 죄악이라 협박"(p. 90)한다. 그러나 그의 시는 학대하는 자들을 거의 다루지 않는다. 그의 시는 거의 대부분이 학대받는 자들의 내면화된 정적 울음을 노래하고 이야기한다. 그의 시는,

> 어허 달구 어허 달구
> 바람이 세면 담 뒤에 숨고
> 물결이 거칠면 길을 옮겼다 (p. 64)

라는 식으로 노래부르거나,

> 밤 깊도록 우리는 옛날 얘기만 했다 (p. 58)

라는 식으로 이야기한다. 그의 시가 노래에 지나치게 가까워지면 4·4조의 민요 모습을 띠게 되고, 그의 시가 이야기에 지나치게 가까워지면 삽화적 수필의 모습을 띠게 된다.

모든 삶은 내면화된 정적 울음이다는 인식론적 각성을 슬그머니 학대받은 자들의 삶은 내면화된 정적 울음이다라는 명제로 바꿔놓고, 학대받는 자들의 울음의 현장을 눈을 똑바로 뜨고 바라보겠다고 다짐한 시인은 그러나 바로 그것 때문에 심한 부끄러움을 느낀다.

> 차고 누진 네 방에 낡은 옷가지들
> 라면 봉지와 쭈그러진 냄비
> 나는 부끄러웠다 어린 누이야 (p. 90)

그렇다고 눈을 감고 아무렇게나 살 수는 없다. 시인은 그러나 정직하게 때때로 그런 유혹에 이끌림을 솔직하게 고백한다.

아무렇게나 살아갈 것인가
　　눈 오는 밤에 나는
　　잠이 오지 않는다
　　박군은 감방에서 송형은
　　병상에서 나는 팔을 벤
　　여윈 아내의 곁에서
　　우리는 서로 이렇게 헤어져
　　지붕 위에 서걱이는
　　눈소리만 들을 것인가
　　[………]
　　눈 오는 밤에 가난한 우리의
　　친구들이 미치고 다시
　　미쳐서 죽을 때
　　철로 위를 굴러가는 기차 소리만
　　들을 것인가 아무렇게나
　　살아갈 것인가 이 산읍에서　(pp. 43~44)

　가난한 우리의 친구들이 미치고 또 미쳐 죽을 때에도 나는 세상을 보고만 있을 것인가? 그 질문에는 학대받는 자들의 내면화된 정적 울음을 본 시인의 성실한 고뇌의 목소리가 들어 있다. 아무렇게나 살아버릴까라는 자기 방기의 욕망은, 학대받은 사람들을 보기가 두렵다는 현실 부정의 욕망, 나는 비겁한 놈이다라는 과장된 자기 비하의 욕망과 표리의 관계를 이루고 있다.

　　을지로 육가만 벗어나면
　　내 고향 시골 냄새가 난다
　　질퍽이는 정거장 마당을 건너
　　난로도 없는 썰렁한 대합실
　　콧수염에 얼음을 달고 떠는 노인은
　　알고 보니 이웃 신니면 사람
　　거둬들이지 못한 논바닥의
　　볏가리를 걱정하고
　　이른 추위와 눈바람을 원망한다

>   어디 원망할 게 그뿐이냐고
>   한 아주머니가 한탄을 한다
>   삼거리에서 주막을 하는 여인
>   어디 답답한 게 그뿐이냐고
>   어수선해지면 대합실은 더 썰렁하고
>   나는 어쩐지 고향 사람들이 두렵다
>   슬그머니 자리를 떠서
>   을지로 육가행 시내버스를 탈까
>   육가에만 들어서면
>   나는 더욱 비겁해지고 (p. 47)

그러나 신경림 시의 힘은 그의 두려움과 비겁함, 그리고 자기 방기·부끄러움 등의 감정적 복합체를 그가 견디어내고 보여준, 학대받은 자들의 울음의 진실함에 있다. 그 진실함이 그의 시의 시대 착오적 측면을 덮어주고, 그의 인식론적 거리를 긍정적으로 바라보게 한다. 그가 학대받은 자들에 대해 어쩔 수 없이 갖고 있는 인식론적 거리 때문에, 그의 여러 형태의 감정적 반응이 생겨나는 것이지만, 시작에 있어서도, 그것은 여러 가지 특성을 낳게 한다. 우선, 그는 내면화된 정적 울음을 다루는 대부분의 시인들과 다르게 자기의 개인적, 아니 차라리 사적 감정을 거의 토로하지 않는다. 그는 실연 때문에 슬퍼하는 법도 없으며, 건강 때문에 한탄하는 법도 없다. 그런 사적 감정을 토로하기에는, 학대받는 사람들의 설움이 너무 강력하게 그의 마음을 사로잡고 있다. 그는 그들의 목소리를 "흉내내며 울기"(p. 40)에도 숨가쁘다. 그라고 왜 아픈 상처가 없겠는가.

>   장날인데도 어디고 무싯날보다 쓸쓸하다
>   아내의 무덤을 다녀가는 내 손을
>   뻣뻣한 손들이 잡고 놓지를 않는다 (p. 46)

라는 시구로 보면, 죽은 아내의 무덤을 다녀오면서도 그러나 그의 마음은 "뻣뻣한 손들"(p. 46)을 떠나지 않는다. 자기의 사적 공간으로 되돌아가지 않기 때문에, 그의 시들은 회상의 분위기, 슈타이거라는 독일의 시학자가 서정시의 본질이라고 생각한 분위기보다는 차라리 수필적 세계에 속하는 성찰의 분위기에 더 짙게 젖어 있다.

> 우리는 협동조합 방앗간 뒷방에 모여
> 묵내기 화투를 치고
> 내일은 장날 장꾼들은 왁자지껄
> 주막집 뜰에서 눈을 턴다
> 들과 산은 온통 새하얗구나. 눈은
> 펑펑 쏟아지는데
> 쌀값 비료값 얘기가 나오고
> 선생이 된 면장 딸 얘기가 나오고
> 서울로 식모살이 간 분이는
> 아이를 뱄다더라. 어떡헐꺼나
> 술에라도 취해볼꺼나. 술집색시
> 싸구려 분 냄새라도 맡아볼꺼나
> 우리의 슬픔을 아는 것은 우리뿐
> 올해에는 닭이라도 쳐볼꺼나
> 겨울밤은 길어 묵을 먹고
> 술을 마시고 물세 시비를 하고
> 색시 젓갈 장단에 유행가를 부르고
> 이발소집 신랑을 다루러
> 보리밭을 질러가면 세상은 온통
> 하얗구나. 눈이여 쌓여
> 지붕을 덮어다오. 우리를 파묻어다오.
> 오종대 뒤에 치마를 둘러쓰고
> 숨은 저 계집애들한테
> 연애편지라도 띄워볼꺼나. 우리의
> 괴로움을 아는 것은 우리뿐
> 올해에는 돼지라도 먹여볼꺼나 (pp. 17~18)

『농무』의 첫머리를 장식하고 있는 이 시의 공간은 시인의 사적 공간이 아니라, 통개인적 공간이다. 묵내기 화투를 치며 동네 사람 이야기를 하고, 색시집에 가 술을 마시고, 이발소집 신랑을 다루러 가는 총각들의 통개인적 공간을 보여준 뒤, 시인은 그들의 마음이 "우리의 괴로움을 아는 것은 우리뿐"이라는 마음이라고 진술한다. 시인의 사적 감정

대신에 시 속 인물들의 통개인적 공간을 묘사하여 보여준 뒤 거기에서 알맞는 삶의 지혜, 비록 그것이 단편적인 것이라 하더라도, 그것을 찾아내는 것은 신경림이 한국시에 보탠 중요한 자산이다. 그것은 개인적 체험에 의지하여 세계의 허위를 드러내는 김수영적 세계와도 다르며, 개인의 감정을 외적 정경 묘사로 대치하는 김춘수의 세계와도 다르다. 그것은 개인의 사적 감정을 제어한다는 점에서는 김춘수와 같은 세계 속에 있지만, 공적 세계를 지향한다는 점에서 김수영과 같은 세계에 있다. 그의 시세계는 쟝르적 구분을 구태여 적용하자면 수필적 세계에 가깝다. 내가 쓰는 의미의 수필은 물론 『소설의 이론』의 저자가 사용하고 있는 의미에서의 수필이다. 그의 시세계는 그가 책에서 읽거나 실제로 체험한 것을 단편적・삽화적으로 진술하고 거기에서 삶의 지혜를 이끌어내는 수필적 세계이다. 그 세계는 과거적 세계가 아니라 모든 것이 현재화된, 모든 것이 현재 속에서만 의미를 띠는 그런 세계이다. 그 세계는 책 속의 세계와도 같다.

　　〔……〕어떤 녀석은
　　꺽정이처럼 울부짖고 또 어떤 녀석은
　　서림이처럼 해해대지만 이까짓
　　산구석에 처박혀 발버둥친들 무엇하랴 (p. 25)

와 같은 것이 바로 그의 세계이다. 그 세계에서는 과거형 동사까지도 현재의 의미를 띤다. 그래서 그의 대부분의 시는 과거형을 써야 할 자리에도 현재형의 동사를 쓴다.

　　젊은 여자가 혼자서
　　상여 뒤를 따르며 운다
　　만장도 요령도 없는 장렬
　　연기가 깔린 저녁길에
　　도깨비 같은 그림자들
　　문과 창이 없는 거리
　　바람은 나뭇잎을 날리고
　　사람들은 가로수와
　　전봇대 뒤에 숨어서 본다

> 아무도 죽은 이의
> 이름을 모른다 달도
> 뜨지 않은 어두운 그날 (p. 31)

그날은 구체적인 과거의 어느 날이다. 그 과거의 어느 날, 여자는 울고, 사람들은 본다. 그 행위는 현재형의 행위이다. 과거와 현재는 교묘하게 뒤섞이어 초시간적 공간을 형성한다. 그것은 초월적 시간, 다시 말해 보편적 시간이다. 신경림의 시세계는 인물들의 통개인적 공간 속에서 보편적 시간에 이뤄지는 시세계다. 그 다음, 그의 시가 묘사하는 것은 학대받는 사람들의 내면화된 정적 울음이다. 그의 시에 그 울음이 안 나오는 것은 없다. 그에게 있어 시적인 것은 내면화된 정적 울음과 관계된 것이며, 그것은 가난·죽음…… 등의 이미지들과 결부되어 있다. 그러나 그런 시적인 세계를 묘사하는 그의 시는 울음·서러움·슬픔 등을 자아내지 않는다. 시적인 것과 시는 그의 시세계에서 서로 길항한다. 대부분의 서정시인의 경우, 슬픔·외로움·울음 등을 그가 노래할 때, 그것은 그 감정을 독자들에게 이입시키기 위해서이다. 그러나 신경림의 경우에는 특이하게, 그 감정들을 이입하기 위해서가 아니라 그 감정들을 거리를 갖고 바라다보고 그것에서 어떤 성찰의 결과를 얻어내게 하기 위해 그 감정들을 제시한다. 시적인 것을 담고 있는 그의 시는 시적이지 않다. 이 모순의 상태는 그가 시로서 수필의 세계를 지향하는 데서 생겨나는 현상이며, 그것이 바로 그의 시세계를 그만의 시세계로 만드는 요소이다. 그의 시세계에서는, 내가 제일 좋아하는 그의 시제목을 하나 빌면, 씻김굿도 이미 씻김굿이 아니다. 씻김받은 넋은 씻김받지 않은 넋으로 되돌아오고야 마는 것이다.

> 이 갈가리 찢긴 손으로는 못 잡아
> 피 묻은 저 손 나는 못 잡아
> 골목길 장바닥 공장마당 도선장에
> 줄기찬 먹구름되어 되돌아왔네,
> 사나운 아우성되어 되돌아왔네 (p. 196)

그의 시 속의 시간은 보편적 시간을 지향한다. 그것은 그의 시가 단순한 정형시나 원초적 이야기를 향하리라는 것을 암시하는 시적 특성이다. 보편적 시간은 일정한 되풀이의 시간이며, 신경림의 경우, 그것은 흔히 4·4조의 민요의 세계로 나타난다.

> 넘어가세 넘어가세
> 논둑밭둑 넘어가세
> 드난살이 모진 설움
> 조롱박에 주워담고
> 아픔 깊어지거들랑
> 어깨춤 더 흥겹게
> 넘어가세 넘어가세 (p. 199)

와 같은 세계는 시간을 균등한 길이로 자르고 그 균등성 속에 잡다한 역사적 사실들을 수렴하려는 보편적 시간의 세계이다. 물론 그 보편적 시간의 세계에 최소한도의 변화를 주기 위해, 아픔 깊어지거들랑, 어깨춤 더 흥겹게 등의 변형이 시도되지만, 그 변형 때문에 4·4조 자체가 와해되지는 않는다. 그러나 나는 그 4·4조의 민요적인 보편적 시간이 한국인의 가장 원초적인 시간이라고 하더라도, 그것이 개인적인 서명이 습관화된 문학 풍토에서는 유효하지 않은 시간이라는 것을 지적하고 싶다. 그 시간은 개인의 편차가 없어진 세계에서만이 가능한 시간이다. 개인이 없고 공동체의 성원들만 있는 곳에서는 가능할지 모르지만, 개인의 신화가 남아 있는 곳에서는 거의 불가능한 시간이 그 보편적 시간이다.

  보편적 시간은 그것이 되풀이의 시간이 아니라 지속의 시간이라 하더라도 역사보다는 이야기를 지향한다. 시간과 장소는 애매해지고 개별성이 최초로 축소된 세계 속에서만 그것은 가능하다. 그 이야기의 세계에서는 정서마저도 보편화되는 경향이 있다. 보라,

> 달래강 살얼음에 싸락눈이 깔렸네
> 먼 척 늙은 고모
> 바늘귀 더듬는 섣달 그믐
> ──옛날 옛적 강 속에 이무기가 살았지
> 정갈한 처녀만 잡아먹고──

철로 위를 덜컹대는 느린 화차
　　　홀로 지킨 마흔에 또 몇 해
　　　더 하나 느는 깊은 주름

　　　지난 일 다 잊고
　　　애들 옷가지나 만지는
　　　손주들 성화에 옛얘기나 흥얼대는

　　　―― 천 년을 닦아도 하늘길은 막혀
　　　그믐이면 안개되어 계족산을 감지――

　　　강언덕 잡초 위에 잔바람이 일었네
　　　같이 늙은 아들 내외
　　　잠 설치는 섣달 그믐 (pp. 74~75)

「강촌(江村)」이라는 제목이 붙어 있는 이 시는 정지용의 「향수」를 묘하게 연상시켜주는데, 이 시에는 철로 위를 덜컹대는 느린 화차가 나옴에도 불구하고, 이 시의 시공은 옛날 이야기의 시공이다. 이 시공에서는, 늙은 어머니와 아들 내외의 전근대적 삶만이 두드러지게 드러난다. 어머니의 외로움과 그 어머니의 외로움을 달랠 길 없는 아들 내외의 안타까움은 시인의 인식론적 거리에 의해 아득한 이야기 속으로 휘발한다. 그 역사적 개별성이 사상된 세계는 신경림의 시의 필연적 귀결이다. 그가 보편적 시간에 집착하는 한, 그리고 자신의 개별적 체험을 숨기는 한, 삶이란 도도히 흘러가는 강물일 수밖에 없으며, 역사적 사건이란, 놀라워라, 빗소리, 천둥 소리에 지나지 않을 것이기 때문이다. 그때 그는,

　　　하늘은 날더러 구름이 되라 하고
　　　땅은 날더러 바람이 되라 하네 (p. 63)

라고 서럽게 노래하는 목계장터의 한 인물이 된다. 아니, 목계장터에 가서 그렇게 노래한 것은 신경림 자신이 아닐까!

신경림의 시 중에서 비교적 그의 개인적 감정을 솔직하게 토로하고 있는 것이 『새재』에 실린 시편들이다. 자기의 개인적 감정을 안 드러내는 것이 신경림적이라면, 그런 의미에서는, 그것들은 비신경림적이라고 할 수 있을 정도로 개인적이다. 그 개인적인 시편들은 『농무』의 내면화된 울음의 세계와 『달넘세』의 보편적 세계 사이에 끼어 있어, 그 두 세계를 연결해주는 고리 노릇을 하고 있다. 그 고리는,

> 누가 가난하고
> 억울한 자의 편인가
> 그것을 말해주는 사람은
> 아무도 없다 (p. 30)

는 생각에서 더 나아가,

> 산다는 것이 갈수록 부끄럽구나 (p. 80)

라는 삶에 대한 회의와 만나게 된 데서 만들어지기 시작한 고리이다. 그 부끄러움을 낳은 것은 아내의 죽음이다. 어려운 삶을 같이 산("수세미처럼 거친 아내 손"[p. 106]) 아내의 죽음은 시인을 비틀거리게 하고, 자꾸 쓰러지게 한다. 그는 지친 것이다. 그 정황은 「비 오는 날」에 아름답게—아니, 이 시에 아름답다는 말을 쓸 수는 없다, 차라리 고통스럽게 묘사되어 있다.

> 물 묻은 손바닥에
> 지난 십 년 고된 우리의 삶이 맺혀
> 쓰리다
>
> 이 하루나마
> 마음놓고 통곡하리라
> 아내의 죽음 위에 돋은
> 잔디에 꿇어앉다
>
> 왜 헛됨이 있겠느냐

밤마다 당신은 내게 와서 말했으나
지쳤구나 나는
부끄러워 우산 뒤에 몸을 숨기고

비틀대는 걸음
겁먹은 목청이 부끄러워
우산 뒤에 몸을 숨기고

소매 끝에 밴 땟자국을 본다
내 둘레에 엉킨
생활의 끄나풀을 본다

삶은 고달프고
올바른 삶은 더욱 힘겨운데

힘을 내라 힘을 내라며
오히려 당신이 내게 외쳐대는
이곳 국망산 그 한골짜기 서러운 무덤에
종일 구질구질 비가 오는 날

이 하루나마 지쳐 쓰러지려는 몸을 세워
마음놓고 통곡하리라 (pp. 88~89)

　아내의 무덤을 찾아간 날은 하루종일 비가 내린다. 그는 우산을 들고 아내의 무덤 위에 꿇어앉는다("아내의 죽음 위에"는 "아내의 주검 위에"로 읽어야 할 것이다). 그는 삶에 지쳐 쓰러지고 싶다. 그런 그에게 사자는 힘을 내라고 격려한다. 그는 아내의 격려 때문에 쓰러지려는 몸을 세워 마음놓고 통곡하려 한다. 통곡은 울음과 다른 동적 행위이니까. 이 시의 핵심적인 전언은 서러운 사자들이 오히려 지친 생자를 위로해준다는 것이지만, 그 전언에 앞서, 올바르게 살려고 애를 쓰며──올바르게 산다는 것은 어떻게 사는 것을 뜻하는 것일까?──아이들과 같이 고달픈 삶을 이어나가는 시인의 모습이 이 시에서는 너무나 고통스럽다. "내 아이들/머리 한 올 바람조차 넘볼 수 없게"(p. 71) 키워보려는 시인은 삶이 너무 고통스러워 친구들이 사주는 술 한 잔에도 기뻐한다(p. 103).

그러나 그 기쁨은 작은 기쁨(p. 103)이며, 그는 힘을 내라는 죽은 아내의 위로와 격려를 그대로 받아들인다. 그는 쓰러지려는 몸을 세워 용기 있게 "억눌린 자와 어깨를 끼고 선"(p. 93)다.

> 용기 있는 자들은 이 들판에 내어쫓겨
> 여기 억눌린 자와 어깨를 끼고 섰다
> 멀리서 울리는 종소리를 듣고 섰다
> 저것이 비록 죽음의 종소리일지라도 (p. 93)

지친 몸을 일으켜세운 시인이 부르는 새로운 노래가 『달넘세』의 노래들이다. 그 노래의 전부가 그런 것은 아니지만 「씻김굿」 같은 것은 뛰어나게 아름답다. 이 아름다움을 시인은 노래 속의 빛(p. 91)이라 부르고 있다. 빛이여, 오래 머물라!

떨어지는 새의 아픔
——감태준의 상상 세계

때로 시들은 그것을 쓴 시인에 대해 시인 자신의 말보다 더 많은 말을 한다. 응축된 언어를 통해, 시를 읽는 사람들은, 시인의 감정과 만난 자신의 감정까지를 집어넣어, 시인을 증폭시키기 때문이다. 감태준의 시들도 시인에 대해 그 어떤 글들보다 많은 말들을 하고 있다. 나는 그 말들을 주워 내 감정에 따라 그것들을 다시 편집한다.

내 마음이 만난 첫번째 시행들:

나도 어서 가야지
첫눈을 맞고 활짝 열리지 않는
마음을 타이르면
마음은 서울 몰래
고향 앞바다 파도 소리를 들으며
빈손을 꺼내 보인다
——「타관일기」

첫눈이 내리면 굳어 있던 마음 풀리고 마음은 서울을 떠나 어느새 고향 앞바다 파도 소리를 듣고 있다. 그렇게 간단하게 요약하면, 첫눈 내릴 때의 푸근한 마음——왜 첫눈이 내리면 마음이 푸근해지는 것일까? 나는 그 이유를 잘 모르지만 첫눈 내리는 것을 보며 증오심을 불태우는 사람은 거의 보지 못했다——, 서울에서의 텅 빈 마음, 고향을 그리는 마음의 움직임을 짐작하기 힘들다. 이 시행에서는 그러나 삭막한 서울과 푸근한 고향, 도시와 바다의 대립을 읽어야 한다. 시인의 상상 세계 속에서 도시는 거의 언제나 삭막하고 공허하며, 고향 앞바다는 언제나 푸근하고 따뜻하다. 시인이 고향을 떠난 것은 그의 자의에 의해서가 아

니라,

>내가 아직 모르는 길 앞에서는
>달려갈 수도
>움직일 수도 없을 때

한번 고향을 바꿔보자고 말한 아버지의 의사에 의해서이다(「철새」). 고향을 떠나 시인의 일가가 이사온 것은 서울이다. 그 서울은,

>"우리가 너무 멀리
>서울까지 온 것은 아닐란지"

라는 어머니의 메마른 탄식을 불러일으키는데(「떠돌이새 2」), 그 서울로의 이사가 성공적이었던 것 같지는 않다. 그것은,

>"조심해라, 애야"
>앞에 가던 아버지가 먼저 발을 헛디뎠다
>발 헛디딘 자리,
>서울이었다   ——「철새」

라는 시행에 분명하게 드러나 있다. 아버지는 서울에서도 고향에서와 마찬가지로 발을 헛디딘 것이며, 아버지 때문에 그의 가족들 역시 발을 헛딛게 된 셈이다.

>서울에서도 아버지는
>높이 날지 못한 채
>바람에 흰머리를 날리며
>세월도 날리고,
>우린 우리대로
>낯선 것이 두렵기만 하여
>아버지 하늘을 날고 있었다   ——「떠돌이새 3」

발을 잘못 디딘 서울에서 바라다본 고향은, 추억 속의 고향이기 때문

에, 항상 따뜻하고 푸근하다. 마음속은 언제나 따뜻하다. 그곳은 보호받는 곳이기 때문이다. 그 마음이 서울에서 고향으로 흘러간다.

> 바다가 나를 데리고 가는 날이
> 자주 왔다 물결 위에
> 물결치는 달빛 바다
> 마산 앞바다 파도 소리
> 갈매기 울음 소리 ──「떠돌이새 5」

마음은 자주 고향 바다로 가, 삭막한 서울에서의 떠돌이 생활을 잊으려 한다. 고향에서, 시인은 "바다에서 빠져 죽은 열 살짜리 큰형"과 함께 "흰 말새끼들이 끄는 파도를 타고" 바다로 나아간다. 마음의 여행은 환상의 여행인 것이다. 삭막한 서울에서 어머니마저 돌아가시고("어머니를 따라 관 속으로 들어간 새……"(「떠돌이새 6」); "어머니는 죽어서 달이 되었다"(「사모곡」)), 아내와 딸이 자기만을 바라다보고 있는 것을 알게 될 때("땅에서는 어느덧/아내와 딸이, 인간해바라기를 닮은/아빠를 그리기 시작할 때"(「떠돌이새 7」); "아내와 딸은 서로 색깔을 섞어주며 깔깔대고……"(「단독무늬」)) 그는 환상과 추억의 여행이 아닌, 고향으로 실제의 여행을 하지만, 고향은 이미 고향이 아니라, 낯선 땅이다.

> 다시 만난 우리 고향도 마찬가지,
> 얼굴을 맞대고 들여다보아야
> 서로 낯설어 ──「서울특별시 고향구」

고향도 이제는 서울이다. 서울/고향, 도시/바다의 대립은 없어지고, 그 대립이 없어지니까 그를 따라다니는 "추억들도/서울을 더 닮은 거리에서/빈 달구지"만 매달고 있다. 추억마저도 없어진다면, 나는 누구일까? 추억의 총화로서 존재해야 할 나는 과연 나인가? 그런 의문이 싹트게 된다. 나는 내가 아니라, 남이다.

> 나는 어느새
> 같이 걷던 길마저 낯설어졌다
> 거침없이 걸어가는 남들 뒤에 혼자 남아

나도 남이 되면서 ──「서울특별시 고향구」

추억이나 마음이 머무는 곳이 사람의 집이라면, 내가 사는 집은 단순히 "아직도 마음보다 발이 먼저 머무는 곳"(「사람의 집」)이 아닐까? 추억이나 마음이 머무는 곳이 나라면, "나는 무엇이며/마음에 도는 이 풍차는 무엇인가?" 내가 너무나 작아져 내가 아니라 남이 되어버렸는데도 내가 나일까?

어쩔 때는 내가 보인다, 너무
작아져서
던지면 날아가고
발로 차면 굴러가는,   ──「소인 일기」

그의 작아지는 나는, 역사적 정황 속에서 억압적 세계와 맞싸우면서 작아지는 김수영의 작아지는 사람이 아니라, 추억과 마음을 잃고, 나라는 실존의 자리를 점점 잃어가는, 작아지는 나이다. 그 나는 사회학적으로 표현하자면 소외되어가고 있는 나이다.

그 작아져가고 있는 나와 관련하여 내 마음이 만난 두번째 시행들:

두 아이가 좁은 길에서 놀고 있다

서로 키큰 나무라 한다
제가 뺏은 땅보다 멀리에 금을 긋고
제가 더 푸르다 한다
온몸에 덕지덕지 잎을 바르며
제가 곧 나무의 나무라 한다

아마도 저들이 낙엽을 읽고 낙엽의 아름다움을 깨우치면 저 헛된 잎을 하나하나 벗어가는 아이가 되겠지   ──「두 아이」

키가 비슷비슷한 두 아이가 좁은 길에서 나무놀이를 하고 있다. 서로 제 키가 크다고 주장하기도 하고, 온몸에 나뭇잎을 덕지덕지 바르고 자기가 더 푸르고, 더 나무답다고 주장하기도 한다. 시인은 그 두 아이를 보면서, 낙엽을 읽고, 낙엽의 아름다움을 깨우치게 되면, 자기를 치장한 잎들을 떼내게 되리라 생각한다. 이 시인의 상상력 속에서는 눈처럼 떨어져내리는 것은 대개 아름다운 것인데, 낙엽도 그 중의 하나이다. 떨어져내리는 낙엽의 의미를 읽게 되면, 자기를 치장하는 잎을 벗게 되리라 시인은 생각한다. 장식적 잎은 헛된 잎이다. 그것은 떨어질 운명에 있기 때문이다. 그렇다면 떨어지는 낙엽의 아름다움은 떨어지는 낙엽에 있는 것이 아니라 헛된 잎을 벗어버리고 발가벗은 몸을 드러내는 데 있는 것이 아닐까. 발가벗은 외로운 자기 몸! 발가벗은 나무는, 그런 의미에서,

    마음은 서울 몰래
    고향 앞바다 파도 소리를 들으며
    빈손을 꺼내 보인다 ——「타관 일기」

의 빈손이나,

    어느덧 강 온통 거덜난 바닥에 가랑잎이 일어선다. 아니, 내가 새로 물결을 끌어오고, 물결 위에 혼자 외로운 섬처럼 떠오른다 ——「단독무늬」

의 외로운 섬—— 외로운 섬이니, 무인도겠다!—— 이나 그리고, 놀라워라,

    생각이 다 닳은 사람들은, 거기 재가 풀풀 날리는 얼굴로 빨래처럼 널려 있었다 ——「몸 바꾼 사람들」

나,

    우리는 하나같이 물든 자도 하나같이
    드러난 색깔은 모두 지워져
    정말 그러합니다
    누구도 모르는 냇가에서
    우리는 희게 빨려 ——「빨래 1」

에서 볼 수 있는 빨래와, 같은 이미지 무리에 속한다. 빈손은 아무것도 갖고 있지 않는 손이며, 외로운 섬은 자기만이 남아 있는 섬이며, 빨래는 때가 다 씻기어나간 의류이다. 그 이미지들은 잎을 다 벗어버린 나무와 유사하다, 아니 같다. 모든 것은 다 헛된 것이니까, 그 헛된 것을 벗어버린 나는 순수 자아라 할 수 있겠는데, 그 순수 자아를 과연 나라고 부를 수 있을까? 나는 헛된 것들의 집합에 더 가까운 것이 아닐까? 그 헛된 것들을 다 벗어버리면, 시인의 탄식 그대로, "내가 어디 있습니까?"(「내게 묻는 말」). 감태준의 시는 순수 자아란 가능한가라고 묻는 시이기도 하다. 순수 자아란, 감태준이 보기에, 내가 남인 자아이다. 다시 말해 줄어든 자아이다.

헛된 잎을 달고 사는 나무들은 그러나 감태준의 시에 많이 나오지 않는다. 그의 시에 나오는 잎을 달고 서 있는 나무는 새로 변형된 나무이다. 그의 시는 헛된 깃털을 달고 날으는 새들로 가득차 있다. 어느 정도로 가득차 있느냐 하면 그의 시를 새들의 시라고 말할 수 있을 정도로 가득차 있다. 그 새들이 구체적인 이름으로 불리는 경우는 극히 드물다. 그의 새는 거의 언제나 그냥 새이다. 다시 말해 보통명사의 새이다. 시작의 초기에서부터 새가 그의 시를 지배한 것은 아니다. 초기의 새는,

  꾼 옆에는 반쯤 죽은 주모가 참새를 굽고 있다 ——「흔들릴 때마다 한잔」

에서처럼 별다른 의미 없는 새들이지만, 그 새들은 서서히 그 자신도 의식하지 못하는 사이에 사람과 거의 같은 뜻을 가진 어휘로 정착된다.

  바다를 나온 갈매기는
  새벽기차에서 내린 잡새들 틈에 끼어
  언 얼굴을 내밀었다   ——「떠돌이새 1」

와 같이 새는 사람의 준말이다. 그 새들은,

  늙은 거지 하나가

뭇새들 앞에 나가
　　　절을 하고 있었다　　　　　　　　　　　　　　──「떠돌이새 2」

의 뭇새들이나,

　　　무허가집 새들은
　　　철거반이 내젓는 팔에 밀려 떠나고,
　　　남은 새들은 뒤에서
　　　온몸을 흔들었다　　　　　　　　　　　　　──「떠돌이새 7」

의 철거반에 쫓기는 무허가집 새들, 그리고 거기에 남아 있는 새들, 그리고,

　　　가시 돋은 사시나무 가지 위에
　　　중년의 부부새
　　　깃털 없는 날개를 달고 앉아
　　　저녁을 기다린다　　　　　　　　　　　　──「슬프나 아름다운 꿈」

의 중년의 부부새처럼 사람의 준말로 나타나지, 새로 나타나지 않는다. 그 새들은 날개를 뗐다 붙였다 할 수 있는 새들이다("우리는 온몸에 날개를 달고/날개 끝에 무거운 이별을 달고/어디론가 가고 있었다"〔「철새」〕). 그 감태준의 새들에서 특이한 것은, 그 새들 중에, 장엄하게 날으는 비상하는 새가 거의 없다는 사실이다. 그의 새는 비상하려다가 실패해서 떨어져 추락하는 새들이다. 그 새들은 주눅들고, 쫓기는, 아픈 짐을 진, 그래서 떨어지는 새들이다. 그의 새들은, 보라, "죽지에 부리를 묻은" 새이며(「어디서 큰 짐승이 울고 있다」), "바람에 몇 번 뒤집힌" 새이며(「철새」), "쫓기듯 부리를 쪼고 있는" 잡새이며(「떠돌이새 2」), "골짜기 웅덩이에/거꾸로 처박"힌 새이다(「떠돌이새 4」), 그 새들은, 또한 "친구 없이 잠든" 새이며(「아까운 꿈」), "다투어 날다가/서로 날개를 부딪치고 떨어지는" 새(「거리의 새」), "아픈 무게"의 새들(「허공」)이다. 그리고 "발 밑으로 갈라지는 땅속을/한없이 굴러떨어지는" 새이며(「종로별곡」), "끝내 하늘로 가는 길을 찾지 못하면 변두리 허공을 맴돌다가 서러워라 긴 그림자를 다시 차고 고향으로 골목으로 공사판으로 떨어지는"

새(「살아야 한다」), "하늘을 잃고 날다가 거꾸로 처박히는" 새(「한번 더 구름보다 높이」), "첫눈을 맞으며 초조히 떨고 있는" 새(「첫눈」)이다. 그 새들의 슬프고 외롭고 안쓰러운 모습은 새 본래의 날렵한 모습을 다 지워버린다. 그의 새는 날지 못하는 새이다. 그 새의 진짜 모습은,

> 물때 낀 내 몰골
> 내 날개에 밴 우수와
> 소외의 물이 빠질 때까지
> 손바닥만한 나뭇잎으로 얼굴을 가리기도 했지만
> 물때 낀 내 몰골   ——「떠돌이새 4」

에 나온 우수와 소외의 찌든 새이다. 나는 이 시행에서 의외로 소외라는 말과 부딪친다. 그가 소외되고 있는 나이듯, 그의 새는 소외의 새이다. 그 새는 "혼자 찬 윗목에 굴러"가 있는 새이다. 그의 새는, 그런 의미에서, 한국시사에서 매우 특이한 새이다. 그의 새는 김수영의 비상하는 종다리도 아니고, 박남수의 순수의 새도 아니며, 유치환의 꽃길 사이에 길을 내는 작은 새도 아니다. 그의 새는 억눌린 새이다. 그것은 날아야 하지만 날지 못하는, 날려 하지만 날지 못하는 새들이다. 그 억압받는 새가 외친다:

> 우리 걸어온 종로에서 멀리
> 오늘은 어제보다 더 멀리
> 너를 앞세우고 가는 이 바람을
> 나는 왜 붙들지 못하는 것일까
> 나는 왜 힘찬 날개가 없는 것일까   ——「종로별곡」

감태준의 새에겐 힘차게 날 날개가 없다. 아니, 차라리 힘차게 날아봐야 헛된 일이기 때문에, 그의 새는 차라리 자기에게 힘찬 날개가 없다고 느끼는 것이다. 왜? 모든 인간의 행위는 유한하기 때문이다. 새는 아무리 날아도 시간을 잡을 수는 없으며, 허공을 가득 채울 수가 없다.

> 거꾸로 처박히는 내 곁을
> 시간은 어김없이 지나간다

```
    빌어먹을, 행복하게 사시우?

    그러나 시간을 붙들어 세운다면
    차를 마시고
    찻집 골목을 따라나가
    종로 네거리
    주위에 돌을 모아
    돌과 함께
    바람의 심장을 향해 날아간다면
    그러나 바람 옆에 허공이 있다                    ──「종로별곡」
```

　새는 유한 속을 날을 따름이며, 그가 날으는 시간의 끝은 죽음이므로, 그의 날음은 추락하게 되어 있는 날음이다. 그 비상의 인간적 조건이 그를 외롭게 만든다. 그는 혼자 외롭게 날지만, 결국 떨어진다. 그의 비상은 "우수와 소외의" 비상이다.
　그의 단독자적 비상의 아픔을 달래줄 것은 없는 것일까? 그의 시를 얼핏 읽으면, 그 위안의 요소는,

```
    〔……〕아니면 4·19묘지 근처
    언덕에 쭈그리고 앉아
    긴 소설을 읽다가                              ──「떠돌이새 4」
```

에서처럼 문학 작품인 것 같기도 하고,

```
    어머니는 죽어서 달이 되었다
    바람에게도 가지 않고
    길 밖에도 가지 않고,
    어머니는 달이 되어
    나와 함께 긴 밤을 같이 걸었다                    ──「사모곡」
```

에서처럼 긴 밤을 같이 걸어가주는 어머니 같기도 하다. 그러나 그것은 그리 지속적이지 못하고, 순간적이다. 차라리, 그의 새를 위로하는 것은 술마시기이다. "싼 술에 취한 마음 혼자"(「종로별곡」) 위안을 받는다. 시

인은 "허전한 저녁에는" 술을 마신다.

> 저녁에는 술도 마신다
> 우리나라 나이로 올해 서른넷
> 얼굴을 너무 많이 허용하고
> 힘의 안배에 실패한 것일까
> 벌써 다리가 풀리고
> 허전한 저녁에는 술을 마신다.　　　　　　―「사람의 집」

술은 위안을 줄 뿐만 아니라 때로 기쁨이 되기도 한다. 그것은 즐거움이며 기쁨이다.

> 잔에 남은 즐거움을 남김없이 마시고, 골목에서 명동으로, 우리는 하나씩 지구를 안고 갔다. 흠 없는 땅 거기, 길에는 머리 풀고 뛰는 불빛, 낯선 불빛의 천지, 너와 나는 불빛에, 인사 없이 헤어지고 부딪치며 다시 헤어지는 사람들의 짠 물결에 하나씩 땅을 잃어가며 짜게 절고, 절은 눈빛들, 더는 절 구석이 없는 사람들 틈에서 내가 먼저 기쁨을 토했다. 물이 된 기쁨을, 나도 토하고,　　　　　　―「낙도」

술취한 사람의 말처럼 횡설수설인 듯하면서도 조리 정연한 이 시행은, 너와 나는 즐겁게 술을 마시고 명동에 갔다가 취해서 토했다라는 산문적 의미를 담고 있지만, 그 의미만을 느끼고 이 시행을 던져버리면 이 시행은 거의 이해되지 못한 상태이다. 이 시행에서 주목해야 될 것은 잔에 남아 있는 술은 즐거움이요, 기쁨이라는 이미지이다. 나와 너는 술을 마시는 것이 아니라 즐거움을 마시고 기쁨을 마신다. 술에서 위안을 받고, 술을 즐거움이나 기쁨과 동일시한 것은 물론 그가 처음이 아니다. 삶의 유한성·동물성에 절망한, 내가 그의 시를 아주 좋아하는 오마르 카이얌이나, 이백 같은 위대한 시인들도 술에 위안을 구한 시인들이다. 그러니까 그의 술마시기는 예술적 전범이 있는 술마시기이며, 전형화된 술마시기이다. 그 술마시기에 그는 즐거움이나 기쁨을 느끼지만, 그것에만 푹 빠지지는 않는다. 그래서,

> 집으로 가는 버스를 기다리는 내 앞에

떨어지는 새의 아픔: 감태준

> 가인은 여전히 피어 있고
> "어디 가서 한잔 더 하지"
> 등뒤에서
> 누구한텐가 한 사내가 말한다
> "청승떨지 마"   ——「가인」

라는 묘한 야유가 생겨날 수 있는 여지가 그에겐 있다. 그 여유가 그를 시인으로 남게 만든 것이 아닐까.

내 마음이 만난 세번째 시행:

> 아니면 너와 나의
> 따뜻한 추억 속으로……   ——「떠돌이새 1」

서정시의 공간은, 대부분의 시학자들이 말하듯, 추억의 공간, 더 정확히 말하자면 회억의 공간이다. 과거나 현재 시인의 마음을 움직인 사물들에 대한 추억이 서정시의 근원이다. 그래서 서정시의 공간에서는 되돌아본 마음의 움직임・그리움・서러움・안타까움・아쉬움・화남…… 등의 감정이 지배적이다. 그런 의미에서, 감태준의 시세계는 서정시의 세계에 가깝다. 때로는 그러한 유형의 서정시가 감태준의 시들을 완전히 점유한다. 마음의 움직임은,

> 골짜기를 뛰어내려
> 도도히
> 바다로 달려가는
> 이슬 한 방울   ——「인식의 한때 2」

같은 단정한 시 속에서는 놀람의 형태로 드러나기도 하며——왜 놀람일까? 조그만 이슬 한 방울이 "뛰어내"리고, "도도히/달려가"고 있지 않는가!——,

> 아스팔트 위에 널브러지는
> 할머니를 보고, 할머니가 놓친 국화다발을 보고

>   나도 놀랐지만
>   택시에서 뛰어내리는 운전사는
>   너무 질려
>   다 죽은 얼굴이더군요
>   칼을 안 가졌기 망정이지
>   당장에라도 죽고 싶은 기색
>   얼마나 인간적입니까
>   사람 열도 더 죽이는 친구에 대면   ──「사람 열도……」

같은 시에서는, 야유 섞인 사설의 형태를 띠기도 한다. 그것은 때로 마음의 움직임 그 자체로 주의를 돌려,

>   포장술집에는 두 꾼이, 멀리 뒷산에는 단풍 쓴 나무들이 가을비에 흔들린다. 흔들려, 흔들릴 때마다 한잔씩, 도무지 취하지 않는 막걸리에서 막걸리로, 소주에서 소주로 한 얼굴을 더 쓰고, 다시 소주로,
>   ──「흔들릴 때마다 한잔」

에서처럼 쉼표를 이용한 이어짐의 형태로 나타나기도 한다. 감태준의 시에서 특이한 것은, 그러나, 점점 서정시의 추억의 공간을 부숴버리고 싶다는 마음의 움직임에 그의 시가 침윤되고 있다는 것이다. 서정적인 것의 파괴는 황동규의 시가 때로 그러하듯 연극적인 것, 대화라든가, 인물 묘사라든가 하는 것에 도움을 받고 있다.

>   "껌 하나 팔아줍쇼. 젊은 양반들"
>   옛노래는 식은 찻잔 위를 맴돌다
>   창 밖으로 나가고   ──「종로별곡」

와 같은 정황 묘사,

>   니는 바다 가까이도 가지 마
>   큰형 봐라, 바다에 빠지면
>   못 살아나는 기라,
>   제비꽃이 보랏빛을 잃어가는
>   동산 저 아래, 붉은 햇덩이를 삼키는

>   바다를 내려다보며
>   아버지는 소년의 손을 꼭 잡았다
>   우리 영희는 어려, 너도 그래
>   아니 넌 더 어려,
>   남자는 군대엘 다녀와야 제구실을 하니까
>   갑자기 왜 그래, 어디가 불편해?   ──「우리 사는 세상」

와 같은 겹치는 대사들은, 감태준의 추억의 공간을 연극적 공간으로 조금씩 바꿔놓는다. 추억 속에 완전히 자기를 몰입시키는 대신, 이것은 추억의 공간이며, 내가 사는 생존의 자리라는 것을 환기시키는 소격 효과에 가까운 효과를 내, 추억에의 몰입을 불가능하게 하는 것은 아닐지라도 불편하게 만드는 세계가, 때로, 감태준의 시세계를 점유한다. 그런 현상은 왜 일어나는 것일까? 그가 "우수와 소외의 새"가 떨어지는 행위보다는, 떨어진 자리에 관심을 더 갖게 되어서가 아닐까? 그래서 내 마음은 그의 다음과 같은 시행에 달라붙어 떠나지를 않는다.

>   그때부터다, 내 눈은
>   땅에서 떠나지 못했다   ──「떠돌이새 7」

감태준은 때때로 극히 서정적이고, 때로는 서사적이고 때로는 연극적인 시를 통해 인간 존재의 유한성·잉여성을 넘어서서 인간 존재에 영원성을 부여하려는 노력을 보여주는데, 감태준의 시적 성취는, 그러한 것이 관념적인 추상성에서 벗어나, 고향/서울, 날아감/떨어짐의 구체적인 대위법을 획득하고 있는 데서 얻어진다. 그가 쓸쓸하게 가족을 드러내고, 서울에서의 힘든 삶을 고통스럽게 진술할 때, 그리고 비상하려 하나 항상 떨어지는 새를 아프게 노래할 때, 그의 시들은 아름답다. 그가 그 고통에서 벗어나기 위해 술마시기를 시적 제재로 선택할 때도, 그것이 도피와 마취의 시로 떨어지지 않는 것은, 그가 언제나 땅으로 되돌아오는 바다의 꿈을 간직한 시골의 아이이기 때문이다.

무거움과 가벼움

　시가 어려워지는 것은, 때로 시가 시인의 마음의 움직임을 보여주기를 거부하고, 시 자체의 모습을 다시 생각해보려 하는 경향을 드러내기 때문이다. 시는 그때 시의 시성을 되새겨보는 반성의 자리가 된다. 반성은 그것이 아무리 구체적이려고 노력하더라도 구체성을 벗어나 관념의 색채를 띠게 마련이다. 그 관념이 원초적 감정, 그리움·쓸쓸함·외로움·기다림…… 등의 감정에 길든 마음을 당황하게 한다. 오규원이 시에서 노리는 것은 그러한 마음의 반응이다. 시인이 시에서 시원의 자리를 노래하는 대신 그 자리를 가능케 하는 여건들에 대한 반성을 시도하게 되는 것은, 그 시원의 자리들이 때로 지나치게 상투화되어, 그 구체성을 잃고 개념화해버리기 때문이다. 구체성을 잃고, 개념화해버린 시원의 감정들을 시인은 무겁다고 느낀다. 그 무거운 감정들을 싣고 있는 시도 물론 무겁다. 무거울 때는 조그만 것이라도 떨어져나가면 홀가분해진다. 시인이 나무에 대해서,

　　몸이 무거운 나무에게는 떨어지는
　　잎 하나도 기쁨이다.
　　　　　(『가끔은 주목받는 生이고 싶다』, 문학과지성사, 1987, p. 20)

라고 말하고 자기와 시에 대하여,

　　나는 내가 무거워
　　시가 무거워 배운
　　작시법을 버리고 (p. 42)

라고 말하는 것은 그것 때문이다. 그렇다면 모든 것들은 왜 무거워지는 것일까?

> 우리는 어디서나 앉는다
> 앉으면 중심이 다시 잡힌다 (p. 14)

라고 시인이 말하는 것을 들으면, 앉아, 중심을 잡기 때문에 무거워진다. 물론 가볍게 앉을 수도 있지만, 중심을 다시 잡은 것들은, 그것이 감정이건, 순수 대상이건,

> 온몸의 무게로 앉으니까 (p. 30)

무거워진다. 무거워지면, "주변이 슬그머니 정돈된다"(p. 30). 어느 틈엔지, 무질서·여유는 없어지고 "감당하기 힘든 한 세계의"(p. 30) 무게에 눌려, 모든 것이 정돈되어버린다. 앉아, 무게를 잡고, 무거워져, 주변을 정돈하는 것은, 움직이지 않고, 말이 없어지게 하는 것에 다름아니다. 그것은 삶을 침묵케 한다. 그래서 시인은

> 머무르는 것은 生의 언어를 침묵하게 한다 (p. 104)

라고 잠언투로 말한다. 그렇다면, 머무르지 않고, 침묵하지 않은 것이 삶이며, 시라는 것일까? 무게 없는 날렵한 것들만이 삶이며 시일까? 아니, 삶의 언어는 언제나 가볍고 움직이는 것일까? 시인은 그렇다고 말하고 싶어한다. 삶의 언어는 모든 것을 받아들여야 하기 때문이다.

"내가 내 언어에게 자유를 주었다"(p. 13)라고 시인은 선언한다. 너는 자유로우니, "마음대로 뛰어라"(p. 13)라고 시인은 외친다. 왜? 말은 내 '육체의 현실'이며, 내 '욕망의 성기'이기 때문이다. 말은 육체의 현실이다. 말이 없으면, 내 육체가 무엇을 원하는지 알 수 없기 때문이다. 말은 욕망의 성기이다. 말을 통해 내 욕망은 사출되기 때문이다. 말은 모든 것을 받아들이고, 사출한다. 그 말은 그의 한 시에서 꽃으로 형상화되어 있다.

꽃이 잎과 줄기와 향기로
꽃밭을 몸 안으로 잡아당기듯
꽃이 꽃밭의 육체를 잡아당겨
젖가슴을 내놓고 가랑이를 벌리듯
꽃밭의 꽃이라는 꽃은 모두 손에
잡히는 세계를 몸 속으로
몸 속으로 밀어넣듯

욕망의 성기며 육체의
현실인 말은
오늘도 (p. 41)

꽃은 꽃밭의 모든 것을 몸 안으로 이끌어들여 꽃을 만든다. 이 장엄한 꽃과 꽃밭의 어우러짐은 말과 세계의 어우러짐을 감각적으로 표상하고 있다. 세계는 세계를 끌어들이는 말 앞에, 말의 몸 속에, 젖가슴을 내놓고 가랑이를 벌린다. 말은 세계의 몸을 열고 들어간다. 그런데, 기묘하게도, 시인은 꽃은 잡히는 세계를 몸 안으로 밀어넣는다라고 표현한다. 말은 세계의 몸을 열고 들어가는 것이 아니라, 세계의 몸을 열고 세계를 자기 몸 안에 끌어들인다. 몸을 여는 것과 끌어들이는 것은 그것이 꽃이든 말이든, 하나가 된다. 여는 자가 끌어들이는 자이며, 끌어들이는 자가 여는 자이다. 성기──밀어넣으니 남성기이겠다──는 현실──받아들이니 여성기이겠다──이다! 꽃과 말은 자웅동체이다. 그 자웅동체는 자기가 생성의 자리이며, 생성의 결과이다. 삶의 말은 자웅동체의 말이기 때문에 자유롭다. 그것은 무엇이든 될 수 있다. 무엇이든 열고, 무엇이든 받아들이는 말은 자유롭지만, 그 자유는 중심을 잡고 주변을 정돈하는 무거운 구체성에 비해 관념적인 자유가 아닐까? 그런 비판을 예감이라도 한 듯, 아니 미리 그런 비판에 대답하듯, 시인은

나는관념이고형체가없으므로空이다 (p. 16)

라고 말한다. 자웅동체인 말은 선(禪)의 공과 같다. 모든 것을 받아들이며, 모든 것을 낳는 공(空)! 그 텅 빔을 관념이라고만 비평할 수 있을

까? 자신을 비우면, 그 어떤 것 앞에서도 가벼울 수 있는 것이 아닐까? 과연 시인은

> 나는 나를 비워두었으므로 바다 앞에서 조금도 이상하지 않았다 (p. 29)

라고 말한다. 텅 비어 있는 공의 삶은 굳어 무게 잡은 것들의 허위성을 드러낼 수 있다. 또한, 아니, 바로 공의 시학은 모든 것을 시로 만들 수 있다. 그것은

> 주민등록증번호를 시라고
> 하면 안 되나
> 안 된다면 안 되는 모두를
> 시라고 하면 안 되나 (p. 42)

라는 과감한 발언을 낳는다. 그러나 다시 한번, 그 공의 비판적 기능을 인정한다 하더라도, 그 공의 자유는 삶의 터전에서 떨어져나온 유령의 자유가 아닐까?

> 오늘 나는 유령이다
> 내가 물로 흐르거나
> 내가 피로 흐르거나
> 事件이거나
> 事物이거나
> 그건 유령의 자유이다 (p. 44)

무거운 것을 못 견디어하는 삶의 언어는 공의 자유, 유령의 자유를 낳는다. 아니 삶의 언어는 공의 자유 자체이다. 그 자유는 유쾌함과 풍자 (p. 44)를 낳는 자유이며, 동시에 아무것도 안 함으로써 패배하는(p. 70) 자유이다. 유령의 자유는 패배하는 자유이기도 하다.

오규원이 어떻게 해서 유령의 자유에 탐닉하게 되었는가를 밝히는 것은 쉬운 작업이 아니다. 그렇다고 그것이 완전히 불가능한 것도 아니다. 나는 그가 가볍게 그에 대한 모든 개인적 사항을 감추고 있음에도 불구하고, 그의 유령의 자유가 고향의 상실, 시원의 자리의 상실과 관

련되어 있음을 암시할 수 있다. 보라,

> 증명서도 없이 돋지는 봄 속에
> 고향을 떠나서 화농하는
> 상처 속에 (p. 47)

라는 시행이나,

> 뒹구는 돌
> 내가 구둣발로 차고 가는구나
>
> 내 구둣발에 차이는구나
> 버려진 고향처럼 (p. 54)

이란 시행은, 시인이 고향 떠남을 자유로 교묘하게 바꿔치고 있음을 보여준다. 자유는, 그 바꿔치기를 다시 바꿔치면, 뒹구는 돌의 그 뒹굼이다. 뿌리뽑힌 채, 타향에서 떠도는, 아니 뒹구는 시인은, 그것을 한탄하는 대신, 그 조건 자체를 시학의 기본 구조로 만든다. 오규원 시의 시적 성취는 고향 떠남을 슬프게 노래하는 대신, 그것을 공의 시학으로 바꿔치고, 그것에 의거해 떠나지 않는 모든 것의 허위성을 비판하는 데서 얻어진다. 그의 시학을 나는 부정적 신학이라는 말의 부정적이라는 어사를 빌어 부정적 시학이라 부르고 싶다.

오규원의 부정적 공의 시학은, 텅 빈 것은 모든 것을 받아들이고, 모든 것을 낳기 때문에, 색의 시학이기도 하다. 그의 시에 나오는 저 무수한 대상들과 욕망은 색의 세계의 만화경을 절절히 보여준다. 그 색의 세계는 단순한 아름다움의 세계가 아니라, 우유가 흰 고름으로 보여지는(p. 99) 화농의 세계이다. 그 오규원의 세계에서 특이한 것은, 그 화농의 세계 때문에 색의 세계가 아름답다는 전도된 시선이다. 예를 들어, 시인은 나무를 "대지의 수도꼭지"(p. 62)로 상상하고, 가을의 누런, 지는 잎을 "내장의 고름"이라고 상상한다. 나무들은 남과 북에서 일시에 고름을 뱉아낸다. 그것은 "누런 고름의 통일"이다. 시인은 거기에 덧붙여

    〔……〕 무엇보다
    통일로 보는 내 눈이 아름답구나 (p. 62)

라고 말하고 있는데, 과연, 누런 잎을 고름이라 상상하고, 그 잎을 남과 북에서 동시에 떨어뜨리고 있는 가을의 현상을 고름의 통일이라고 보는 시선은 끔찍하게 징그러운 상상력에서 나온 시선이다. 그 시선에 의하면,

    아름다운 것은 결국 상처가
    날 수 있는 나와 너의
    살아 있는 육체 (p. 63)

이다. 고름을 떨어뜨리는 나무처럼, 육체가 아름다운 것은 상처가 생겨 고름을 만들 수 있기 때문이다. 육체는 흠이 없어 아름다운 것이 아니라, 상처가 날 수 있어 아름답다. 육체는 상처만 나면 고름이 흘러내리는 고름주머니이다. 고름이 다 흘러내리면, 피는 깨끗해지고, 육체는 다시 새 고름을 준비하리라…… 그 화농하는 육체를 아름답게 보는 시선은, 당연히, 꽃은 아름답다는 것을 편견이라 생각하며, "〔송충이의〕 보송하게 살이 잘 오른/가슴이며 아랫도리"(p. 52)가 훨씬 더 아름답다고 본다. 고름을 간직하고 있는 육체는, 아름다움이 썩음이라는 것을 보여주기 때문에 아름답다. 송충이는 징그럽다는 편견 때문에 송충이는 아름다우며, 꽃은 아름답다는 편견 때문에 꽃은 아름답지 않다. 그런 말투를 빌면 색이 아름다운 것은, 색이 아름답지 않기 때문에, 색이 공이기 때문에 아름답다. 오규원의 색의 시학은 시체의 부패에서 꽃의 개화를 본 보들레르의 추의 시학에 연계되어 있다.

    공의 언어는 색의 언어이다. 모든 것을 받아들이고, 모든 것을 낳는 언어는 굳어 있는 것, 받아들이거나 낳지 못하는 것을 야유하고 풍자하는 언어이다. 야유하고 풍자하기 위해서는 굳어 있는 상태를 잘 알아봐야 한다.

    사랑에는 길만 있고

법은 없네 (p. 51)

라고 시인은 말하고 있는데, 야유하고 풍자하는 데에도 길만 있고 법은 없다. 어떻게 해야 된다라는 규제가 세워지자마자, 그 규제 자체가 야유·풍자의 자유스러움을 막는다. 그래서 야유하고 풍자하는 데에도 길만 있다. 사랑에 길만 있고 법은 없듯이. 오규원은 야유나 풍자의 법을 보여주지는 않고, 그것의 길만을 보여준다. 그러나 길을 따라가는 사람은, 동화 속의 어린애들처럼, 되돌아오기 위해 길에 표지를 남긴다. 나도 그런 표지를 하나 남기고 싶다. 오규원의 야유와 풍자는 때로, 유명해진 시행들을 향한다. 그것이 오규원 시의 특색 중의 하나이지만, 책과 책에 씌어진 유명해진 말들은, 그의 머릿속에서 너무 무거워져, 그는 그것을 내려놓고 싶어 안달을 한다.

　　구름떼
　　구름떼
　　(이하 각각 다른 '구름떼' 13번 생략)

이나,

　　발자국 소리
　　발자국 소리
　　(이하 각각 다른 '발자국 소리' 13번 생략) (p. 37)

같은 시구의 13번 생략은 이상의 「오감도」에 나오는 13명의 아이들에 대한 악의 없는, 혹은 악의 있는 야유이며——묘사의 한 유형으로 받아들였다는 점에서는 악의가 없으나, 다른 묘사를 선택하지 않고 그 유형을 선택했다는 점에서는 악의가 있으며, 그것이 너무 유명한 묘사법이 된 것을 빈정거리고 있다는 점에서 야유이다——,

　　나는 어리석은 독자를
　　배반하는 방법을
　　오늘도 궁리하고 있다 (pp. 42~43)

와 같은 시구는 보들레르의 독자에 대한 야유를 공식화하고 있다. 또한,

> 비종교인인 내가 불러도 싸늘한 어감의
> 하느님, 좀 추상적이기는 하지만
> 그래도 아직 추상적이어서 제맛이 나는
> 하느님, (p. 63)

이나,

> 나는 봄에게로 가서 어떤 의미가 되지 않았다 나는
> 기혼 남자였고 아내가 무서웠기 때문이다
> 나는 봄에게로 가서 꽃이 되지 않았다 내가
> 인간으로 태어난 사실을 남들도 다 알고 있었기 때문이다 (p. 91)

같은 시구들은 분명히 김춘수를 목표하고 있다. 더 정확히 말하자면, 김춘수의 유명한 시행들을 겨냥하고 있다. 그런가 하면,

> 엄마엄마이리와요것보세요
> 개나리꽃밭에오늘은봄비가병아리로종종거리고
> 노랗게종종거리는봄비를개나리가데리고
> 언덕너머대학에서온페퍼포그의
> 아랫도리사이로떠돌아요 (p. 73)

같은 시구는 널리 알려진 동요를 뒤집어버림으로써, 어린애들의 순진무구한 감정을 페퍼포그의 매운 가스로 휩싸버린다. 세계는 그토록 순진하고 깨끗한 것이 아니다라는 것이다. 오규원이 이런 식으로 널리 알려져 하나의 상투적 표현이 된 시행들을 야유·풍자하는 것은 시인으로서, 그가 시적 흐름, 시의 사적 흐름에 민감하기 때문이다. 시인은 자기의 감정의 움직임에 민감하듯, 자기의 시사적 위치에 대해서도 민감하다. 그래서 그는 시인·작가 들의 글을 안 읽을 수가 없으며, 때로 거기에 함몰하기도 하고, 때로 거기에 저항하기도 한다. 그의 반응이 어떠하든, 그는 책들에서 자유로울 수가 없다. 그는, 그래서,

골드만 같은 여의도
　　귄터 그라스 같은
　　카프카 같은
　　쇼핑센터 (p. 65)

라고 쓰며, "라이너 마리아 릴케 같은 스판텍스 브래지어" "아폴리네르 같은 팬티 스타킹" "에밀리 디킨슨의 하얀 목덜미 같은 생리대 뉴후리덤"(p. 65), "하이네 같은 쌍방울표 메리야스" "워즈워드 같은 일곱색 간지러운 삼각팬티"(p. 66)라고 쓴다. 세계와 사물은 책과 그 책을 쓴 사람들의 이름과 같아지거나, 비슷해진다. 고상한 것, 근사한 것은 일용적인 것, 필수적인 것과 같아진다. 책 속의 고상함은 일상 용품의 일상성과 같다. 그는 모든 것을 책처럼 보려 하지만, 책은 이미 높은 곳에만 있지는 않다. 시가 그러하듯, 그런 의미에서

　　시를 공부하겠다는
　　미친 제자와 앉아
　　커피를 마신다
　　제일 값싼
　　프란츠 카프카 (p. 116)

와 같은 시는 끔찍스럽다. 시를 표현법 공부하듯 공부하겠다는 미친 제자의 미친 욕망이 그를 못 견디게 한다. 그들이 마시는 것은 제일 싼 카프카이다——카프카가 제일 널리 알려졌다는 뜻일까, 카프카 얘기를 하고 있다는 뜻일까, 카프카가 공부하기가 제일 쉽다는 것일까. 확실한 것은 시인이 자기 시를 공부하듯 읽지는 말아달라고 말하고 있다는 사실이다. 그의 시는 공부하듯 읽고 싶은 욕망을 일으킨다. 그의 시의 반성적 요소 때문이다. 그러나 그 욕망은 미친 욕망이다. 그의 시도 "유쾌한 방종"과 "풍자인 방임"(p. 44)으로 읽어야 한다.

　오규원의 재미있는 시들 중에서도 내 마음을 가장 사로잡은 시는 '둥글둥글'이라는, 「서울·1984·봄」이라는 시 속에 들어 있는, 그리 짧지 않은 시이다. 그 시의 첫련은 특히 아름답다.

당신이 벌린 입이 둥글고
배꼽이 항문이 내 아버지의
무덤이 둥글다
밥그릇과 국그릇이 둥글고
내일 아침 개나리 위에 맺는
이슬이 둥글다
아버지의 아들답게 나는
내일 아침 목련 위에 맺는
이슬 속에
내 무덤을 만든다 (p. 39)

생존과 죽음이 다 같이 둥글다는 이 시구는, 이슬 속에 만드는 무덤이라는 놀라운——왜 놀라운가 하면, 큰 것이 작은 것 속에 들어가 있기 때문이다——이미지로 끝이 나지만, 내 상상력 속에서, 이 시는 자꾸만 증폭하여, 자리잡고 무게를 갖지 않는 가벼운 것은 다 둥글다라는 일반론으로 발전해나간다. 동그란 것은 멈추지 않고 구른다! 그렇다면 그의 시도 동그랗다. 그러나 놀라워라, 그 동그란 시는 썩고 있다. 고름투성이다.

상처와 치유

　견디기 힘든 마음의 상처를 간직한 채, 그것을 이겨내기 위해, 때로는 가위눌린 듯한 목소리로, 때로는 자학적인 목소리로 그리고 때로는 괴로움·외로움·서러움 등의 시원의 감정이 짙게 밴 목소리로, 자기의 고통과 절망 그리고 희망을 노래하고 있는 천양희의 시는, 괴로움의 제 스처에 길든 눈에도, 아프게 보인다. 그녀의 시의 특징은 그러나 그 상처의 역사적·현실적 뿌리를 보여주지 않는 데 있다. 그 뿌리를 보여주지 않고, 그 깊이만을 보여주려 하기 때문에, 때로 그녀의 시는 도식적 세계관의 격정적인 제시처럼 보이기도 하지만, 그 도식은 뛰어난 언어감각에 의해 보완되어 지적·감정적 연기를 벗어난다.

　그녀의 시가 보여주는 도식의 첫번째 항목: "세상엔 확실한 통로가 없다"(『사람 그리운 도시』, 나남, 1988, p. 22), 그래서 "우리는 영원히/세상 밖으로 나가지 못한다"(p. 21). 이 두 개의 주장은 얼핏 보기에는 모순돼 보인다. 세상엔 '밖으로 가는' 확실한 통로가 없다. 그러니 우리는 영원히 세상 밖으로 나가지 못한다. 첫번째 주장은 사람이라면 이 세상 밖으로 나가야 하는데라는 전제가 생략되어 있는 주장이다. 세상 밖으로 아니 차라리 땅 위, 하늘로(p. 21) 가야 하는데, 그 확실한 통로가 없다. 두번째 주장은 그 첫번째 주장의 모순된 결과로서, 그래서 우리는 영원히 하늘로 갈 수가 없다고 말한다. 그 두 주장은 나가야 한다/나갈 수 없다라는 대립·모순의 주장이다. 인간은 그 모순 속의 동물이다. 나가야 한다는 욕망은 나갈 수 없다는 현실과 엉켜 있다. 확실한 것은 그러니까 욕망도 아니고, 현실도 아니며, 있음 그 자체이다.

　　확실한 것 저 바위 저기
　　저 자리 저 침묵

이외에는 없다
　　때로 시간도 죽음까지도 (p. 21)

　말없이 저기— 있음만이 삶에선 확실한 것이며, 그런 의미에서 인간의 '몫은 비극'이다. 기다리는 것은 죽음이며, 있는 것은 오늘뿐이기 때문이다.
　그녀의 시가 만들어낸 도식의 두번째 항목: "우리는 우리의 희망이 필요하다"(p. 25). 우리의 몫은 비극이지만, 살아가기 위해서는 '우리의 희망'이 필요하다. 희망이 주어지는 것이 아니라, 만들어지는 것이, 사실은 비극이다. 비극은 희망이 없다는 데서 오는 것이 아니라, 희망을 만들어내야 한다는 데서 온다.

　　뜻있는 곳에 다른 길 있다기에 (p. 80)

그녀는 희망 있는 다른 길을 만들어내려 한다. 그 다른 길이 가는 곳은

　　가자 그리운 나라
　　내 넋으로 내가 살 수 있는 땅 (p. 81)

이라는 시구를 보면, 자기 넋을 일용할 양식으로 삼는 땅이다. 마음속에서 만들어낸 희망에 기대어 살아가는 땅으로 가는 길이 그녀가 가는 다른 길이다. 그 길은 현실주의자나 사실주의자가 가는 길이 아니며, 비극적 세계관의 소유자가 가는 길도 아니다. 그 길은 주관적 낭만주의자가 가는 깊이의 길이다. 그 길은 일상의 길이 아니라, 깊이의 길이다. 내면 깊숙이 내려가야 찾아지는 그런 길이다. 그 길은 내면 깊숙이 있기 때문에, 다시 말해 자아 밖에 있지 않기 때문에 주관적 길이며, 살과 마음이 다른 길을 갈 수 있다고 믿는 사람이 가는 길이기 때문에 낭만주의적 길이다. 그 길을 따라가면 넋을 먹고 사는 그리운 나라에 다다를 수 있다. 그 믿음은 "정다운 환영"(p. 82)이지만, 그 믿음마저 없다면 삶을 영위해나갈 수가 없다. 시인에게 있어,「정든 땅 언덕 위에」라는 제목이 붙어 있는 시를 보면 그 그리운 나라의 이름은 사랑이며 시이다.

시로써 세상을 만들 수 있을까 시로써
세상을 살 수 있을까 시로써
집을 짓고 시로써
사랑을 할 수 있을까
시가 햇빛이 되고 불빛이 되고
시가 고향이 되고 나라가 되고
시로써 따뜻하고 시로써
사람들이 행복한 곳
정든 땅 언덕 위에
시 같은 피 시 같은 땀
씨뿌릴 수 있을까
시 같은 인생 시 같은 일생
거둘 수 있을까
정든 땅 언덕 위에
시의 세상
시의 나라
시의 집을 짓고 (p. 19)

　시인에게 있어 시―사랑은 그리운 나라를 만드는 길이며 일이다. 그것이 가능할 수 있을까라고 묻는 것 자체가 주관적 낭만주의의 한 징후이지만, 시인은 시―사랑의 나라의 가능성을 부정적 대답으로 오히려 짙게 보여준다. 주저하며 시―사랑의 나라로 가는 길을 찾으려 방황하지 않는 나는 벌레와 같다고 시인은 말한다.

네 인생을
시 쓰는 데 송두리째 못 바친 일이
사랑하는 데 송두리째 못 바친 일이
후회스럽니? 더럽니?
말투성이 피투성이 상처투성이
그는 밤마다 돌아가버린다
나는 이 지상에 볼품없는 집을 짓고
다족류의 벌레처럼
빈방을 기어다니기로 작정한다 (p. 106)

시 쓰고 사랑하는 데 삶을 다 바칠 수 없다면 나는 한갓 벌레에 지나지 않는다라는 인식은, 그리운 나라의 가능성을 부정적으로 역설한다. 시인이 해야 하는 일은 그 나라가 있다고 믿고 결사적으로 달려가는 일뿐이다. 그렇지 않다면 그는 아무것도 아니다. 그는 침묵일 따름이다.

> 신호등을 무시하고 필사적으로
> 달려간다 달려간다 달려간다
> 더 이상 달려갈 수 없을 때
> 이루지 못할 사랑
> 썩어지지 않는 시
> 우리는 침묵 속에 남겨진다. (p. 123)

주관적 낭만주의는 그리운 나라를 향한 필사의 질주이다. 그 질주가 끝나면 그의 삶은 끝난다. 그 끝에 침묵―죽음이 자리잡고 있다. 그러나 알 수 없어라, 그 질주는 미래를 향한 유토피아적 질주가 아니라, 앞에 그 전문을 인용한 시의 "정든 땅 언덕 위"의 '정든'이라는 어사가 함축하고 있듯 과거로 향한 질주이다. 그녀의 그리운 나라는 정이 들 나라가 아니라 정든 나라이다. 바로 이 점이 그녀의 시에 어두움을 깃들이게 하는 점이다. 정이 들었으나 갈 수 없는 나라가 그녀의 그리운 나라이다. 그 나라는 유토피아의 밝은 빛으로 빛나는 나라가 아니다. 그렇다고 해서 그녀의 그리운 나라가 시원의 자리라 할 수 있는 유년의 나라인 것도 아니다. 그녀의 주관적 낭만주의의 비밀은 거기에 숨어 있다. 그래서 그녀의 시엔 미명의 부드러운 빛 대신 몸살 앓을 정도로 방황하는 시인의 어지러운 자태가 가득차 있다.

"평생 못 버릴 불치의 풍경 하나"(p. 66)라고 시인은 한 시에서 말하고 있다. 그러나 그녀의 시에는 불치의 풍경이 여럿이고, 하나인 것은 그 풍경의 뿌리이다. 그 뿌리는 사랑하는 사람에게서 버림받았다는 사실이다.

> 살과 뼈 녹이며
> 전생애로 사랑하다
> 까닭 없이 버림받은 사람들의
> 허물어진 세월을 울어라 (p. 34)

시인이 울기를 권하는 대상은 "울고 싶은 마음" "통곡"(p. 34)이다. 시인은 울고 싶은 마음에게 사랑하다 까닭 없이 버림받은 사람들의 허물어진 세월을 울라고 권한다. 버림받았는데, "무얼 하겠다고 허구한 날/날이 새도록 걸어가는지……"(p. 34). 그러나 시인에게 특이한 것은 그 버림받은 사람들이 단수가 아니라 복수라는 것이다. 이 세계에는, 까닭 없이 버림받은 사람들이 많이 있다.

> 버림받고 걷어채인
> 사랑만 보여 (p. 113)

주는 세계 속에 우리는 있다. 버림받은 사람의 마음에는 영원히 지워지지 않는 "인두 자국 하나"(p. 99)가 남아 불치의 풍경을 이룬다. 그 불치의 풍경 속에서, 버림받은 시인은,

> 내 가슴에 화산 하나 꺼지고
> 나는 지금 너무 어둡습니다 (p. 37)

라고 외치기도 하고,

> 나는 살고 있는 것입니까
> 나는 견디고 있는 것입니까 (p. 38)

라고 외치기도 한다. 시인은 "폐선처럼 문을 닫고/정박해 있는 여인"(p. 74)과도 같다. 나는 어둡다라는 외침이나 나는 폐선이다라는 묘사는 버림받은 사람들이 자신을 드러내는 두 양태이다. 외침은 계속해서, "꿈에도 그리운 너를 껴안고"(p. 54)에서처럼, 나는 그립다라는 외침으로; "달이 떠도 괴로운 달이 뜨고"(p. 112)에서처럼, 나는 괴롭다라는 외침으로; "어디까지 가야 짓무른 외로움이/뚝뚝 빗방울로 떨어질까"

(pp. 27~28)에서처럼, 나는 외롭다라는 외침으로; "서러운 꿈 하나/갈매기로 날아올라……"(p. 90)에서처럼, 나는 서럽다는 외침으로 변주돼나가며, 폐선은 사막(p. 71), 살얼음판(p. 117), 어둠(p. 112), 바람…… 등으로 변주되어나간다. 그 움직임은 자연스럽다. 같은 뿌리에서 서로 다른 잎과 꽃들이 피어나듯, 그리고 그것들을 바람이 서로 다르게 흔들어대듯, 그 변주는 자연스럽다. 물론 외침과 묘사는 엇갈리기도 하지만 혼용하기도 한다. 움직임과 형태는 사실 같은 것이기 때문이다. 그것들이 되돌아가는 곳은 언제나 뿌리이다. 그 되돌아감은 무의식적이어서 때로 시인도 그 되돌아감의 의미를 모른다.

　　헐벗은 나무
　　둥지튼 새들은 떠나갔다
　　허둥대는 바람같이
　　떠도는 마음 하나 못 붙들고
　　삶은 종종 살얼음판이었다
　　나는 알 수 없었다
　　사람들은 어째서
　　같이 살면서 혼자 일어서야 하고
　　사람들은 어째서
　　낯선 거리 떠돌며
　　돌아가려 하는지 (p. 117)

　같이 있되 혼자 있다는 실존적 자각이 뛰어나게 아름답게, 아니 가슴 아프게 형상화된 이 시행에서, 시인은 외로움·헤맴·쓸쓸함 등의 움직임과 바람·살얼음판 등의 형태의 교직을 통해, 인간은 자기 상처의 뿌리로 돌아가려 하고 있음을 날카롭게 지적하고 있으면서도, 인간이 돌아가려는 곳이 상처의 뿌리라는 것은 모르고 있다. 시인은 단언한다: "나는 알 수 없었다." 그러나 시인의 무의식은 그것을 잘 알고 있다. 시인은 나도 되돌아가고 싶다고 외치고 싶은 것이다.
　시인은 되돌아가고 싶다. 그러나 그는 되돌아갈 수 없다. 그녀의 시에 숱하게 나오는 절망의 외침은 그것 때문에 생겨난 외침이다.

　　살아 있는 동안

살아 있기 때문에 절망합니다 (p. 40)

그녀의 절망은 사치스러운 절망의 제스처가 아니라 자신을 산산이 부숴버리고 싶은 욕망으로 가득찬 절망이다. 그녀는 여기저기에서 죽음·파괴를 말한다.

개 같은 운명을 위하여
불행은 부동자세로 다가오고
나는 종말적으로 울며
허옇게 드러눕는
내 죽음에 동참했었지
다시는 태어나지 않기를
나는 이 지상에 무덤으로 누워
망망한 대해
내 눈물의 바다를 보았지
시퍼렇게 떠오르는 나를 보았지 (p. 31)

다시는 태어나고 싶지 않다는 이 도저한 절망은

등짐 풀 듯
고통 끝내고 돌아가고 싶습니다 (p. 33)

라는 절실한 외침이나

쇤풀 같은 넋
산 채로 썩고 싶구나 (p. 88)

라는 파괴 욕망 때문에 더욱 강력한 느낌을 준다. 삶이 그토록 절망스러운 것인가라는 탄식을 그녀의 시를 읽는 사람은 잠시라도 멈출 수가 없다. 산 채로 썩고 싶다라는 욕망은 한국시가 거의 보여주지 못한 욕망이다. 그것은 썩음으로 꽃피어나고 싶다는 보들레르적 욕망에 맞닿아 있다. 그 욕망은 때로 도저한 이미지들을 만들어낸다.

상처와 치유: 천양희   121

> 달이 떠도 괴로운 달이 뜨고
> 가슴엔 메기러기 날아든다 (p. 112)

와 같은 이미지는 그 한 예에 불과하다.
　······되돌아갈 수 없다라는 확인에서 생겨난 절망이 시적으로 냉랭하게 묘사된 이미지 중에서, 내 마음이 제일 먼저 가 만난 이미지는 건질 수 없는 못물 속에 빠진 달이라는 이미지이다.

> 그날 밤 우리는
> 못물에 비친 밑뿌리 환한 절망을 보았다
> 〔·········〕
> 우리는
> 먼 초목 지는 달 바라보다가
> 못물 깊이 침몰한 평생을 보았다
> 날이 가고 또 달이 가도
> 그것은
> 건질 수 없는 못물 속
> 달과 같았다 (p. 115)

이 이미지에서도 나는 우리로 대치되어 있는데, 나를 우리로 보편화시키려 하는 무의식의 움직임에 시인이 끌려가고 있기 때문일 것이다. 그리고 밑뿌리 환한 절망이란 환한 달이면서 동시에 누구에게나 보이는 절망이다. 그것은 못물 깊이 침몰해 있다. 마치 폐선처럼. 그녀가 그린 이 이미지는 끔찍하다. 고통스럽다라는 말로는 모자란다. 그것은 끔찍하다.

　천양희의 시에 있어서, 나와 대립되는 인칭은 너/그인데, 그 대립 자체도 선명하지 않을 뿐만 아니라, 때로 그 실체도 선명하지 않다. 물론

> 오랫동안 나는 슬픔과 살았지
> 날마다 그와 마음이 맞아
> 순정적으로 아주 순정적으로
> 낮과 밤을 바치고

  뼈와 살을 바쳤지 (p. 32)

에서처럼, 그가 슬픔을 지시하여 나와 대립되는 경우도 있고,

  나는 너를 버린다
  수챗구멍 속에
  똥더미 위에
  쓰레기 하치장에
  유령 같은 너를 (p. 57)

에서처럼, 나/너의 대립이 선명한 경우도 있지만,

  나를 보는 너는
  무서운 슬픔
  슬픔의 핏줄 (p. 62)

이나,

  네 인생을
  시 쓰는 데 송두리째 못 바친 일이
  사랑하는 데 송두리째 못 바친 일이
  후회스럽니? 더럽니?
  말투성이 피투성이 상처투성이
  그는 밤마다 돌아가버린다 (p. 106)

의 나/너, 나/그의 대립은 그리 확연하지가 않다. 그것은 버림받은 나에 대립해야 할, 나를 버린, 내가 사랑한 그가 분명한 실체를 갖고 있지 않은 데에 기인한다. 그가 분명한 실체를 갖고 있을 때, 그는 아이로 나타난다. 예를 들어,

  세상에 생긴 말
  모두 다 보태어도
  그보다

더 사랑할 것 없어 어이하리 (p. 43)

라는 애절한 시의 그는 시인의 자식인 듯, 그 시에는 「자식」이라는 제목이 붙어 있다. 아이—자식이라는 사랑의 대상은 그녀의 시에 드물게 나타나는, 아니 거의 나타나지 않는 지복의 대상이 돼 있다. 보라,

    물새 같은 아이 하나
    모래 위를 달려간다
    파도 한자락이
    아이의 눈 속으로 파고들었다
    푸른 별이 뜨고
    하얀 양떼들이 몰려왔다
    아이는 세상 모르고
    웃고 있었다
    바다도 세상 모르고
    즐거운 하루 (p. 105)

모래 위를 달리는 웃는 아이, 부서지는 파도, 푸른 바다, 그것을 보는 시인의 시선이 지복의 상태로 어울려 있는 이 시는 그녀의 시답지 않게 절망의 인두 자국을 조금도 갖고 있지 않다. 아이만은 그녀에게 상처를 주지 않는 사랑의, 그리움의 대상인 모양이다. 그렇다면 그 아이가 있는 나라가 그녀의 정든 나라이며, 그리운 나라가 아닐까? 아이가 있는 곳에서만 시인은 시인의 넋을 일용할 양식삼아 살 수 있다. 바로 그 아이일까,

    나는 가고 싶다
    하늘이나 북극
    무인도나 대평원 (p. 63)

이라는 시행에 나오는 내가 바로 그 아이일까? 그 아이는 왜 사람 없는 곳에 가고 싶어하는 것일까? 그 아이 역시 "세상엔 확실한 통로가 없다"고 느끼고, "평생 못 버릴 불치의 풍경 하나"를 넋 속에 간직하고 있을까! 그렇다고 하더라도 아이는 그녀의 희망이다.

지친 몸 풀 위에 뉘어봅니다
아이의 작은 손가락이
간지럼 태웁니다
웃음 소리
그리움에 닿을 때까지
들보다 더 넓어진 마음
온전히 미칩니다 (p. 102)

　지친 몸 풀 위에 눕히고, 자기를 간지럼 태우던 아이들, 그의 웃음을 상상하며 미쳐가는 그녀를 보는 것은 고통스럽다. 그러나 그 고통의 대가로 그녀의 희망인 사랑―시가 생겨난다. 그 시들은 편안히 드러누워 읽기 힘든 시들이다. 나는 뜨거워지는 눈, 찬물로 헹구고, 따끔거리는 목, 소금물로 헹구고, 단정히 앉아 그녀의 시를 다시 읽는다. 그래도 고통스럽다. 벗어나고 싶다.
　주관적 낭만주의는 그것이 긴장을 잃지 않을 때 허무와 체념으로 떨어지지 않지만 그것이 긴장을 잃게 되면 느슨해져 상투적인 감정 소비의 자리가 되기 쉽다. 천양희의 시는 아직까지 힘들게 그 긴장과 활력을 간직하고 있지만 때로는 그것을 잃어버리고 있는 것이나 아닌가 하는 안타까움을 자아내게 한다. 나는 그녀가 언제까지나 "웅크린 짐승같이" 살지 않기를 바란다.

나는 이제
웅크린 짐승같이 살진 않겠다
도시와 길을 향해
긴 이빨 내보이며
비명 질러대면서
나는 너의 뇌수를 뒤지겠다
그리하여
네 오랜 병의 독을 파내겠다
방자한 눈웃음
꼬리치는 개의
허울을 벗기겠다

네 혈관 뒤지며
　　심장의 어디 무수히 박히겠다. (p. 92)

「권태」라는 제목이 붙어 있는 이 시의 너가 누구를 지칭하는 것인지는 분명하지 않지만, 나는 그 네가 삶을 지칭하는 것이라 상상하고 이 시를 읽는다. 그래도 삶은 살아야 하고, 살 만한 것이니까.

II

계단만으로 된 집
── 『일월』의 한 문단의 해석

　꿈을 자주 꾸는 편이 아니었던 인철이 밤중에 잠이 깨었다가 새벽녘에 가서야 다시 잠이 드는 습관이 생기면서부터는 꿈을 꾸는 도수가 많아졌는데, 그 꿈의 대부분이 줄거리를 종잡을 수 없는 어수선한 것들이었으나 그 중에서 약간씩 달라지곤 하지만 되풀이해 꾸는 꿈 몇 가지가 있었다.
　인철은 계단을 내려가고 있는 것이다. 황혼 무렵인지 동틀 무렵인지는 분간할 수 없으나 주위가 희뿌윰한 그늘에 싸여 있었다. 그리고 차고 음습한 공기로 꽉차 있었다. 인철은 계단 하나하나를 밟고 내려가며 생각하는 것이다. 이 집은 내가 설계하여 지은 집이다. 그런데 어째서 여기에다 들창도 내지 않고 전등도 달지 않았을까. 현장감독에게 따져봐야지. 인철은 계단 옆 담벼락을 손으로 만져보았다. 벽면이 우둘우둘하고, 차갑고 축축한 물기가 손바닥에 묻어났다. 몇 땜에 여태 재벽도 못했을까. 인철은 쉬지 않고 계단을 내려갔다. 저 아래 무슨 문제가 씌어진 종이쪽지를 가지러 내려가는 길로 생각되기도 하고, 누구를 만나러 내려가는 길로 생각되기도 했다. 그는 마음을 재촉하여 걸음을 빨리 옮겨놓았다. 그래도 계단은 아래로 아래로 잇달아 끝이 없는 것이다. 드디어 인철은 이것이 집안 한 옆에 나 있는 계단이 아니고, 계단만으로 된 집이라는 걸 깨닫는다. 그는 한없이 아래로 뻗어 있는 계단을 내려가다 내려가다 채 다 못 내려간 채 잠이 깨고 마는 것이다. 한번은 이 어둠침침한 층계를 내려가며 누구인가를 꼭 만나야 한다고 생각했다. 그러나 그의 앞에는 한결같이 끝없는 층계가 뻗어 있을 뿐인 것이다. 그러다가 그는 층계를 디디는 자기 발자국 소리가 갑자기 크게 울리는 것을 깨달았다. 그 소리가 한없이 뻗은 층계 위아래에서 메아리쳐 돌아왔다. 좀 조심해서 층계를 밟았다. 그러면서 보니 자기가 밟은 층계마다 플라타너스 잎이 깔려 있는 것이었다. 침침한 그늘 속에서 잎사귀들이 물기에 젖어 맑고 푸른 빛을 발하고 있었다. 그는 더욱 주의해서 그 잎새들을 밟으며 내려갔다. 여전히 발자국 소리가 크게 층계 위아래서 메아리쳐 울려왔다. 그는 자기 발밑을 눈여겨 내려다보았다. 맨발에 고무신을 신었으니 소리가 날 리 없는데. 그러다가 그는 보았던 것이다. 자기가 밟은 맑고 푸른 잎사귀에 찍혀 있는 커다란 소발통 자국을.

위의 문단은 황순원의 다섯번째 장편소설인 『일월(日月)』(1962)에 나오는 문단이다(『일월』, 문학과지성사, pp. 142~43). 이 문단에 나오는 김인철은, 석사 논문 제출을 눈앞에 둔, 건축학을 전공하는 대학원생이다. 그의 아버지는 백정 출신이지만 그것을 감추기 위해 형과 인연을 끊고 고향을 떠나 서울에서 제분업을 하고 있는 사업가이다. 인철은 그의 둘째아들이다. 첫째아들은 광주군수인데, 그는 거기에서 자기 아버지가 자기에게 숨긴 자기의 출신을 알게 되고, 아버지와 마찬가지로, 자기 출신을 감추기 위해, 집안과 연을 끊는다. 인철이 그 꿈을 꾸게 된 것은 자기의 출신이 백정이라는 것을 알게 된 후부터이다. 그는 소설 속에서 두 여자와 얽혀 있다. 한 여자는 어렸을 때 옆집에서 산 지교수의 딸 다혜인데, 전통적인 여자의 덕성을 다 갖춘 여자이다. 또 한 여자는 은행장의 딸 나미인데, 연극에 관심을 갖고 있는 발랄한 현대 여성이다. 인철은 다혜에게서 누나나 어머니와 같은 편안함을 느끼며, 나미에게서 젊은 여성의 발랄함을 느낀다. 그가 실제로 육체적인 관계를 맺게 되는 것은 나미이다. 인철—다혜—나미의 삼각 관계는, 이광수의 『무정』 이후, 한국의 연애소설의 모형이 된 삼각 관계이다. 지적인 미남 주인공, 전통적인 덕성의 여인, 발랄한 현대 여성이 빚어내는 삼각의 공간은 어떤 여자와 결혼해야 할 것인가로 고민하는 개화기 이후의 한국 남자의 꿈의 공간이다. 인철은 자기 집안이 백정 집안이었다는 것을 안 이후부터 심상하게 아니 솔직하게 그 두 여자와 만날 수가 없게 되고, 밤에는 꿈을 꾸는 횟수가 많아진다. 그 꿈의 대부분은 줄거리를 종잡을 수 없는 것이지만, 되풀이해서 꾸는 꿈이 몇 개 있는데, 위의 문단은 그 중의 하나이다.

위의 문단에는 재벽·소발통 등의 어려운 말이 나온다. 인철은 건축학도이기 때문에, 그가 우둘우둘한 벽면에 차갑고 축축한 물기가 있는 것을 보고, 왜 여태 재벽을 하지 않았을까 자문하는 것은 이상하지 않다. 재벽이란 초벽(初壁)을 바르고 두번째로 바르는 일을 뜻한다. 인철의 집안은 백정 집안이었기 때문에 꿈에 소발통을 보는 것 또한 이상하지 않다. 소발통은 여러 군데에 보이는데(p. 130, p. 355 등), 소발통의 통은 몸통의 통과 같다. 흥미로운 것은 소발통이 한글학회가 펴낸 우리말 큰사전이나 삼성출판사의 사전에 실려 있지 않다는 점이다.

문체론적인 입장에서, 위의 문단에서 얼른 눈에 띄는 것은 i) '~것이다'의 빈번한 사용과 ii) 마지막 문장의 도치 형태이다. 황순원은 '~것이다'라는 종결 형태를 거의 쓰지 않는 작가인데(그것을 지나치게 애용하는 작가가 남정현이다), 위의 문단에는,

  i) 인철은 계단을 내려가고 있는 것이다;
  ii) 인철은 계단 하나하나를 밟고 내려가며 생각하는 것이다;
  iii) 그래도 계단은 아래로 아래로 잇달아 끝이 없는 것이다;
  iv) 그는 한없이 아래로 뻗어 있는 계단을 내려가다 채 다 못 내려간 채 잠이 깨고 마는 것이다;
  v) 그러나 그의 앞에는 한결같이 끝없는 층계가 뻗어 있을 뿐인 것이다;
  vi) 그러다가 그는 보았던 것이다

와 같이 여섯 번이나 '것이다'가 씌어 있다. 그 '것이다'가 쓰인 문장을

  i) 인철은 계단을 내려가고 있었다;
  ii) 인철은 계단 하나하나를 밟고 내려가며 생각했다;
  iii) 그래도 계단은 아래로 아래로 잇달아 끝이 없었다;
  iv) 그는 〔……〕 잠이 깼다;
  v) 그러나 그의 앞에는 한결같이 〔……〕 뻗어 있을 뿐이었다;
  vi) 그러다가 그는 보았다

로 고쳐보면 iv)의 "잠이 깨고 마는 것이다"의 '것이다'는 반복·습관의 '것이다'이며, vi)의 "보았던 것이다"의 '것이다'는 강조의 '것이다'라는 것이 드러난다. 그 두 경우 외의 '것이다'는 '이었다'로 고쳐도 의미론상의 큰 변화는 생기지 않지만, '것이다'는 리듬상의 탄력을 갖고 있으며, 그것은 계단 내려가는 행위에 적절하게 대응한다. 그 '것이다'는 행위를 객관화시켜주고 동시에 동작의 현재성을 강조하는 특성을 갖고 있다.

마지막 문장의 도치 형태는 소발통을 강조하기 위한 형태이다. 그 강조는 문장의 도치("그는 보았던 것이다. 커다란 소발통 자국을"), '것이다'의

이용, '커다란'이라는 부가어의 사용에 의해 삼중으로 이뤄져 있다. 푸른 잎사귀에 찍혀 있는 커다란 소발통 자국은 나는 백정이다라는 아픈 자각의 자국과 다름아니다.

인철은 계단을 내려가면서, 이 집은 내가 설계하여 지은 집이다라고 생각한다. 실제로 그는 나미의 집을 설계해주었으므로, 그 집은 나미의 집을 환기시킨다. 그가 밟은 층계마다 플라타너스잎이 깔려 있는 것은, 나미의 집 설계를 위촉받던 날의 체험과 관련되어 있다. 그날 인철씨에게 꼭 부탁할 일이 있다는 나미의 전화를 받고 행길까지 나와 택시를 탄 인철은 비에 젖어 번들거리는 아스팔트에 여기저기 플라타너스잎이 붙어 있는 것을 본다.

　비에 젖어 번들거리는 아스팔트에 여기저기 떨어진 플라타너스의 잎이 찰딱 달라붙어 있었다. 검게 빛나는 아스팔트와 어울려 그 잎들은 나무에 달려 있을 때보다도 더 생생한 빛을 띠고 있었다. 그 위를 빗줄기가 때리고 있었다. 그 생생한 잎새 빛이 인철의 눈 속에 오래 머물렀다. (p. 77)

인철의 눈 속에 오래 머문 플라타너스 잎새 빛은 인철의 무의식 속으로 한없이 내려가 꿈속에서 맑고 푸른 플라타너스잎으로 다시 살아난다. 위의 문단의 집, 플라타너스는 그러므로 인철—나미의 관계에 관련되어 있다. 그것은 인철의 무의식이 다혜보다는 나미를 더 향하고 있다는 증거이다.

인철은 꿈속에서 끝없이 계단을 내려가고 있다. 때는 황혼 무렵이거나 동틀 무렵이다. 주위는 그래서 희뿌염한 그늘에 싸여 있다. 황혼 무렵과 동틀 무렵은, 하루 중에서 빛과 어둠이 공존하고 있는 두 때이다. 빛과 어둠은 서로 섞이어, 휴식과 일을 준비한다. 그것이 황혼 무렵이라면, 쉬는 것이고, 그것이 새벽 무렵이라면, 일을 준비한다. 그 빛과 어둠의 혼융 상태는, 휴식과 일이 분리되기 전의 혼융 상태이며, 무의식과 의식이 분리되기 전의 혼융 상태이다. 계단은 차고 음습한 공기, 차갑고 축축한 물기로 꽉차 있다. 찬물은 맑고 깨끗한 각성의 상태를 뜻한다. 찬 것은 얼음의 상태로 구체화되기 때문이다. 음습하고 축축한 것은 불투명하고 빡빡한 혼란의 상태를 뜻한다. 음습하고 축축한 것은 안개의 상태로 구체화되기 때문이다. 차고 음습한 공기는 깨끗함/불투명함, 각성/혼란의 대립이 유예된, 아니 차라리 혼융 상태에 있는 공간이다. 인철은 쉬지도 않고 일하지도 않는다. 그는 빛/어둠, 각성/혼란의 혼융 상태에서 계단을 내려가고 있다.

인철은 꿈속에서 끝없이 계단을 내려가고 있다. 왜? "저 아래 무슨 문제가 씌어진 종이쪽지를 가지러 내려가는 길로 생각되기도 하고, 누구를 만나러 내려가는 길로 생각되기도 하였기" 때문이다. 아래에 무슨 문제가 씌어진 종이쪽지가 있다는 것은, 인철이 대학원 학생이라는 것을 상기하면, 논문 쓰는 것과 관련 있다는 것을 암시하기도 하며, 누구를 만나러 내려간다는 것은, 인철이 아직 미혼의 총각이라는 것을 생각하면, 누군가 그의 반려가 될 사람을 찾고 있는 것과 관련되어 있다는 것을 암시하기도 한다. 그것은 그러나 의식적인 해석이고 내려가면 자기의 삶에 도움을 줄, 삶에 의미를 부여해줄 어떤 것이 있다는 것이 그 문단의 감춰진 의미이다. 삶을 의미있게 해줄 어떤 것이, 문제가 씌어진 종이, 누구인지 확실치 않은 사람으로 전이되어 그의 꿈속에 나타난 셈이다.

계단을 내려가는 것은 무슨 문제가 씌어진 종이쪽지를 가지러 가기 위해서이다. 문제는 풀어야 하는 것이므로, 그것은 논리적 작업을 전제하고 있다. 문제는 다시 말해 아니무스의 영역에 속한다. 계단을 내려가는 것은 또한 누구를 만나기 위해서이다. 인철은 남성이므로 그 누구는 여성일 가능성이 높다. 그 누구는 다시 말해 아니마의 영역에 속한다. 빛과 어둠, 각성과 혼란의 혼융 상태에 있는 인철은 중성적 존재이며, 그 존재는 아니무스와 아니마로 분리되기 전의 존재이다. 그 존재는 아니무스를 향하기도 하고 아니마를 향하기도 한다. 어느 쪽으로 쏠릴 것인가는 인철이 계단을 어느 정도 내려가는가에 달려 있다. 계단을 내려가는 것은 중성적 존재가 자신의 존재됨의 근거를 찾는 행위이다. 그 행위는 한없다. 자신의 존재됨을 찾는 행위는 쉬운 행위가 아니며, 어쩌면 그것은 죽는 순간에야 폐기될 수 있는 힘든 행위이다. 계단은 끝이 없다.

인철이 내려가는 계단은 집 속의 계단이다. 그 계단이 있는 집은 그가 설계하여 지은 집인데, 이상하게도 그 계단 옆에는 들창도 전등도 없다. 계단은 한없이 밑으로 내려간다. 드디어 인철은 이것이 집안 한 옆에 나 있는 계단이 아니고, 계단만으로 된 집이라는 것을 깨닫는다. 계단만으로 된 집! 그것은 이미 집이 아니라 어둠 속의 계단이다. 한 철학자는 집은 인간이라고 말한다. 인철의 계단뿐인 집은 인철 그 자신이다. 인철의 집은 거주하기 위한 집이 아니라 내려가기 위한 집이다. 그의 집은 휴식하기 위한 집도 아니며, 힘을 비축하기 위한 집도 아니다. 그의 집은 내려가는 계단만으로 되어 있는 집이다. 그 계단은 존재의 심연으로 내려가는 계단이다. 인철은 자신의 속에 계단을 만들고 한없이 내려간다. 자신의 존재됨의 근거를 밝히기 위해 자기 존재의 즉물성을 벗어나는 것이 초월 transcendance 이라면, 인철의 초월은 상승 초월 transascendance 이 아니라 하강 초월 trandescendance 이다. 하강 초월은 한없는 내려감 descente 을 요구한다. 내려감은 자기 존재의 내부를 깊게 파는 행위이며 그 파는 행위는, 느릿느릿한 계단 내려가기의 행위처럼, 느릿느릿하고 절도 있는 행위이다. 그 내려감은 추락 chute 이 아니다. 그것이 자기 집안이 백정 집안이라는 것을 안 순간에 시작된 행위라 하더라도 인철의 내려감은 추락이 아니다. 인철은 대번에 존재의 심연에 떨어진 것이 아니라, 천천히 그곳에 내려간다. 그의 하강 초월은 격렬하고 순간적인 하강 초월이 아니라, 절도 있고 계속적인 하강 초월이다. 그것이 그의 태도에 어느 정도의 안정감을 부여한다. 그 안정감은 하강 초월 때의 사유의 여유에서 얻어진다. 인철은 내려가며 생각하는 것이다. ……생각되기도 하고 ……생각되기도 했다, 드디어 인철은 깨닫는다…… 의 문장에서의 생각하다, 생각되다, 깨닫는다는 그 사유의 여유를 보여준다. 더구나 깨닫는다는 현재형으로 씌어 있다. 그 여유 있는 하강은 인철의 하강이 여유 있는 합리주의자의 하강임을 보여준다. 그것은 절망적인 낭만주의자의 하강이 아니다. 그것은 추락이 아니라 내려감이다. 인철은 계단을 채 다 못 내려간 채 언제나 잠이 깬다. 잠이 깨고 만다. 그 문장의 어조는 단정한다. 그는 놀라서 잠이 깨는 것도 아니고, 고통스러워서 잠이 깨는 것도 아니다. 그는 추락한 것이 아니기 때문이다.

그 여유 있는 내려감은 어둠 속으로의 내려감이지만, 빛이 있는 어둠 속으로의 내려감이다. 계단을 둘러싼 어둠은 '어둠침침한' 어둠이다. 그 어둠 속에서 인철은 층계를 디디는 자기 발자국 소리가 갑자기 크게 울리는 것을 깨닫는다. 그의 두번째의 깨달음이다. 그의 발자국 소리는 "한없이 뻗은 층계 위아래에서 메아리쳐" 돌아온다. 그의 발자국은 소리를 내, 한없이 뻗은 층계 위아래에서 메아리친다. 그의 흔적은 계단 위아래를 울린다. 그는 다시 자기가 밟은 층계마다 플라타너스잎들이 "물기에 젖어 맑고 푸른 빛을 발하고 있"는 것을 본다. 그때의 본다는 깨닫는다와 같은 의미이다. 세번째의 깨달음이다. 어둠침침한 계단에서 맑고 푸른 빛을 발하고 있는 플라타너스잎. 맨발에 고무신을 신었으니 소리가 날 리가 없는데 소리가 나며, 어둠침침하니 보일 리가 없는데, 맑고 푸른 잎사귀에 커다란 소발통이 찍혀 있음을 본다. 계단만으로 된 집에서는 침묵이 소리이며, 어둠이 빛이다. 그 혼융 상태를 지탱하는 것은 자기의 신분이 백정이라는 아픈 자각이다. 인철이 계단뿐인 집을 내려가게 된 것은 존재론적인 고뇌를 통해서가 아니라, 자기의 신분은 백정이므로 이 사회에서 소외될지도 모른다는 불안을 통해서이다. 그 불안은 그의 여유 있는 사유가 보여주듯 밝음을 간직한 불안이며, 그것은 맑고 푸른 빛 도는 플라타너스잎으로 표상되어 있다. "검게 빛나는 아스팔트와 어울려 그 잎들은 나무에 달려 있을 때보다도 더 생생한 빛을 띠고 있었다"(p. 77). 떨어진 잎은 더 생생하다. 그 모순이 인철의 불안을 여유 있는 불안으로 만든다. 인철의 플라타너스는,

> 먼 길에 올 제,
> 홀로 되어 외로울 제,
> 푸라타너스,
> 너는 그 길을 나와 같이 걸었다

라고 노래한 김현승의 「푸라타나스」의 플라타너스에 가깝다.

침묵이 소리이며, 어둠이 밝음이라면, 내려감은 올라감이며, 올라감은 내려감 아닐까? 자기 형이 아버지와 연을 끊겠다는 편지를 보낸 날, 인철은 아버지에게서 풀려나 자기 방으로 올라간다. "계단을 오르는 것

이 그냥 아래로 내려가는 느낌이었다"(p. 243). 올라가려고 애를 쓰니까 내려가게 되는 것이고, 내려가려고 애를 쓰니까 올라가게 되는 것이 아닐까? 인철의 하강 초월은 상승 의지의 결과이다. 그의 상승 의지는 그러나 막연한 상승 의지이다. 그는 자기가 무엇이 되고 싶은지에 대하여 자문하지 않는다. 그는 자기가 누구인지에 대해서도 자문하지 않는다. 다만 자기의 집안이 백정 집안이라는 것 때문에 불안해하고 있을 뿐이다. 불안이나 초조는 좌절이나 실패가 아니라, 말의 올바른 의미에서 심리적 방황이다. 그것은 막연한 방황이다. 그는 어떻게 살아야 하느냐를 선택하지 않고 있으며, 그 선택에 앞서 불안감을 느끼고 있다. 그 불안은 막연한 불안이기 때문에, 기분 이상의 것이 아니다. 기분으로서의 불안이 존재론적인 의미를 획득하는 것은, 그것이 죽음과 관련되어 있을 때이다. 죽음과 관련될 때, 불안은 실존의 범주가 된다. 죽음과 관련되어 있지 않을 때, 불안은 여유 있는 자의 사치이다. 그것은 외로움·쓸쓸함이라는 모습으로 나타난다. 그때의 불안은 실존의 범주가 아니라 실존의 부차적 속성이다. 그것은 어린애같이 겉멋부리는 실존이다. 아마도 나미와 결혼하게 되면, 그 겉멋은 사라지지 않을까? 과연 다혜는 인철의 그 겉멋을 날카롭게 직관적으로 느끼고 있다.

"뭘 생각해?"
"응?"
"골똘히 뭘 생각하시냐 말예요?"
"응, 가로수……"
"가로수?"
"아예 잎이 몽땅 떨어져버린 앙상한 나무가 되레 시원해 좋을 것 같애."
"어린애같이."

무의식적으로 튀어나온 가로수라는 말은, 그 가로수란 플라타너스를 가리키는 것이 틀림없지만, 그의 진심을 역으로 드러내고 있으며, 그 말에 즉각 어린애 같다고 반응하고 있다.

계단만으로 된 집의 꿈 외에도 인철이 잘 꾸는 꿈은 한없이 위축되어가는 꿈과 동굴 속 같은 데를 걸어다니는 꿈이다.

인철은 또한 자신이 한없이 위축되어 들어가는 꿈도 자주 꾸었다. 지나치는 사람들이 전선대만큼 커 보이기도 하고, 날아가는 참새가 큰 독수리만큼씩해져서 달려들기도 했다. 한번은 메마른 황톳길을 걷고 있었다. 눈 자라는 데까지의 벌판에는 풀 한 포기 있지 않고, 저 멀리 둘러 서 있는 민숭민숭한 구릉에도 나무라곤 하나 뵈지 않는 황량한 황톳벌이었다. 걸음을 옮길 때마다 풀신거리는 흙먼지가 발목을 묻었다. 인철은 역시 이 황톳벌 어디서 자기를 기다리고 있는 사람을 찾아가는 길인 것이다. 그는 터벅터벅 걷고 또 걸었다. 바람 한점 없는 정지된 대기 속에서 이글거리는 태양이 바로 이마 위에서 직사해오고 있었다. 인철은 목이 탔으나 물은 고사하고 쉬어갈 만한 곳도 없었다. 그대로 무거운 다리를 끌고 걸어나갈 수밖에 없었다. 그러는데 제 앞에 무엇이 우뚝 세워져 있고, 사람들이 늘어서 있는 게 눈에 띄었다. 반가움에 걸음을 재촉해 가까이 갔다. 세워져 있는 것은 커다란 T자이고, 그 밑 둘레에 사람들이 기대어 앉았는데, 빈자리가 나기를 기다리는 사람들이 쭉 줄을 서 있는 것이었다. 인철은 서 있는 사람들을 둘러보았다. 그 속에 박해연, 나미, 남준걸, 형, 어머니, 다혜, 지교수, 전경훈 등이 끼어 있었다. 그들은 인철을 보고도 모른 체했다. 맨 뒤에 가 서는 수밖에 없었다. 그때 다혜가 말 없이 팔을 내밀어 그를 끌어다 자기 뒤에 세우는 것이었다. 그러자 다혜의 뒷모양이 순식간에 커져 눈앞을 막으며 거기 따라 인철 자신은 점점 줄어들어가는 것이었다. 거기에 무엇이 탁 어깨를 내리치며 짓눌렀다. 보니 거대한 T자였다. 그는 T자를 짊어진 채 그 무게에 허리를 굽히고 가까스로 일어섰다. 줄을 지어 서 있던 사람들은 어디로 가버렸는지 없어지고 자기 혼자뿐이었다. 인철은 다시 황량한 황톳벌을 무거운 T자까지 짊어지고 비치적 비치적 걸어가는 것이었다. (pp. 143~44)

메마른 황량한 황톳길, 바람 한점 없는 정지된 대기 속에서 이글거리는 태양, 우뚝 세워져 있는 T자 모양의 물건, 기다리는 사람들……과 같은 이 꿈의 주된 요소들의 원 모형은 박해연이 구상한 희곡인데, 그것을 인철은 그와 인사한 첫날 술집에서 듣게 된다.

무대는 말이요, 나무 하나 풀 한 포기 없는 붉은 구릉을 등지구 붉은벽돌 담을 두른 납작한 초가집이 대여섯 모여사는 동구 앞입니다. 그 일대두 온통 불모의 붉은 흙이 깔려 있을 뿐이죠. 거기 전신주 하나가 서 있습니다. 이것이 지상에 서 있는 유일한 물건입니다. 이 전신주에는 수많은 사람들이 기대어 앉군 해서 사람의 등 키만한 자리 둘레가 반들반들 닳아 패어져 있습니다…… 막이 오르면 시뻘건 태양이 한창 이글거리는 대낮입니다. 인물이 하나 등장합니다. 늙은이가 좋습니다. 옷차림은 붉은 흙물에 찌들은 적삼과 잠뱅이입니다. 이 늙은이가 전신주 있는 데로 가 등을 기대구 앉습니다. 좀 사이를 두구 인물이 하나 또 등장합니다. 이번엔 젊은이나 중년이나 좋습니다. 그도 전신주 있는 데로 가 등을 기대구 앉습니다. 이렇게 인물이 등장해서는 모두 전신주 있는 데루 가서 같이 등을 기대구 앉습니다. 바싹 죄어앉아두 더는 앉을 수 없게 되기까지 말입니다. 그런데두 인물들이 하나둘 계속해서 등장하여 줄을 지어 늘어섭니다. 남녀노소, 그 중에는 갓난애를 안고 젖을 물린 아낙네도 섞였습니다. 이들은 전신주의 자리가 나기를 기다리구 있는 것입니다. 거기 붉은 태양은 한결같이 이글이글 내려쬐고 있습니다…… (pp. 47~48)

인철의 꿈은 박해연이 구상중인 희곡을 변형한 꿈이다. 전신주가 T자로 바뀌고, 동구 앞이 황톳벌로 바뀌었고, 인철이 그곳을 헤매는 이유가 꿈에서는 제시되어 있다. 그 이유는 자기를 기다리는 사람을 찾아가는 것이다. 황톳벌이 한국적 정황을 표상하고 있고 T자가 십자가를 변형하고 있으며, 커지는 다혜와 줄어드는 인철이 어머니/아들의 관계를 반영하고 있음은 명백하다. 이 꿈에서 중요한 것은 인철이 혼자 누군가를 찾아가야 한다는 것이다. 그 누구가 누구인가는 동굴 속 같은 데를 걸어다니는 꿈속에 명확히 나타나 있다.

또 꿈속에서 그는 어두운 동굴 속 같은 데를 걸어들어가기도 했다. 들어갈수록 캄캄한 암흑이 앞을 가로막아 끝난 데를 알 수 없었다. 그러면서도 그는 오히려 이 어둠을 다행으로 여겼고, 이 어둠을 찾으려 했던 것처럼 느끼는 것이었다. 이 어둠 속에 그대로 녹아버렸으면! 그는 자꾸만 동굴 깊숙이 걸어들어갔다. 한결 마음이 편안했다. 인제 됐구나. 그때 별안간 뒤에서 부르는 소리가 들렸다. 인철아, 인철아! 그는 못 들은 체 그냥 안으로 발길을 옮겼다. 인철아, 내 목소리가 안 들리느냐. 그제야 인철은 걸음을 멈추고 뒤를 돌아다보았다. 아무도 보이지 않았다. 누구냐. 나다, 바로 네가 지금껏 찾아다닌 사람이다. 난 아무도 찾지 않았다. 거짓말 마라. 난 다 알구 있다, 이제 와서 겁을 내는구나, 어차피 난 널 만나야 하니 어서 이리 나오너라. 좋다, 만나주겠다. 인철은 동굴 속을 걸어나오기 시작했다. 훤한 동굴 아가리가 저만치 보였다. 마침내 인철은 동굴을 벗어나 눈부신 햇살 속에 섰다. 그가 소리쳤다. 자, 나왔다, 넌 어디 있느냐. 소리의 임자가 대답했다. 바루 네 옆에 있다. 인철은 주위를 살펴보았으나 아무도 없었다. 어디냐, 어디. 바로 네 곁에 있다. 아직두 네 눈은 두려움에 떨구 있기 때문에 보이지 않는 거다. 그런 눈을 하지 말구 똑똑히 보아라. 인철은 눈을 크게 뜨려고 하다가 잠이 깼다. (pp. 144~45)

인철이 찾는 사람은 바로 자기 속의 자기이다. 자기 속의 자기를 바라보기 어려운 것은 그것이 없음 위에 세워져 있기 때문이다. 찾으면 그것은 아무것도 아니며, 아무데에도 없다. 계단을 내려가는 것, 황톳길을 헤매는 것, 동굴 속에 들어가는 것은 다 같이 없는 자아를 찾기 위한 행위이다. 그것들의 기호는 다르지만 그 기호들의 감춰진 의미는 같다. 계단·황톳길·동굴은 하나의 장소이며, 내려가다, 헤매다, 들어가다는 하나의 행위이다. 그 행위는 자아를 찾는 행위이다.

자아를 찾는 행위는 자아의 시초의 자리, 상태를 찾는 행위이다. 내려가고, 헤매고, 들어가는 행위는 그 시초로 돌아가려는 행위이며 계단·황톳길·동굴은 그 시원의 자리로 가는 통로이다. 사람에게 있어 시원의 자리는 어머니의 품, 더 나아가 어머니의 자궁이다. 되돌아감은 그래서 대개의 경우 어머니에게로의 되돌아감이다. 그러나 황순원에게 특이한 것은 그의 되돌아감이 그 어머니에게로 되돌아감이 아니라는 데 있다. 인철의 동굴·황톳길·계단은 어머니의 자궁의 동위 이미지가 아니며, 그런 의미에서 유사-원형적 이미지이다. 그것들은 자아 탐색의 자리들이며, 그런 의미에서 차라리 나르시스적 샘물, 거울과 동위적 이미지들이다. 그것은 그 이미지들이 보다 더 합리적이며 승화된 이미지라는 것을 뜻한다. 그의 계단 이미지는, 황톳벌·동굴 이미지와 마찬가지로, 계산된 합리적 이미지이다. 인철의 하강 초월은 추락이 없는, 계산된 내려감이다. 내려가는 그를 사로잡고 있는 것은 심연에 대한 현기증나는 절망이 아니라, 자기 신분의 비열함에 대한 자의식이다. 인철의 내려감은 아직 여유 있는 내려감이다. 그의 내려감이 추락이 될 때, 그는 진짜 어둠과 마주치게 될지 모른다.

달관의 역사적 의미

『바람과 강(江)』은 뛰어난 소설이다. 그것은 김원일 소설의 두 축이라 할 수 있는 서정성과 사실성이 탁월하게 어우러져 담담하면서도 격정적이고, 주관적이면서 객관적인 소설의 공간을 이룩하고 있다. 김원일은 그의 초기 단편소설들에서부터, 미완의 대작『불의 제전』에 이르기까지, 주로 육이오와 관련된 정신적 외상을 객관적으로 묘사하는 소설들과, 세계와 자아와의 분열·괴리가 거의 해소되어, 이야기가 추억·회한의 서정시적 공간 속에 녹아들어가는 서정적 소설들을, 번갈아 가며라고 표현해도 괜찮을 정도로, 꾸준하게 써왔는데, 그 과정에서 그의 세계 인식은 더욱 깊어지고 넓어진다. 그는 말의 엄격한 의미에서 데뷔 작품이 대표 작품이 되는 일과성의 천재적 작가가 아니라, 그가 살아 움직이는 세계, 그리고 그가 만들어가는 그의 서명이 든 세계와의 이중의——물론 그것은 결국에 가서는 하나이지만——싸움을 통해, 계속 자기의 세계를 넓혀온 중요한 작가이다. 그 넓힘의 과정에서 초기의 치기는 힘있는 주관성이 되고, 초기의 관념은 깊이 있는 객관성이 된다. 『바람과 강』은 그 넓힘의 진정한 예이다. 그 소설에서, 세계와 자아와의 거리를 해소시켜 세계를 추억 속에 위치시키려는 서정성은, 세계와 자아 사이의 거리를 확인하고, 인정함으로써, 세계의 있는 그대로의 모습을 확인하려는 사실성과, 마치 신화 속의 뱀처럼 서로 꼬리를 물고 얽혀 있다. 그 얽힘은 조작적인 얽힘이 아니고, 그것의 역사적·현실적 뿌리가 선명히 드러나 있는 자연스러운 얽힘이다. 나는『바람과 강』을 통해서 김원일이 그의 작품 세계에 있어서뿐만 아니고, 80년대의 소설 공간에 중요한 주춧돌을 놓았음을 인정하지 않을 수 없다. 저 감동 잘 하는 서정시인들의 감탄사를 빌어, 아, 김원일! 하고 느낌표를 찍고 싶다.

『바람과 강』이라는 얼핏 보기에는 문학소녀들이나 좋아할 것 같은 제목의 의미에 대해 김원일은 두 개의 암시를 제공하고 있다. 하나의 암시는, 그 소설의 두 명의 주인물이 그 중의 한 인물의 묘터를 보러 가서 그 묘터에 대해 이야기를 나누는 대목에 내재해 있다: "죽은 자는 생기에 의지해야 하는데, 기가 바람을 타면 흩어져버리고 물에 닿으면 생기를 얻어. 그러니 진혈은 바람막이가 잘 된 터라야 해. 진나라 때 곽복이 쓴 『장서』란 책의 「은낭경」에 있는 말이제이. 다시 말한다며는, 생기가 있는 곳은 물이 인도하고 기운이 그치지 않는 곳은 물이 함께 있어. 기운이 모이는 곳은 바람은 흩어짐이 없는 까닭에, 물을 얻으라 카면 반드시 바람이 없는 곳을 구해야 한다는 말이야. 생기란 것은 바로 물의 맥이니라." 사람을 움직이는 기는——그 기에 가장 어울리는 서양말은 베르그송의 삶의 도약이다——바람을 타면 흩어져버리고 물에 닿아야 생기를 얻는다. 위의 문단에서의 사람은 죽은 사람을 가리키는 것이지만, 소설 전체의 움직임으로 볼 때, 그 사람은 산 사람까지를 포함한다. 사람은 바람처럼 떠돌아다니면 기를 잃고, 물과 함께 있으면 기를 얻는다. 사람은 바람처럼 흩어짐이 없는 곳에 살아야 한다. '바람과 강'이라는 시적 제목의 산문적 의미는 삶에 있어서의 떠돎과 붙박음이다. 과연 그 소설은 떠돌이들(이인태·정명구)과 붙박이(최지관, 그의 아들)들의 얽힘의 세계이다. 떠돌이의 삶은 붙박이의 삶을 증오하며 떠나는 삶이며 동시에 그곳에 회귀하려는 욕망에 시달리는 삶이다. 붙박이의 삶은 떠돌이의 삶을 선망하되 떠나지 못하는 삶이다. 세계는 그 삶들의 얽힘이다. '바람과 강'이라는 소설 제목의 의미에 대한 또 하나의 암시는, 그 소설의 두 주인물 중의 한 사람이 다른 인물이 병들어 방사를 할 수 없게 된 후의 그와 그의 부인을 관찰하고 느낀 것을 정리하는 대목에 내재되어 있다: "그날, 최지관은 이인태씨가 입가에 음전한 미소를 잠시도 떼지 않는 것이 신기하게 여겨졌고, 그가 징글맞게 비죽이 웃던 시절이야말로 연장이 꼿꼿할 때였구나 하는 생각이 들었다." "흐르는 물이 춘하추동 같은 색깔 같지만 자세히 들여다보면 그 물빛이 바람과 기온과 드리워비치는 산색으로 하여 계절마다 조금씩 다르듯, 음기를 잃은 이인태씨와 음기에 주리기 시작한 월포댁도 이렇게 달라지는가 그날 최지관은 그런 생각도 곱씹어보았다." 흐르는 물은 춘하추동 같은 색깔이 아니다. 그것은 바람·기온·산색의 영향을 받는다. 마찬가지로 여자는 남자의 영향을 받는다. 그런 의미에서 바람은 남자이며, 물은 여자이다. 바람에 따라 물의 색깔이 변화하듯이 남자의 힘에 따라 여자의 모습도 변화한다. 바람과 강은, 삶에 있어서 떠돎과 붙박음이며, 남자와 여자이다. 떠돌이는 여자 때문에 붙박이가 되는 것이며 붙박이는 여자에도 불구하고 떠돌이가 된다. 그 얽힘은 순환적 얽힘이다. 그것은 계절의 오고 감과 같이 자연스러운 얽힘이다.

『바람과 강』의 사건이 일어나고 있는 곳은 "이백 호 남짓한 산골마을 입암"이다. 그곳의 주민들은 "임진왜란 때 난리를 피해 터를 잡"은 안동 권씨와 "장터를 목삼아 주저앉은 뜨내기들과 권씨 문중의 논을 소작하는 집안들"로 이루어져 있다. "해발 삼백 미터가 넘는, 사방이 산으로 폭 싸인 오목한 고원 분지 입암은 청송·안동 방면과 포항을 잇는 국도변에, 또 한 갈래는 달구지길이기는 하〔지만〕가사리·고천리를 지나 상옥리로 빠지는 삼거리에 위치"한다. 고원 분지 입암은 사건의 장소이며 동시에 바람과 강에 걸맞는 상징성을 띠고 있는——분지의 여성성과 입암의 남성성이 얽힌 심리적 장소이다. 그곳이 사건의 장소이며 심리적 장소라는 것은 그 소설의 주인물이라 할 수 있는 이인태의 입암을 보는 눈에 역력히 나타나 있다: "입암에 도착한 이튿날, 이인태씨는 아침 일찍 산책삼아 입암이란 마을 이름을 낳게 한 탁립암을 보러 갔다. 탁립암은 마을에서 상옥리 쪽으로 이백 미터쯤 북상하여 자양천 맑은 물에 그림자를 드리우며 삼십 미터 정도의 높이로 우뚝 서 있는 촛대바위였다. 그의 고향 딱밭골도 그 길을 따라 삼십여 리 북쪽에 위치해 있었으므로 탁립암은 어릴 때부터 그가 이 지방을 떠날 때까지 눈에 익은 바위였다. 자양천 강물은 흘러흘러 금호강으로, 금호강이 다시 낙동강으로 흘러들어서는 끝내 망망대해 남해 바다에 닿지만 탁립암은 유구한 세월과 더불어 그 자리에 붙박혀 옛 모양 그대로 꼿꼿이 서 있었다. 풍상에 깎이고 깎인 바위가 꼿꼿하게 서 있는 품이 마치 남자의 연장을 닮은 듯도 하여 이인태씨는 자신의 이력과 묘한 일체감을 느꼈고, 그는 호를 짓는다면 탁립으로 정할 것을 그때 생각하였다." 입암이라는 마을 이름을 낳게 한 탁립암에 대해, 그 소설의 주인물은 그것이 자신의 이력과 묘한 일체감을 갖고 있다고 느낀다. 강한 성적 인간인 그는 탁립암에서 그의 '연장'을 연상한다. 그의 의식 속에서 입암, 탁립암, 자기의 연장은 하나가 되며, 그런 인물을 읽는 독자의 의식 속에서 입암이란 장소는 거대한 남성으로 치솟아오른다. 그 입암이 고원 분지이다. 지나친 과장이 될지 모르지만, 고원 분지의 분지(盆地)는 분지(糞池)와 동음이의어이다. 『바람과 강』은 그 고원 분지 입암에서 그 소설의 주인물인 이인태가 "휴전협정이 체결되던 해 가을"에서부터 "오줌보가 제구실을 못 하"는 병에 걸려 죽음에 이르는 그해 겨울에 이르기까지의 약 석 달간에 겪는 이야기이다. 표면상의 시간은 그 석 달간의 기간이지만, 그 표면 시간 밑에는 두 개의 심층 시간이 흐르고 있다. 그 석 달의 시간 바로 밑에는 이인태가 입암에 들어와 살기 시작한 45년 이후의 8년간의 시간이 자리잡고 있으며, 그 밑에는 "나이 쉰 중반에 접어"들기까지의 이인태의 전인생이 자리잡고 있다. 그 소설에는 그러니까 세 시간대가 겹쳐 있다. 제일 표면의 시간대는:

1) 이인태는 최지관에게 묘터를 부탁한다;
2) 이인태는 최지관과 묘터를 찾아간다;
3) 이인태는 소리판을 벌인다;
4) 이인태는 곡기를 끊고 죽는다

라는 큰 시퀀스의 계속적인 이어짐이며, 그 바로 밑의 시간대는;

1) 이인태는 입암에 들어온다;
2) 이인태는 월포댁의 서방이 되고 최지관과 사귄다;
3) 이인태는 월포댁의 큰딸을 건드린다;
4) 이인태는 육이오 때 겨우겨우 살아 남는다;
5) 이인태는 병에 걸린다

라는 큰 시퀀스의 계속적인 이어짐이다(3은 소설 속에서 깊은 암시만으로 주어지고 있다). 그 두 시간대 밑에는:

1) 이인태는 고향에서 머슴살이를 한다;
2) 이인태는 독립 운동을 하러 만주로 떠난다(18세. 1920);
3) 이인태는 몇 번의 전투 끝에 일본군에 잡힌다(1922. 6);
4) 이인태는 헌병대에서 고문을 당하고 변절한다;
5) 이인태는 헌병대에서 풀려난 뒤(1922. 8), 그의 자백 때문에 쑥밭이 된 곳에서 그곳 주민들에게 잡혀 두 귀를 잘린다(1922. 여름);
6) 이인태는 용정에서 소리패를 만난다(1922. 10);

7) 이인태는 소리패와 헤어져 방랑한다(1923. 봄——종성 부근 벌목 노동판에서 화전민 과부와 정분, 아들 하나 통궁강변 해륜에서 조선인 소작인의 딸과 살림, 아들 하나—— 시베리아에서 고려공산당의 심부름 일——황포탄 부두에서 중국인 풀빵 장수와 동거, 딸 하나, 딸 유기——복주에서 중국인 걸인과 동거, 아들 하나——오끼나와 사탕수수밭에서 노동——일본 본토에서 방랑——북해도 탄광, 신장염——해방);

  8) 이인태는 귀국하여 입암에 자리잡는다

라는 큰 시퀀스들의 흐름이지만, 그 흐름은 물론 계기적이지 않다. 비계기적으로 제시되는 사건 중에서, 소설에 큰 긴장을 부여하고 있는 가장 큰 사건은 변절과 귀 잘림의 체험이다. 그 두 체험은 소설의 서두와 마지막에 적절하게 배치되어 소설을 읽는 긴장감을 높이면서 성적 인간으로서 이인태가 갖는 의미를 탄력 있게 조명한다. "조선종이의 원자재인 닥나무가 많다 하여" 딱밭골이란 이름이 붙은 곳에서 태어난 이인태는 민족 해방 의식을 고취한 좌경 무정부주의에 폭 빠진 학생들에게 감화되어 열여덟 살에 만주로 떠난다. "그 길로 이인태씨는 유하현 제삼구 고산자가 대두자촌에 있는 신흥무관학교로 찾아가 우여곡절 끝에 초등 과정을 마치자 통화현 제육구 합리하 심산유곡에 있는 무관학교 본교의 하사관반에 입교하여" 삼개월 만에 하사관반을 졸업하고 독립군 병졸이 된다. 21년 6월 흑해 싸움 후, 삼십여 명의 소규모 독립 투쟁 생활을 하던 그는 22년 6월 야지골이라는 용정 서쪽에 있는 이십 호쯤 모여 사는 마을 북쪽에서 유격 활동을 하다가 동지 두 명과 함께 일본군에 생포되어 말할 수 없는 고문을 받는다. 그가 고문을 회상하는 소설 초두의 장면은 비상한 광기로 가득차, 그의 말을 듣고 있는 최지관의 입을 마르게 하고, 체머리를 가늘게 떨게 한다: "의리·지조·충절·애국심? 좋은 말들이지. 그러나 하기 좋은 말은 쉽지마는 그 말 입에 나불거리는 자, 빨가벗겨서 이틀만 싸리매질을 당해봐! 똥물 게워내는 정도가 아니라 눈깔이 뽑힐 정도로 전기고문을 당해보란 말이다. 펜대 쥐고 우국충정을 쓰갈기는 백면서생들, 백성들 앞에서 애국, 애국하고 외치며 정치께나 한다는 작자들, 혹독한 고문을 몸소 겪고 역적이니 변절자니 씨부렁거리고 기록들 하라고!" 깨인 머슴꾼으로 독립군 훈련을 받은 그로서도 일본군의 고문은 견디기 힘든 고문이었으며, 그 고문 때문에 변절하게 된 그는 평생 그 정신적 외상 때문에 고민하게 된다. 고문을 당해보면 안다! 라고 외치지만, 그 부르짖음은 자기 위안의 부르짖음일 뿐 설득력을 발휘하지 못한다. 더구나 헌병대에서 석방된 후 찾아가본 야지골의 참상과 그것이 자기 때문에 야기된 것이라는 것을 알았을 때의 괴로움, 그리고 소설의 끝에 가서야 밝혀지는 것이지만 그의 귀 잘림은 고문을 당해보면 안다라는 자기 위안을 철저하게 부숴버린다. 그 반작용으로 그는 그 변명으로 자신을 철저히 위장하고 자기의 변절을 끝내 감추려 하게 되지만, 20세 청년의 깨어 있는 의식은 그 위안을 받아들이지 못하고 파열한다. 다른 두 사람은 고문 때문에 죽었는데, 왜 너는 죽지 않고 살아났느냐는 질문에 그는 답할 말이 없다. 그는 그때부터 자신을 개 같은, 돼지 같은 인간, 분지(糞池)에서 살아야 할 인간으로 규정한다. "앞으로 개돼지같이 살아!"라는 일본인 헌병조장의 말과 "개같이 기어나가 썩 없어져! 그래서 평생 똥이나 처먹는 개돼지같이 살아!"라는 야지골 아낙네의 말은 그의 깨어 있는 의식을 박살낸 망치와도 같은 말이며, 깨어 있던 의식이 미치기 시작한 그때부터 개돼지 같은 성적 인간으로서의 이인태의 삶이 시작된다. 그 삶이 어느 정도의 위안을 받은 것은, 경상도 사람으로서는 약간 특이한 것이지만, 애절한 소릿가락을 통해서이다. 애절한 소릿가락을 통해 실성한 이인태의 의식은 어느 정도의 맑음을 되찾는다. 그 의식은 서러움·애절함으로 젖어 "저녁 무렵의 침침한 공간 속에" 자리잡는다. 그 의식의 상태를 한이라고 간단하게 규정할 수는 없다. 그 의식은 때로는 허무주의에 때로는 달관에 닿아 있다. "세상을 두루 돌아보며 그래도 뼈저리게 느낀 점이 있다 카면 저 밑바닥 백성의 세상살이란 바로 이름없는 풀이며 들꽃이더. 여름 한철 더운 햇빛이나 달게 쬐며 푸르름을 자랑하다가 가을이 되면 시들어 종자나 퍼뜨리고⋯⋯ 그렇게 짧은 목숨을 힘없이 지우는 거지요. 시들어 목숨줄 끊어지면 그뿐인 설움의 덩어리가 바로 인생이오." 삶이란 의미 없는 살아감에 지나지 않는다는 그의 허무주의는 때로 달관의 모습을 보여주기도 한다. "그의 말은 이승에 살고 있는 모든 산 것들의 괴로움과 자신의 슬픔을 함께 묶어 자연의 섭리로 비유하여 용해시킬 줄 아는 달관이 느껴지기도 하였다." "이인태씨의 무심한 옆얼굴에는 달관한 자의 그 어떤 심오함이 깃들여 있었다. 최지관은 이인태씨의 빠끔한 눈에 자욱 낀 습기를 보며, 이인태씨란 인간을 어떻게 헤아려야 할지 짐작할 수가 없었다." 이인태의 삶이 보여주는 허무·달관은, 그것이 자연 발생적인 심리적 상태가 아니라, 역사적·현실적 뿌리를 갖고 있는 사회적인 상태라는 것을 확인시키는 매우 의미깊은 달관·허무이다. 이인태의 경우에서 볼 수 있듯이, 허무나 달관의 제스처는 떳떳지 못했던 삶의 은폐일 수 있다(은폐일 수 있다…… 나는 은폐이다라고 쓸 수가 없다!). 떳떳지 못한 삶을 살았기 때문에, 이인태는 풍수설에 기대 자신의 삶을 무화시키려 한다. 그러나 이인태의 삶의 진정한 의미는 죽음의 샤머니즘적 수락에 있는 것이 아니라 그 수락 때문에 가능해진 변절 외상의 치유에 있다. 그의 삶을 읽는 독자 모두의 외상까지 그것이 치유해주는 것은 물론 아니다. 이인태의 묘자리에 똬리를 틀고 있던 구렁이를 봤을 때의 섬뜩함이 사실은 독자들의 이인태에 대한 느낌일 것이다.

『바람과 강』의 기본 주제는 이인태의 기행·달관·허무가 역사적 뿌리를 갖고 있다는 것이겠는데, 그 소설에서 특이한 것은 그 역사적 뿌리가 육이오가 아니라 일제 시대에 닿아 있다는 것이다. 대부분의 작가들은, 아니 50 이전의 작가들의 대부분은 모든 역사적 갈등의 뿌리가 육이오의 민족 상잔이라고 생각하는 경향이 있는데, 김원일은, 그도 또한 50 이전의 작가이면서도, 『바람과 강』에서 한국인의 정신적 외상의 뿌리를 차라리 일본 식민 시대에서 찾고 있다. 식민지 시대의 삶은 어떤 의미에서건 훼손되지 않을 수 없는 삶이며 그 훼손의 폭은 삶의 의미 자체를 없애버릴 정도이다. 훼손된 삶을 살 수밖에 없는 시대의 삶은 고행의 삶이다. 그 고행의 삶에도 의미가 있을까? "이 고행의 땅에 태어남이 무슨 뜻인지……" 이인태의 눈물섞인 한탄은 일제 식민 시대에 삶을 산 모든 의식 있는 사람들의 한탄이다. 그 고행의 삶에는 두 개의 길이 열려 있다. 하나는 그 고행의 길을 있는 그대로 수락하고, 거기에서 삶의 의미를 추출해내는, 함석헌·서정주·김지하 등이 글을 통해 걸어간 길이다. 그들에게 고행의 땅은 삶의 의미를 가늠질하게 하는 최상의 명당이다. 또 하나는 자신은 말의 깊은 의미에서 고행의 삶을 사는지도 모르면서 그가 산 고행의 삶을 보여주는 이인태와 같은 사람들의 길이다. 아마도 거의 대부분의 사람들이 가는 길이 바로 그 길일 것이다. 그 두 유형의 삶 저편에, 전광용의 「꺼삐딴 리」의 이인국과 같이, 고행의 땅에서 행복의 삶을 사는 의식이 마비된 현실주의자들의 삶이 있다. 김원일이 그린 것은 두번째의 고행의 삶이다. 그런 의미에서 그가 앞으로 관심을 갖게 될 것은 새롭게 길 떠나는 정명구의 삶일 것이다. 그러나 그 정명구의 삶은 이미 한 권의 소설로 씌어진 바 있다. 그 소설의 제목은 『노을』이다. 『노을』의 나는 정명구의 다른 이름이다.

일제 36년의 삶은 모든 의미에서 훼손된 삶이었으며, 그 훼손은 아직 치유되지 않았다는 역사적 주제 외에, 김원일이 제시하고 있는 또 하나의 주제는 고뇌하는 삶은 아름답다라는 주제이다. 인간은 잘못을 범할 수 있다. 무서운 것은 인간이 자기가 범한 잘못을 반성하지 않는 것이지, 잘못을 범했다는 사실이 아니다. 의식 있는 머슴꾼 이인태는 자신의 변절 때문에 끝까지 고뇌한 인물이다. 그가 행한 모든 악덕은 그 고뇌에서 벗어나기 위한 몸부림이다. 그 몸부림은 추하지만 그 몸부림을 낳은 고뇌는 아름답다. 그 고뇌는 보다 인간다운 삶을 살았어야 했다는 후회와 이제는 인간다운 삶을 살 수 없는 것일까라는 안타까움이 뒤섞이어 있는 고뇌이다. 죽기 직전의 돼지우리에서의 삶은 이인태의 삶의 축소판이다. 그러나 이인태는 그 고뇌 때문에 편안한 죽음을 맞이하게 된다: "아지매 말로는 옆에 누운 아제가 아무래도 이상해서 이불 속으로 손을 넣어보니까 벌씨러 몸이 싸늘하더라니더. 이불로 얼굴로 이들이 하옇게 기어나오는데, 언제 숨을 멈췄는지도 모르겠다 카디더. 눈을 감고 빙긋이 웃는 얼굴로 아주 그렇게 편안하게 돌아가셨다 카데요." 죄가 깊은 곳에, 은총이 깃들인다. 잘 가라, "뒤지에나 쓰려고 꾸게놓은 풀먹인 창호지 같던" 인간이여, 영생하라. 아니 완전히 무로 돌아가라.

떠남과 되돌아옴
—— 이청준의 최근 작품들에 대하여

　폭발을 바라는 격렬한 불과 기다리고 기다리는 부드러운 불의 대립을 제의적 관점에서 능청스럽게 기술하고 있는 한 소설에서, 이청준은, 한 주인공의 입을 빌어, 세상일과 아무런 관련이 없어 보이는 산속의 "일〔도〕 세상일과 아무런 상관이 없을 수 없다"는 말을 하게 함으로써, 어떤 일이건, 그것이 세상에서 벗어나 있는 것처럼 보이는 일이라도, 세상일과 관련이 되어 있다는 것을 확실하게 말하고 있다. 그 관련은 상징주의적이라고 불릴 수 있는 관련인데, 왜 상징주의적이냐 하면 그 관련이 가시적으로만 나타나지는 않기 때문이다. 그 관련은 우선은 이청준이라는 예술적 해석자의 사실 해석에 의해 얻어진 관련이며, 그 다음에는 그 해석을 다시 해석하는 읽는 사람의 작품 해석에 의해 드러나게 되어 있는 관련이다. "어떤 일이건"이라 할 때의 '어떤 일'이란 가시적으로 고립되어 다른 것들과 관련이 없어 보이는 일을 뜻하며, 세상일이란 세상을 움직여가는 가시적인 힘의 발현으로서의 세상일을 뜻한다. 그것은 부분과 전체로 대립되어 있을 수도 있고, 현상과 원리로 대립되어 있을 수도 있지만, 이청준이 보기에, 그것들은 상징적으로 서로 연관되어 있다. 상징적으로 연관되어 있는 부분과 전체, 현상과 원리를 해석하려 하지 변혁하려 하지 않는다는 점을 들어, 이청준의 태도를 정신주의라고 비난할 수도 있으며, 그 연관을 변혁하려는 태도 자체까지도 해석하려 한다는 점을 들어, 이청준의 태도를 깊이의 정신분석이라고 칭찬할 수도 있다. 나는 그 두 태도 중의 어느 한쪽에 편들기보다는 그 두 태도의 얽힘이 바로 이청준의 세계를 이룬다고 보고, 그 세계를 현실적 정신주의, 비극적 현실주의라 부르고 싶다. 이청준의 세계는 정신주의의 세계이되 추상성을 목표하는 것이 아니라 현실을 움직이는 힘의 원리를 탐색하려 한다는 점에서 현실적이며, 이청준의 세계는 현실의 밖으로 나가보려는 노력에도 불구하고 다시 현실로 귀환하지 않을 수 없는 사람들의 세계라는 점에서 비극적인 현실주의이다.

이청준의 세계관은 i) 이곳에서의 삶은 고통스럽다; ii) 다른 곳으로 나가고 싶다; iii) 그가 가는 곳은 고통스러운 이곳이다라는 핵심적 단위로 요약될 수 있다. 이곳에서의 삶은 폭력과 억압과 불편함이 지배하는 야만의 세계, 삶의 질이 형편없이 조악한 세계이다. 이청준의 소설 주인공들은 이 고통스러운 세계에서 빨리 빠져나가려 한다. 그들은 다른 곳에 더 편한 세계가 있으리라는 환상을 갖고 있다. 그 다른 세계는 이청준의 세계내에서 흔히 예술의 세계, 소설이나 사진의 세계이며, 사람들이 회상이나 추억의 형태로 망각에서 살아나오는 고향의 세계이다. 이청준이 즐겨 이용하는 소재를 들어 설명하면, 허기·위장병·전짓불의 세계에서 고향이나 예술의 세계로 나아가려는 욕망이 그의 소설의 기본 욕망이다. 그러나 구원이 있을 것 같은 세계 속에 내려가면 갈수록 고통의 세계가 사라지기는커녕 그것이 더욱 강하게 나타난다. 고향이나 예술의 세계는 허기나 전짓불의 세계에 다름아니다. 고통의 세계에서 벗어나려 하면 할수록 그 세계에 더 가까이 다가간다. 그렇다면 고통의 세계에서 벗어날 수는 없는 것일까? 그러나 자세히 살펴보면, 거기서 떠나려고 했던 고통의 세계는, 되돌아가 만나게 되는 고통의 세계에 의해 감싸인 세계다. 감싸는 세계는, 감싸인 세계를 벗어나려는 욕망을 간직하고 있는 세계, 조금 현학적인 표현을 하자면 부정적 세계를 부정하려는 부정성을 간직하고 있는 부정적 세계이다. 그 부정적 세계가 이청준의 비극적 현실주의, 현실적 정신주의 세계이다.

「살아 있는 늪」은 그의 정신주의가 사소한 것처럼 보이는 사실을 통해 나타난 뛰어난 작품이다. 그것은,
 1) 고통스러운 고향을 떠난다;
 2) 고장난 버스, 망가진 길 때문에 떠나지 못한다
라는 핵단위를 갖고 있다. 주인공 나는 고향에 어머니가 계시기 때문에 거기에 들르지 않을 수 없지만 자기 집안의 가난함 때문에 고향을 그리 탐탁하게 여기지 않는다. 고향은 그에게 고통스러운 곳이다. "무슨 원죄 의식 같은 거였다고 할까. 도대체 마을 사람들을 만나기 싫었다. 구질구질한 세간 나부랑일 이끌고 노인이 그 마을 길가집으로 거처를

옮긴 지도 어언 20년. 그 사이 마을 사람들은 이야기를 듣거나 먼 눈
여김으로 나를 거의 다 알아보고 있었다. 하지만 노인네의 어려운 형편
은 까닭 없이 내게 마을 사람 만나는 걸 거북하게 만들었다." 그는 '원
죄 의식' '까닭 없이' 등의 어휘를 사용하여 그의 고향 회피증이 성격
때문에 생겨난 것인 것처럼 위장하고 있지만, 그의 고향 회피증은 그의
가족이 가난하게, 다시 말해 힘들게 살고 있다는 현실 인식에서 비롯하
고 있다. 그는 그래서 "이 20년 동안은 어줍은 고향 나들잇길을
〔……〕 언제나 저녁 어둠과 새벽녘 여명"만을 이용하여 드나든다. "마
을 사람들을 마주치는 게 싫"었기 때문이다. 그는 어둠 속에서 마을로
가서 어둠 속에서 마을을 나온다. 그곳에서의 모든 것은 "구질구질하고
번잡"스럽다. 왜 그곳에서의 삶이 구질구질하고 번잡스러운가 하는 것
은 소설내에 거의 밝혀져 있지 아니하지만, 그의 다른 소설들과의 관련
하에서 보자면 지독하게 가난하기 때문이다. 그는 그 가난한 삶을 혼자
계시는 어머니에게 맡기고, 어둠 속에서 그곳을 나옴으로써, 그곳의 일
을 "깨끗이 지워버리"려 한다. 그러나 새벽녘의 버스가 그를 곧바로 밝
고 깨끗한 다른 세계로 데려다주는 것은 아니다. "이 차는 도대체 어디
서 와서 어디로 가고 있는 건가, 내가 혹 차를 잘못 타고 있는 건 아닌
가"라고 새벽차 속에서 그가 자문하는 것을 보면, 분명 시간의 비유물
로 사용되고 있는 그 차는 어둠 속에서 어둠 속으로 가는 차이며, 그는
어딘가에 도착하리라는 희망마저 때로는 버리지 않을 수 없는 지경에
이른다. 더구나 그가 타고 있는 차 밖으로 "지랄같이도 끈질긴 비"가
내리고 있다. 그 차는 그의 바람과는 반대로 고장이 났으며, 바꿔탄 차
는 길 사정 때문에 나아가질 못한다. "차 속은 이제 빈 동굴 같고," 그
는 주변에 거대한 늪 같은 것을 느끼기 시작한다. 고통스러운 고향을
떠나게 해줄 차가 이제는 그를 끌어들이는 늪이 된다. 그는 그 늪 속에
서서히 빨려가면서 "숨막히는 듯한 절망감이 답답하게 가슴으로 차오
르는 것"을 느낀다. 그는 다시 고통의 세계에 빠져버린 것이다. 그러나
그 고통의 세계에는 강엿으로 표상되는 질긴 짓씹음, 삶의 저작이 있
다. 그 질긴 삶의 저작은 고통의 세계를 잊게 하는 것이 아니라 받아
들이고 참아내고 그래서 이겨내는 힘의 원천이 된다. "그러다 어느 순
간——나는 자신이 끝없이 분해되어가고 있는 듯한 허망스런 무력감 속
에서 문득 그 살아 있는 늪의 마지막 밑바닥이 발 밑에 닿아옴을 느끼

고 있었다./그리고 그 늪의 깊고도 견고한 밑바닥에서 나는 마침내 죽음처럼 무겁게 가라앉아들어간 수많은 사람들의 질기디질긴 삶의 숨결과 그 삶들의 따스한 온기가 조용히 파도쳐오르고 있음을 느꼈다." 고통의 세계에는 같이 고통을 느끼는 사람들이 있다. 그들은 고통을 잊거나 잊은 척하지 않고, 강엿 씹듯 그것을 씹어 견디어낸다. 그 견디어냄, 다른 소설에서의 표현을 빌면 기다리고 기다림이 고통의 세계에 깊고도 '견고한' 밑바닥을 마련해준다. 그 밑바닥까지 내려가면 다시 솟아오를 수 있다. 삶은 자신을 완전히 포기한 순간에 다시 그 의미를 얻는다. 그 의미는 고통의 세계에 다시 되돌아옴으로써 얻어진 의미이다. 떠남은 되돌아옴의 전제이다. 아니, 차라리, 떠나야 되돌아올 수가 있다...... 그는 우선 늪 속으로 가라앉는다. 그리고 아직은 빨고 있지 않지만, 곧 강엿을 빨게 될 것이다. 빤다는 행위는 어머니와 결부된 행위이다. 어머니의 젖을 빨 듯, 강엿을 빪으로써 그는 상징적으로 어머니에게 되돌아간다. 그 빪을 강요하는 것은, 의미심장하게도, 낯선 아낙이다. 그녀가 말한다. "선상님도 오늘 일은 다 그런 사람들 처지에 얹어 비기고 이거나 한입 빨아잡쉬보시오." 모든 아낙은 어머니의 무의식적 변형이다. 그리고 그와 한차에 탄 사람들, 아낙네들은 다 하나다. 그 하나의 이름은 어머니이고, 대지이고, 삶이다.

「이어도」와 「시간의 문」은 보다 복잡한 회로를 통해 떠남과 되돌아옴을 보여주는 작품들이다. 복합적인 이야기 구조를 갖고 있지만, 그 두 편의 소설의 실제적 주인공들의 행위는, 각각,
  1) 이곳에서의 삶은 고통스럽다;
  2) 소망의 땅 이어도를 찾지만, 그 땅이 없자, 자신이 소망의 땅이 되려 한다;
  3) 그는 자신이 떠나려 한 땅으로 되돌아온다
라는 핵단위와,
  1) 이곳에서의 삶은 고통스럽다;
  2) 추상적 시간에의 동경·예감으로 이곳에서 벗어나려 하나 그것은 불가능하다;
  3) 그는 고통스러운 사람들에게 되돌아간다
라는 핵단위를 갖고 있다. 그 두 작품의 핵단위들은 그것이 「살아 있는

늪」의 그것과 구조적으로 겹치고 있음을 보여준다.

「이어도」의 주인공에게 이곳은 괴로움의 땅이다. 그의 어머니는 "무슨 까닭인지 〔바다가 내려다보이는 언덕배기에 있는〕 조그만 밭뙈기에서 사시사철 쉬지 않고 돌을 추려"내다가, 어느 날 지쳐 죽는다. 바다가 보이는 언덕의 밭뙈기에서 돌을 추려낸다는 정경은 삶의 진상을 축약하고 있는 정경이다. 바다가 보이는 언덕은 희망과 죽음이 얽혀 있는 정경이며, 돌투성이의 조그만 밭뙈기는 고난투성이의 좁은 삶을 표상하는 정경이다. 그의 어머니의 괴로움은 그에게 그대로 전이돼 이 세계는 고통스럽고 괴로운 땅으로 인식된다. 그 땅의 고통은 그러나 이어도라고 불리는 꿈의 섬의 존재 때문에 견딜 만한 것이 된다. 그 섬은 일종의 '구원의 섬'이다. 그러나 그 섬이 실재로 존재하는가 안 하는가를 탐색하는 작전의 결과 그 섬이 없다는 것이 밝혀지자, 그는 그 자신이 죽음으로써, 그 섬이 되어, 그 섬의 있음을 입증하려 한다. "그러나 결국 그는 섬을 찾아냈습니다. 당신들이 실패한 섬을 그 혼자서 말입니다." 이어도가 실재로 존재하지 않는다 하더라도, 이어도는 존재한다고 생각해야 한다. 그래야 살아갈 수 있다. "싫든 좋든, 그리고 알고 있든 모르고 있든 이 섬 사람들은 언제 어디서나 그 이어도와 함께 살아가고 있습니다. 처음에는 물론 이어도를 그지없이 두려워들 하는 게 사실이지요. 하지만 사람들은 이내 이어도를 사랑하고 이어도를 노래하기 시작합니다. 이어도가 없이는 이 섬에선 삶을 계속할 수가 없다는 걸 배우게 되기 때문입니다." 이어도는 존재해야 한다라고 다짐하면 이어도는 존재한다. 그는 이어도가 없다는 것을 알고 있지만, 이어도가 있어야 한다는 것도 알고 있다. 그 당위가 그를 죽음의 섬이며 동시에 구원의 섬인 이어도로 가게 만든다. 그는 그 자신이 이어도가 된 것이다. 그것을 한 인물은 황홀한 절망이라고 부르고 있다. 죽음을 선택할 수밖에 없다는 점에서는 절망적이지만, 그 절망은 구원을 전제로 한다는 점에서 황홀하다. 그는 황홀한 절망 속에서 이어도를 찾아나선다. 아니, 그가 이어도를 찾아나서는 행위 자체가 바로 황홀한 절망이다. 그 황홀한 절망의 끝은 비극적이다. 그는 시체로서, 꿈의 찌꺼기로서, 다시 섬에 되돌아오기 때문이다. 떠남은 되돌아옴이다. 구원의 땅은 결국 없다. 그는 구원의 땅을 향해 떠났지만, 고통의 땅으로 되돌아온다.

「시간의 문」의 사진작가는 "현실의 무게를 정면으로 감당해낼 엄두를 낼 수가 없어" "그 현실로부터의 압살을 모면하기 위해 그가 직면하고 있는 현실을 잠깐 비켜설 여유를 찾거나 소망"하는 방편으로 사진예술에 몰두한다. 그는 과거에 찍은 사진을 제멋대로 인화함으로써 그 과거를 미래로 바꾼다고 믿는다. "사진을 찍는 것은 행위 자체였고, 인화를 하는 것은 그 행위의 해석이었다. 사진을 찍는 당시에는 행위가 있을 뿐 해석이 없었다. 해석은 나중에 인화로 행해진다. 그 해석을 얻음으로써 행위는 비로소 현실화하게 된다…… 그렇다면 그의 행위의 의미는 해석이 행해지는 그 미래의 현실에 속하는 것이었다." 그 미래의 시간은 현실의 시간이 아니라 "지극히 추상적인 시간에의 동경과 그것에 대한 예감"이다. 그 시간에는 살아 있는 사람이 없다. 그의 미래의 시간은 '강력한 자기 실종의 욕망'의 시간이다. 현실은 없고 현실의 그림자만이 추상화되어 남아 있는 예술이 그의 예술이다. 그의 예술은 시간을 잃어버린 예술이다. 그러나 미래의 추상적인 시간 속으로 도망가려던 그는 "망망대해의 파도 위에 떠 있는 망국 난민들의 비참스런 유람선들"을 보고, 미래의 시간을 버리고 현재의 시간 속에서 그들을 향해 간다. 그들의 고통을 함께하기 위해서이다. 그는 사람을 따라 추상의 세계로 들어가려 하지만, 거기에서 고통받고 있는 사람을 만나 다시 그들에게 되돌아온다. 살아 있는 사람들의 고통의 시간 외에 다른 시간이란 없다. 그 시간을 살기 위해서는 예술까지도 버려야 한다. 그래서 그는 실종되지만, 그가 남긴 사진으로 되돌아온다.

……「이어도」의 신문기자와 「시간의 문」의 사진작가는 다 같이 고통스러운 현실에 절망하여 바다로 나아간다. 그 바다는 물론 삶의 바다이며, 어머니의 바다이다. 아니, 사람들의 바다다. 이청준은 "가고 오는 사람들로 길거리는 흐름이 엇갈리는 물웅덩이 한가지다"라고 길거리를 묘사하고 있는데, 바다는 한없이 큰 물웅덩이이다. 그 바다가 절망의 근원이며 구원의 자리이다.

「살아 있는 늪」의 나는 강엿을 빨아먹으라는 권유를 통해 어머니에 가까이 가지만, 「이어도」의 신문기자는 노래를 통해, 「시간의 문」의 사진작가는 예술을 통해 바다에 가까이 간다. 강엿빨기·노래부르기·사진찍기는 다 같은 심리적 등가물이다. 그것은 고통의 세계에서 고통을 껴안는 행위이다. 우선 노래부르기. 「이어도」에는 고통스러울 때 노래

부르는 사람들의 원형으로 어머니가 제시되어 있다. "소년의 어머니는 아버지가 다시 수평선을 넘어간 그날부터 이미 언덕배기 돌밭에서 다시 자갈을 추리기 시작했고, 웅웅웅 바닷바람 소리 같은 그 단조롭고도 구슬픈 이어도의 곡조를 읊조리기 시작하고 있었다. 그리고 그 어머니의 노랫가락은 이제 수평선을 넘어오는 뱃소식이 까마득하면 할수록 점점 더 극성스러워지기만 하고 있었다." 그 어머니를 본떠, 신문기자의 내연의 처도 괴로울 때면 노래를 부른다. "여인은 끝끝내 아무 대꾸가 없었다. 아니 끝끝내 대꾸가 없을 것만 같았다. 하지만 여인의 그 수렁 같은 침묵에도 결국은 바닥이 기다리고 있었던 것일까. 〔……〕 여인의 입술에서 문득 희미한 중얼거림 소리 같은 것이 흘러나오고 있었다. 신음 같기도 하고, 한숨 소리 같기도 하고, 어떻게 들으면 제주도의 바닷가 어디에서나 들을 수 있는 바다 울음 소리나 파도 소리 같은 그 웅얼거림은, 그러나 자세히 들어보니 이어도, 그 오랜 제주도 여인들의 슬픈 민요 가락이었다."「시간의 문」의 사진작가는 고통의 세계에서 벗어나기 위해 사진을 찍고, 그것을 껴안기 위해 사진을 찍는다…… 그 행위들은 다른 행위들을 계속 부른다. 강엿빨기는 구역질・딸꾹질 등의 신체적 반응으로 변형되며, 노래부르기는 고향찾기, 남도창에 대한 애착, 새의 이미지로 변형된다. 사진찍기는 소설쓰기, 그림그리기로 변형된다. 그 변형들의 목록을 만들고 그것의 지도를 그리는 것은 이청준의 상상 세계를 뒤집어보는 것과 같다.

이청준의 비극적 현실주의는, 삶에 과연 의미가 있는가, 삶에 어떠한 의미가 있는가를 탐색하는 탐색의 정신주의이다. 그의 세계관은 그러므로,
  1) 이곳에는 삶의 의미가 없다;
  2) 삶의 의미는 다른 곳에 있다;
  3) 그러나 놀라워라, 다른 곳이 바로 이곳이다
라는 구조를 갖고 있다. 이곳 외에는 의미가 있을 수 없다라는 게 그의 정신주의—현실주의의 실제적 전언이다. 그 의미는 그러나 다른 곳에 가려 해야 나타날 수 있다. "세상을 턱없이 간단하게 생각하고 제물에 자신만만해 사는 사람들"은 편안하게 일상인의 삶을 살 수도 없으며 이 세상 밖의 어떤 것에 신비롭게 자신을 내맡기지도 못한다. 어떤 의

미에 몸을 맡길 때, 그 의미는 살아 있는 의미로 작용하기를 그치고 관습과 억압이 되어버리기 때문이다. 그에게 남은 길은 자기 자신이 탐색의 주체이며 대상이 되어, 자기의 탐색의 과정이 의미가 되도록 할 수밖에 없다. 그런 관점에서 볼 때, 이청준의 상상력이 가장 높이 솟아오른 작품이「벌레 이야기」이다. 그것은 이청준 소설이 다소간 갖고 있던 마적 속성을 유감없이 보여준 뛰어난 작품이다. 그때의 '마적'이란 말의 의미는 '이성적으로 규제되지 않는'이란 뜻이다. 그것은,

1) 내 아내는 마흔 가까이에 얻은 아이를 유괴당해 잃게 된다;
2) 그녀는 예수에 귀의함으로써 유괴범을 용서하게 된다;
3) 유괴범 역시 예수에 귀의하여 자기가 용서하기 전에 용서받은 것을 알고, 그녀는 자살한다

라는 핵단위를 갖고 있다. 그 핵단위는 그 소설의 주제가 용서에 있다는 것을 간략하게 보여준다. 그녀는 유괴범을 용서하려 하지만, 그는 이미 용서받았다. 절망은 용서가 자기의 개입 없이 이뤄졌다는 데서 생겨난다. 그를 용서할 권리를 갖고 있는 것은 나다. 그런데 나보다 먼저 누군가가 용서를 했다. 그녀는 그것을 견디어낼 수 없다. 그렇다면 나는 무엇이란 말인가? 용서는 신이 하고, 나는 아무것도 아니란 말인가? 그 물음에는, 내가 할 수 있는 것은 무엇인가라는 절망적인 외침이 숨어 있다. 이 세계는 절망적이었다. 나는 예수의 사랑으로 이 세계를 껴안으려 했다. 그런데 이 세계는 이미 사함받은 세계였다! 이 세계에서 이뤄지고 있는 모든 것은 나의 개입 없이 신의 섭리로 움직인 것이다. 그렇다면 나는 무엇인가? 그 절망적인 질문은 그녀를 자살로 몰고 간다. 자살은 그녀가 개입하여, 그녀의 힘으로 할 수 있는 것이기 때문이다. 그녀의 자살을 통해 신의 섭리뿐이던 세계는 코페르니쿠스적인 전환을 보인다. 세계에 의미가 없다고 하더라도, 의미가 없다고 자살하는 행위까지 의미 없는 것은 아니다. 자살은 세계의 의미 없음을 부정하는 부정적 세계의 행위이다. 자살은 의미 부여 행위이다. 자신이 부정적 행위의 주체가 됨으로써 부정적 세계를 부정하는 행위는 니체가 꿈꾸었으며, 도스토예프스키가 탁월하게 보여준 행위이다. 고통스러운 세계를 부정할 수 있는 것은 그 고통스러운 세계를 통해서이다. 그 부정의 행위는 자신을 속죄양으로 만듦으로써 세계의 무의미를 부수는 행위이다. 나는 의미 없는 사람으로 살아가지 않겠다, 나는 내가 나 자신의

주체가 되도록 하겠다, 그것만이 고통의 세계에서 벗어날 수 있는 길이다, 자기 자신을 파괴하는 것은 자기 자신이 그 한 부분을 이루고 있는 부정적 세계를 부수는 것과 같다──그 도저한 자기 인식을 나는 마적이라고밖에 다른 말로 부를 길이 없다. 그 마적 정신주의는, 고통의 세계에서 모두 예수의 아들이 되어 그 차이를 잃어버리는 경향에 대항하여, 차이를 드러내고 강조한다. 차이를 강조하는 것을, 차이를 지우려는 사람들은 파괴적 폭력이라 부른다. 그러나 그 파괴적 폭력은 새 의미를 낳는 기초적 폭력이다. 차이를 강조하지 못하는 한, 억압적인 현실은 파괴되지 않는다. 내가 용서하지 않으면, 너는 용서받은 것이 아니다라는 전언은 이청준의 마성이 전하는 핵심적 전언이다. '그 가열한 정신주의'는 정신주의의 패배를 정신주의로 극복하는 현실적 정신주의이다. 그곳에서 엘리트주의의 냄새만을 맡고 현실 파괴의 부정성을 보지 못하는 사람은 감정적인 사람이지 지적 분석력을 갖춘 사람이 아니다. 이청준과 같은 시대에 살고 있는 것이 무섭고 즐겁다.

덧붙이기와 바꾸기
—— 임꺽정 이야기의 변용

  1973년 「임꺽정 1」을 발표한 뒤 13년이 지난 1986년에 「임꺽정 7」을 발표한 조해일은, "작은 욕심으로는 몇 년이 더 걸리든 열 편쯤을 채워서 '임꺽정' 이야기들로만 된 작은 단편집 한 권을 갖고 싶다"고 「임꺽정 4」를 쓴 뒤에 말한 바 있다. 그는 그러나 13년을 채운 1986년에 열 편의 임꺽정 이야기를 만들지 못하고, 일곱 편의 이야기만으로 작은 단편집을 한 권 만들기로 작정한 모양이다. 그 속의 그 무엇이 그로 하여금 그토록 임꺽정에 대한 이야기들을 만드는 데 더디게 하였을까? 나는 그가 크게 감명을 받았다는 벽초의 『임꺽정』을 다시 읽고, 그리고 그의 작은 이야기들을 천천히 씹는다. 알맞게 굳은 찹쌀떡처럼 그의 이야기들은 구수하고 맛있다.

  그 자신이 그렇게 부르고 있듯이 그의 임꺽정 이야기들은 그야말로 '작은 이야기'들이다. 그의 『임꺽정』은 소설집이라기보다는 작은 이야기 모음이다. 이야기는 소설의 원래의 모습이어서, 소설보다 훨씬 자유롭고 편안한 공간이다. 소설을 오늘날의 복잡한 소설 이론들이 보여주는 답답한 닫힌 공간으로 만든 것은 미국의 소설 이론가들인데, 그의 이야기들은 그 답답한 닫힌 공간 속에 갇혀 있지 않다. 그의 이야기들은 미국의 소설 이론이 요구하는 완벽성·세련성에 크게 괘념하지 않고, 차라리 소설의 원래의 모습이라고 할 수 있는 『동 키호테』나 『데카메론』의 자유 분방함을 목표한다. 이야기는 이야기의 꼬리를 물고 이어나오며, 그 물림에는 필연적 연관성이 없다. 아니 차라리 그 연관성을 찾는 일은 독자들에게 맡겨두고, 그는 이야기만 한다. 그는 그의 소설이 이야기임을 서두에서 분명히 밝힌다. 예외가 있다면 「임꺽정 6」뿐인데, 그것은 차라리 실수라고 여겨질 정도로 특이한 예외이다. 이야기의 서두는, 그것이 이야기임을 밝히는 동시에 그 이야기의 의의를 밝히는 말로 이루어진다. 예를 들면, "최근 그러한 그의 인품이라고나 할까 의협됨의 편린을 살필 수 있는 새로운 일화 한 가지가 손에 들어왔기로 기왕의 임꺽정 이야기들에 이것을 보태고자 한다"라는 「임꺽정 1」의 서두는, 이것은 임꺽정에 대한 새로운 이야기이며, 이것은 그의 인품됨·의협됨을 보여주는 이야기라는 것을 분명히 밝히고 있다. 이것은 이야기이다라는 것은 이것은 사실일 수도 있지만 사실이 아닐 수도 있는 사건이다라는 것을 뜻하며, 이것은 사건들의 계기적 이음이라는 것을 뜻한다. 이야기에서 제일 중요한 것은 사건들의 계기적 이음, 러시아 형태주의자들이 기능이라고 부르는 것이기 때문이다. 그 이야기의 의의는 임꺽정의 의협됨——내 한국어 감각으로는 의협스러움이 더 어울린다——을 드러내는 것이다. 그러니 그 이야기를 보는, 아니 차라리 눈으로 듣는 독자들은 미리 모든 것을 알고 그 이야기에 참여한다. 그것이 보통의 소설과 그의 이야기의 기본적 차이이다. 흔히 소설을 읽을 때, 그것이 이야기이며 그 이야기의 의의가 무엇이라는 것을 미리 알 때 소설의 재미는 상당량 줄어든다. 이야기는 차라리 그것이 무슨 이야기라는 것을 미리 알 때, 오히려 재미있다. 왜 그럴까? 거기에 대답하기는 쉬운 일이 아니지만, 나는 그 재미가 나도 그 이야기를 알고 있소, 그러나 또 듣겠소라는 되풀이 듣고 싶다는 욕망에서 솟아나오는 것이라 생각하고 있다. 우리는 그 얘기를 잘 알고 있소라는 동참 의식이 이야기 듣기의 재미의 심리적 근거가 아닐까. 이야기는 대개 비슷한 것들이며, 그 비슷한 것들을 우리는 또다시 재미있게 듣는다.

조해일의 임꺽정 이야기는 힘있는 장사가 뜻을 못 펴고 비참하게 죽는다라는 장사 이야기의 변형이지만, 그 변형은 매우 심하게 이뤄져, 장사의 탄생·시련 등은 거의 제외되어 있다. 그 이야기들은, i) 임꺽정이 의협심이 많다는 이야기; ii) 화살 맞고 죽는 이야기; iii) 그와 정반대의 길을 걸어간 장사와 싸운 이야기; iv) 가짜 임꺽정과 만난 이야기; v) 임꺽정이 죽은 뒤에 서림이 당한 이야기; vi) 경상도 선비와 만난 이야기; vii) 임꺽정이 언문 배운 이야기들이다. 그 이야기들에서 제일 밑바닥을 이루는 것은 임꺽정이 큰일을 도모하려 했다는 것이다. 그것 때문에 어떤 사람들은 그를 돕고, 어떤 사람들은 그를 피하고, 어떤 사람들은 그를 사로잡으려 한다. 이야기 곳곳에서, 이야기를 눈으로 듣는 우리들은, "임장사가 지닌 뜻이 크다는 것두 대개 짐작은 하우"(i); "궁극엔 너희 임금이란 자도 쫓아내려 했었다"(ii); "그럼 아우라구 부르겠네. 아우가 날 도와줄 텐가? 내가 그만 일생 도둑으로 마치지 않도록 도와줄 텐가?"(iv); "임장사 속뜻이 내 보기에 너무 크우"(vi); "서방님이 큰 걱정을 지니신 것두 모두 짐작하구요"(vii)…… 등의 말들을 읽는다. 그는 힘이 셀 뿐만 아니라, 불의를 치기 위해 불의의 뿌리까지——그 뿌리가 임금이니까——뽑으려 하는 사람이다. 그는 큰일을 하게 되어 있는 사람이다. 그 큰일은 물론 이뤄지지 않는다. 이뤄진다면 그것은 사실이지, 이야기가 아니다. 사실이 아니기 때문에, 이야기들은 소문의 형태로 존재한다. 그것은 기록의 형태로 존재하기 힘들다. 기록된다 하더라도 그것의 신빙성은 없다. 보라, "새로운 일화 한 가지가 손에 들어왔기로……"라고 이야기꾼은 쓴다. 아니면, "충분히 기록할 가치가 있으되 다른 서책에는 기록되지 않은 사실들을" 모은 책에서 읽었다고 이야기꾼은 말한다. 임꺽정 이야기는, 우연히 들어온 이야기(i, iv), 허순의 『근기야록』이라는 책에서 본 이야기(ii, iii, v, vii), 출처가 안 밝혀진 이야기(vi)의 세 부류로 나뉘어지는데, 그 어느 이야기에도 신빙성은 없다. 그것들은 그럴듯한, 있음직한 이야기들일 따름이다. 다만, 출처가 안 밝혀진 이야기는, 다른 이야기에 비해, 이야기의 지위를 약간 잃고, 소설에 가까워진다.

임꺽정에 대한 일곱 개의 이야기 중에서 그의 숨은 의도가 잘 드러나 있는 이야기는 그의 죽음의 이야기이다. 그는 죽기 직전 토포사와 주고받은 말을 통해, 나라의 행정이 모든 그릇됨의 근원이기 때문에 도둑질을 하게 되었으며, 사람까지 죽이게 되었다고 그의 행위의 근거를 밝힌다. 나라의 법이란 "너희놈들 좋자고만 꾸며놓은 꿍꿍이속"이다. 그는 현실 원칙을 부인하고, 힘으로 이상향을 세우려 한 장사이다. 그 장사는 뒤에 늦게 언문을 배워 한 편의 글을 남긴다(vii): "알고 보니 글이란 것이 본디 말을 적는 것, 바른 말을 적으면 바른 글이 되고, 그른 말을 적으면 그른 글이 된다. 또 말은 생각에서 나오는 것, 바른 말은 바른 생각에서 나오고 그른 말은 그른 생각에서 나올 터이다. 〔……〕 그러니 정녕 바른 글이란 바로 사는 데에서 비롯한다 하겠다."

임꺽정에 의하면, 바른 글은 바른 생각에서 나오고, 바른 생각은 바로 사는 데에서 생겨난다. 그의 단순함은 세상을 바르고 그른 것으로 이분하고, 바름만을 사람은 좇아야 한다고 주장한다. 바른 글, 바른 생각, 바른 삶은 하나이다. 그의 도저한 이상주의는 글·생각·삶의 하나됨을 회의하는 모든 것을 뜻의 결핍으로 보게 만든다. 그 이상주의·실천주의에 대한 반발은 두 부류이다. 하나는 토포사 남치근이나 피가의 현실주의의 입장에서 연유하는 반발이며, 또 하나는 허순이나 김청생의 기다림주의·생명 중시주의의 입장에서 연유하는 반발이다. 남치근에게 있어 나라의 법제는 하늘이 정한 것이며, "나라가 하늘을 대신해서 법을 펴고 시행하고 그 법에 다라 백성을 다스"린다. 피가에게 있어 종으로 태어난 놈은 종 노릇을 하게 되어 있다. 그것이 세상의 법도이다. 남치근의 법제나 피가의 법도는 다 같이 현실 원칙의 약호들이다. 그것을 부인하면 세계는 혼란에 빠질 뿐이다. 그것을 지키는 것이 '분수를 아는' 행위이다. 허순은 이 세계가 난마 같다는 것을 인정한다. 그러나 그에겐 "이 난마 같은 판국을 바로잡을 방책이" 없으며, 있다 해도, "그 방책이 옳은 것이 될 겐지 어쩐지두 잘 알 수 없"다. 그래서 그는 "무얼 좀 알게 될 때까지는 세월을 기다리기로 하구 있"다. 그의 그 기다림주의는 세상일에 있어 올바른 것이 무엇인지 잘 모르겠다는 회의주의의 결과이다. 법제를 부인하고 혼란을 받아들여야 하느냐, 아니면 법제를 인정하고 불의를 용인해야 하느냐. "정말 아무것두 모르겠소"가 그의 대답이다. 김청생도 이 세계가 불의의 세계라는 것을 인정한다. 그러나 그에게는 불의보다 인명이 더 중요하다. "인명은 하늘이 주신 것, 의보다 더 귀한 것이오. 불의를 꺾기 위해 인명이 희생되어야 한다면 난 차라리 불의대로 있는 편이 나을까 하우." 이 도저한 생명 중시 사상은, "억눌려 살아도 인명은 어여쁜 것이오." "불의가 있어도 세상은 그대로 어여쁜 것이우"라는 과감한 그의 주장 속에 힘있게 압축되어 있다. 어떠한 경우에도 생명은 존중되어야 한다. 정의의 이름으로라도 사람을——물론 무고한 사람을 죽이는 것은 나쁜 일이다. 그렇다면 우리는 어느 입장에 서 있는 것일까?

조해일이 그의 임꺽정 이야기의 절반 이상을 거기서 빌어온 허순의 『근기야록』에 대해, 그는 다음과 같은 의미심장한 질문을 던지고 있다:

"기왕에 나온 기록이나 가설들에는 임꺽정이 왕권에는 전혀 도전할 의사나 도전한 흔적이 없는 것으로 되어 있는데, 허순의 『근기야록』은 그와 반대의 입장을 취하고 있다는 걸 이상에서 명백히 보았을 것이다. 그런데 궁금한 일은 그러한 내용을 담은 책자가 어떻게 지금까지 훼손 하나 입지 않고 숨겨져 보존되어왔는가 하는 일이다." 조해일은 어떻게 그 책이 고스란히 보존되어왔을까라고 물음을 던지면서, 당대에는 그러나 왕권을 뒤집어야 한다고 생각한 사람들이 많았다는 것을 은연중에 암시하고 있으나, 나로서 흥미있는 점은 정말 뭐가뭔지 모르겠소라고 내뱉고, 세월만 기다리고 있소라고 말하던 허순이 기다리고만 있지는 않았다는 점이다. 그는 기록할 만하다고 생각하는 것을, 그것이 당대의 이데올로기에 맞지 않았음에도 불구하고, 기록하여 남긴 것이다. 그는 임꺽정처럼 행동하지는 않았으나 임꺽정에 대해 글을 써 남긴다. 그가 쓴 글은 바른 글이었을까? 나는 그것에 대해서는 알 수 없지만, 그의 글은, 왕권도 그것이 불의에 가담한다면, 아니 그것의 뿌리라면 뽑아내야 한다고 생각한 행동주의자를 여실히 그려내고 있다. 실패한 임꺽정은 죽었으나, 그의 죽음을 그린 글은 남아 있다. 그의 글을 살려낸 것은 조해일이니까, 조해일을 통해서이지만, 여하튼 그의 글은, 아니 그의 글만이 남아 있다. 그것은 무엇을 뜻하는 것일까?

엘리아드는 그의 일기에서 영웅의 매력·신비는, 그가 비록 불사신이라 해도 젊어서 죽는 데 있다라고 쓰고 있다. 그런 의미에서는 임꺽정은 신비한 영웅이 아니다. 그러나 그의 이야기의 매력 중의 하나는 그의 (의)형제들에 있다. 과연 조해일의 임꺽정 이야기에도 (의)형제들이 나온다. 힘세기라는 측면에서의 임꺽정의 (의)형제는 둘이 나온다. 한 사람은 피가이며, 또 한 사람은 임두령이다. 피가는 "임꺽정과 엇비슷한 괴력의 소유자이며, 또 본래의 신분도 임꺽정과 크게 다를 바 없는 천인 출신으로 임꺽정과 정반대의 길을 걸"어간 장사이며, 임두령은 "가짜라고만 부르기는 좀 서먹한 가짜" 임꺽정으로서, "진짜 임꺽정에게서 정식으로 명의 사용을 허락받은" 장사이다. 그 두 사람은 임꺽정의 부정적/긍정적 분신이다. 피가는 불의에 붙어 일신의 호의호식만을 노린 임꺽정이며, 임두령은 정의를 위해 임꺽정을 돕는 임꺽정이다. 임꺽정은, 조해일의 이야기 속에서, 마치 홍길동이 그러하듯, 몸을 쪼개, 자신의 긍정적 측면과 부정적 측면을 동시에 보여준다. 그의 매력은 그가 그 둘의 어느 것도 될 수 있다는 데 있다. 그의 도둑질, 기방 출입이 극단화되면 피가의 호의호식이 되고, 그의 의협심·분노가 극단화되면 임두령의 명분이 된다. 조해일의 임껵정 이야기를 포함하여, 왜 장사 이야기에는 (의)형제들이 나오는 것일까? 한 신화 연구가는, 그것이, 그와 같이 행동하려는 욕망을 가진 사람들이 많기 때문에 생기는 현상이라고 말하고 있다. 나도 그와 같이 행동하겠다, 그러나 나는 그가 아니다. 그러니 그의 (의)형제가 될 수밖에 없다. 의형제가 되어 그의 본을 따르거나, 그와 맞서 그의 경쟁자가 된다. 피가는 그의 경쟁자이며, 임두령은 그의 추종자, 그의 보조자이다. 그들의 욕망은, 부정적인 형태로 나타나는 것까지를 포함하여, 임껵정이 되려는, 그를 뛰어넘으려는 욕망이다. 임두령은 "제놈 말구 또 임껵정이란 자가 있거든 한번 나서 보라구" 외치고 다니며, 피가는 "그눔이 백정이라는데 내 그눔을 잡아서 오각을 떠 고깃간에 팔겠다……"라고 소문낸다. 그러나 피가는 다리가 부러지고, 임두령은 동생이 된다. 임껵정이 되려는 사람이 많다는 것은 임껵정의 욕망이 보편적이라는 것을 뜻한다. 그러나 모두가 임껵정이 될 수는 없다. 임껵정이 될 수는 없지만, 되려 할 수는 있다. 그 욕망은 현실 파괴적 욕망이다. 그 욕망을 제거하려면 욕망의 본보기를 제거해야 한다. 임껵정이 반드시 죽어야 될 필요성은 거기에서 생겨난다. 임껵정이 죽어야 누구나 임껵정이 될 수는 없다는 것이 분명해진다. 본보기가 없으면 추종자도 없다. 그 욕망의 본보기를 제거하는 것을, 앞에 말한 신화 연구가는, 사회의 기본적 폭력이라고 불렀다. 그는 사회가 제대로 유지되기 위해 필요한 속죄양이다.

임껵정의 보조자·경쟁자는 아니지만, 그의 충고자 노릇을 하는 인물 둘은, 그 나름대로의 분신들이다. 그들은 허순과 김청생이다. 허순은 『열하일기』에 나오는 허생과 비슷한 인물이며——그 그릇의 크기에 있어서는 허생이 허순보다 크다——김청생은 노장에 가까운 인물이다. 허순의 기다림주의는 기다리면 좋은 세계가 온다는 생각이 그 근간을 이루고 있으며, 김청생의 생명 중시주의는 노자의 최소 국가주의의 변형이다. 그 둘은 다 같이 청빈한 삶을 살며, 세계의 모습을 깊이 있게 살펴보려는, 글을 익힌 선비들이다. 그 둘은 다 임껵정에게 충고를 한다.

허순은 "세월을 기다리라고" 충고하며, 김청생은 "인명을 희생"해선 안 된다고 충고한다. 그 둘은 거의 비슷한 충고자들이다. 충고의 내용은 다르나, 그들은 임꺽정의 행동주의가 비극적인 결말로 끝이 나리라는 것을 직관적으로 감득하고 있다. 허순은 명료하지 않게, 김청생은 명료하게 그것을 느끼고 있다. 그 둘의 차이는, 임꺽정이 허순을 찾아가는 것에 반해서, 김청생이 임꺽정을 찾아간다는 사건상의 차이 외에도, 허순은 지켜보고, 김청생은 말린다는 행동상의 차이에 의해 뚜렷하게 드러난다. 허순은 기다리고, 김청생은 찾아간다. 그 찾아감도 하나의 적극적 행동이라는 점에서, 김청생은 허순보다 임꺽정에 가깝다. 그래서 그는 임꺽정에 대한 글을 한 줄도 안 남긴 것일까! 지켜보고 글을 남기는 것이 행동하고 쓰러지는 것보다 나은 것일까? 조해일의 임꺽정 이야기들이 던지는 질문 중의 하나는 그것이다. 그 질문은 무섭고 끔찍한 질문이다. 그러나 글을 쓰는 사람이라면 그 누구도 그 질문 앞에서 자유롭지 못하다.

조해일의 임꺽정 이야기가 본보기로 삼고 있는 것은 벽초의 임꺽정이다. 벽초의 임꺽정이 의협심 강한 무식한 장사이며, 그와 그의 형제들·수하들을 지배하고 있는 것이 예언·운명·점⋯⋯ 등의 민간 신앙이라 한다면, 조해일의 임꺽정은 새로운 불의 없는 사회를 만들기 위해 현인·용사 들을 구하러 다니는, 그러나 실패하는 건국주에 가깝다. 그가 찾는 현인들은 존재하지 않으며, 존재하는 것은 나약한 선비들뿐이다. 선비들에 비하면 용사들이 훨씬 낫다. 가짜 임꺽정으로 나오는 전라도의 임두령은 임꺽정에 버금간다. 그 정황은 힘이 있으나 뜻이 없다라는 것으로 요약될 수 있다. 허순을 처음 만난 뒤에 임꺽정은 다음과 같이 느낀다: "일찍이 힘의 결핍을 느낀 적은 없었으나 이때처럼 뜻의 결핍을 극심하게 느껴본 적은 없었다." 그 뜻의 결핍을 극단적으로 표상하고 있는 인물이 서림이다. 벽초의 임꺽정 이야기에서도 긍정적으로 그려지지 않고 있지만, 조해일의 임꺽정 이야기에서도, 서림은 꾀바르게 세상을 헤엄쳐나가는 먹물 먹은 사람으로 나타난다. 그는 배신자이되, 가룟 유다처럼 자기의 배신을 자살로 속죄할 만한 크기도 갖고 있지 못하다. 그는 '평범하고 교활한 한 배신자'일 따름이며, 그의 목표는 '쾌락한 여생'일 뿐이다. 그의 꾀는 그가 바라는 것을 얻는 데 집중되며, 그가 바라는 것을 얻은 이상, 남의 아픔 따위는 아무 관계 없다. 조해일은 바로 그 서림의 후일담을 그의 임꺽정 이야기 속에 한 편 집어 넣고 있다. 그의 서림 이야기에서 특이한 것은 그가 과연 징벌을 받았는지, 아니면 또다시 자신의 꾀로 그 징벌을 피했는지가 분명하지 않다는 점이다. 대부분의 옛날 이야기들은 배신자의 배반에, 그것에 합당한 벌을 내린다. 그런데 그는 냉랭히 다음과 같이 전할 따름이다: "이후 서림의 모습을 보았다는 사람은 아무도 없는바, 혹자는 그가 제 집에 숨어 천수를 누렸다고도 하고 혹자는 말이 달라, 그가 기계(奇計)를 부렸으나 마침내 임꺽정을 자칭하는 어느 사내에게 죽임을 당했다고도 하더라." 교활하게 꾀를 써 여생을 안락하게 보내려 하는 배신자의 꿈은 이뤄지기도 하고, 이뤄지지 않기도 한다. 그것이 이뤄지지 않기를 바라는 독자들의 도덕적 열망은 그 냉랭한 현실, 이야기의 현실 앞에서 어쩔 줄을 모른다. 그런자가 살아 남아? 라고 외치고 싶은 것은 도덕적 의지이지만, 실제로 그런 사람은 벌을 받기도 하고 살아 남기도 한다. 조해일의 그 현실주의가 나를 또 불편하게 만든다.

조해일의 임꺽정 이야기에 나오는 임꺽정은 뜻에 굶주린 장사이다. 1973년 뜻의 결핍을 혹심하게 느끼던 임꺽정은 1986년 바른 글과 바른 생각과 바른 삶은 하나라는 뜻깊은 철학으로 무장된 지식인으로 나타난다. 그는 글을 배워 무식의 상태에서 유식의 상태로 변화한 장사이다. 13년간 일곱 개의 임꺽정 이야기를 쓰면서, 조해일은 서서히 임꺽정의 힘 이야기에서 임꺽정이라는 이름을 안 가져도 좋을 한 현인의 세계관 이야기로 옮겨간다. 그 현인은 남의 글을 열심히 읽는 현인이다. 그 현인이 한 편의 글을 남겼는데, 거기에는 이렇게 씌어 있다: "이 뒤틀림은 어디서 비롯할까. 사람이 본디 영악한 데서 비롯할까, 세상의 바르지 못함에서 비롯할까. 아니면 혹 말이나 글의 온전치 못함에서 비롯할까. 다 까닭이 될 수 있겠으나 생각건대 이는 오로지 그 사는 일의 바르지 못함에서 비롯할 터이다." 그러나 어떻게 사는 것이 바르게 사는 것일까? 바른 생각, 바른 글이 저절로 나올 수 있는 바른 삶은 어떻게 사는 삶일까? 바른 삶이, 확대경을 들여다보듯, 그렇게 밝고 환하게, 아니 그렇게 크고 똑똑히 보이는 세계가 있을까? 그런 곳이 있다면 그곳에 가서 살고 싶다.

객관적 현실주의로의 길

 김원일의 소설이 처음으로 독자에게 주어진 것은 1966년이다. 그해 대구 매일신문의 대구 매일문학상에 소설이 당선된 것이다. 그후「어둠의 혼」이 나올 때까지(1973), 그는 그 자신의 표현을 빌면 "강한 느낌을 주면서도 암시적인, 꽤나 그럴듯한" 소설을 계속 쓰려고 노력하는데, 그 결과는 소설집『어둠의 혼』(1973)에 실려 있다.『어둠의 혼』에 실려 있는 단편들의 거의 대부분은 삶은 고통스럽다라는 명제를 암시적으로, 그러면서도 충격적으로 보여주려는 의도를 보여주고 있다. 그것은 대체적으로 두 가지의 뿌리를 갖고 있는 것처럼 보이는데, 개인사적인 뿌리와 문화사적인 뿌리가 그것이다. 개인사적으로, 그는 거의 대부분의 60년대 작가들과 마찬가지로 가난과 죽음의 고통 속에서 유년·소년기를 보내며, 거기에서 생긴 정신적 외상 때문에 이별·죽음·가난……등을 실존의 기본적 범주로 인식하게 된다. 내 실존적 범주는 내 범주만이 아니라 누구나의 범주이다. 자기의 현실을 추상화시키고 보편화시킴으로써 그는 자신의 구체적 삶의 범주들의 고통에서 잠정적으로 벗어나게 된다. 그것을 도피라고 비난할 수는 있으나, 그것은 논리고, 삶은 때로 논리를 벗어난다. 문화사적으로, 그의 시대는 실존주의의 시대였으므로, 실존주의적인 용어들은 무의식적으로 그의 의식을 점유하게 되고, 그는 그의 삶의 구체성을 실존주의의 한계내에서 인식하게 된다. 사람은 죽음에 이르는 병을 앓고 있으며, 사람은 생활 속에 갇혀 있다. 60년대의 실존주의는 거의 모든 사람의 실존주의가 그러했듯 책임과 실천의 실존주의가 아니라, 절망과 좌절의 실존주의이다. 그 실존주의는 개인의 결단을 중요시하는 실존주의가 아니고, 지하 생활자의 무상의 자유를 중요시하는 실존주의이다. 그 두 뿌리는 60년대 후반의 김원일의 사유 깊숙이 자리를 잡아 극한 상황을 중요시하는 암시적이며 강력한 소설적 공간의 구축에 힘을 쏟게 한다. 그러나 그는 70년대에 들어서면서, 고통스러운 삶의 역사적 뿌리를 들여다볼 수 있는 객관성을 획득하게 된다. 그의 삶이 보편적 삶의 한 구체적 표현인 것도 사실이지만, 보편적 삶이 구체적 삶의 집합인 것도 사실이다. 보편적 삶을 강조하면 할수록 구체성은 추상화된다. 그 추상화가 극단화되면 내 삶은 없어지고, 삶만 남는다. 태어나서, 살다가 죽었다라는 추상적 표현이 아닌 구체적 삶은 역사적 현실에 대한 객관적 성찰 속에 있다.

그러나 객관적 성찰이 대번에 주어지는 법은 없다. 객관적 성찰은 주관적 체험의 과정에서 서서히 얻어진다. 그는 초기의 관념주의를 결산하는 그의 창작집 제목을 『어둠의 혼』이라 붙이고 있는데, 바로 그 소설집의 표제가 되었던 「어둠의 혼」은 관념에서 그가 서서히 벗어나 그의 고난의 역사적 현장을 이해하기 시작하는 과정의 첫 단계를 이루는 소설이다. 「어둠의 혼」은 추상적 관념주의를 마감하면서, 주관적 추체험의 세계를 열어준다. 「어둠의 혼」 이후에 씌어진 소설의 거의 대부분은 추상적 관념주의에서 주관적 현실주의로의 전환을 보여준다. 그 전환은 느리고 완만하며, 『노을』(1978)로 대표될 수 있다. 그의 주관적 현실주의는 제재상으로는 좌익 운동을, 기법상으로는 어린애의 시선이나 일인칭 서술을 보여준다. 「어둠의 혼」은 "1949년 좌익 운동에 가담했던 지식인 아버지가 끝내 경찰에 체포되어 총살당한 날 저녁 한때를 배경으로, 그의 아들 갑해의 시점으로 그린 성장소설"이며, 『노을』은 "6·25 전쟁 직전 경남의 시골 읍내를 휩쓴 좌익 폭동의 악몽에 괴로워하는 중산층 주인공"의 일인칭 서술 소설이다. 그 사실은 그가 고난의 현실의 역사적 뿌리로 이데올로기 싸움과 그것으로 인한 분단을 들고 있음을 보여주며, 동시에 그 뿌리의 추(재)체험은 70년대까지만 하더라도 어린애의 시점이나 주관적 회상의 방법에 의해서만 가능했음을 확인시켜준다. 그 사실을 뒤집으면, 상황의 억압적 성격은 상당 기간 동안 그의 관념주의를 무의식적으로 조장하고 있었다는 식의 추측이 가능해진다. 억압은 말을 못 하게 하는 것이 아니라, 차라리 현실을 다르게 보게 하는 것이다. 그의 주관적 현실주의는 그러니까 정황의 억압적 의미를 가능한 한 정직하게 이해해보자는 그의 필사적 노력의 결과이다. 그의 그런 노력을 여러 가지로 비판할 수 있지만, 그런 비판은 60년대의 문화적 현실을 이해 못 한 비판들이다. 육이오는 남북을 거의 완전히 파괴했을 뿐만 아니라 이데올로기적으로 심하게 경직된 문화적 공간을 만든다. 좌익은 없애야 할 적이다. 그러나 그런 좌익을 아버지나 형제로 갖고 있는 생존자들은 어떻게 살아야 하는가? 그런 질문 자체가 60년대에는 불가능한 질문이었고, 그 질문을 질문으로서 던지게 된 것은 김승옥·윤흥길·김원일 등의 소설적 업적을 통해서이다. 그 질문을 소년의 시점에서 제기한 질문이라고 비판하는 것은 쉬우나, 그 질문 제기에 의해 그 비판이 가능하게 되었다는 것을 깨닫는 것은 쉬운 일이 아니다. 내 육친은 좌익이지만, 나는 그를 미워할 수만은 없다! 그 인식이 김원일의 주관적 체험주의·현실주의의 전언이다. 그 인식은 육친의 정에 의지하고 있다는 점에서 소박하며, 역사적 정황의 전모를 이해하지 못하고 있다는 점에서 거칠다. 그 인식은 소박하되 진솔하며, 거칠되 힘있다. 그 인식이 역사적 상처의 치유까지를 가능케 하는 것은 아니다. 그것은 치유를 생각하게 만들지만, 그것이 곧 치유는 아니다. 그 인식 체제를 치유라고 생각하게 될 때, 때이른 화해의 이론으로 그것은 변모한다.

　작가로서의 김원일의 뛰어난 점은 그가 주관적 현실주의에 안주하지 않고, 객관적 현실주의라고 부를 수 있을, 역사적 현실의 총체적 제시를 목표하는 세계에 나아간 데 있다. 그는, 삶은 고통스러운 것이다라는 전언을 상징적으로 보여주는 추상적 관념주의의 세계에서, 이 고난의 땅은 이데올로기의 대립 때문에 더욱 그렇게 되었다는 주관적 관념주의를 거쳐, 이 땅에서 벌어졌던 그리고 벌어지고 있는 이데올로기의 대립은 이렇다라는 객관적 현실주의로 나아간다. 그런 그의 객관적 현실주의를 명료하게 보여주는 것이 『불의 제전』(1983)이다. 나는 그가 걸어간 길만이 옳다고는 생각지 않는다. 그러나 그가 걸어간 길은 매우 전형적인 길이며, 그런 의미에서 뜻있는 길이다. 그가 걸어간 길만이 옳다고 생각하는 사람들은, 다시 말해 추상적 관념주의, 주관적 체험주의, 객관적 현실주의의 길이 단계적으로 가장 올바르다고 믿는 사람들은, 그 하나하나의 단계를 사춘기·개화기·성숙기에 대응하는 이미지들로 꾸미려는 버릇이 있으나, 그것은 그것이 갖고 있는 일면의 타당성에도 불구하고, 언제나 올바르지는 않다. 예를 들어 카프카의 작품들을 어떻게 추상적 관념주의의 소설들이라고 한마디로 매도할 수 있겠는가! 그러나 김원일은 성실하게, 자신의 필연적인 움직임에 따라 그 길을 나아가며, 그런 의미에서, 그는 『불의 제전』에 이르러 그의 길을 확고하게 구축한 셈이다. 그 자신이 만든 것처럼 보이는 한 요약에 의하면, 『불의 제전』은 "삼부작 예정으로, 총분량 일만이천 매 중 현재 5천 매가 완결된 상태이다. 해방과 6·25 전후의 가장 어려웠던 현대사의 한 시대를 배경으로 좌우 지식인·농민·민족운동가·자본가에서부터 노인과 어린 아이에 이르기까지 총 150여 명의 등장인물들이 펼쳐내는 대하소설[로서] 한국인의 삶의 양태, 그 전형을 보편적 관점에서 그리고 있다. 작품 속의 시간은 1950년 6·25가 일어나는 해 1월부터 이듬해 2월까지로, 점묘법의 묘사에 충실한 사실주의 소설이다." 이 요약에 빠져 있으나, 이 소설의 무대는 경남 김해군의 진영이란 작은 읍이다. 그 소설의 사건이 일어나는 곳이 진영이라는 것은 그가 아직은 그의 출생지(경남 김해군 진영읍 진영리)에 대단한 미련을 갖고 있음을 나타낸다. 진영의 장터거리는 그의 창작의 원천이다. 그 소설이 다루고 있는 시간은 1950년 1월부터 51년 2월까지인데(아직 완간이 되지 않은 그 소설의 제1부가 다루고 있는 것은 1950년 1월~4월이다), 그 시기의 진영의 장터거리는 그에 의하면 그의 이야기의 원류이다. 그 시절보다 조금 뒤의, 그러나 거의 비슷하였을 진영의 장터거리에 대한 그의 회상: "50년대 중반이야말로 농촌 실정이 재래의 농경 방법에서 조금도 나아지지 않았던 절대 빈곤의 시대였다. 그때만 하여도 도시 집중화에 따른 이촌 현상이 없었고 춘궁기에는 소나무 속껍질을 벗겨 그것을 물에 푹 쪄서 식용으로 하던 송기죽과 송기떡이란 말이 낯설지 않았던 때이다. [……] 50년대 중반까지 장터마당은 바깥 세상의 소문을 귀동냥하는 모든 정보의 중심지였고, 나일론이 시골까지 보급되기 전이라 그들의 입성도 무명·삼베·모시가 대종을 이루었다. 다듬이방망이 소리, 재래식의 숯불 다리미질, 겨울밤 호롱불 아래서의 이잡기와 어머니의 양말 뒤축 깁기, 가마 타고 시집가는 옛 혼례 장면도 살아 있었다. 대가족 제도 아래 시집온 새댁의 설움은 그 시대가 마지막 희생 세대였고, 어느 집 가릴 것 없이 전쟁통에 핏줄을 잃은 멍자국을 한두 군데 가져 한이란 말이 가슴에 젖어오는 시대가 바로 50년대 중반이었다." 그는 진영의 장터거리의 아이이며, 그것의 재창조자이다. 그 재창조의 방법으로 그는 보편적 인간형을 그리는 사실주의를 채택하고 있다. 사실주의적 묘사에 의해 150여 명에 달하는(일부에서는 80여 명) 인물들이 객관적으로 제시되어, 1950년 진영을 중심한 지역의 총체적 모습을 보여준다.

 점묘법에 충실한 사실주의 대하소설이란 하나의 시공 복합체를 총체적·전체적으로 보여주려는 소설이다. 그 소설에서는 그러니까 인물 하나하나가 다 주인공이라면 주인공이랄 수 있을 정도로, 각자의 전형적인 성격을 보여준다. 그 인물들을 다 주인공이라 부르기 거북하다면, 김치수가 그러했듯, 진영이라는 공간 자체가 주인공이라고 부르는 것이 오히려 낫겠다. 진영이라는 공간 자체가 주인공인 그 소설은 주관적 체험주의의 흔적들, 그리움·두려움·반가움……을 거의 보여주지 않는다. 그것들은 사건들의 뒤로 스며들고, 전면에는 사건들만이 나타난다. 그 사건들을 통해 김원일은 해방 후의 공간이 친일 세력에 의해 얼마나 깊고 넓게 훼손되어 있는가를 입증하려 한다. 살아 남기 위해서뿐만이 아니라, 더 잘 살기 위해서, 친일 세력은 이데올로기의 대립을 격화시키고, 지식인의 객관적 분석을 억압, 그들이 설 땅을 좁힌다. 6·25의 뒤에는 친일 세력의 계속적 권력 행사가 숨어 있다. 그러한 인식은 『불의 제전』 이후에, 식민지 치하의 훼절 의병의 참회의 기록이랄 수 있을 『바람과 강』(1985)으로 이어지게 되어, 김원일의 역사 인식의 지평을 크게 넓히고 있다. 그러나 그가 지나치게 보편적 전형에만 집착할 때, 다시 말해 작가의 개인적 체험과 그의 인물들이 지나치게 유리될 때, 창작의 불모성과 인물들의 비생동성으로 그와 인물 양쪽에서 다 같이 그에게 저항하지 않을까? 그런 의문을 갖기가 무섭게, 거기에 대한 반발처럼, 『불의 제전』에서 가장 점착성이 강한 아치골댁이, 안천총과 함께 떠오른다. 보편적 전형을 그리려는 그의 의도에 반하여, 아치골댁이나 안천총은 생생한 구체성을 간직하고 있다. 그 구체성의 본류는 김원일의 생체험이다. "나는 50년 십일월부터 고향 진영의 장터거리 술집 울산댁에서 삼 년 남짓 더부살이로 지냈고, 그 술집의 바깥어른인, 나에게는 외가 쪽으로 사돈의 팔촌쯤 되는 이인택씨로부터 친손자 이상의 사랑을 이태 정도 받았던 것이다"라는 그의 고백이 그것을 뒷받침하고 있다. 내 개인으로서는 안천총보다——그는 너무 기품 있다——아치골댁의 삶에의 집착이 훨씬 더 감동적이다. 시골에서 자란 사람들은 그녀와 비슷한 어머니의 추억에서 자유롭지 못하다. 나도 그런 사람들에 속한다.

　김원일의 확실한 문학적 공헌 중의 하나는 좌익 빨치산을 한국 문학의 공간 속에 끌어들인 것이다. 김승옥의「건」이나 윤흥길의「장마」에서 간접적으로 다뤄진 빨치산은 김원일의『어둠의 혼』(1973),『노을』(1978),『불의 제전』(1983),『겨울골짜기』(1987)에서 점점 더 구체적으로 다뤄진다. 그 구체성은 김원일의 작가적 크기의 확대에 적절하게 대응한다. 김원일은 그러나 빨치산 소설을 쓰기 위해 그 소설들을 쓰는 것이 아니라, 총체적 현실 파악 욕망 때문에 어쩔 수 없이 그 문제와 부딪쳐 그 소설들을 쓴다. 한국의 근대사에서, 거기에 반대하든 찬성하든, 좌익이 차지하는 역할이 무시할 수 없을 정도로 크다면, 한번은 그 문제와 맞부딪치지 않을 수 없다. 그는 비교적 성실하게 그 문제와 부딪쳐 일정한 문학적 성과를 얻고 있다. 그는 빨치산 문제를 문제로서 인식시키는 데 성공하고 있다. 그의 문학적 성공에 힘입어 가령 조정래의『태백산맥』과 같은 작품이 나올 수 있는 문학적 자리가 획득된다. 문학이 문화적 금기와 싸우는 자리까지를 의미한다면, 그의 문학은 그런 문학의 이름에 값한다. 그는 그를 둘러싼 중요한 문화적 금기 중의 하나인 빨치산 문제를 문제로 제기하는 데 성공함으로써 한국의 문학적 영토의 확장에 기여한다. 그 확장의 결과가 긍정적인가, 부정적인가는 그의『불의 제전』이 끝나야 알 수 있는 사항이다.
　비록 미완의 대하소설이지만, 그래서 그것의 결말이 어떻게 끝날지에 대해 거의 알지 못한다 하더라도, 우리는『불의 제전』1부 이후의 김원일의 의식의 문학적 움직임을 알 수 있는 두 개의 자료를 갖고 있다. 그것은『바람과 강』과『겨울골짜기』이다.『바람과 강』은 일본 강점기에 의병 활동을 하다가 배신한 한 의식 있는 머슴의 자학을 통해 일본 제국주의가 남긴 외상의 치유가 그리 쉬운 것은 아니라는 것을 보여주고 있으며,『겨울골짜기』는 거창 사건을 다룸으로써 금기의 영역을 좁히면서 인간의 인간에 대한 폭력은 어떤 경우에도 용서받을 수 없다는 인간주의의 기치를 내걸고 있다. 그 두 개의 자료는『불의 제전』에서 김원일이 부딪힌 문제, 일본 제국주의가 남긴 외상을 어떻게 치료해야 하는가, 어떤 주의의 이름으로 인간의 죽음은 합리화될 수 있는가라는 문제에 김원일이 어떻게 대처하려 하고 있는가를 암시적으로 보여준다.

형식 논리상으로 일제 강점기는 끝이 났으나, 실제로 그때의 상처는 아직 남아 있다. 어떤 형태로든지 그 문제에 성실하게 접근해야 한국 근대사의 상처들은 그 정확한 병명과 치유책을 얻을 수 있다. 그 다음, 아니 그것과 밀접하게 연계되어, 이데올로기의 싸움 역시 하늘에서 갑자기 떨어진 사항이 아니라, 일제 식민주의가 남긴 모순의 결과이다. 그 모순을 무시하고 주의의 이름으로 인간을 죽이는 것은 올바르지 못하다.『불의 제전』에서 싹트기 시작한 것처럼 보이는 그러한 의식에, 김원일은 휴머니즘이라는 낡은, 그러나 폭넓은 이름을 부여하고 있다. 그 휴머니즘의 기치 아래 그가 드러내려 하는 것은 "전쟁이 얼마나 혹독한 굶주림으로 인간을 옥죄이고, 살아 남음에 따른 고통의 극한을 인간은 어느 한계까지 견디어내는가"이다. 인간은 인간답게—인간은 동물이지만, 동물만은 아니니까—살아야 하며, 그런 의미에서 인간을 인간답게 살지 못하게 하는 전쟁은 거부되어야 한다. 그때의 전쟁은 인간에 가해지는 논리적 폭력의 다른 이름이다. 그것은 물론 옳은 주장이다. 그러나 그 주장 때문에 싸움의 의미를 성찰하는 것까지 포기해서는 안 된다. 중요한 것은 휴머니즘의 이름으로 모든 상처를 감싸는 것이 아니라, 차라리 휴머니즘의 이름으로 모든 상처를 까발리는 것일 것이다. 까발려서 선연한 상처를 내보여야 그런 상처를 다시 만드는 것을 주저나마 하지 않겠는가. 나는 김원일이『불의 제전』2, 3부에서 바로 그러한 작업을 해주리라 믿고 있다. 성경 말씀 그대로, 믿는 자에게 복 있을진저!

닫힌 소설 미학을 뛰어넘어

　박태순의 『어느 사학도의 젊은 시절』(1980)의 제목 자체는 사르트르의 「한 지도자의 유년 시절」을 상기시킨다. 작가는 그 제목에서 젊은 시절을 강조해 읽어주기를 바라고 있는데, 그런 그의 바람은 "자신의 시대를 자기가 선택할 수 없는 청춘의 비극"을 강조하기 위한 것임에 틀림없다. 과연 그 소설은 젊은이 세 사람의 지적 방황을 그림으로써, 자신의 역사적 자리를 성찰하게 된 젊은이들을 사학도라는 말로 폭넓게 지칭하고 있다. 그에 의하면, "그가 살아가야 할 삶을 이해하고 그가 살아가야 할 세상을 이해하기 위해서는 보다 깊은 통찰이 필요하다"고 믿는 사람들은 거의 다 사학도이다. 그러니까 그의 사학도는 삶에 의미를 부여하기 위해 자신의 실존의 역사적 정황을 성찰하는 사람이다. 그런 의미에서, 박태순의 『어느 사학도의 젊은 시절』은, 자기 실존의 뿌리가 공허이며 무라는 것을 깨닫고서도 그것을 감추고 세련된 사회인의 태도를 꾸미는 중산층의 자기 기만을 통렬하게 야유하고 있는 사르트르의 「한 지도자의 유년 시절」과 정반대의 방향에 놓여 있다. 사회 속에 안주하여 거기에 순응하기 위해 자기 기만적인 삶을 선택하는 사르트르의 「유년 시절」과 다르게, 박태순의 『젊은 시절』은 사회의 여러 모순과 혼란을 극복하기 위해 그 사회의 모든 것을 성찰하기를 선택한다. 사르트르와 박태순의 인물들은 다 같이 지적이지만, 하나는 부정적이며 다른 하나는 긍정적이다.

　다른 하나라고 나는 썼지만, 실제로 그 하나는 셋이다. 박태순의 『젊은 시절』은 세 젊은이의 방황과 성찰을 다루고 있다. 그 세 인물의 무게는 거의 같으며, 저마다 소설의 주인공이랄 수 있으나, 작가가 제일 애정을 갖고 있는 듯이 보이는 인물은 고왕만이다. 그렇다고 그만이 작가의 애정을 독차지하고 있는 것은 물론 아니다. 그 세 인물은 저마다 깡패, 학생―지식인, 문화―예술인의 원형적 표상이다. 원형적 표상이란 그들이 그러한 유형이 될 만한, 혹은 되고 있는 인물들이란 뜻이다. 그 셋을 묶고 있는 기본 축은, 박태순의 소설 인물들 대부분이 그러하듯, 책에 대한 사랑이다. 가장 책과 가까이 있는 인물은, 책밖에 아버지에게서 물려받은 게 없는, 예술―문화인 유형의 장지황이며, 학생―지식인 유형이랄 수 있는 김치삼 역시 우연하게 출판계에 발을 디밀고 있다. 가장 책과 멀어 보이는 깡패 고왕만까지도 '책을 들여다보는' 것을 삶의 목표로 선택하고 있다. 그 도저한 책에 대한 사랑은 작가 자신의 책에 대한 사랑에 적절하게 대응한다. 작가가 책을 얼마나 사랑하는가 하는 것은――다시 말해 그가 책을 얼마나 많이 읽었는가 하는 것은, 그가 소설을 꾸려나가는 방법, 인물을 제시하는 방법 등에 명료히 드러나 있다. "세상과 사물에 대한, 또한 삶과 인간에 대한 가치 판단이 워낙 혼란스러워서" 어떤 질서 있는 전개 방법을 택할 수 없다고 작가는 소설의 서두에서 그의 소설의 방법을 설명하고 나서, 루이지 피란델로의 『작가를 찾는 여섯 사람』이란 소설을 인용하는가 하면, 청계천을 묘사하면서도 "지저분하게 흐르고 있는 개천이라기보다는 복개 안 된 하수천인 청계천변으로는, 1930년대의 박태원의 소설 『천변풍경』의 바라크촌을 그대로 연상시켜주기는 하지만 박태원이 보았던 것과는 달리 사방팔처로부터 꾸역꾸역 밀려든 난민들의 참혹한 막서리집들이 빈대딱지처럼 붙어 있었으며……"라고 써서 자신의 책읽기를 과시하고 있다. 인물들의 고민에 대해서도 그는 "때로 장지황은 깊은 회의에 젖어 자신을 반성해보는 적이 있었다. 말하자면 그는 레이몽 라디게의 『육체의 악마』에 나오는 조숙한 소년과 같은 번민에 싸이기도 하였다"라는 식으로 서술한다. 작가의 폭넓은 책읽기는 주인공들의 책에 대한 사랑과 얽혀, 때로는, 아니 흔히, 소설의 대목대목을 책의 잔치로 만들고 있다. 거기에서 이 소설을 난해하게 느끼게 되는 일이 일어나기도 하지만, 작가 자신의 그런 염려와는 다르게, 이 책을 책의 카니발, 그 당시에는 어떤 책들이 어떻게 읽혔나를 알 수 있게 하는 책의 축제로 만드는 일이 생겨나기도 한다.

그 세 인물이 활동하는 자리는 서울이며, 시기는 1953~54년에 이르는 시기이다. 세 인물의 무대가 서울이라는 것은, 그 인물들의 지방색 보다는 보편성에 더 역점이 주어지리라는 것을 짐작케 하며——과연, 그 세 인물들은 각각 황해도·경북·서울 출신인데도 똑같이 서울말을 쓰고 있다——그들이 활동한 시기가 1953~54년이라는 것은 환도 직후, 삼선 개헌 전의 한국 사회가 문제되고 있음을 짐작케 한다. 1953년의 서울은, 작가 자신에 의하면, "인구의 집성지로서 또는 산업과 문물의 중심지로서의 도시가 갖게 마련인 제반 면모를 전혀 상실한 한갓 폐허 더미에 불과"하였으며, "도시의 기능을 상실한" "민간인들로 하여금 요령껏 살아내보라고 제공되어 있는" 황원(荒原)이었다. 그 폐허더미에 던져진 세 인물의 나이는 18~20세 정도이다. 그 주변인들이 "절망만이 사람들을 유지시키게 하는 유일한 삶의 원동력"이었던 시기에, 어떻게 세상을 살아나가려고 작정하였는가를 살펴보려는 것이, 『젊은 시절』의 박태순의 의도이다. 박태순이 보기에, 1950년대는, 정치적으로는, "당시의 지배 담당층은 아직 지배 담당층으로서의 확고한 기반을 구축치 못하였다는 것에 초조하였던 나머지 일반 국민이야 어찌되었든 정치 이념이야 무엇으로 되었든간에 지배 담당 핵심 세력을 조직하고 지배 담당 정치를 건설하는 데에만 진력"하고 있었다는 지적에 간결하게 요약되어 있듯이, 지배층의 기반 확보 노력이 제일 두드러진 시기였으며, 경제적으로는, "양공주가 벌어들이는 외화"와 미군의 소모품 전략 물자가 중요한 경제적 토대를 이루고 있던 시기이다. 박태순의 1950년대에 대한 인식의 사회과학적 타당성 여부에 대해서는 또 다른 글이 필요하겠지만, 1980년에, 1950년대의 한국 사회가, 정치적으로는, 기층민과 유리된 지배 체제를 갖고 있었으며, 경제적으로는 미국의 경제력에 종속되어 있음을 밝힌 것은, 아니 차라리 그것을 밝히려 한 것은 주목할 만하다. 그의 노력은 김원일의 『불의 제전』, 조정래의 『태백산맥』 등의 성과와 함께 고찰되어야 할 성질의 것이다.

그러나 『어느 사학도의 젊은 시절』은 사회과학 서적이 아니라 소설이다. 소설은 "혼란투성이로 살아 버릇한" 인간이라도, 인간을 내세워 그 구체적인 모습을 보여주지 않을 수 없다. 그래서 나는 다시 그의 세 인물들에게로 되돌아온다.

고왕만은 경북 금릉군의 가난한 농사꾼의 아들로 태어났으나, "물론 그의 의사에 의해서"가 아니라, 전쟁의 추이에 의해, 어쩔 수없이 전쟁에 끼어들게 된다. 그는 여러 우여곡절을 거쳐 미군 부대에 들어가게 되었고 휴전 후에는 한국군으로 편입된다. 그는 "지렁이가 기어간 듯한 파편 맞은 상처가 여름 내내 진물을 내고 곪고 있는" 넓적다리를 핑계로 후송되었다, 명예 제대를 한다. 그는 병원에서 알게 된 최만택 덕분에 정양원에 들어가게 된다. 그는 처음에는 공부를 해볼까 하다가 포기하고 정양원 상이군인 폭력배의 일원으로 자리잡는다. 그는 야당 인사를 암살하라는 지령을 받지만 실행하지 않는다. 이렇게 간력하게 요약하면, 그의 삶은 전형적인 폭력배의 그것으로 축소되지만, 실제의 그의 삶은, "한반도가 왜 이런 고통을 겪지 않으면 안 되었는가"를 규명하고 한반도에서 어떻게 살아야 삶다운 삶을 살 수 있는 것인가를 찾아내려는 방황하는 삶이다. 그는 방황하지만, 그의 방황은 목표 없는 방황이 아니라 목표 있는 방황이다. 그가 방황의 삶에서 찾아낸 첫번째 앎은 힘의 정직성이다.

"그러니까 네 이야기는…… 주먹으로 삶을 재어보는 아이들에게는 힘의 정직성으로 사는 것이고, 꾀로 세상을 측정하는 아이들은 인간에 대한 이해심이 얼마나 넓으냐, 그 넓음으로 사는 것이다, 이런 말이지?"
"네, 그래요."
"그래 너는 주먹과 꾀를 겸비하고 싶은 욕심을 가졌다는 거냐?"
최만택은 진지하게 물었다.
"아닙니다."
"아니라면."
"저는 그래도 주먹의 정직성을 믿고 싶습니다."

주먹은 꾀가 아니며, 속임수가 아니다. 힘은 센 자가 이기게 되어 있는 정직한 자산이다. 그러나 그는 힘은 정직하지만, 힘의 행사는 정황에 따라 정직하게 판단되기도 하고 거짓으로 판단되기도 한다는 것을 아직 깨닫지 못한다. 그 깨달음은 힘을 역사 속에서 바라보게 될 때 얻어진다. 그는 암살 지령을 받고, 그 명령에 따를 생각이었지만, 그 암살이 역사적으로 어떤 의미를 갖는가를 알게 될 때, 그것을 거부한다. 힘은 정직하지만, 그것의 행사는 정직하지만은 않다. "그는 자신의 모습을 똑똑히 보았다. 암살 지령을 받은 하수자, 그리고 그런 하수자로서 역사에 참여하게 되어 있을 자신의 모습을 보았다. 그리고 그런 자신의 모습을 통하여 그는 그 역사를 보았다. 그리고 그는 깨달았다. 안 돼, 안 돼, 이건 아니야, 결코 이건 아니야. 그의 마음속에서 아니야 소리가 퍼져나가고 있는 순간에 그는 여태까지의 자신을 버렸다." 자신을 버린 이후에야, 그는 "그가 살아가야 할 삶을 이해하고 그가 살아가야 할 세상을 이해하기 위해서는 보다 깊은 통찰이 필요"함을 깨닫는다. 힘의 정직성을 믿는 고왕만은 성찰의 중요성을 이해하는 고왕만으로 바뀐다.

고왕만의 삶은 즉물적인 삶과 싸우기 위해서는 힘의 즉물성에 의지할 수밖에 없다고 믿은 행동주의자의 삶이다. 그 행동주의는 순결한 힘의 행사를 믿는 행동주의가 아니라, 지배 계급에 기생하여 피지배 계급을 억누르고, 반지배 계급을 치는 행동주의이다. 그것은 가장 나쁜 형태의 행동주의이다. 그 행동주의가 갖는 최소한도의 덕목은 동료간의 의리, 친구간의 우정 정도이다. 그 행동주의의 추악한 면모는 역사 속에서 객관화된다. 행동주의자 고왕만은 그때 성찰을 중요시하는 인문주의자가 된다. 그 인문주의자가 살게 될 삶은 어떤 삶일까?

김치삼은 황해도 벽성군에서 태어났는데, 고등학교 일학년 때 교원양성소에 차출되었다가, 구월산 부대원인 형을 따라 월남한다. 그는 구월산에서 고왕만을 만나 친구가 된다. 그는 휴전 후 고향 친지의 소개로 고아원에 들어간다(그 고아원의 원장은 정치 테러 단체의 행동 대원이었다). 그 고아원장의 형님이 경영하는 고등학교에 그는 장지황과 함께 편입한다. 그는 출판업을 하는 매형을 만나 그의 일을 거든다. 그의 삶은 간략하게 요약해도 그 성격이 비교적 뚜렷하게 드러난다. 그는 사회주의 교육을 어느 정도 받은 뒤에 자본주의 교육을 받게 되며, 그 문화적 접변은 그의 사유에 큰 영향을 미친다. 정치적·경제적·사회적·문화적으로 거의 완전히 뿌리가 뽑힌──그는 고아원에서 기식하고 있다──그는, 남한에서 뿌리를 내려가며 그 나름의 여러 뜻깊은 체험을 한다. "자유라는 것을 어떻게 납득을 하고 어떻게 익혀야 될지 한참 어리둥절"한 상태에서, 자유라는 것이 "어느 쪽을 선택하든 엿장수 마음"이라는 것을 아는 상태에 이르면서, 그는 서울 중산층 가정의 "그럴 수 없이 영악스러"우면서도 "허술하기 짝이 없는 생활 표정"도 알게 되고, "세상 사회의 사람들 사이에서 벌어지는 일들이란 무슨 커다란 원인이나 의견 차이에서 갈등이 벌어지는 게 아니라 아주 사소하고 치사한 마음씀씀이 때문에 별의별 희비극이 연출된다는 것을 엿봐 깨단"기도 한다. 그러나 남한에서 그가 안 중요한 교훈 중의 하나는 "무엇이 잘못돼 있는가를 알기 위해서는 열심히 겪어둘 필요가 있"다는 체험주의이다.

겪어볼 것은 모두 겪어보자. 인간에 대한 이해를 넓히기 위해서, 사회의 복잡 미묘한 구성 요소를 파악하기 위해서, 이왕이면 잘살기 위해서, 훌륭한 사람이 되기 위해서…… 그 모든 것이 그가 해내기에 달려 있는 것이었다.

그가 겪게 될 체험은 삶의 체험과 책 체험을 포괄하고 있으며, 그것은 논리가 없는 시대에서의 체험이므로 절망적인 것에 가까운 체험이다. 그 체험을 통해, 일반인들에게는 지적인 갈구가 없는 것 같다는 인식이 얻어지기도 하지만, "그러한 속에서 무엇인가가 부글부글 끓고" 있다는 인식이 얻어지기도 한다. 그 부글부글 끓고 있던 무엇인가가 드디어 터져나온 것이 4·19이겠는데, 김치삼의 경우 그러한 인식의 모습은 보이지 않는다. 그 체험에서 주목할 만한 것은 더 잘살고, 훌륭한 사람이 되어야 한다는 선민 의식이다. 김치삼은 "지적인 것에 대한 갈구는 마치 음식이나 마실 것에 대한 갈증처럼 기본적이고 본능적"이리라 생각하지만, 그 생각 자체가 바로 선민 의식의 무의식적인 표현이다. 김치삼의 체험주의는 모든 것은 다 겪어보자는 비선택적 체험주의이며, 그 체험주의의 목표는 자신의 더 나은 삶이다. 그것은 개체라는 회로에 갇혀 있는 체험주의이며, 자기 의식의 한계내에서의 체험주의이다. 그 한계에도 불구하고, 그의 체험주의가 갖는 의미는, 사람의 삶에는 주어진 목표가 없다는, 그의 행위의 합이 그의 삶이라는 다원주의의 가능성에 대한 믿음이다. 그 믿음이 관용을 낳는 원천이다.

장지황은 50년대 소설에서 익히 본 듯한 인물이다. 그는 장씨 집안의 종손으로 그의 아버지는 휴전 후 일본으로 밀항해버렸으며, 그의 작은할아버지가 그를 키우고 있다. 그는 일류 고등학교를 다니다가 그곳의 상류 사회풍이 지겨워 스스로 자퇴 비슷하게 학교를 그만두나, 작은할아버지의 권고로 다시 사립학교에 다니게 된다. 그는 거기에서 김치삼·고왕만을 만난다. 그는 시나 소설을 쓰며 학교 대신 명동을 드나들 다가 연상의 여인과 연애 비슷한 것을 하다 그만둔다. 그는 서울내기답게 여러 문제에 대해 그 나름의 조숙한 의견을 갖고 있다. 우선 학교에 대한 그의 생각: "무엇보다 큰 문제는…… 학교를 장삿속으로 운영하려는 자들이 적지 않다는 데 있다구. 그런 학교에서 과연 무엇을 배울 수 있을 것 같애? 그런데두 지금 서울 바닥 도처에 생겨나고 있는 게 학교들뿐이거든. 왜 그런 줄 알아? 학생이 되고파 하는 너희들 같은 건달들의 숫자가 많으니까 그렇지 뭐. 전투가 중지돼 휴전이 됐다 하니까 당장 하릴없는 청소년의 숫자가 굉장히 늘어났단 말야. 수요가 있는 곳에 공급이 있다는 경제 원칙 같은 게 작용되고 있달까, 뭐 그런 거겠지. 더구나 대학은 더 심하고…… 징집 연기를 받게 혜택이 베풀어져 있으니까 젊은것들이 꾸역꾸역 한반도 전체에서 서울로 몰려들고 있는 거거든." 그 다음 민주주의에 대해 "우리의 정치 사회 발전 과정은 없이 그 서양사의 체험을 갖고 한반도를 설명하는 것은 어쨌든 어떤 한계가 있는 게"아니냐는 김치삼의 질문에 대한 그의 대답: "아니지, 좀 더 명확하게 말하자면 서양사의 체험을 갖고 한반도를 설명하는 게 아니라…… 그 정치 제도를 설명해서 우리를 거기에 예속시키는 식의 단계 아닐까. 결국 한반도는 한반도의 체험을 갖고 설명될 수밖에 없을 테니까." 그 다음 식민지 시대에 서울의 발전을 과도하게 선전한 것에 대한 그의 의견: "일종의 우중화 정책으로 서울에 대해 묘한 환상을 갖도록 조작을 했다는 거지. 조선 왕조 시대에는 왕조 나름으로 중앙 집권 체제를 강화하기 위해서 그랬구, 특히나 왜놈들은 이 도시를 자기네들의 한반도 식민 정치의 거점으로 삼아 농촌을 수탈하기 위해 그런 선전책을 폈다는 이야기지." 또 그가 꿈꾸는 유토피아의 조건: "통일과 평화. 그 두 가지가 우리의 유토피아의 제일의적인 조건이 되겠지." 그의 의견들의 상당수는 매우 경청할 만한 것들이다. 그의 의견들은, 그가 김치삼과 마찬가지로 체험하고 얻어낸 것들이어서, 고뇌의 흔적이 배어 있으며, 그것 때문에 그 성실성을 인정받을 수 있다. 그는 고등학생으로서는 비교적 폭넓게 세계를 이해하고 있다. 그가 이해한 세계는 "소외가 전반적인 현상"이 된 세계이며——거기에서 그가 책임질 것은 하나도 없었다!——그가 이해한, 민주주의의 기본인 자유는, 이승만에 의해 "반공의 무기로서(또한 자신의 정권 장악과 그 위치를 위한 간판으로)"

이용당한, "자유당식 자유, 터부 사항에 놓인" 특정인의 소유물이다. 그는 자유당식 자유가 지배하는 세계에서 소외되어 있는 한심한 존재이다. 그는 그러나 "혁명적인 언어로서 자유를 예리하게 느끼"지를 못하고, 터부화된 자유에 질질 끌려다닌다. 그의 소외는 자유 때문에 자유가 증발해버린 세계에 사는 사람의 소외이지만, 50년대엔 그것을 예리하게 느끼진 못한다. 그것을 느끼지 못했기 때문에, 그의 실존은 "자기 존재의 잘못되어 있음을 외롭고 괴롭게 자기가 확인하는 아픔"으로 축소되는데, 그 아픔의 절실한 표현이 50년대식 명동 연애 사건이다. 그의 연애야말로 그의 아픔 표현의 한 전형이었던 것이다.

장지황의 삶은 실존주의자의 삶에 가깝다. 자기 실존의 의미를 자기의 아픔에서 찾는다는 점에서 그렇다. 그는 그의 아픔을 표현하기 위해 시를 쓰고 소설을 쓴다. 그 문화적 활동만이 그를 허무와 절망에서 구해줄 수 있으리라고 그는 믿고 있다. "이 불확실한 세상에 있어서는 그런 것들〔문학이나 예술〕이야말로 그래도 확실한 것이 아니겠습니까?" 장지황이 뒤에 어떤 작품을 썼는가를 우리는 구체적으로 알지 못한다. 그러나 한 가지 확실한 것은, 그가 60년대에 들어와서도 글을 쓰게 되었다면, 박태순 자신이 그러했듯, 자유와 실천이 결합되어 나타났던 4·19의 체험에서 그도 자유로울 수는 없으리라는 것이다.

박태순이 『젊은 시절』에서 그린 세 인물은 50년대의 전반부를 산 주변인의 세 전형이다. 저마다 행동주의·체험주의·문화주의의 전형적 모습을 보여주는 그 세 인물들은, 저마다 다 개방성을 그 장점으로 갖고 있어, 자기의 의식의 단순 회로에 갇히지 않고, 서로를 통해 자기의식을 확대한다. 그 자기 확대를 가능케 한 것은 저마다의 가슴에 들어 있던 유토피아에의 꿈이다. "내 속에 준비되어 있는" 유토피아가 세상을 받아들이고, 세상을 더욱 폭넓게 이해하게 한다.

그의 인물들의 개방성에 대응하고 있는 것이 그의 소설의 개방성이다. 그는 미국 단편소설 이론가들이 만들어놓은 닫힌 소설 미학에 반발하여, 소설이 소설 원래의 모습, 무엇이든지 받아들여 소화시키는 라블레의 소설이나 판소리 같은 자유스러운 모습으로 해방되기를 바란다. 그의 그런 바람을 그는 매우 격정적인 목소리로 내뱉고 있다: "내 초조한 느낌은 다음과 같은 것입니다. 소설은 예술이다라는 것을 너무 강

닫힌 소설 미학을 뛰어넘어: 박태순 179

조한 나머지 우리는 도리어 소설 미학 자체의 영역을 축소시키고 그 결과 소설을 격하시키며 왜소하게 만들어놓지 않았는가 하는 것입니다. 어폐가 있는 말인지 모르겠으나 나는 소설을 해방시키고 싶습니다. 문학이란 도대체 무엇이란 말인가, 문학은 우리 정신사의 맨 밑바닥 개울에 놓여서 모든 문화의 형태가 이쪽으로 흘러들어오도록 해야 되는 게 아닌가 말입니다."박태순은 매우 격하게 그의 주장을 토로하고 있으나, 그런 주장을 펼친 것은 그가 처음이 아니고, 세르반테스 이후 뛰어난 소설가들은 거의 다 주장하고 나온 선언이다. 그러나 그의 그 주장은 그 자신과 관련하여 주목할 만한 중요한 의미를 두 가지 갖고 있다. 그 하나는 그가 플로베르, 모파상, 포우, 체홉 등의 소설에 의거하여 갇힌 소설 미학을 세운 미국 소설 이론에서 어느 정도는 그 선언으로 자유로워졌다는 것이고, 또 하나는 그의 소설의 특색이라고 할 수 있는 미완의 구조가 그 선언으로 미학적 의미를 부여받을 수 있다는 것이다. 좋은 소설은 새로운 문화적 사실들을 받아들이기 위해 낡은 틀을 과감하게 부수는 소설이다. 그런 관점에서 보면, 이 소설의 서두 역시 낡은 틀의 파괴 작업처럼 보인다. 보라, "이 소설을 시작하면서 미리 밝혀두어야 할 것들이 있다. 아니, 차라리 작가는 먼저 이렇게 말해두고 싶다. 지금부터 소설을 시작한다라고"라는 서두는 얼마나 서두답지 않은가. 그러나 그런 서두답지 않은 서두도 쉽게 볼 수 있는 것은 아니라는 데 소설 해방의 어려움은 감춰져 있다. 박태순에게 지워진 짐은 결코 가볍지가 않다.

증오와 폭력
―― 만인 대 일인의 싸움에 대하여

특이하고 기괴한 사실들은 사람들을 놀라게 하고 당황하게 한다. 그러나 특이하고 기괴한 것들만이 사람들을 놀라게 하고 당황하게 하는 것은 아니다. 때로는 일상적이고 자명한 것들이 특이하고 기괴한 것보다 훨씬 더 강렬하게 사람들을 놀라게 하고 당황하게 한다. 얼굴이 못생긴 사람 앞에서 넌 얼굴이 못생겼어라고 말하는 것이나, 독재자 앞에서 넌 독재자라고 말하는 것보다 사람을 더 놀라고 당황하게 만드는 일이 또 있을까? 일상적이고 자명한 것들은, 그것이 너무 일상적이고 자명한 것이기 때문에, 그것에 대해 언급하는 것까지를 이상하게 만든다. 그런 자명하고 일상적인 인간학적 사실 중의 하나를 나는 이 글에서 새삼스럽게 분석해보려 한다. 그 인간학적 사실이 사실은 얼마나 일상적이고 자명한 것인가를 보여주기 위해서이다. 그래서 그 결과로 약간의 놀라움이나 당황을 일으킬 수 있기를 나는 바란다. 내가 분석하려고 하는 그 인간학적 사실은, 어느 집단에서나 흔하게 목격할 수 있는, 모든 사람의 증오가 한 사람에게 무의식적으로 집중되는 현상이다. 정치에서 두드러진 그 현상을 뭐라고 명명할 수 있을 것인가에 대해 나는 오래 생각해봤으나 좋은 용어를 발견하지 못했는데, 잠정적으로 나는 그 현상을 만인 대 일인의 싸움이라고 명명하고자 한다. 내가 그 현상을 분석하는 데 이용하고자 하는 자료는, 내가 문학비평가이기 때문에, 당연히 문학 텍스트이다. 이 글은 그러니까 두 개의 문학 텍스트에서 만인 대 일인의 싸움이라는 주제를 찾아내 제시하는 주제 비평적 성격을 띤다.

내가 분석하려는 첫번째 문학 텍스트는 안정효의 『갈쌈』(책세상, 1986)이다. 이 소설은 지금까지 별다른 관심을 끌지 못하고 있으나, 내 생각으로는, 주목할 만한 전언을 담고 있다. 우선, 이 소설의 제목인 갈쌈은 가을쌈의 준말이다. "이제 그는 아이들을 다시 만날 수가 없을 것이고, 월성의 아이들과의 갈쌈도 다시는 못 하리라. 가을마다 들판에서 패를 지어 함성을 지르며 두 마을 아이들이 벌이던 그 싸움을 생각하며 만식이는 갑자기 억지로 어른이 된 듯한 기분이, 웬일인지 무섭고 섬뜩한 기분이 들었다. 그렇다. 동네 아이들이 가을마다 벌이던 싸움, 그 전쟁 장난은 이제 어른들의 진짜 전쟁이 마을로 찾아오는 바람에 뿔뿔이 흩어진 아이들과 더불어 피난길에 오르고 말았다. 계절도 가리지 않고, 추수가 끝난 한가한 가을을 기다리지도 않고, 어른들의 갈쌈은 한없이 계속되었다"(pp. 306~07)라는 대목을 보면, 갈쌈이란 아이들이 추수가 끝난 뒤 벌이는 전쟁놀이를 지칭하는 말이며, 그 본디말은 가을쌈(p. 222)이다. 그것은 놀이로서의 싸움을 뜻하나, 점점 갈등에서 생겨나는 싸움으로 그 의미를 바꾼다. 이 소설의 갈쌈은, 아이들의 가을쌈이 어른들의 가을쌈으로 변모되어가는 과정을 아우르고 있어, 아이들의 가을쌈, 어른들의 가을쌈, 그 변모라는 삼중의 의미를 띠고 있다.

이 소설의 무대는 "춘천 읍내와의 사이에 소양강과 북한강을 끼고"(p. 12) 있는 금산리인데, "세월이 멈춘 고장"(p. 14)이라고 할 수 있을 정도로, 마을을 떠나는 사람도 없고, 밖에서 들어오는 사람도 없는 곳이다. 그곳에 사는 사람들 대부분은 읍내 구경 정도가 세상 구경의 전부인 사람들이다. 그들은 "정신없이 달라지는 바깥 세상의 변화에 슬금하게 익숙해지지 못"(p. 15)다. 그들에게 있어, 역사적 사건은 표피적이고 일시적인 것이며, 중요한 것은 변함없는 "앞뒷산과 하늘과 콩밭과 참새떼와 미루나무와 개울"(p. 15)이다. 역사적인 것은 그들의 의식에 깊은 인각을 남기지 않는다. 그들은 그들의 세계 속에 갇혀 있다. 그들의 세계는 역사적 세계가 아니라 자연적 세계이다. 이 소설은, 그 자연적 세계가 시간과 부딪혀 역사적 세계, 외래인들이 등장하는 갈등의 세계로 변화하는 과정을 묘사하고 있다. 그 마을을 역사적 세계로 만드는 사건이 육이오이다. 육이오는 해방보다 더한 역사적 사건이다.

이 소설의 등장인물 중에서 주목해야 되는 인물은 만식과 그의 엄마(언례)이다. 이 소설은 만식의 가을쌈과 만식 엄마의 그것의 교직이다. 그 둘의 가을쌈은, 자신들의 잘못이 하나도 없는데도, 마을 사람들에게서 서서히 고립되어가는 사람들의 가을쌈이다. 그 가을쌈은 그 소외와 고립에서 벗어나려는 싸움이지만, 그 싸움은 성공할 수 없게 되어 있는 싸움이다.
 만식의 가을쌈과 만식 엄마의 가을쌈 중에서 보다 단순한 것은 만식의 가을쌈이다. 만식의 가을쌈은 엄마 때문에 야기된 가을쌈이기 때문이다. 만식의 가을쌈은,
 1) 엄마 때문에 만식은 고립된다;
 2) 엄마 때문에 만식은 아이들과 싸운다;
 3) 손가락 둘을 잃는다
라는 핵단위들로 요약될 수 있다. 엄마가 백인·흑인 두 명의 외국군에게 능욕당한 뒤에, 만식은 엄마와 함께 집안에 고립된다. 아이들은 그와 놀아주지 않는다. 엄마가 양공주가 된 뒤, 엄마 동료의 정사 장면을 골목대장에게만 보게 해주는 대가로 아이들과 놀게 된 뒤에도 고립감은 해소되지 않는다. 그는 자기가 하지 않은 짓 때문에 따돌림을 당한다. 그 따돌림을 그는 당연한 것으로 받아들인다.

 "너도 내일 같이 가자."
 만식이는 마음이 솔깃했지만, 잠깐 생각해보니 그것은 어림도 없는 일이었다.
 "아냐, 난 안 갈래."(pp. 163~64)

 그와 가장 가까웠던 친구의 제안에 그는 스스로 안 가야 된다고 판단한다. 그는 그래서는 안 될 아이이다. 고립은 외부에서도 오고, 내부에서도 온다. 그 고립은, 골목대장이 약속을 어기자 격렬한 분노로 변모하고, 그것은 폭력을 낳는다. 그의 폭력은 그러나 남을 상하게 하는 것이 아니라 자신을 상하게 한다. 만식의 가을쌈은 만식 엄마의 가을쌈의 징후이다. 만식 엄마의 가을쌈은 만식의 그것보다 훨씬 더 강렬하고 격렬하다.
 만식 엄마의 가을쌈은,
 1) 두 명의 외래인에게 능욕을 당한다;
 2) 마을 사람들에게서 고립된다;
 3) 먹고 살기 위해 양공주가 된다;
 4) 마을 사람들은 그녀를 내쫓으려 한다

라는 핵단위로 요약될 수 있다. 그녀의 가을쌈의 핵단위들은 그녀의 가을쌈이 재난―고립―추방이라는 설화적 기능을 갖고 있음을 보여준다.

우선, 외래인이라는 설화적 요소: 언례는 외래인에게 능욕당한다. 그러나 엄격한 의미에서 보자면 그녀 자신이 외래인이다. 그녀의 부모는 "본디 삼악산 비탈에서 절 땅을 붙여먹고"(p. 117) 산 사람들이다. 그녀의 아버지가 어느 보살과 정분이 나 집을 나가버린 뒤, 그녀의 어머니는 절을 떠나 산밑에 내려와 산다. 그 산 기슭의 땅주인이 금산리의 황부자이다. 그런 의미에서는 그녀 역시 금산리 토박이가 아니라 외래인이다. 그녀의 집은 "나루터에서 금산리로 들어서서 첫 집이요, 밤나무가 우뚝하여 찾기가 무척 쉬운"(p. 31) 집이다. 그녀의 집은 마을과 외지의 경계선에 있다. 더구나 이대째 과부인 그녀의 집에 우뚝 솟아 있는 밤나무(밤꽃 냄새)의 상징성! 토박이와 외래인의 경계에 있는 언례가 외래인의 통로가 되는 것은 당연하다. 금산리에 처음 나타난 외래인은 "해괴한 모양새"(p. 61)를 하고 있다. 눈에는 무슨 파란 칠을 하고 있으며, 코는 무시무시하게 크다(p. 53). 모든 설화에서 그러하듯 외래인은 우선 해괴하다. 그 해괴한 자들이 언례를 밤에 능욕한다. 능욕은 비합법적인 성행위이다. 외래인의 언례 능욕은 그들 행위의 비합법성을 강조한다. 그들은 해서는 안 될 짓을 한 것이다. 그들의 잘못된 행위―재난은 언례를 기절하게 한다. "만식 엄마는 축축한 혓바닥이 얼굴을 핥아대고, 아랫도리에 물컹한 것이 닿는 감촉을 느끼는 순간에 정신을 잃었다"(p. 68). 외래인은 외래인과 토박이의 경계에 있는 사람까지 정신을 잃게 만든다. 외래인은 밤에 짝지어 나타나(흑/백) 관습에 어긋나는 짓을 하는 나쁜 사람들이다. 그들은 마을 사람을 공포에 사로잡히게 한다. 외래인은 "못된 것"(p. 63)들이다. 다시 말해 나쁜 것은 바깥에 있다. 안에는 나쁜 것이 없다.

그 다음, 고립이라는 설화적 요소: 언례는 고립된다. 마을에서 유일하게 피해를 입은 사람이 피해받지 아니한 사람들에게서 고립된다. 고립되는 이유는, 황노인의 첫 반응에 나타나 있듯, 불결하다는 것이다(p. 75). 그녀는 외래인과 접촉한 사람이기 때문에 불결하다. 그 불결함은 언례가 능욕당한 사실에 적용되어야 할 말이 아니라, 외래인과의 접촉을 음탕하게 상상하는 마을 사람들의 마음에 적용되어야 할 말이지만, 마을 사람들은 언례를 불결해함으로써 자신들의 불결함을 감춘다.

그들의 욕망의 불결함은 언례에게 투사되어 언례의 불결함은 그 깊이를 더해간다. 따져보면, 언례가 능욕을 당했다는 사실은 동정받아야 할 일이지 비난받아야 할 일이 아니다. 그러나 마을 사람들 생각으로는, 언례는 토박이들과 다른 경험을 갖고 있다. 자기들이 당할지도 모를 경험을 그녀는 미리 겪었다. 그녀는 그러니 불결하다. 그녀의 접촉을 불결하게 보려는 마음의 움직임은 동정심을 점점 잃어버린다. "사공이 월성리 사람들에게 전한 얘기는 그 동안 시간이 흐름에 따라 '만식이 엄마가 불쌍하지'라는 동정적 내용보다 '헌데 그때 방안에서 벌어진 일이 말일세' 하는 쪽의 내용이 점점 더 불어나고 강조된 그런 것이었다" (p. 78). 그녀의 능욕이 서서히 의미를 달리하게 되면서부터, 세상 역시 달라지게 된다. 능욕당한 사람은 고립되고, 만식이나 만식 엄마와 눈을 마주친 사람들은 그쪽이 당황해(p. 81) 눈을 돌린다. 단순히, 자신들의 마음속 상상의 음탕성 때문일까? 피해를 받은 여자는 언례인데, 그 언례의 피해에서 도피하기 위해서는 그 피해의 의미보다는 정사의 양상에 관심을 보일 수밖에 없다. 그 양상에 집착하는 한, 그녀의 피해에서 도피할 수 있다. 마을 사람 중의 한 여자가 외래인에게 피해를 당했다; 그녀를 위로하고 도와줘야 한다. 그 당위에서 벗어나려면, 그녀는 불결하다고 상상하는 것으로 족하다. 그녀는 불결하니까——그녀는 당했으니까가 아니다——옛날 같았으면 "양잿물을 먹고 목숨을 스스로 끊었으리라"(p. 85). 그 마음의 움직임은, 그녀는 피해를 당했다; 우리는 도와주고 싶지 않다; 그녀가 자살하면 해결되니까라는 마음의 움직임이며, 그것은 그녀는 불결하다라는 간교한 논리로 나타난다. 그 간교한 이성의 논리는 언례의 피해를 해석하는 황노인의 논리 속에 간결하게 요약되어 있다(pp. 82~83): "언례 전에는 이 마을에서 겁탈을 당한 여자가 아무도 없었다. 해방 직전 읍내에서 드나들던 방물장수와 유과수댁의 젊은 딸이 개울가 수양버들 밑에서 밤에 희롱하다 붙잡혔을 때처럼 차라리 간음을 했다면야 심한 벌을 주고 마을에서 쫓아내어 쉽게 해결이 나고 훌훌 털어버릴 수가 있었다. 하지만 언례는 따지고 보면 벌을 받을 만한 짓을 하나도 저지르지 않았고, 오히려 피해를 받은 여자였다. 그렇다고 해서 어젯밤에 마을로 와서 죄를 저지른 뺑코들을 잡아다 벌을 줄 만한 처지도 아니었다. 도대체 어디서 온 어느 나라 군인인지도 모르겠고, 말도 통하지 않는 그들을 어떻게 잡아온다는 말인가. 혹시 그 두 사람을 찾아낸다고 해도 잡아서 벌을 주기는 쉽지 않을 터였다./ 그렇다고 해서 황노인은 언례를 위로하기 위해 불쑥 찾아가기도 난처한 입장이었다. 사정이야 어떠했든 노인은 이 모든 일이 불결하고, 따라서 언례도 갑자기 불결해졌다는 생각이 앞섰다. 아무리 꼼짝도 못하고 당한 처지라고는 해도, 도대체 그럴 수가…… 옛날 같았으면 여자가 양잿물을 먹고 목숨을 스스로 끊었으리라." 황노인의 사유 중에서 제일 핵심적인 곳은 사정이야 어찌 되었건이라는 곳이다. 사정이야 어떠했든 그녀는 불결하다; 그러니 나는 그녀를 위로할 필요가 없다. 그 잔인하고 교활한 논리는 곧 마을 사람들에게 전염되어, 아니 차라리 거의 동시에 마을 사람들 전부가 그런 생각에 사로잡혀, 그녀를 멀리한다. 그녀는 고립된다. 만식은 그 이유를 모르지만, 만식 엄마는 그 이유를 짐작한다. 그녀는 그럴 만한 일을 저질렀다고 생각한다. 그녀 자신도 그녀를 불결하게 생각한다. 만식과 만식 엄마의 대화는 그런 의미에서 매우 중요한 전언을 담고 있다.

"엄마."
"왜?"
"어째서 사람들이 아무도 찾아오지 않나요?" 만식이가 다시 물었다.
"무엇하러 온단 말이냐?"
"글쎄요…… 있잖아요. 어쨌든 온 마을 사람들이 우리집에 발을 딱 끊었다는 게 이상해요. 엄마에게 그런 일이 있던 다음날부터 모두들 한꺼번에요."
언례가 벽을 향해 몸을 돌렸다.
"내 말에 엄마 속상했어요?"
"아니다." 언례가 기운 없이 말했다.
"그렇게 모두들 변하다니 이상하잖아요."
"너도 이해를 하게 될 거다. 나중에."
"뭘 이해해요. 난 아무리 생각해도 모르겠어요. 동네 사람들이 우릴 미워하는 건가요?"
"그건 아니겠지." (pp. 95~96)

만식은 아무리 생각해도 이해를 할 수 없지만, 언례는 이미 이해하고 있다. 그 고립이 미움이 아니라는 것까지 그녀는 알고 있다. 그녀는 본능적으로 그녀가 겪은 피해를 우리는 겪고 싶지 않다라는 마음의 움직임이 그녀를 고립시키고 있음을 깨닫고 있다. 마을 사람들은 그녀를 고립시킴으로써, 그녀가 겪은 피해라는 전염병에서 자신들을 지키려 한다. 그것은 미움이 아니다. 그것은 차라리 자기 보호 본능과 같다. 그녀는 마을 사람들이 그녀의 피해에서 도망가기 위해, 그녀의 피해를 안 보기 위해 그녀를 고립시키는 것이라는 것을 직감으로 깨닫고 있다. 만인은 자신들도 피해를 입을까봐 한 사람을 격리시키고, 그의 피해를 그의 결함으로 변모시킨다. 그 과정에서 특이한 것은, 피해받은 사람까지도 결국은 자신의 피해를 자기의 성격적·신체적 결함으로 받아들이고 만다는 사실이다. 그는 자신의 피해를 보상받기 위해 싸우는 것이 아니라, 그것을 자신의 결함으로 인정하고 자신을 파멸시키는 데 스스로 동의한다. 자신을 파멸시키지 않으려면, 싸우거나 떠나야 한다. 그러나 그는 싸우지도 않고 떠나지도 않는다. 과연, 언례는 항의하지도 않고 떠나지도 않는다. "언례로서는 이 고장을 떠난다는 가능성은 지금까지 전혀 생각조차 해본 적이 없었다. 이곳을 떠난다면——이곳을 떠나 다른 곳으로 간다면——그랬다가는 뿌리가 뽑힌 나무처럼 당장 죽을 것만 같은 그런 기분이 들었다"(p. 111).

그 다음, 양공주라는 설화적 요소: 언례는 고립되어 버림받은 자신을 더러운 벌레로(p. 114) 느낀다. 그녀는 더러워 따돌림을 당하는 여자(p. 150)이다. 그녀는 아무도 자기에게 일거리를 주지 않기 때문에 먹고 살기 위해 양공주가 된다. 누구나 그녀에게 점잖은 일을 하고 살라고 권하지만 아무도 그녀에게 일을 주지 않는다. 격리는 철저하다(p. 213). 그녀가 양공주가 되게 된 것은 증오심 때문이며, 양공주가 된 뒤에는 만인에 대해 미움을 느낀다. "왜 그런지는 몰랐어도, 어쨌든 그녀는 분노했고, 분명한 대상도 없이 터지기 시작한 증오가 빗방울처럼 맺혀 분노로 영글었다"(p. 150). "언례는 그들이 미웠다. 언례는 뺑코도 미웠고, 마을 사람들도 미웠고, 낙서를 한 아이도 미웠고, 모두 미웠다"(p. 178). 시간이 경과하면서, 증오와 미움은 점점 마을 사람들을 향해 결정되고, 그녀는 점점 외래화된다. 외래인은 이미 나쁜 것이 아니라 그녀와 비슷한 것이 된다. "여러 번 만나 발가벗고 같이 시간을 보내는 일이 거듭되니까 어느덧 언례도 뭉툭코나 뺑코나 외국 군인이라는 생각이 점점 흐려지고 두려움이나 경계심이 없어졌으며, 그래선지 그때 금요일 밤에는 웬일인지 언례도 흥분하여 몸이 달아오른 상태였고……"(p. 193). 언례는 점점 외래인에 가까워진다. 외래인은 이미 능욕자가 아니며, 그녀에게 즐거움까지 주는 동류이다. 나쁜 것은 점점 중성적인 것이 되며, 그 해악적 성격을 잃어간다. 그와 동시에 만인의 일인에 대한 박해는 더욱 가중되어, 격리는 추방 시도로 격화된다. 언례는 피해자가 아니라 외래인의 매개자이며 전파자이다. 외래의 것은 언례를 통해 구체적으로 토박이들에게 모습을 드러낸다. 박해는 이미 외래인에게서 오지 않고 토박이들에게서 온다. 토박이들의 추방 시도에 대한 언례의 항변은 이렇다: "전 이 마을 사람들에게 진이 빠졌어요. 저 사람들은 나를 비웃고 더러운 잡년 취급을 했습니다. 저를 똥처럼 취급을 했죠. 마치 제가 무슨 악마이기라도 한 것처럼 말입니다. 하지만 진짜 악마들은 누구인가요? 좋아요 다 좋습니다. 마음대로 저를 경멸하고 비웃으라고요. 하지만 저더러 이래라저래라 간섭은 말아요. 뻥코들이 저한테 그랬던 것은 제가 원해서 그런 일이 아니고, 여러 마을 사람들 가운데 하필이면 내가, 우연히 내가 걸려들었을 뿐입니다. 제가 아니었다면 누군가 다른 여자가 당했겠죠. 그런데도 사람들은 마치 제가 태어날 때부터 무슨 더러운 버러지였던 것처럼 취급했어요. 당신들은 그것이 어쩌다 나에게 일어난 단순히 불운한 사고였다고는 믿고 싶지 않았고, 마치 내가 간음이라도 한 것처럼 생각하고 싶어했어요. 그런 일이 생기고 난 다음에 이 알량한 마을의 여러분들 가운데 누구 한 사람이라도 날 찾아와 빈말이나마 안되었다고, 뭐 쌀 한톨이라도 도움이 필요하냐고 위로의 말을 했던 사람이 있나요? 나를 동정해서 그 악몽으로부터 벗어나도록 조금이라도 도와주고 싶어한 사람이 있었느냐 말예요. 어쨌든 그것도 다 괜찮아요. 난 당신들을 탓하지 않겠어요. 그럴 만한 이유도 없고, 그럴 생각도 없으니까요. 하지만 당신들이 나를 냉대하고 멸시했기 때문에 어쩔 수 없어서, 먹고 살길이 없어서 취한 행동을 놓고 나를 욕하지는 말아요. 그리고 나더러 떠나라는 소리도 하지 말고요. 난 죽을 때까지 이곳에 남아서, 이 마을 사람들을 두고두고 미워할 결심을 했어요" (pp. 214~15). 지나치게 조리정연하다는 험을 갖고 있지 않은 것은 아니지만, 언례의 항변은 힘있고 당당하다. 그것은 만인 대 일인의 싸움을 수락한다는 선언에 가깝다. 나는 피해자이지 가해자가 아니다; 나를 가해자로 만든 당신들을 나는 미워한다라는 언례의 항변에 대한 마을 사람들의 대항 무기는 무언의 비난이다. 그 집단적 폭력은 한 개인의 조리 있는 항변을 철저하게 무시한다.

　언례의 가을쌈은, 설화적으로 보면, 외래인의 자질을 갖고 있는 한 인물이 외래인의 도래 때문에 토박이들의 비난·증오의 대상이 되어 만인과의 싸움을 벌인다는 오래된 이야기의 변형이며, 집단 심리학적으로 보면, 집단의 죄의식에서 벗어나기 위해 한 피해자에게 모든 과오를 뒤집어씌우는 현상의 표현이다. 그런 의미에서 나는 『갈쌈』의 소설적 결함은, 피난을 떠나면 언제 다시 만날지 모르는데 그렇게 악착같이 싸워서 뭐하느냐는, 결말에서의 황노인의 화해적 언사(p. 302)나, 이제는 아무도 안 믿다는 만식의 달관적 언사(p. 307)에 있다고 믿고 있다. 만인 대 일인의 싸움은 역사 이래로 계속 되풀이되어온 싸움이며, 그 싸움은 일인의 패배로 끝나는 것이 일반적이다. 그 주제의 비장성은 거기에서 연유한다. 자신의 결함의 결과가 아닌, 운명적 박해라고나 부를 수 있는 박해를 받게 돼 있는 인물의 만인과의 외롭고도 비장한 싸움!

　내가 분석하려는 두번째 텍스트는 전상국의 「외딴길」(『형벌의 집』, 한겨레, 1987)이다. 이 중편소설은 만주 할아버지라는 별명으로 불리는 한 인물과 그의 조카·손자 들과의 싸움을 그리고 있다. 소설의 표면적인 구조는,

1) 만주 할아버지가 갑자기 나타난다;
2) 아이를 하나 낳고 싶다는 그의 소망을 이뤄주기 위해 셋은 돈을 모은다;
3) 교묘한 트릭에 의해, 그 돈의 몇 배가 되는 돈이, 각자의 빚으로 남게 된다.

라는 핵단위로 이뤄져 있지만, 그 선조적 진전은 그리 대단한 의미를 띠는 것이 아니고, 만주 할아버지의 간교함·교활함이 이 소설의 핵심적 의미를 이룩하고 있다.

　그는 "우리 최씨 문중에서 치욕적인 존재였으며 동시에 적이었다"(p. 14). 그는 형수를 욕보이고 같이 도망갔으며, 집안 행사 때에 나타나 행패를 부린다. 그는 모든 사람에게 피해를 입힌 사람이며, 사탄이며, 카인이고, 나쁜 사람이다. 그는 "망나니, 사기꾼, 흉악무도한 것, 벼락맞아 뒈질 놈"(p. 15)의 대명사이다. 그는 모든 사람들에게 해를 주는 존재이기 때문에, 모든 사람들의 적이다. 그는 혼자 모든 사람과 맞서 있

다. 그가 모든 사람과 맞서 있게 된 것은 그의 본성이라 할 수 있는 악의 때문이다. "그는 철저하게 남에게 피해를 주면서 산 사람이었다. 어떻게 하다가 보면 상대에게 뜻하지 않은 해를 끼치는 경우도 있게 마련이지만 그의 경우에는 그것이 아니었다. 처음부터 어떤 악의에 가득 차가지고 마음을 도사린 다음 상대가 어떤 틈을 보이길 기다렸다가 느닷없이 덮쳐들어 그 멱통을 물어뜯는 격이었다. 야비하고 가혹했다"(p. 33). 그의 악의는 치밀한 계산의 도움을 받아 공격적으로 드러난다. 배신·밀고·강간·사기·협박…… 등 우리가 흔히 상상할 수 있는 모든 방법을 그는 악의적으로 사용하고 있다. 그 밑에 악의가 숨어 있기 때문에, 그 방법은 도발적이고 자극적이다. 그의 행위 밑에 악의가 숨어 있다면, 그 악의 밑에 감춰져 있는 것은 생존 본능이다. 그의 다음과 같은 말은 매우 시사적이다: "그저 난리통엔 무슨 수를 써서라도 살아 남고 보는 거다. 죽으면 그뿐이여, 아, 더구나 나 같은 놈 죽어봤자 머리풀고 애통하게 생각해줄 떨거지 하나 없는 판에 죽는 놈만 병신이여. 살아 남는 놈이 결국은 이긴 거여"(p. 65). 살아 남는 사람이 결국은 이긴 사람이다라는 그의 단언은 그의 악의가 살아 남기 위한 방도였다는 것을 보여준다. 아니 차라리 인간에게 말의 깊은 의미에서 가장 험악한 악의가 있다면 그것은 생존 본능이다라고 말하는 것이 더 올바를지 모른다. 살아 남기 위해서는 무엇이든지 할 수 있다. 사람들은 살아 나가면서 한두 가지의 잘못을 범한다. 그것을 뒤져내는 것은 쉬운 일이다. 그런 그의 생활 철학은, 삶은 잘못의 연속이다; 삶에는 생산적·평화적 소산이 없다라는 결론을 낳는다. 삶은 잘못의 연속이지만 잘못의 연속만은 아니다, 거기에는 긍정적인 것들도 있다, 아니 긍정적인 것들이 더 많다라는 생각에 그의 사유는 가 닿지 못한다. 그는 남의 잘못을 뒤지는 잘못을 범한다. 그는 그러니까 육식 동물의 공격성만을 간직하고 있는 동물적 인간이다. 그는 자기 희생의 미덕을 알지 못한다. "털어서 먼지 안 나는 놈 있다더냐"(p. 67). 그의 전언은 단호하고 명료하다. 그렇다면 그를 적으로 삼는 자들도 자기 희생의 미덕을 모르는 동물적 인간들이 아닐까? "이에는 이"(p. 68)라는 것이 그를 적으로 여기는 만인의 철학이 아닐까? 과연, 그의 형은 그 나름대로 동생에게 악랄한 복수를 가하며──그를 만주로 보내 자기의 아내였으며 제수가 된 사람과 그들의 아이를 죽게 한 사람이 바로 그의 형이다──그의 조카·손자들도 그들의 삶의 하자를 감추며 위선적으로 그와 상대한다. 만인 대 일인의 싸움은 늑대와 늑대의 싸움의 변형이다. 만인은 선량하고 피해 받은 사람이며, 일인은 악랄하고 가해하는 사람이다라는 표면적 양상은, 서로는 서로에 대해 이기적이다라는 양상의 변형일 따름이다. 그런데, 왜 어떤 사람은 선량하게 보여지고 어떤 사람은 악하게 보여지는 것일까? 감추는 사람들은 선량하게 보이고, 못 감추는 사람은 악랄하게 보인다. 우선은 그렇다. 예를 들어, 형은 숨어서 복수하고("우리 할아버지가 왜 그렇게 둘째할아버질 만주로 쫓아냈을까요?"〔p. 57〕), 동생은 내놓고 복수한다("당신의 형 얼굴에 주먹질을 해 생이빨을 두 대씩이나 부러뜨렸다. 그것도 신통찮아 행랑채에다 불을 놓고 도망을 쳤다"〔p. 61〕). 그러나 정말로 한 사람을 악랄하게 만드는 것은, 제도 속에 들어가 있느냐 없느냐는 것이다. 제도 속에 들어가 있으면 선량하고, 안 그러면 악랄하다. 만주 할아버지는 둘째로 태어났으며, 그것은 인간학적으로 널리 알려진 현상을 낳는다. 첫째만 못하게 취급되는 것이다. 그 경우 둘째는 어머니와 연합, 아버지와 첫째의 연합에 대립하는 것이 관례이지만, 그는 그렇지 못하다. 그렇지 못했기 때문에, 그의 잘못은 과장되어 알려지고, 그는 본질적으로 악의적인 인간으로 선전된다. 더구나 그의 형과 조카·손자들의 공식 문화 속에 들어가 편안한 삶을 사는 동안, 그는 떠돌이의 삶을 산다. 붙박이/떠돌이의 대립이 생겨난 것이다. 붙박이는 떠돌이를 두려워하고, 떠돌이는 붙박이를 미워한다. 이기는 쪽은 그러나 언제나 붙박이이다. 떠돌이는 순간적으로 이길 수 있으나, 그 이김은 배신·사기·밀고·강간·협박…… 등의 이름을 갖고 있다.

붙박이는 떠돌이를 두려워하고, 떠돌이는 붙박이를 미워한다. 떠돌이로서 만주 할아버지는 붙박이의 삶을 동경하지만, 붙박이가 될 수 없기 때문에 붙박이를 미워한다. 그는 관습을 존중하고 남들처럼 살고 싶어 한다. "배운 놈일수록 으른 대접할 줄 알아야 하는 법이여"(p. 51), "사람의 도리란 게 그런 게 아니여. 자식 없이 떠돌아다니는 늙은이라고 해서 그렇게 괄시하는 법이 아니여"(p. 51), "그간 놈의 데, 사람 같지두 않은 것들하고 상종을 하기 싫었던 게야"(p. 61)…… 짐승 같다는 사람의 입에서 나오는 말들은 사람의 도리를 강조하고 있다. 그가 말하는 사람의 도리란 유교적 의미의 도리이다. 윗사람은 공경해야 한다라는 것이다. 그 도리는 자식을 남겨야 한다는 도리와 이어진다. 그 도리 외에도 그는 세상 돌아가는 형편에 대해서도 "상당한 식견"(p. 54)을 갖추고 있다. 그 식견은 "아주 보편적인 세상 사람들의 그것에서 하나도 더 다르지 않"(p. 55)은 식견이다. 그것을 그의 손자는 "자신의 결점을 감추기 위해서 정의와 진리로 엮어진 세론으로 위장하고 있"(p. 55)다고 비판하고 있다. 그러나 그의 진짜 결점은 무엇인가, 세론은 정의와 진실로 엮어져 있는가라는 질문이 생략되어 있는 그의 비판은 비판을 위한 비판에 가깝다. 여하튼, 만주 할아버지는 남들처럼 생각하고 살고 싶어한다. 그것이 불가능하게 느껴질 때 그의 공격성이 발휘된다. 그의 공격성은 위축과 폭발이라는 두 면을 갖고 있다. 공격의 시기에는 거인처럼, 공격의 시기가 아닐 때에는 난쟁이처럼이 그의 공격성의 두 가지 측면이다. 난쟁이는 연민을 일으키고 긴장을 풀게 한다. 그때 거인은 공격한다! "이상한 일이었다. 사람의 변신이 가능하다면 이런 경우를 두고 얘기할 수 있을 것이다. 파출소 안에서 그렇게 당당하고 위세 있던 할아버지가 밖에 나오기가 무섭게 된서리맞은 호박잎처럼 팍삭 몸을 움츠리며 나약한 늙은이로 바뀌어버린 때문이다. 그는 결코 거인이 아니었으며, 허리가 굽고 몸이 노쇠할 대로 노쇠한 가난뱅이 늙은이였다"(p. 17). "하도 어처구니가 없어 곁에서 휘적휘적 걷고 있는 이를 돌아다보았다. 참 신기한 일이었다. 조금 전 파출소를 나왔을 때만 해도 폭삭 짜부라진 모습으로 기신기신 따라 걷던 이가 어느새 기세등등한 모습으로 바뀌어 있었던 것이다. 미끄러운 빙판 길을 내려다보는 일도 없이 덥석덥석 잘도 걸었다. 그러한 둘째할아버지의 모습은 파출소 안에서의 첫번 봤을 때처럼 그대로 거인다운 풍채였다"(p. 21). 난쟁이로서 그는 비굴하고 눈치보는 사람이지만 거인으로서의 그는 악랄하고 도도한 사람이다. 그 이중성이 그의 공격성의 격렬함을 더욱 강조해준다. 더 멀리 뛰기 위해 움츠리는 개구리처럼 그는 더 잘 공격하기 위해 비굴해진다. 혼자 독한 담배 냄새를 피우며 움츠러들고 있는 가난한 노인이 공격하는 솜씨는 비범하고 악랄하다. 떠돌이의 수법은 언제나 충격적이다. 비일상적이기 때문이다. 그가 악인이라면, 그와 맞서 그를 떠돌이로 만든 붙박이들도 악인이다. 그들은 그를 이해하고 받아들여 사랑(혹은 관용)으로 감싼 것이 아니라 위선과 위계로 내쫓았기 때문이다. 그에겐 차라리 매질이 더 반가웠을지 모른다. 전부 늑대들인 우리들은 우리가 늑대라는 것을 감추기 위해서 제도 바깥에 있는 한 사람에게 우리의 증오를 죄 집중시켜, 그를 악인으로 만들고, 그가 제도 안으로 들어오는 것을 막는다. 그는 악인이니까!

만인 대 일인의 싸움이 있어서, 만인의 결속이 이뤄지는 과정은 느리고 다양하지만, 한번 이뤄지면, 그 결속의 강도는 높다. 그 결속을 가능하게 하는 것은 피해를 적게 보고 싶다; 피해를 나눠받고 싶다라는 마음의 움직임이다. 피해를 볼 가능성이 없어 보이는 한, 결속은 이뤄지지 않는다. 그러나 피해볼 것이 확실해지면, 결속은 강해진다. "선전포고나 다름없는 일이었다. 음흉하고 간교한 늙은이의 속셈이 확연히 들여다보였다. 애초 적을 얕본 것이 결정적인 실수였다. 그러나 이제라도 전의를 새롭게 가다듬어 맞서보는 방법밖에는 별 뾰족한 수가 있을 수 없었다. 더 쑥밭이 되기 전에 있는 상태만이라도 지켜내야 했다./문제는 우방이었다. 처음 우방으로서의 결속의 필요성을 넌지시 귀띔했을 때 그처럼 냉담한 반응을 보이던 삼촌이나 홍수의 사정이 사뭇 달라진 상태에서는 일이 훨씬 쉽게 돼버렸던 것이다"(p. 45). 사람들은 "있는 상태만이라도 지켜내기 위해" 결속한다. 뭉쳐서 적과 싸워야 한다. 싸움의 목적은 "있는 상태"를 지켜낸다는 안정주의이다. 그 안정주의는 적의 공격성과 마찬가지로 살아 남아야 한다는 철학의 결과이다. 이남호의 표현을 빌면 "소아적 안정주의에 매달려 허덕이는 소시민의 위선적 자기 빙어"(p. 362)라 할 수 있을 삼인의 결속은 저의 공격성과 같은 철학적 기반을 갖고 있다. 그 자기 방어 때문에 공격이 가능해지고, 그 공격 때문에 자기 방어가 강화된다. 나에게 피해를 줄지도 모르는 것에서 조금이라도 더 멀리 도망가고 싶다라는 마음은 살아 남기 위해서는 남의 약점을 이용할 줄 알아야 한다라는 마음과 이형동질적이다.

한두 편의 작품 분석에서 일반화된 법칙을 도출해내는 것은 바람직한 것이 아니겠지만, 그럼에도 불구하고, 만인 대 일인의 싸움의 몇 가지 장치들을 나는 지적하고 싶다.

맨 처음, 일인의 역할을 맡아 하는 인물은 떠돌이나 떠돌이에 가깝다. 토박이가 아닌 사람이 마을에 들어오거나, 마을에 뿌리박지 못하고 겉도는 사람은 일인의 역할을 맡기 쉽다. 그 경우, 그는 대개 토박이들과는 다른 표지를 갖고 있다. 그 표지는 성격상의 것이거나 신체상의 것이거나 신분상의 것이다. 그 일인이 가해자이냐 피해자이냐 하는 것은 만인과의 관계에 따라 결정된다. 그러나 깊이 있게 분석해보면, 가해자가 사실은 피해자이며, 피해자가 가해자라는 것을 알 수 있는데, 그것은 가해자/피해자 판단의 기준이 획일적이지 않다는 것을 의미한다.

그 다음, 만인 대 일인의 싸움은 문화 접변기, 가치의 혼란이 일반화된 시기에 자주 일어난다. 보편적인 가치가 확실하게 자리잡고 있을 때, 만인 대 일인의 싸움은 거의 일어나지 않기 때문에, 그 싸움이 일어나면, 가치관에 변화가 생겼나 안 생겼나 검토할 필요가 있다. 가치관의 변모는 문화적인-것/비문화적인-것, 인위적인-것/자연적인-것의 재편성 욕구에서 생겨나며, 그것이 재편성되지 않는 한, 가치의 혼란은 극복되지 않는다. 가치의 혼란은 일인이 만인의 압력을 받아 죽고, 그 일인의 죽음의 의미가 재조명되어야 해결된다. 일인이 죽지 않는 한, 혼란은 계속된다. 문화 접변의 시기가 끝나고, 안정된 문화가 구축되면, 접변기의 혼란을 새 문화의 힘으로 논리화하게 마련이다. 논리화되면, 혼란은 이미 혼란이 아니다. 그것은 새 문화를 위한 징조이다.

그 다음, 일인에 대한 만인의 증오는, 기존 이익을 최대한 유지하여, 피해를 최소화하고 싶다는 바람의 다른 표현이다. 일인의 떠돌이가 만인의 토박이를 두렵게 하여, 그들을 똘똘 뭉치게 한다. 변화에 대한 욕망은 무질서에 대한 두려움으로 바뀌고, 가치의 변모는 혼란으로의 선동으로 이해된다. 너는 내 이익을 줄이려 하고 있다; 나는 네가 밉다——이것이 만인의 표현이다. 그러나 그것을 그렇게 직설적으로 표현하면 너무 동물적으로 보이니까, 그 일인을 악인으로 만들어, 그에 대한 증오를 합리화한다. 나는 내 이익을 지키기 위해서 그를 미워하는 것이 아니라, 그가 악인이기 때문에 그를 미워한다. 그쪽이 훨씬 합리적이고 이성적이다. 그러나 위선적이다.

그 다음, 만인의 일인에 대한 싸움은, 그 일인이 대변하고 있는 집단에 대한 증오를 가시화하기 위한 것이다. 집단 대 집단의 싸움은 명분과 과정이 합리적이고 이성적이어야 한다. 그것의 결과가 반드시 한 집단에 유리한 것만도 아니다. 그래서 한 집단은 무의식적으로 적대 집단을 개인화하여 그에 대한 증오를 합리화시켜 그를 박멸하려 한다. 그 개인은 개인적 결함 때문에 박멸해야 한다. 그러면 싸움은 단순하고 명료해진다. 그가 주장하고 의미하는 것을 그의 개인적 결함 뒤에 감춰버리고, 그의 개인적 결함 때문에 그는 없어져야 한다고 만인은 주장한다. 개인은 집단보다 박멸하기 쉽다. 결함은 만인의 공감을 얻기 쉽다. 악인으로서의 개인은 그래서 태어난다. 사회적으로 한 개인에게 비난이 집중될 때, 그 개인이 의미하는 것이 무엇인가를 되물어보면, 만인과 개인이 어떤 철학적 기반을 갖는 집단에 속하는가가 분명하게 드러난다. 문학비평가들도 자주 해봐야 할 분석이다.

작품 분석에서는 드러나지 않은 점이지만, 만인의 증오의 대상인 사람이 죽은 뒤에는 그가 어떻게 이해되고 받아들여지는가는 제기해야 할 중요한 문제 중의 하나이다. 매우 독창적인 대답 중의 하나는 그의 사후에 성화되는 경향이 있다는 것이다. 만인의 증오의 대상이었던 인물은, 외디푸스처럼, 죽어 성화되어 마을을 지키는 사람이 된다. 과연 그럴까? 임꺽정이나 장길산의 성화를 보면, 그럴듯해 보이기도 한다. 만인의 증오의 대상이 되어 죽어간 사람은 그 사람이 대표하는 집단 때문에 성화되어 거룩하게 취급된다. 기존의 이익 집단은 그를 죽여 그에 적대적인 집단에게 위협을 가하고, 그를 성화시켜 그에 적대적인 집단을 위로한다. 누가, 어떻게 증오의 대상이 되었는가와 마찬가지로, 누가, 어떻게 성화되는가를 따져봐야 할 필요성은 거기에 있다. 나는 오늘 누구를 왜 미워하고 있는가, 나는 오늘 누구를 왜 성화하고 있는가라는 질문은 피할 수 없는 질문이다. 나는 동물이 아니라 사람이기 때문이다.

폭력과 왜곡
—— 미륵하생 신앙과 관련하여

　한 구비문학 연구가는 1967년 씌어진 그의 한국구비문학사에서 한국의 개벽 신화로는, 함흥에서 채록된 「창세가」와 제주도에서 채록된 「천지왕 본풀이」의 둘이 남아 있을 뿐이라고 확언하고 있다. 그의 단언이 올바른 것인지 올바른 것이 아닌지 판단할 만한 지식의 넓이와 깊이를 나는 갖고 있지 못하지만, 기록된 자료 전승에 관한 한, 그의 언급은 유효성이 있어 보인다. 그 두 개벽 신화는, 형식면에 있어서는, 큰굿의 맨 처음에 불리워지는 무가라는 점에서, 그리고 내용면에 있어서는, 몇 개의 주제가 겹쳐 있다는 점에서 유사성을 보인다. 우선 형식면에 있어서, 「창세가」는, 그것을 채록하고, 그것을 구술한 무당도 그 제목을 모르는 노래 이름으로 「창세가」를 부여한 손진태에 의하면, "대규모의 제식 때에 한해서 기도어 대신 사용하는" 무가이며, 「천지왕 본풀이」는, 그것을 수집한 현용준에 의하면, "큰굿의 맨 처음 제차(祭次)인 초감제 때에 불리"는 무가이다. 초감제란 "모든 신들을 일제히 청해들여 제상에 앉히고 음식을 흠향토록 하고 기구 사항을 빌고 하는 제사"인데, 「창세가」 역시 그런 유형의 굿에서 불려진 노래가 아닌가 한다. 「창세가」의 경우에는, 그러나 그 이상의 추측은 불가능하다. 그 다음, 내용면에서, 「창세가」와 「천지왕 본풀이」는, i) 혼란은 해가 둘, 달이 둘 있는 것에서 생겨난다; ii) 두 적대자들끼리의 싸움이 이야기의 중요한 부분을 이룬다; iii) 싸움은 악인의 승리로 끝난다라는 주제를 공유하고 있다. 혼란의 와중에서, 왜 악인이 선인을 이기는 것일까? 악인이 선인을 이기는 것을, 왜 무당은 번번이 큰굿 첫머리에서 강조하는가? 권선징악의 멋있는 전통은 왜 신화에서는 발견되지 않는가라는 의문들이 그 두 신화를 읽으면, 곧 머리를 사로잡는다. 그것은 문화의 구조 자체를 문제삼는 질문이기 때문에, 그 문제들에 대답하는 것은 쉬운 일이 아니나, 나는 내 나름대로 거기에 약간의 빛을 부여해줄 보조-대답들을 찾아볼 작정이다. 그 보조-대답을 찾아내기 위해 내가 분석하려는 텍스트는, i) 「천지개벽」(현용준: 『제주도신화』, 서문문고, 1976); ii) 「창세가」(손진태, 『朝鮮神歌遺篇』, 동경 향토문화사, 1930); iii) 「월명사 도솔가」(이병도 역주, 『삼국유사』); iv) 황석영: 『장길산』(현암사, 1984)의 네 편의 텍스트이다. 황석영의 『장길산』을 제외한 세 편의 텍스트는 구비 전승이지만, 지금은 기록되어 전승되므로, 기록 문헌으로 취급하여, 완성된 텍스트처럼 분석하겠다. 내 보조-대답의 근본적인 도식은, 언제 어디서나 악인은 선인을 이기고 있으므로, 악인의 폭력을 완화시키기 위해, 사람들은 선인이 지배하는 초월적 세계를 꿈꾼다; 신화에서 소설로 내려오면서, 악인의 폭력적 승리는 초월 욕망에 의해 약화되어 묘사되는 경향이 있다라는 것이다. 악인의 승리를 나는 나쁜 폭력이라고 부르고, 초월 욕망에 의한 폭력의 약화를 나는 종교-문화적 왜곡이라고 부르겠다.

현용준이 『제주도 신화』의 첫머리에 산문투로 풀어서 게재한 「천지개벽(천지왕 본풀이)」의 주된 기능 단위들은:
1) 태초의 천지는 혼돈이었으나, 하늘과 땅이 갈라지고 만물이 생겨나게 되었다;
2) 옥황상제 천지왕이 해 둘, 달 둘을 보내 완진한 개벽이 되었다;
3) 옥황상제는 질서를 세우기 위해 땅 위의 총맹 부인과 결혼하였다;
4) 총맹 부인은 쌍둥이 아들을 낳았다. 그들은 해와 달을 하나씩 없앴다;
5) 동생은 이승을 다스리고, 형은 저승을 다스리게 되었다.

제주도 천지 개벽 신화는, 별·해·달의 탄생과 땅 위에서 질서가 세워지는 과정을 묘사하고 있으나, 인간의 탄생 과정은 보여주지 않는다. 이 신화에 의하면, "하늘에서 청 이슬이 내리고, 땅에서는 흑 이슬이 솟아나, 서로 합수되어 음양 상통으로 만물이 생겨나"기 시작하는데, 그 중에서 제일 먼저 생겨난 것이 별들이다. 그뒤에 옥황상제가 해 둘, 달 둘을 보내, 천지가 개벽된다. 천지가 개벽되면서, 초목·새·짐승·사람 들은 이미 있는 것으로 간주된다. 이 점은 뒤에 분석될 「창세가」가 천지인(天地人)의 탄생 과정을 논리적으로 묘사하고 있는 것과 선명히 대립된다.「천지왕 본풀이」가 갖고 있는 상대적 비합리성 때문에, 나는 그것이「창세가」보다 훨씬 덜 훼손된 신화라고 생각하고 있지만, 그 대신「창세가」에서는 별 중요성을 갖고 있지 않는 해 둘, 달 둘이 이 신화에서는 본질적인 중요성을 갖고 있다. 태초에 천지는 혼돈이다. 그 혼돈의 와중에서 하늘과 땅이 분리되고 만물이 생겨난다. 혼돈은 모든 것이 동일자로만 존재하고, 타자로 존재하지 않는 상태이다. 타자는 분리 후에야 생겨나는 개념이다. 그러나 하늘과 땅이 분리되고, 만물이 생겨났는데도, "혼돈은 완전히 바로잡히지" 않는다. 해가 둘, 달이 둘이기 때문에, 낮에는 지나치게 덥고, 밤에는 지나치게 춥다. 그뿐 아니라, 아직 새・짐승・초목・귀신・인간의 구별이 확실하지 않다. 인간의 특권이랄 수 있는 말을 누구나 할 수 있기 때문이다. 어느 날 천지왕은 해와 달 하나씩을 먹는 꿈을 꾸고, 해 둘, 달 둘이 혼돈의 원인이라고 생각한다. 해와 달이 하나씩이라면, 혼란은 없어질 것이다. 같은 것들은 혼란의 근원이다. 같은 것들은 차이와 구분을 막는 기능을 갖고 있다. 천지왕은 같은 것들을 없애기 위해, 땅 위 총맹 부인과 결혼한다. 그 결혼의 과정은 단순하지 않다. 그는 그의 배필이 될 총맹 부인을 통해 그 마을의 부자인 수명장자의 악행을 알게 되고, 그를 벌한다. 그는 일방적으로 수명장자에게 벌을 준다. 수명장자는 변명의 기회도 갖지 못하고 멸망한다. 그의 수명장자를 멸하는 방법은 잔인하고 혹독하다. 그는 벽력장군・벽력사자・화덕장군을 보내 그와 그의 집을 불사르고, 그의 아들은 솔개로, 딸은 팥벌레로 만들어버린다. 그 혹독함에 대한 변명은 수명장자가 고약한 사람이라는 것이다. "가난한 사람이 쌀을 꾸러 가면 흰 모래를 섞어주고, 좁쌀을 꾸러 가면 검은 모래를 섞어준다." 그것도 작은 말로 꿔줬다가 큰 말로 받는다. 그러니 수명장자는 고약한 사람이며, 벌을 받아야 할 사람이다. 이 분석은, 천지왕은 지상에 질서를 세우기 위해 마음 고생을 많이 한 선한 사람이라는 잠정적 결론을 이끌어내게 한다. 그러나 그 잠정적 결론을 잠정적으로 뒤집으면, 태초에는 누구나 다 자기 욕망에 따라 움직이고 있었으며, 거기에서 혼돈이 야기되었다는 것을 추측할 수 있다. "이때는 모든 초목이나 새・짐승 들이 말을 하고 귀신과 인간의 구별이 없어……" 누구나 말을 한다는 것은 누구나 자기 욕망을 갖고 있다는 것을 뜻한다. 말한다는 것은 자기가 소유와 존재의 주체임을 드러내는 것이다. 사람 사이에 구별이 없기 때문에 저마다 자기 욕망에 따라 말을 한다. 그것이 태초의 혼란의 원인이다. 해 둘, 달 둘은 그 무차별성의 표상이다. 천지왕은 그 무질서를 깨부숴버리려 한다. 그것을 깨기 위해 그가 사용하는 방법은 잔인하고 혹독한 폭력이다. 그는 그와 맞설 수 있는 수명장자를 완전히 파멸시켜버림으로써 동일자들의 논리에 충격을 가한다. 나는 너희들과 같지 않다. 나는 벌할 수 있는 사람이다. 그 폭력적 위협이 혼돈에 구멍을 뚫는다. 그에 의해, 동일자들은 지배자와 피지배자들로 구분되고, 지배자만이 절대적 타자가 된다.「천지왕 본풀이」의 후반은 지배자 내부에서의 싸움을 묘사한다. 그 싸움을 가능케 하는 것은 새로운 짝패의 탄생이다. 천지왕은 총맹 부인과 결혼하고, 곧 집을 떠나 하늘로 되돌아간다. 총맹 부인은 쌍둥이 형제를 낳고, 그들은 아버지가 남긴 박씨를 심어 그 덩굴을 타고 하늘에 올라가 아버지를 만난다. 아버지는 이승을 형에게, 저승을 동생에게 맡기려 하나, 동생은 자기가 이승을 차지하려고 형과 내기를 한다. 그 내기는 두 종류의 내기이다. 한 내기는 수수께끼 내기이고, 또 한 내기는 꽃피우기 내기이다. 그 두 내기는 논리성·합리성을 따져보는 내기와 경작의 실력을 따져보는 내기인데, 그 두 내기에서 형은 번번이 이긴다. 동생은 마지막에 속임수를 쓰고, 형은 동생에게 이승을 맡긴다. 선한 사람은 양보하고, 악한 사람은 이긴다. 왜냐하면 악한 사람의 강한 욕망을 선한 사람은 견디어낼 수 없기 때문이다. 악한 사람이란 욕망이 강한 사람이며, 선한 사람이란 욕망을 제어할 줄 아는 사람이다. 동생은 이승을 차지했지만, 그것을 다스릴 방도를 알지 못한다. 그는 형에게 도움을 청하고, 선한 형은 그 부탁을 들어준다. 그는 천근활과 천근살을 준비해 해와 달을 하나씩 쏴 동해와 서해에 던진다. 초목과 새·짐승 등이 말하는 것은 송피가루로 막고, 무게를 달아 귀신과 인간을 가른다. "이로써 자연의 질서는 바로잡아졌"으나, 인간의 질서는, 형이 개입하지 않아, 바로잡혀지지 않는다. 그래서 "오늘날도 인간 세상엔 역적·살인·도둑·간음이 여전히 많"다. 속임수에 의해 이승을 차지한 동생 때문에, 인간의 질서는 세워지지 않았다. 짝패는 갈라서서, 하나는 이승에서, 하나는 저승에서 살게 되지만, 그 구별은 속임수에 의한 구별이어서, 자연스럽지 못한 구별이다. 짝패의 소멸은 부분적인 질서의 수립만을 가능케 한다. 그것은 강한 욕망이 있는 한, 이승의 행복한 질서는 세워지지 않으며, 이승의 질서란 속임수에 의한 일시적·순간적인 질서일 따름이라는 것을 뜻한다. 폭력적 욕망이 지배하는 한, 질서는 외관적일 뿐이다. 그때의 질서는 차라리 억압적·폭력적 질서에 가깝다. 지배자의 힘이 줄어들면, 그 질서는 붕괴된다. 그 허위의 이승적 질서에 대립하는 공정하고 밝은 진실의 질서가 형이 다스리는 저승의 질서이다. 자신의 욕망을 제어하고, 자신의 것으로 예정된 것을 양보한 형의 세계의 법은 "맑고 공정하다." 맑고 공정한 법이 지배하는 곳은 이곳이 아니라 저곳이다. 다시 말해 초월적 세계이다. 현실 세계의 폭력은 초월 세계의 공평성에 대립되어, 그 폭압적 힘을 유감없이 드러내고, 초월 세계의 공평성은 현실 세계의 폭력에 대립되어, 그 올바른 판단력을 힘있게 드러낸다. 누구나 동경하는 것은 저승 세계의 공평성이지만, 실제 살고 있는 곳은 이승 세계의 폭력 속에서이다.

주된 기능 단위를 따라가면서 분석해본 제주도 개벽 신화의 세계는, 해 둘, 달 둘이 혼란의 시작이었으며, 그 해결책으로 제시된 쌍둥이 형제가 또 다른 혼란의 시작을 이뤘다는 것을 보여주며, 동시에, 그 혼란 때문에 공평한 초월 세계에 대한 설정이 불가피했다는 것을 묘사하고 있다. 천지왕의 수명장자 살해와 같은 폭력에 의한 질서 수립의 시도는, 하늘의 짝패들(二日/二月)을 분리시키는 데는 성공하지만, 동시에 새로운 인간의 짝패(쌍둥이 형제)를 만들어낸다. 폭력에 의한 질서 수립은 또 다른 폭력(속임수)을 낳고, 그 폭력은 수립된 질서가 일시적으로 기능하게 할 뿐이다. 그렇다면 혼란이 좋은 것이고, 질서가 나쁜 것일까? 그렇게 말할 수는 없을 것이다. 그렇다면 왜 전면적 질서는 오지 않는 것일까? 그것은 질서가 폭력에 의해 수립되기 때문이다. 그 질서는 사랑과 양보에 의한 질서가 아니라 폭력과 억압에 의한 질서이다. 폭력과 억압이 있으면 피해자가 있게 마련이고 피해자가 있으면 원한이 있게 마련이다. 원한은 그 질서도 파괴하고 싶다는 새 욕망을 낳고, 그 욕망은 새 무질서를 낳는다. 그 악순환에 대한 자각은, 이 세계의 질서는 일시적이며, 영원한 질서는 저세상에 있다는 믿음을 만든다. 그것이 믿음인 것은, 그것이 사실에 바탕한 것이 아니라 바람에 바탕하고 있기 때문이며, 그런 믿음을 만드는 것은, 그래야 이 폭력적 세계에서 살아갈 수 있기 때문이다. 죽지 않으려면, 그 믿음을 자체 생산하지 않을 수 없다. 그 자체 생산한 믿음을, 우리는 오늘날 종교라고 부르기도 하고, 철학이라고 부르기도 한다. 종교는 나쁜 폭력의 억압적 힘에 대한 본능적 저항이다. 그 저항은 그러나 폭력적 저항이 아니라 폭력을 줄이는 양보적 저항이다. 현실적으로 양보적 저항이 이기는 경우는 거의 없다. 그런데도 있는 것처럼 믿는다는 점에서, 종교는 폭력의 왜곡이다.

황석영의 『장길산』 9권 중간쯤에는, "장쇠 에미의 대상을 치를 겸하여 굿"을 벌이는 대목이 나온다. 그 대목 중에 다음과 같은 묘사가 보인다: "김승운[계화의 남편: 인용자]은 구월산 일대의 화랭이들 사이에 알려진 창세가를 풀었다. '미륵님의 세월에는 섬들이 말들이 잡수시고 인간 세상이 태평했으며 석가님이 내려와서 이 세월을 빼앗자고 마련하와, 미륵님의 말씀이 아직은 내 세월이지 네 세월이 아니다, 석가님 말씀이 미륵의 세월은 다 갔으니 내 세월이 분명하다. 미륵님 말씀이 네 내 세월인 줄 알겠거든 내기를 시행하라'." 김승운이 부른 창세가는, 1923년 8월 손진태가 함경남도 함흥군 운전면 본궁리에 사는 큰무당 김쌍돌이에게서 채록하여 공간함으로써 널리 알려진 노래인데, 채록자에 의하면, "젊은 무녀들은 모르고 그녀는 젊었을 때부터" 학습했으며, 노래의 제명도 없었다. 노래의 제목을 「창세가」라 붙인 것은 손진태이며, 손진태가 채록한 전승 외에 다른 전승이 있는지는 알려져 있지 않다. 황석영이 구월산 일대의 화랭이—황석영에 의하면, 화랭이는 무부(巫夫)이여 동시에 용화향도(龍華香徒)이다—들 사이에 널리 알려진 노래라고 창세가를 소개한 근거가 무엇인지는 알 수 없으며, 김승운이 부른 창세가는 손진태 본과 약간 다르다. 예를 들어, "미륵의 세월은 다 갔으니 내 세월이 분명하다"는 "미륵님 세월은 다 갔다, 이제는 내 세월을 만들겠다"의 변형이며, "네 내 세월인 줄 알겠거든"은 "내 세월을 앗아가려면"의 변형이다. 여하튼, 김승운이 부른 창세가는 손진태가 제목을 붙인 「창세가」임에 틀림없다. 그 이전에는 제목 없이 불렸으리라 짐작된다.

손진태가 채록하고 제목을 붙인 「창세가」의 기능 단위들을 비교적 잘게 잘라 제시하면:
1) 태초에 미륵님이 탄생한다;
2) 땅과 하늘은 붙어 있고 해도 둘 달도 둘이다;

3) 미륵님은 땅과 하늘을 분리하고, 달 하나 떼내 북두·남두 칠성 마련하고 해 하나 떼내 큰 별 마련한다;
4) 미륵님은 칙으로 만든 옷을 입는다;
5) 미륵님은 생화식을 한다;
6) 미륵님은 물·불의 근본을 쥐에게서 배운다;
7) 미륵님이 양손에 은쟁반·금쟁반을 들고 축사하니 하늘에서 벌레들이 각 쟁반에 5씩 떨어진다;
8) 금벌레는 사내가 되고, 은벌레는 계집이 된다; 거기서 사람이 태어난다;
9) 미륵님 세월은 태평성대였는데, 석가님이 내려와 불화가 시작된다;
10) 미륵님은 석가님에게 내기를 제안, 다 이긴다;
11) 미륵님은 석가님의 속임수 때문에 양보하여 세월은 말세가 된다;
12) 삼천의 중 중에 중 둘이 고기먹기를 거절, 굶어 죽어 산의 바위·솔나무가 된다.

「창세가」를 「천지왕 본풀이」와 비교할 때, 제일 큰 첫번째 차이는 해 둘, 달 둘의 설화적 요소의 의미가 「창세가」에서는 현저히 약화되어 거의 변별적 기능을 발휘하지 못하고 있다는 점이다. 그뿐 아니라 미분리 상태의 땅과 하늘도 혼란의 표지로 이해되고 있지 않다. 미분리 상태의 하늘과 땅, 해 둘 달 둘은 「창세가」에서 일종의 수사적 장치 역할을 맡고 있다. 미륵님이 하늘과 땅을 분리시키자, 하늘은 식기 뚜껑처럼 꼭지가 도드라지고, 땅은 네모나, 네 귀에 구리 기둥을 세워 하늘을 받친다. 그 우주 인식은 고대인의 우주 인식의 기본형이다. 달 하나는 북두·남두 칠성이 되고, 해 하나는 큰 별이 된다. 해가 변해서 된 큰 별이 무슨 별인가는 밝혀지지 않는다. 「창세가」의 첫 단락은 우주 탄생의 단락이다. 우주를 지탱하는 두 요소 중의 하나인 불의 근원은 "차돌과 시우쇠"의 부딪침이고, 또 다른 하나인 물의 근원은 "샘"이다. 그 다음 두번째 차이는 인간의 탄생에 대해 「창세가」는 길게 언급하고 있다는 점이다. 「창세가」에 의하면 인간은 미륵님의 쟁반에 떨어진 하늘 벌레이다. 인간은 벌레되, 하늘에서 떨어진 벌레이다. 그 벌레 중에, 금쟁반에 떨어진 벌레는 사내가 되고, 은쟁반에 떨어진 벌레는 계집이 된다. 사내는 금이고 계집은 은이다. 그리고 쟁반에 떨어진 벌레들은 5개씩이다. 이미지상으로 보자면, 미륵님의 양손 다섯 손가락이 각각 남녀로 변한 것이 아닐까 하는 생각이 들지만, 물론 그 울림은 주관적인 울림이다. 그 다섯 쌍의 남녀가 다섯 쌍의 부부가 되어, 인간이 퍼진다. 그 인간 세상이 더럽고 축축해지는 것은 폭력—속임수 때문이다. 그 인식은「창세가」와「천지왕 본풀이」가 같다. 그 다음 세번째 차이는,「창세가」에는, 올곧게 살기를 택한 중 둘의 시체가 산의 바위되고 솔나무되었다는, 땅의 탄생에 대한 묘사가 있다는 점이다. 산의 바위와 솔나무는 올바름의 표지이다. 그 표지는「천지왕 본풀이」에 나타나지 않는다. 그런 의미에서,「창세가」는「천지왕 본풀이」보다 훨씬 낙관적이다. 세계가 말세라는 인식에서는 같지만, 그것을 초월할 가능성에 대한 암묵적 믿음은「창세가」가 훨씬 강하다. 그만큼, 그것은「창세가」가 뒤에 합리적으로 변형된 것이라는 것을 입증한다. 점증하는 억압적 현실의 하중은 믿음의 하중 역시 크게 했을 것이기 때문이다. 마지막으로,「천지왕 본풀이」에서는 이중적이었던 폭력이,「창세가」에서는 단일화된다. 천지왕/수명장자, 형/아우의 대립은 미륵님/석가님의 대립으로 단일화된다. 그 단일화는,「창세가」의 현실 인식이 훨씬 더 추상화된 것이라는 것을 보여주는 것이면서 동시에 훨씬 덜 기원적이라는 것을 보여주는 것이다.「천지왕 본풀이」의 현실 인식은 구체적이고 사실적이어서, 폭력의 기원에 훨씬 가깝게 가 있다.「창세가」에서 폭력은 훨씬 더 왜곡되어, 종교적 면모를 띠게 된다. 형태상으로 보자면, 미륵님/석가님의 대립은 형/아우의 대립의 변형이다. 미륵님과 석가님도 형과 아우처럼 내기로 이 세계의 주인을 결정하기로 한다. 석가님과 미륵님의 내기는, 형과 아우의 그것이 말내기와 꽃피우기 내기의 두 범주인 것과는 다르게 한 범주의 내기이다. 그 내기는 세 번에 걸쳐 이뤄지는데, 첫번째 내기는 줄에 매달려 있기 내기이며, 두번째 내기는 여름 강물 얼리기 내기이며, 세번째 내기는 모란꽃 피우기 내기이다. 두 신화에 있어서, 마지막 내기가 언제나 꽃피우기 내기라는 것은 매우 재미있는 일치이며, 속임수가 이뤄지는 것이, 한쪽에서는 온 잠을 자고, 한쪽에서는 반 잠을 잘 때라는 것도 재미있는 일치이다. 속일 준비를 하는 자에겐 속게 마련이다. 그런데, 내기를 통해 세계의 주인을 결정한다는 것은 무엇을 뜻하는 것일까? 내기는 절제된 폭력이다. 폭력의 외관은 내기에서 놀이의 모습을 띤다. 내기는 폭력처럼 보이지 않는 폭력이다. 내기를 지배하는 것은 욕망이며, 욕망의 강약이 내기의 승패를 결정한다. 욕망이 강한 자는 자기가 이길 때까지 내기를 계속한다. "동생은 다시 꾀를 생각해내고," "석가님은 또 한번 더하자" 조른다. 내기에 있어 중요한 것은 질서가 아니라 욕망이다. 그러니 내기를 통해 세계의 주인을 결정한다는 것은, 갖고 싶어하는 사람이 세상을 갖는다는 것을 뜻한다. 꼭 갖고 싶은 사람은 밤을 새워 꾀를 낸다. 가져도 그만, 안 가져도 그만인 사람만이 '찬잠'——편암함이 가득찬 잠을 잔다. 그렇다면 왜 마지막 내기는 꼭 꽃피우기 내기일까? 꽃은 오곡처럼 직접 삶에 관여되지 않은 식물이기 때문이다. 쌀키우기, 보리키우기 내기는 지나치게 구체적이고 실제적이다. 그것은 곧바로 내기가 먹는 것과 관계 있음을 알려준다. 그러나 꽃피우기 내기는, 그 내기가 먹는 것과 관련된 내기가 아니라는 외관을 갖고 있다. 그 꾸밈과 속임의 외관 때문에 사람들은 꽃피우기 내기를 한다. 꽃피우기 내기는 그것이 소유 욕망과 직접 관계가 없다는 인상을 준다. 그것은 다시 말해 순수한 내기이다. 그것은 이권하고 관계 없는 내기이다.

「창세가」의 폭력은 미륵님과 석가님의 대립으로 왜곡된 폭력이다. 그것은 불교식으로 해석된 폭력이다. 공식적인 해석에 의하면, 미륵보살은 현재불인 석가의 다음 대에 부처가 되기로 되어 있는 미래불이다. 미륵보살은 도솔천에 살다가, 그곳의 수명이 끝나면(석가가 죽은 뒤 56억 7천만세) 이 땅에 내려와〔彌勒下生〕부처가 된 뒤에 용화수 밑에서 세 번에 걸쳐 인연 있는 사람들에게 설법을 행하게〔龍華三會〕되는데, 우리는 미륵을 믿고 수행을 쌓아 죽어 도솔천에 올라가〔兜率上生〕미륵 곁에 있다가 미륵하생시에 같이 내려와야 한다. 「창세가」에서 흥미로운 것은, 그 석가와 미륵의 순서가 뒤바뀌어 있다는 점이다. 미래불인 미륵은, 거기에서, 과거불로 나타나고 있다. 그 전도는 무엇을 뜻하는 것일까? 옛날에는 태평했는데, 지금은 말세다라는 인식을 드러내기 위해서라면, 미륵 외의 다른 이름이 나타날 수도 있지 않을까? 확실한 것은 알 수 없지만 「창세가」가 만들어지기 시작했을 때, 다시 말해 미륵 신앙이 싹트기 시작했을 때, 불교의 교리는 이미 공식 이념화하여 엄청난 지배력을 발휘하고 있지 않았을까라는 추측을 할 수는 없을까? 석가를 지배 이념화하여 피지배 계층의 원한——나는 이 말을 한이 아니라 니체가 쓰는 르상티망의 뜻으로 쓴다——을 업으로 돌리려는 시도에 대한 무의식적인 저항이, 미륵을 석가의 위에 놓게 한 것이리라 나는 생각한다. 미륵 신앙이 형성된 지 얼마 지나지 않아, 미륵하생의 이름을 빈 민란이 자주 일어나고 있다는 불교 사상 연구자들의 지적은 그 점에서 음미할 만하다. 피지배 계층은 본능적으로 지배 이념화한 석가적인 것을 미륵적인 것에 의해 극복하려 한다. 석가적인 것은 그때 차라리 마성이고, 미륵적인 것이 그때는 불성이다.「창세가」의 미륵님이 석가님을 꼭, "축축하고 더러운 이 석가야"라고 부르고 있음을 주목할 만하다. 석가적인 것은 더럽고 축축한 것이다. 아니 차라리 공식적인 것은 다 더럽고 축축하다. 공식적인 것은 맑고 깨끗한 것이 아니라 축축하고 더럽다. 공식적 질서 역시 그러하다. 석가님의 승리는 공식 문화의 승리이지만, 그 공식 문화의 질서는 가짜 질서이다. 그 질서를 깨뜨려 마성을 제거하기 위해서는, 미래불에 귀의하는 수밖에 없다. 그 미래불의 이름으로, 반란의 의도를 감추고, 현재의 공식 문화를 비판하고 비난하기 위해서는, 미래불을 과거불로 바꿔놓고 석가님의 더럽고 축축한 면을 드러낼 수밖에 없다, 라는 것이「창세가」를 만든 이들의 마음의 움직임이 아니었을까. 공식 문화를 비판할 힘을 비공식 문화가 갖게 되는 것은 대개 그것이 쇠퇴하기 시작할 때이다. 그렇다면「창세가」가 만들어지기 시작한 때도, 사회가 혼란해지기 시작한 때가 아니었을까? 미륵 신앙에 대한 흥미있는 한 연구 서적을 펴낸 김삼룡은, 신라 말기의 궁예가 바로 공식 문화의 쇠퇴기에 나타난 가짜 미륵불의 하나라고 지적하고 있다. 궁예는 스스로 자신이 미륵불임을 자칭하고 불경 20여 권을 썼다고 한다. 그 바로 뒤에서, 김삼룡은 원전을 분명히 밝히지 않고서, 궁예가 썼다는 불경 어느 곳에 있다는 다음과 같은 설화를 제시해 주고 있다: "지나간 세상에 미륵이 석가와 같이 도를 닦을 적에 누가 먼저 도를 이루는 자가 이 세상에 나아가 교를 펴서 세상을 다스리기로 내기를 하였다. 그 방법으로 한 방에 같이 자면서 누구의 무릎 위에 먼저 모란꽃이 피는가 보고 먼저 꽃이 핀 편이 세상에 나가 세상을 다스리자고 하였다. 그런데 석가가 거짓으로 잠든 체하고 미륵을 바라보니 그 무릎에 꽃이 먼저 피어 있었다. 이에 석가는 도둑의 마음으로 그 꽃을 꺾어 자기 무릎에 꽂았다. 미륵은 그것을 알고 석가를 더럽다고 욕하고, 그러면 네가 먼저 나아가 세상을 다스리라고 하였다. 그러므로 석가 시대에는 사람들이 도둑의 마음을 갖게 되었으며, 지금이야말로 미륵인 나의 시대이다." 이 설화는 「창세가」의 꽃피우기 내기 설화와 거의 같다. 그러나 그것의 출처가 밝혀져 있지 않아, 어디에 이 설화의 원형이 실려 있는지 알 길이 없다. 만일 그것이 밝혀진다면 「창세가」가 만들어진 시기는 궁예 시대까지 거슬러올라갈 수 있을지 모르겠다. 그러나 공식 문화화한 석가적인 것에 대한 대항 문화로 발전한 미륵적인 것이, 그것 역시 폭력화하고 광신화하여, 억압적인 것이 되게 되는 일은 일어나지 않을까? 대응 문화가 공식 문화와 같은 방식으로 폭력적일 때, 그것을 대응 문화라 할 수 있을까! 그것 역시 공식 문화의 한 변형이 아닐까? 그런 의문을 가능케 하는 것은 6세기초의 사문법경(沙門法庚)이 만든 살인 집단의 이념이 미륵하생 사상이었다는 한 연구가의 지적이다. 태평스러운 세상을 만들기 위해 사람을 죽이는 사람들! 그 세상의 지배 이념이나 대항 이념의 폭력성은 같은 유형의 폭력성이다. 타기해야 할 것은 공식 문화의 지배 이념뿐만이 아니라, 같은 방식으로 거기에 대응하는 대응 이념의 폭력성이다.

『삼국유사』 권 5에 실려 있는 「월명사 도솔가」의 전반부에는 해가 둘 나타난 괴변에 대한 언급이 보인다. 해 둘은 상상 속에서가 아니라 실제로 나타나 사람들을 놀라게 한다. 그 텍스트의 전반부의 주된 기능 단위들은:
1) 해가 둘 나타나 열흘간이나 사라지지 않는다;
2) 인연 있는 중 월명사가 나타나 향가를 왼다;
3) 해의 괴변이 사라진다.

그 주된 기능 단위들을 보조하고 있는 표지·정보 등을 살펴보면, 그 괴변이 일어난 것은 신라 경덕왕 19년 경자 4월 1일이며, 월명사가 부른 향가는 「도솔가」이다. 괴변이 사라진 후에, 한 동자가 차와 구슬을 받들고 궁전 서쪽 소문에서 나타나 내원탑 속으로 사라지고, 차와 구슬은 남벽화 미륵상 앞에 놓여 있었다. 우선 해 둘이라는 설화적 요소: 해가 둘 나타나는 것은, 「천지왕 본풀이」에서 보듯이 혼란의 원인이다. 그것은 구분을 없애고, 모든 것을 동일자로 만든다. 그것은 큰 재앙이다. 그 재앙을 피하는 방법은 기도문을 짓는 것이다. 그것은 재난을 문화—예술적인 방법으로 피하는 방법이 고안되었음을 나타낸다. 그것은 제사를 지내면 그 부정적 성격을 지울 수 있는 재앙이다. 종교에 의한

재난의 극복과 같은 유형의 대안이다. 그 다음 노래라는 설화적 요소:
월명사는 기도문 대신 노래를 부른다. 노래는 제의적 성격의 노래이다.
그 노래의 제목이「도솔가」이다. 그 노래는 미륵에게 바치는 노래인 것
이다.

   오늘 이에 散花 블어
   쌘쑬본 고자 너는
   고둔 ᄆᆞᅀᆞ미 命ㅅ 브리옵디
   彌勒座主 뫼셔롸

라고 양주동이 옮긴「도솔가」의 뜻은 용루(龍樓)에 오늘 산화가(散花歌)
불러, 청운(靑雲)에 일편화(一片花)를 보내니 은중(殷重)한 직심(直心)의
부리는 바 되어 멀리 도솔의 대선가(大仙家)를 맞이하라"라고 한다. 월
명사는 꽃 한 송이를 바람에 실려 미륵에게 보내 해의 괴변을 없앤 셈
이다. 그 꽃은 물론 노래 속의 꽃이다.
 해의 괴변이 일어난 경덕왕 때(8세기 중엽)는 신라의 문화가 절정기
에 도달한 때이지만, 사회적으로는 진골들 사이에 전제주의의 타도를
위한 운동이 싹터나온 때이기도 하다. 경덕왕 때는 절대 왕정과 귀족
연합의 대립이 격화되어가는 시대이며, 그런 의미에서 해 둘의 출현은
의미심장하다. 그 대립의 와중에서, 절대적인 지위에 있는 왕이 대항
문화라 할 수 있는 미륵 신앙을 수용하고 있는 것 역시 매우 시사적이
다. 석가적인 것을 지배 이념으로 택해 귀족 계급을 적절히 제어한 왕
권이 그 대응 이념인 미륵 신앙을 받아들인 것은 무엇 때문이었을까?
미륵 신앙까지를 지배 이념으로 받아들일 수 있다고 판단한 것일까?
그 질문에 대해 적절한 대답을 나는 할 수 없지만,「월명사 도솔가」에
나타난 미륵상은 도가의 신선 사상에 아주 가깝다는 것은 지적할 수
있을 것 같다. 차와 구슬을 들고 있는 어린 아이, 내원탑 속으로 숨어
버린 아이와 미륵상 앞에 놓인 차와 구슬은 신선도에 나오는 소도구들
이지, 미륵하생 신앙에 미친 피지배자들의 표상이 아니다. 월명사의 미
륵은 불사의 신선과 관련된 미륵상생 신앙 속의 미륵이다. 그것은 내부
에 갈등을 간직하고 있으면서도 그것을 인식치 못하는 난숙한 문화의
한 상징이다. 그 문화가 바라는 것은 불사이다. 불사의 평화로운 외관

밑에서 난데없이 어느 날 해 둘이 솟아오른다. 마침내는 제의적 노래로도 없앨 수 없는 무서운 재앙이! 그때 폭력은 다시 시작된다.

　황석영의 『장길산』은 80년대에 나온 가장 중요한 소설 중의 하나일 뿐 아니라, 한국 현대 문학이 낳은 가장 중요한 성과 중의 하나이다. 그 소설에 대해서는 읽을 만한 비평들이 많이 씌어졌으므로, 그것에 대해 자세히 분석하고 싶은 마음은 아직 없다. 그것과 미륵 사상의 관계에 관해서도 김병익의 글은 간결하게 그 핵심을 이미 지적하고 있다. 『장길산』에 대한 글과 미륵 사상과 그것과의 관계에 대한 글도 자칫하면 김병익의 글을 베끼기가 십상이다. 그래서 나는 궁여지책으로 『장길산』의 미륵 신앙이 선명히 드러나 있는 9권, 10권만을 분석의 대상으로 삼아, 그 대강을 제시할 작정이다. 그 텍스트에 의하면, 미륵은 "글의 부처가 아니라, 상것들 부처"이다. 그 미륵과 만나는 인연을 갖고 있는 사람들은 "재난과 횡액, 가난과 외로움의 고통을 받는 사람, 다른 사람에게 종이 된 사람, 여덟 가지 재난의 업을 지어서 큰 괴로움을 받는 중생을 보고 저들의 고통을 구제하여 벗겨준 사람, 서로 이별하고 패를 갈라 싸우고 송사를 일으켜 고통받는 중생들을 좋은 방편으로 화합시키는 사람"들이다. 미륵과 인연을 맺은 자들은 핍박받는 피지배자들이며, 그들 편에 서 있는 지식인들이다. 그들은 이 세상의 그릇됨을 올바로 하기 위해 "몸을 던져서라도 실행"해야 한다. 그러니 미륵은 "상것들 부처"가 아니라, 백성 자체이며, 지식인 자체이다. 그 미륵이 오시는 때는 "악과 고통이 세상에 가득차는 때"이며, 미륵이 오면, "온갖 악한 것과 욕심과 상극이 모두 사라지고 서로 사이좋게 같이 사는 화평한 나라"가 생겨난다. 『장길산』에 나타난 미륵은 지상에 극락을 이루려고 싸우는 백성과 지식인들이다. 그 극락은 사랑으로 폭력을 감싸는 극락이다. 그것은 정의 방향에 있는 혼돈, 태초의 세계이다. 그렇다면 혼돈은 부의 방향에 서 있는 극락이다. 그곳에서는 악한 것도 욕망도 대립도 없다. 있는 것은 화평뿐이다. 그 극락은 「천지왕 본풀이」의 형이 다스리는 이승이며, 「창세가」의 석가님이 나오기 전의 이승이다. 그 극락은 경제적인 용어로 바꾸면 균등한 분배가 보장된 나라이다. 그렇다면 그 극락을 오게 하는 실천, 『장길산』의 용어를 빌면 활빈도란 "땅을 모두 빼앗아 갈아먹는 이에게 고루 나눠주어야 하는 일"이다. 그것이 뿌리이고 나머지는 잔가지들이다. 그 미륵 사상은 일종의 유토피아주의이다. 유토피아가 하나의 꿈이라는 것을 알면서도 그것을 위해 싸울 수밖에 없는 것이 유토피아주의자의 비애이다. 그 비애는 그러나 황홀한 비애이다. 그는 황홀 속에서 비애를 느끼기 때문이다. 극락을 바라다보는 것은, 황홀한 일이지만, 극락을 위해 싸우는 것은, 자기가 극락 안에 있지 않다는 것을 자각시키기 때문에 비애롭다. 미륵하생 신앙에 침윤된 자들은 그러므로 이 세계는 극락이 아니다라는 것을 분명하게 깨닫고, 그것을 깨달은 그만큼 초월 세계의 도래를 앞당기기 위해 열심히 싸운다. 그들이 보기에, 이 세상은 괴로운 세상이라는 것을 전신 감각적으로 체득하고, 극락 세계를 누구보다도 실현시키고 싶어하는 것은 "가장 천한 것"들이다. 가장 천한 것들이 사실은 미륵이나 극락의 씨앗들이다. 해 둘 달 둘의 혼란이 없어지게 할 수 있는 것도 그들뿐이다. 그들이 사랑으로, 화평으로 세운 나라야말로 폭력이 깃들일 자리가 없는 나라이다. 그것을 황석영은 물에 뜬 배라는 이미지로 아름답게 형상화한다.

그게 아니란다, 애야, 새로운 우리 세상이 바로 배가 되는 게야. 미륵님 세상이 배가 된다. 배는 물이 없으면 뜰 수가 없지 않으냐?
그럼 물은 또 무엇이우?
물은 우리 같은 천것들이고 만백성이란다. 우리 중생이 물이 되어 고이면 배가 떠서 나아가게 되는 게야.

해 둘 달 둘의 혼란은 중생의 물 위에 뜬 새 세상이라는 배에 의해 폭력 없이 극복된다. 그 이미지는 아름답다. 그러나 아름답다는 것은 아름답지 않다는 것을 전제하고 있다. 그 아름다운 이미지 저편에 계속 두 개의 해와 두 개의 달이 떠 있다.

「천지왕 본풀이」에서 『장길산』에 이르면서, 나쁜 폭력의 승리는 점점 은폐되고, 대립과 갈등이 없는 대동 세계의 가능성을 강하게 보여주는 종교적 왜곡은 갈수록 강해진다. 나쁜 폭력의 승리가 전면적이고 구체적인 신화의 세계는 종교—문화적 왜곡이 드러나기 시작하는 설화의 세계를 거쳐 드디어 종교—문화적 왜곡이 전면화되는 소설의 세계에 이른다. 신화의 세계, 설화의 세계, 소설의 세계라고 그랬지만, 물론 「천지왕 본풀이」「창세가」「월명사 도솔가」『장길산』이 각각의 세계를 상징적으로 표상하는 것은 아니고——하나가 전체를 완벽하게 표상한다면 논리는 얼마나 단순해질까!——그것을 부분적으로 표상할 뿐이지만, 부분적으로나마 표상한다는 점에서 나는 그렇게 쓴다. 그 세 개의 세계의 존재는, 인간에 관한 이야기의 세 개의 존재 양식을 은밀하게 드러낸다. 신화는 집단적으로 인간의 삶을 드러내기 때문에, 개별적이고 구체적이지는 못하지만, 개괄적이고 추상적이라는 이점을 갖고 있다. 신화에는 인간의 삶의 비밀이 상징적으로 감춰져 있다. 그 비밀을 우리가 쉽게 찾아내지 못하는 것은 우리가 신화를 그것을 만든 사람들처럼 읽지, 아니 듣지 못하기 때문이다. 그들에겐 단순한 기호들이 우리에겐 암호들이다. 설화도 집단적으로 인간의 삶을 드러내되, 그 집단은 여러 계급—계층으로 분화되어, 그 표상자들을 통해 드러낸다. 그만큼 구체성과 개별성을 획득하고 있지만, 그만큼 개괄성과 추상성을 잃고 있다. 그 설화 속에 표현된 삶의 진실 역시 그래서 때로는 부분적이다. 소설은 더 구체적이고 더 개별화된 사람들의 삶을 통해 삶의 진실에 도달하려 하기 때문에, 때로는 개체의 삶에 함몰하기도 하고, 때로는 진실이라고 믿는 것에 함몰하기도 한다. 개체의 삶에 함몰할 때, 그것은 설화에 가까워지고, 진실에 함몰할 때, 그것은 신화에 가까워진다. 그러니까 신화에서 소설이 이르는 길은 집단화에서 개인화에 이르는 길이며, 그 길은 일방 통행이 아니라 순환의 길이다. 개인화되어가면서, 사람들은 종교—문화적으로 나쁜 폭력을 왜곡한다. 그렇지 않으면 살 수가 없기 때문이다. 나쁜 폭력은 니체적 의미에서의 원한을 낳고, 그 원한은 내재화되어 공격성으로 전환된다. 그것이 전면화될 때, 파괴 자체를 즐기려는 이상 심리, 아니 정상 심리가 나타난다. 파괴 충동을 제어하기 위해, 그것의 위험성을 제일 민감하게 느끼는 자들은 제의—종교—문화에 도피한다. 아니 그것으로 그 충동을 감싼다. 나쁜 폭력은 전면적이지 않고 부분적이며, 항구적이 아니라 일시적이다. 그것에서 벗어나려면 나쁜 폭력이 없는 초월 세계에 들어가면 된다. 그 초월 세계는 어디 있는가? 이 지상에서 그런 초월 세계를 만들려고 하는 네 마음속에 있다. ……그렇다면 나쁜 폭력을 낳는 욕망이 바로 초월 세계를 낳는 욕망이 아닌가. 나는 그렇다라고 대답하고 싶다. 남의 것을 빼앗아 자기 것으로 만들고 싶다는 욕망이, 무서워라, 그 욕망이 바로 초월 세계를 낳는 욕망이다. 황석영식으로 말하자면, 가장 천한 것들이 가장 강하게 욕망한다.

  욕망은 그러나 현실이 아니다. 욕망은 현실이 아니기 때문에, 자신을 이야기를 통해 드러낸다. 나는 그러나 욕망과 이야기의 관계에 대해 이미 한 편의 글을 쓴 적이 있다. 이곳에 나는 최두석의 시 한 편을 인용함으로써, 더 이상의 설명을 피하려 한다.

> 노래는 심장에, 이야기는 뇌수에 박힌다
> 처용이 밤늦게 돌아와, 노래로써
> 아내를 범한 귀신을 꿇어 엎드리게 했다지만
> 막상 목청을 떼어내고 남은 가사는
> 베개에 떨어뜨린 머리카락 하나 건드리지 못한다
> 하지만 처용의 이야기는 살아 남아
> 새로운 노래와 풍속을 짓고 유전해가리라
> 정간보가 오선지로 바뀌고
> 이제 아무도 시집에 악보를 그리지 않는다
> 노래하고 싶은 시인은 말 속에
> 은밀히 심장의 박동을 골라넣는다
> 그러나 내 격정의 상처는 노래에 쉬이 덧나
> 다스리는 처방은 이야기일 뿐
> 이야기로 하필 시를 쓰며
> 뇌수와 심장이 가장 긴밀히 결합되길 바란다.
>   ─최두석, 「노래와 이야기」

욕망이 있는 한, 이야기는 언제 어디서나 살아 남는다.

III

소설은 왜 읽는가

호랑이가 담배를 끊으면 사람은 살맛이 없다……
—송욱, 단장(1979. 11. 12)

라디오와 텔레비전이 보급되기 전이어서였겠지만, 어렸을 때 내가 제일 좋아한 것은 어머니나 아버지의 무릎을 베고 드러누워, 어머니나 아버지가 해주시는 옛날 이야기를 듣는 것이었다. 그 옛날 이야기의 종류는 아주 다양해서, 전래의 동화에서부터, 내가 잘 알 수 없는 나라의 이야기에 이르기까지 종횡무진이었다. 그 이야기들의 거의 대부분을, 나는 커서 이 책 저 책에서 다시 확인할 수 있었지만, 물론 그 재미는 옛날만 못했다. 어렸을 때 즐겨 먹던 목화꽃·감꽃·삘기·조선배추 밑둥 등이 먹고 싶어, 나이든 뒤에 어렵사리 그것들을 구해 먹었을 때의 맛 비슷이, 그 옛날 이야기들은 추억의 달무리 속에서 더욱 빛나고 있었다. 어렸을 때에, 그토록 이야기를 듣고 싶었던 이유는 무엇이었을까? 무엇이 어린애를 이끌어, 알 수 없는, 혹은 너무 자주 들어 익숙히 알고 있는 이야기의 세계로 달려가게 했을까? 지금도 대부분의 경우, 어머니 아버지의 추억은 그 이야기의 부드러운 공간 속에 녹아든다. 그 부드러운 어투하며, 포근한 무릎, 그리고 시원하고 따뜻했던 방바닥 등의 공간이 그 추억의 공간이다. 그 공간은 언제나 되돌아가고 싶은 공간이며, 그곳에서는 삶이 살 만하다고 느껴지는 공간이다. 지금 돌이켜 생각해보면, 어린애였을 때의 나의 삶은 말타기·자치기·구슬치기·제기차기·흙먹기 등의 놀이의 공간과 그 이야기의 공간으로 이루어져 있었던 것 같다. 이야기의 공간 속에서 나를 끝내 놔주지 않은 것은 호기심이었다. 내가 살고 있는 그 좁은 공간 밖에 무엇이 있을까 하는 호기심을 옛날 이야기들은 끊임없이 자극하고 있었다. 이야기를 아무리 들어도 그 호기심은 채워지지 않는다. 호기심은 채워지지 않지만, 이야기를 듣다보면, 내가 살고 있는 삶과는 다른 어떤 삶이 있는 것은 분명하게 느껴졌다. 호기심은 이야기를 들을 때의 그 만족 혹은 행복의 느낌과 교묘하게 융합하여 삶의 공간을 부드럽게 만들고 있었다. 그렇다면 그 호기심은 어디에서 생겨나는 것일까?

그 호기심의 심리적 자리를 끝까지 파헤쳐본 정신분석학은 그 자리가 욕망이라고 말한다. 사람의 마음은 편하고 즐겁게 살고 싶다는 생득적 욕망을 갖고 있다. 그러나 자기 하고 싶은 것을 다하고 살 수는 없다. 그래서 사람들이 무리를 이뤄 살게 된 후에, 그 욕망을 최소한으로 규제하려는 시도가 생겨나게 된다. 정신분석학에서는, 자기 하고 싶은 대로 하고 싶어하는 욕망을 쾌락 원칙이라고 부르고 그것을 규제하는 법규들을 현실 원칙이라고 부른다. 쾌락 원칙이 현실 원칙에 의해 적절하게 규제되지 않으면 사회는 성립될 수 없다. 그 현실 원칙 중에서 제일 중요한 것은, 아버지는 딸과 동침해서는 안 되며, 어머니는 아들과 성적 관계를 맺어서는 안 된다는 금기이다. 그 금기 때문에 욕망은 억압되고, 억압된 욕망은 원래의 욕망을 변형시켜 그 모습을 드러낸다. 이야기는 바로 그 욕망을 변형시켜 드러낸 것이어서 사람들의 한없는 호기심을 자극한다. 이야기에서 사람들은 자기 욕망의 시원의 모습을 감지할 수 있다. 정신분석학은, 아버지의 위치를 지나치게 중요시하며, 결혼을 배타적 2인 거주로 규정하고 있다는 특징을 갖고 있기 때문에, 가령 모권 사회나 배타적 2인 거주가 아닌 결혼 생활에서도 그것이 적용될 수 있을 것이냐에 대해서는 많은 논란이 계속되고 있는 것이지만, 배타적 2인 거주가 결혼의 보편적 형태로 되어 있는 곳에서는 그것의 적용이 상당히 그럴듯한 것으로 인정받고 있으므로, 그것의 설명을 완전히 틀린 것이라고 말할 수는 없다. 그 이론을 따라가자면, 어린 애들은 현실 원칙에 의거하여 자신의 부정적 욕망을 적절하게 억제한다. 적절하게 억제 못 한 사람들이 꾸며대는 이야기들이, 사실은 그들의 가족 생활을 얼마나 왜곡하고 있는가를 정신분석학은 숱하게 보여주고 있다. 그 꾸며진 이야기들을 정신분석학의 아버지라 할 수 있는 프로이트는 가족소설, 다시 말해 가족에 대해 꾸며낸 이야기라고 부르고 있다. 정신분석학의 그러한 가정을 조금 더 발전시켜본다면, 쾌락 원칙이 지배하려 하고 있는 것은 성뿐만이 아니다. 그것은 재화까지를 포함한다. 성적인 측면에서, 자기가 하고 싶은 것을 마음대로 하고 싶다는 욕망은, 그 상대방이 누구든 그 상대방을 소유하고 싶다는 소유 욕망이며, 그 소유 욕망은 성적 재화뿐만 아니라 물적 재화까지를 대상으로 삼고 있다. 재화는 적고 욕망은 크기 때문에, 거기에도 현실 원칙이 작용하며, 그 현실 원칙 때문에 금기가 생겨난다. 가장 간단하면서도 확실한 금기는 도둑질하지 말라는 금기이다. 근친상간을 하지 말라는 금기와 도둑질하지 말라는 금기는 한없는 소유 욕망을 달래는 최소한도의, 그러나 절대적인 금기이다. 그 금기에 대한 호기심이 바로 이야기를 듣고 싶어하는 호기심이며, 그 금기에 대한 호기심이 바로 이야기를 하고 싶어하는 욕망이다. 그 욕망의 뿌리가 같기 때문에 이야기를 듣고 싶어하는 욕망이나 이야기를 하고 싶어하는 욕망은 같은 구조를 갖고 있다. 그 욕망을 끝까지 밀고 나가면, 맨 마지막은 죽음이다. 근친상간하는 사람이나 도둑질하는 사람을 사회는 마침내 용서하지 않기 때문이다.

　이야기를 듣고 싶어하는 호기심이나 하고 싶어하는 욕망은 죽음과 맞닿아 있다. 실제로 이야기에 대해 일정한 거리를 취하는 건강한 사람들도, 술에 취해 의식이 어느 정도 마비되면 다시 말해 의식이 죽음과 가까워지면, 한없이 이야기하려 하고, 한없이 들으려 한다. 술좌석에서, 한 이야기가 되풀이 이야기되고, 이미 들은 이야기를 또다시 들으려는 욕심이 생겨나는 것은, 술이 억압된 욕망의 뿌리를 흔들기 때문이다. 의식이 완전히 죽지 않는 한, 속에 있는 말―이야기가 모두 밖으로 나오는 법은 거의 없다. 아니 절대로 없다. 이야기가 죽음과 맞닿아 있다는 것은, 이야기에 대한 두 개의 옛이야기에 분명하게 나타나 있다. 『아라비안 나이트』에는 천하루 동안, 한국식으로 번역하면 영원이라고 할 수 있을 정도로 오래, 밤마다 이야기를 하게 운명지워진 한 여인이 나온다. 세헤라자드라는 이름을 갖고 있는 그녀는, 자기 아내의 부정에 크게 노하여, 여자의 정절을 믿지 않게 된, 그래서 하룻저녁을 보낸 뒤 같이 잔 여자를 죽이는 나쁜 습관을 갖게 된 왕의 버릇을 고치기 위해, 왕 앞에서 재미있는 이야기를 함으로써 자신의 죽음을 유예시켜나가다가, 결국 왕의 나쁜 버릇을 고치게 된다. 그녀의 이야기는, 죽이고 싶어하는 왕의 욕망과 살고 싶어하는 그녀의 욕망 사이에 있다. 아니 차라리 그녀의 이야기는 그 두 욕망 사이의 가교이며, 이야기가 진행되는 한, 두 욕망은 팽팽한 긴장 관계를 유지한다. 그 어느 쪽 긴장이 풀어져도 그 결말은 죽음이다. 죽음과 싸우는 세헤라자드 못지않게, 레비-스트로스라는 프랑스의 한 인류학자가 대번에 그리스의 미다스왕 이야기와의 유사성을 발견해낸, 임금님 귀는 당나귀 귀라는 이야기를 하고 싶어 죽음에 이르는 한 복두장이의 이야기 역시 이야기가 죽음과 관련되어 있다는 것을 여실히 보여준다. 임금님은 자기 비밀이 퍼지면 조롱거리가 되기 때문에 이야기를 끝까지 막으려 한다. 이야기를 하면, 혹은 이야기를 잘못하면 죽는다. 그런데도 이야기가 하고 싶어 죽을 지경이다. 실제 복두장이는 이야기가 하고 싶어 죽을 병에 걸린다. 그는 대나무숲에 가서 이야기를 하고서야 살아난다. 그것은 이야기에 쾌락 원칙이 숨어 있다는 한 좋은 증좌이다. 쾌락 원칙을 감추고, 현실 원칙을 감수하면서, 사실은 변형된 모습으로 쾌락 원칙을 드러내려 하고 있기 때문에 이야기는 죽음—금기와 맞닿아 있다. 이야기를 하는 사람이나 이야기를 듣는 사람이나, 그 마음의 뿌리는 쾌락의 원칙에 가능하면 가까이 가, 현실 원칙의 금기를 이겨보려는 욕망이다. 쾌락 원칙이 현실 원칙을 이길 수는 없다. 쾌락 원칙이 현실 원칙을 이길 때, 사회는 유지될 수 없다. 사회는 그래서 쾌락 원칙을 좇는 사람들을 감옥이나 정신병원으로 보낸다. 이야기는 그 감옥이나 정신병원에 들어가지 않기 위해 쾌락 원칙이 현실 원칙을 피해 자신을 드러내는 자리이다. 아니다. 이야기는 쾌락 원칙이 자신을 드러내는 자리가 아니라, 현실 원칙이 쾌락 원칙을 어떻게 억압하고 있으며, 그것은 올바른 것인가 아닌가를 무의식적으로 반성하는 자리이다. 쾌락 원칙만을 좇아서 살 수는 없다. 그렇다면 사회가 유지될 수 없다. 그러나 현실 원칙이 적절하게 쾌락 원칙을 규제하고 있는가 그렇지 않은가는 반성할 수 있다. 그래야 자유로운 공간이 조금씩 넓어질 수 있다.

이야기의 종류는 한이 없다. 이야기하는 사람의 수효도 한이 없으며, 이야기를 듣고자 하는 사람의 수효도 한이 없기 때문이다. 같은 이야기라도, 하는 사람이나 듣는 사람에 따라 조금씩 달라진다. 그 이야기들은 크게 두 종류로 나눌 수가 있다. 하나는 세속적 이야기라고 부를 수 있는 것으로, 우리가 삶을 영위해나가면서 매일 듣는 일상적인 이야기들이 바로 그것이다. 그것의 가장 대표적인 예가 저녁에 집에 돌아온 남편에게 그날 일어난 일들을 시시콜콜 이야기하는 아내의 이야기이다. 세금 이야기, 아이들 이야기, 이웃집 여자 이야기, 신문 가십란 이야기 등 그녀의 이야기는 한이 없다. 그 이야기는 거창한 것도 아니고 별난 것도 아니다. 대개의 경우, 그녀가 하는 이야기들은 사소한 것들이며, 들어도 그만, 안 들어도 그만인 것들이다. 그러나, 놀랍게도 그 사소한 이야기들 속에, 한 철학자가 범속한 트임, 세속적 트임이라고 부른 삶의 예지가 번득이는 경우가 있다. 그 삶의 지혜가 상투화되면, 다시 말해 공공의 의견이 되면, 그것은 속담으로 축소화된다. 그러니, 암탉이 울면 집안이 망한다네; 그러니, 서당개 삼 년이면 풍월을 한다네——이렇게 이야기 속에 담긴 지혜는 속담으로 정리되고, 그 정리는 새 변형, 새 이야기를 만들어낸다. 그 세속적 이야기 곁에, 혹은 위나 아래에, 환상적 이야기라고 부를 수 있는 별난 이야기가 있다. 그 이야기는 사소한 실제의 이야기들과 다르게 비현실적인 별난 이야기이다. 그것은 일상적인 것이 아닌 묘한 이야기들이다. 그 비일상적 이야기들은, 일상적 이야기들이 속담으로 정형화되듯, 수수께끼로 정형화된다. 깎아낼수록 커지는 것은 뭐니? 연필심이야. 그런 수수께끼는 일상적인 것을 비일상적인 것으로 환치시킨다. 수수께끼는 환상적 이야기 속에서 기능적으로 작용, 여러 변형을 만들어낸다. 환상적 이야기에는 그 기능적 수수께끼들이 많다. 일상적 이야기의 이편은 현실이며, 환상적 이야기의 저편은 꿈이다. 현실과 꿈은 일상적 이야기나 환상적 이야기를 매개로 인간의 삶 속에서 연계된다.

현실이나 꿈은 삶이지 이야기가 아니다. 이야기는 현실과 꿈 사이에 있다. 현실과 꿈 사이에 있는 이야기를 정제하여 줄글로 옮겨놓은 것이 소설이다. 모든 이야기가 다 소설이 될 수 있는 것은 아니다. 구태여 쟝르별로 가르자면, 어떤 것은 소설이 되고, 어떤 것은 자서전—회고록이 되고, 어떤 것은 수필이 된다. 수필은 붓 가는 대로 쓴 글이 아니다. 그것은 쓰는 사람의 입장에서, 서술의 측면에서는 나의 입장에서, 내가 읽은 것, 보고 들은 것을 삽화적으로 나열하고, 거기에서 삶에 대한 어떤 태도를 찾아내 표명한다. 어떤 태도를 표명한다는 점에서, 그것은 철학에 가까워지지만, 내가 읽고, 보고, 들은 것을 삽화적으로 나열한다는 점에서, 그것은 문학에, 아니 소설에 가까워진다. 그것은 철학의 세계관과 소설의 구체성 사이에 존재하는 쟝르이다. 그것은 단편적인 이야기들을 모아, 세계에 대한 태도를 표명한다. 이야기들은 단편적이지만, 그것들은 구체적이고 비관념적이다. 단편적인 혹은 삽화적인 이야기들을 통해서 세계에 대한 태도를 표명하기 때문에, 그것은 비체계적이고 반체계적이다. 비체계적이고, 반체계적이지만, 그 이야기들에는 진솔한 삶의 지혜가 담겨져 있다. 자서전—회고록은 수필보다 더 유기적이고, 체계적인 수필이다. 자서전—회고록은 쓰는 사람의 과거에서, 의미있고 특징적인 사건들을 끄집어내, 그것들을 유기적으로 배열하고 그 유기적인 배열 속에서, 삶에 대한 일관된 태도 표명을 이끌어내는 이야기이다. 자서전—회고록에 기록된 이야기들은 삽화적이고 일화적인 이야기들이 아니고, 쓰는 사람인 내가 의미있게 체험한 사건들이나 이야기들이다. 소설은 수필이나 자서전과 다르게, 쓰는 사람이 읽거나 보고 들은 것을 나의 입장에서가 아니라 소설 속의 인물들의 입장에서 서술하는 이야기이다. 콩트(장편소설)·단편소설 등은 이야기를 단편적으로, 삽화적으로 다루는 경향이 있으며, 중편소설·장편소설은 유기적으로 다루는 경향이 있다. 여기서 주의할 것은, 소설에 나라는 인물이 나온다 하더라도, 그 인물은 글을 쓰는 사람이 아니라는 것이다. 소설에 대한 중요한 혼란 중의 하나는 소설 속에 나오는 내가 바로 쓰는 사람을 의미한다고 믿는 경향이다. 소설 속의 나는, 삼인칭 그의 변형이지, 소설을 써서 원고료를 받아 생계를 꾸려나가는 소설가가 아니다. 그렇다고 해서, 소설 속의 나 속에 소설가가 조금도 투영되지 않는다는 진술은 아니다. 소설 속의 소설가는 차원이 다른 인물이다. 소설 속의 사건은 현실의 것을 그대로 베낀 것이 아니라 변형시킨 것이다. 흔히 쓰이는 예이지만, 가령 술이 반 남아 있는 술병을 보고, 아 이제 반밖에 안 남았구나라고 이야기할 수도 있고 야 아직 반이나 남았구나라고 이야기할 수도 있다. 소설 속의 사건이 현실의 사건을 변형시킨 것은 그런 의미에서이다. 그때의 변형은 해석에 가까운 의미를 갖고 있다. 그것이 어떤 이야기이든, 객관적으로 있는 그대로 사건을 재현할 수는 없다. 사건은 어떤 형태로든지 해석되어야 변형되어 전달될 수 있다. 해석 없는 전달은 있을 수 없다. 바로 여기에서, 나는 다시 욕망이라는 개념과 만난다. 사물을 해석하는 힘의 뿌리가 욕망이다. 현실 원칙 때문에 적절하게 규제된 욕망이, 마음의 저 깊은 곳에 자리잡고 있다가,

사건들을 이야기할 때, 슬그머니 작용하여, 객관적 사실을 자기 욕망에 맞게 변형시킨다. 객관적 사실이, 자기의 욕망을 크게 충격하지 않을 때, 그 변형은 그리 크지 않다. 그러나 객관적 사실, 다시 말해 자아 밖에 있는 사실이 자아 속에 있는 욕망을 크게 충격할 때, 그 변형은 갑작스럽고 전체적인 것이 된다. 그 세계는 세계를 욕망하는 자의 변형된 세계이다. 이야기는 그 변형의 욕망이 말이 되어 나타난 형태다. 소설의 세계는 그런 의미에서 작가의 욕망에 따라 변형된 세계이다. 그 세계는 작가가 해석하고 바꿔놓은 세계이다. 그 세계가 살 만한 세계인가 아닌가 하는 것은 작가에게 중요하지 않다. 작가에게 중요한 것은 그 세계가 자기의 욕망이 만든 세계라는 사실이다. 세계는 세계를 욕망하는 사람들에 의해 더욱 생생해지고 활기 있게 된다. 소설은 그 욕망의 세계를 구체적으로 드러낸다. 그것은 시처럼 감정의 세계만을 보여주는 것도 아니고 철학처럼 세계관만을 보여주는 것도 아니다. 그것은 세계를 구체적으로, 욕망의 대상으로 제시한다. 소설은 그 어떤 다른 예술보다도 구체적으로 그리고 전체적으로 세계를 보여준다. 소설 속에는 세 개의 욕망이 들끓고 있다. 하나는 소설가의 욕망이다. 소설가의 욕망은 세계를 변형시키려는 욕망이다. 자기 욕망의 소리에 따라 세계를 자기식으로 변모시키려고 소설가는 애를 쓴다. 두번째의 욕망은 소설 속의 주인공들의 욕망이다. 소설 속의 인물들 역시 소설가의 욕망에 따라, 혹은 그 욕망에 반대하여 자신의 욕망을 드러내고 자신의 욕망에 따라 세계를 변형하려 한다. 주인공, 아니 인물들의 욕망은 서로 부딪쳐 다채로운 모습을 드러낸다. 마지막의 욕망은 소설을 읽는 독자의 욕망이다. 소설을 읽으면서, 독자들은, 소설 속의 인물들은 무슨 욕망에 시달리고 있는가를 무의식적으로 느끼고, 나아가 소설가의 욕망까지를 느낀다. 독자의 무의식적인 욕망은 그 욕망들과 부딪쳐, 때로 소설 속의 인물들을 부인하기도 하고, 나아가 소설까지를 부인하기도 하고, 때로 소설 속의 인물들에 빠져 그들을 모방하려 하기도 하고, 나아가 소설가까지를 모방하려 한다. 그 과정에서 읽는 사람의 무의식 속에 숨어 있던 욕망은 그 모습을 서서히 드러내, 자기가 세계를 어떻게 변형시키려 하는가를 깨닫게 한다. 소설 속의 인물들은 무엇 때문에 괴로워하는가, 그 괴로움은 나도 느낄 수 있는 것인가, 아니면 소설속의 인물들은 왜 즐거워하는가, 그 즐거움에 나도 참여할 수 있는가, 그것들을 따지는 것이 독자가 자기의 욕망을 드러내는 양식이다. 그 질문은 이 세계는 살 만한 세계인가, 이 세계의 현실 원칙은 쾌락 원칙을 어떻게 억누르고 있는가라는 질문과도 같다. 그 질문을 통해, 여기 내 욕망이 만든 세계가 있다라는 소설가의 존재론이, 이 세계는 살 만한 세계인가라는 읽는 사람의 윤리학과 겹쳐진다. 소설은 소설가의 욕망의 존재론이 읽는 사람의 욕망의 윤리학과 만나는 자리이다. 모든 예술 중에서, 소설은 가장 재미있게, 내가 사는 세계는 살 만한 세계인가 아닌가를 반성케 한다. 일상성 속에 매몰된 의식에 그 반성은 채찍과도 같은 역할을 맡아 한다. 이 세계는 과연 살 만한 세계인가. 우리는 그런 질문을 던지기 위해 소설을 읽는다.

비평의 유형학을 향하여

　해방(1945)이 되었다. 그것은 문화사적으로도 매우 중대한 사건이었다. 비록 자주 독립이 아니라 해방이었지만, 해방은 한국민이 한국어로 사유하고 행동하는 것이 이상하거나 부자연스럽지 않게 만들어주었다. 한국어는 다시 감정의 차원뿐만 아니라 사상이나 실천의 차원에서도 가장 중요한 도구가 되었다. 한국민들의 상당수는 일본어로 교육받았기 때문에 해방이 된 후에 한국어로 사유하는 데는 큰 곤란을 받았다. 글 쓰는 것을 전문으로 하는 문인들까지도 한국어로 사유하고 한국어로 글을 쓰는 대신 일본어로 사유하고 한국어로 글을 쓰는 파행적 글쓰기를 계속할 수밖에 없었다. 해방은 한국 문화의 여건 자체를 바꿔놨지만, 아니 차라리 왜곡되었던 여건을 바로잡았지만, 또한 분단을 정당화하였다. 밖에서 주어진 해방은 한국이 두 개의 나라로 분단되는 것을 어쩔 수 없는 여건으로 받아들이게 하였고 그것은 문화적으로 중대한 결과를 낳았다. 마르크스-레닌주의를 이념으로 받아들인 이북에서는 자유주의적이고 개인주의적인 모든 활동이 자본주의적인 것으로 배척되었고, 자본주의의 경제 원칙을 받아들인 이남에서는 마르크스-레닌주의적인 모든 것이 공산주의적인 것으로 배척되었다. 해방 후의 문화적 공간은 일본어의 영향과 분단의 현실에서 자유스럽지 못했다. 일본어의 영향은, 일본 식민주의가 의식적으로 교육한, 한국은 지리적으로 남의 지배를 받게 되어 있다는 타율성 이론과, 한국은 자생적으로 근대화할 수 있는 여건을 갖추지 못했다는 정체성 이론을 무의식중에 수락하는 결과를 낳았으며, 분단의 현실은 주어진 현실을 절대적이고 개조 불가능한 현실로 인정하여, 그곳의 이데올로기를 절대화함으로써 논리적 탄력을 때때로 잃어버리는 결과를 낳았다. 모든 문화적 노력이 그러했지만, 문학비평 역시 그러한 여건 밑에서 그러한 여건을 개선하기 위해 싸워나가지 않을 수 없었다.

　해방 직후의 문학비평이 부딪친 첫번째 과제는 한국 문학은 어떤 모습을 하고 있는가라는 질문이었다. 문학비평가들이 생각한 한국 문학은 한국의 현대 문학을 지칭하는 것이었고 그것은 고전 문학과는 완전히 다른 것이었다. 현대 문학은 고전 문학에서는 발견되지 않는 현대시·현대 소설·수필·희곡·평론 등으로 이루어져 있는 것이었다. 그것은 고전 문학과는 다른 문학이었으며, 그래서 전통 단절론이라고 불리는 이론(이어령·유종호)이 제시되었다. 현대 문학은 고전 문학과는 다른 전통, 서유럽적인 전통과 결부되어 있다는 이론이었다. 그 이론의 원형은 임화가 제시한 이식 문화론이었다. 이식 문화론이란 한국의 근대 문학이 일본의 것을 이식한 것이라는 이론이었다. 그것은 양옥·양복·양식·양약·양화·양등…… 등에 놀란 대도시 거주자의 신경질적인 반응이었지만, 문화적으로는 오랫동안 큰 영향을 발휘하였으며, 전통 단절론으로 변모하여 해방 후의 문화계를 지배하였다. 한 비평가는 현대 문학을 고전 문학이라는 나무에 새롭게 접붙인 것으로 이해하였으며, 한 비평가는 한국 문학이라는 화단에 새롭게 이식된 새 나무로 이해하기도 하였다. 해방 후의 비평가들은 그 새 현대 문학을 정리하는 데 큰 힘을 쏟았다. 그것은 조윤제·이병기가 고전 문학을 체계적으로 정리하려고 애를 쓴 것과 궤를 같이하는 것이었으며, 그 모순된 행위는 뒤에 변증법적으로 지양될 행위였다.

　현대 문학의 정리하에 매달린 첫번째 비평가는 백철(1908~1986)이었다. 일제에 협력한 경력이 있는 그는 참회의 심정으로 비평의 일선에 나서지 않고 식민지 시대의 문학을 정리하는 데 매달렸는데, 그 정리의 원리는 사조였다. 그 자신이 거기에서 중요한 배역을 맡고 있었던 백철은 식민지 문학에 대한 방대한 원자료를 갖고 있었고 그 자료의 방대함에 압도당했다기보다는 그 자료들을 간추릴 시간적 거리를 갖고 있지 못했기 때문에 실증주의적 원칙에 따라 그 모든 자료들에 같은 값어치를 부여하였고, 그 자료들을 사조라는 분류 원칙에 따라 나눴다. 사조에 따라 나눴기 때문에, 작품보다는 이론에 우선권이 주어지게 되었고, 뛰어난 작가보다는 많이 말하고 싸운 작가에게 우선권이 주어지게 되었다. 『신문학사조사』(결정판, 신구문화사, 1969)는, 『조선신문학사조사』(상권, 1947; 하권, 1949)에, "프롤레타리아 문학 부분에서 약간의 첨삭을 한 것과 해방 직후의 개관 부분에 증보를 했을 따름"인 그의 대표적 저술인데, 그는 거기에서 한국 현대 문학의 운동 패턴을, "선진한 외국 문학을 받아들이는 데 있어서 어떤 대표적인 작품의 번역을 통해서 운동을 확대시키기보다 우선 주조적인 것을 이론과 소개로서 받아들여서 일종 사조적인 문단 분위기가 앞서고 차츰 구체적인 문학 운동, 즉 작품에의 반영을 일으키고 하는"것으로 파악하고 있었다. 후진한 한국 문학은 선진한 외국 문학을 이론적으로 따라가려고 그곳의 최신 사조에 몰두해왔다는 그의 주장은 거의 모든 비평가들에게 공통된 의견이었다. 사조사로 한국 문학사를 정리하였기 때문에, 그는 사조 밖에 있는 문학가들을 등한시하지 않을 수 없었고, 사조 도입에 열성적인 문학가를 높이 평가하지 않을 수 없었다. 한용운과 같은 시인이 당한 폄하는 그 대표적인 것이었다. 그러나 그의 『신문학사조사』는 폭넓은 영향을 끼쳤다. 그것은 비록 사조사였으나 최초로 간행된 현대 문학사였으며, 아니 차라리 생생한 문학의 현장이었다. 그것을 통해서 한국 현대 문학을 체계화하게 된 거의 모든 독자들은, 무의식적으로, 외국의 선진한 문학사조를 받아들이는 것은 훌륭한 일이며 한국 문학은 외국 문학에 비해 질적으로 훨씬 떨어진다는 고질적인 고정관념을 갖게 되었다. 문학 연구가들의 상당수가 외국 문학에 달라붙게 된 것에는 그의 영향이 꽤 깊게 작용하였다. 모든 책이 다 그러하지만, 그 사조사가 부정적인 영향만을 끼친 것은 아니었다. 그것은, 한 시대의 정치·경제·사회적 움직임이 문학의 움직임과 밀접한 관계를 갖고 있다는 것을 풍부한 실례를 통해 보여줌으로써, 현실과 문학의 관계에 주의를 환기한 공적을 갖고 있었다. 그러나 그는, 그가 그 그룹의 일원으로 활약한 카프 문학파를 지나치게 사조사의 전면에 내세웠다는 비판을 받게 되었고, 그 비판은 새로운 문학사를 위한 노력으로 나타났다.

조연현(1920~1981)의 『한국현대문학사』(현대문학사, 1956)는 백철의 사조사에 대한 암묵적인 비판의 책이었다. 해방 후에 우익을 대표하여 싸운 조연현은 카프를 중심으로 서술된 백철의 사조사를 비판해야 할 필요성을 즉각적으로 느끼게 되었고, 그것을 구체화하는 과정에서 그가 택한 원리는 동인지·잡지 중심의 문학사였다. 그는 사회적 배경이나 이데올로기적 지향을 중요시한 백철과 다른 문학사를 쓰기를 원했기 때문에, 문헌을 중요시하는 태도로 기울었다. 그는 잡지나 동인지들을 꼼꼼하게 분석하는 좋은 점을 보였으나 그 태도의 뒤에는 잡지나 동인의 중심 인물은 누구였는가를 따져, 문단의 헤게모니를 쥔 작가를 우대하는, 백철의 태도와는 다르지만 마찬가지로 정치적인 의도가 숨어 있었다. 그에 의하면, 한국의 근대 문학은 『소년』 『청춘』 등을 중심으로 한 이광수·최남선의 2인 문단 시대를 지나, 『창조』 『폐허』 『백조』 『금성』 『개벽』 『조선문단』 등의 동인지 혹은 준동인지 시대를 이룩하고, 30년을 전후하여 다수의 대사회적인 잡지의 발간으로 사회적 문단 시대에 들어갔다는 것이었다. 그는 문단을 문학과 동일시하였고, 문단의 헤게모니를 무엇보다도 중요시하였다. 예를 들어, 프로문학과 순수문학의 대립을 말하면서 순수문학의 우월성을 주장하는 것도, 순수문학이 문단의 헤게모니를 잡고 있었기 때문이라고 그는 설명하였다. 이광수·김동인·염상섭이 인정하지 않았기 때문에 프로문학은 대단한 문학이 아니었다. 그의 문학사 역시 백철의 사조사와 마찬가지로 문학 연구가들에게 깊은 영향을 주었다. 동인지와 잡지를 중요시하는 태도와 문단의 헤게모니를 중요시하는 태도는 그에게서 연유한 것이었다. 창작가들을 무의식중에 사로잡고 있는 동인지 활동에 대한 유혹 역시 그에게서 나왔다. 그는 그의 문학사를 통해 그의 문단 활동을 정당화하려 하였고, 그 결과 문단 활동도 작품 활동과 같은 비중을 갖는 것이라는 이상한 환상을 심어주었다. 문단에서의 지위는 잡지나 단체에서의 지위에 의해 결정되는 것이었고, 그 지위의 높고 낮음은 작품의 질의 높고 낮음에 분명하게 대응하는 것이었다.

　백철의 사조사와 조연현의 잡지사는 약점이 많은 통사이었지만, 그것은 해방 이후에 최초로 나타난 통사이었으며, 그것은 작가·시인·비평가들에게 폭넓은 영향을 끼쳤다. 자기 나름의 시론·소설론을 갖고 있지 않으면 좋은 시인·소설가가 아니라는 고정관념에서부터, 외국 문학은 좋은 것이고, 한국 문학은 그것의 모방일 따름이다라는 자학적 무의식에 이르기까지 그것이 끼친 영향은 크고 깊었다. 그들의 선편적 작업은 그뒤에 세 방향에서 창조적으로 수용되었다. 그 하나는 한국 문학의 전범이 된 외국 문학을 정확히 알아야 되겠다는 외국 문학자들의 연구열을 그것이 촉발하였다는 것이며, 그 둘은 그 두 선편적 작업을 꼼꼼하게 다시 검증하려는 국문학자들의 노력이 시작되었다는 것이며, 그 셋은 그 연구의 대상을 이루는 작품들의 공간이 서둘러 만들어졌다는 것이다.

　백철의 사조사는 외국의 새로운 사조를 한국 문학은 항상 뒤쫓고 있다는 가설로 이루어진 통사였으므로, 외국의 새 사조에 대한 탐구의 열기를 크게 고조시켰다. 외국의 새 사조는 대개 일본이라는 매개항을 경유하여 들어왔으므로, 새 사조의 원래의 모습, 일본에서의 수용 양상, 그것의 재수용 양상 등에 비평의 관심이 집중된 것은 당연한 일이었다. 가령 예를 들자면 프랑스의 상징주의가 한국에 유입되었을 때, 왜 보들레르, 말라르메, 발레리 같은 대가들의 작품은 중요시되지 않고 사멩, 베를렌 등의 적은 상징주의 시인 등이 오히려 상찬되었는가 따위의 질문은 일본에서의 상징주의 수용을 이해하지 못하면 이해할 수 없는 질문으로 생각되었다. 외국의 사조 역시 그곳의 역사적 산물이지 선험적인 절대적 산물이 아니고, 그것이 다른 곳에 유입되면 필연적으로 굴절되어 수용되게 마련이라는 인식에 이르는 데에는 오랜 시간이 걸렸고, 문학을 사조사로 이해하는 것이 절대적인 방법이 아니라는 것을 인식하는 데는 더 오랜 시간이 걸렸다. 백철의 사조사에 촉발된 문학인들의 대부분은 한국 문학을 외국에서 무분별하게 이식해온 사조들이 범벅이 되어 있는 자리로 이해하였으며, 그 이유를 수입자의 몽매함에서 찾았다. 수입자들인 한국 문학인들이 서유럽어에 익숙하지 못했기 때문에, 그들은 일본어에 의지하여 새 사조를 받아들일 수밖에 없었으며, 거기에서 잘못은 생겨난 것이었다. 잘 생각하고 잘 쓴 외국 문학자와 잘못 받아들이고 잘못 쓴 한국 문학자의 대비, 잘생긴 사람과 멍청한 원숭이의 대비는 오랫동안 한국 문학인들을 사로잡은 끔찍한 대비였다. 그 끔찍한 대비는 사르트르와 이상을 비교하고, 퐁트넬과 이광수를 비교하는 글로 그 결실을 맺었다. 그 대비에서 우월한 쪽은 이미 결정되어 있었고, 한국 문학인은 다소간 거기에 어울리거나 안 어울리는 원숭이들이었다. 그 심리적 자학은 비판되어야 할 자학이지만, 그 이유가 설명될 수 있는 자학이었다. 그 자학에 시달린 세대는 백철의 세대보다 한 세대 아래 세대로서, 일본어로 교육받고, 학병·해방·육이오 등을 감수성이 가장 예민한 20대에 겪어야 했던 세대였다. 그들에게 있어, 인간은 내던져진 존재였고, 찢긴 존재였으며, 의미가 부여 안 된 존재였다. 왜 조선인이 일본을 위해 싸워야 하는지, 갑자기 어떻게 해방이 되었는지, 왜 동족끼리 싸우는지 하는 것이 분명하지 않은 상태에서,

다시 말해 내적 결단에 의거하지 않은 상태에서 그들은 생존의 여건들과 싸웠으며, 그 싸움은 약소 국민의 자학적 몸부림으로 곧장 전이되었다. 그것은 그러나 다행스럽게 학문적 열기로 전환될 수 있었고, 송욱(1925~1980)은 『시학평전』(일조각, 1961)을 거쳐, 김붕구(1922~)와 정명환(1929~)은 『한국인과 문학사상』(일조각, 1961)을 거쳐, 『전편해설: 님의 침묵』(과학사, 1974), 『작가와 사회』(일조각, 1973), 『한국 작가와 지성』(문학과지성사, 1978)에 이를 수 있었다. 송욱의 『전편해설: 님의 침묵』은 한용운의 『님의 침묵』을 하나의 통일된 유기체로 보고, 그 유기체를 지탱하는 힘을 도에 통한 사람의 증도(기독교적 어휘로는 간증이 되리라)라 본, 주제 비평의 한 선구적 전례를 이루었고, 김붕구의 『작가와 사회』는 사르트르, 생-텍쥐페리, 이광수·심훈의 대비를 통해 사변적 지식인의 허구성과 실천적 지식인의 성실성을 드러낸 관념 비평의 한 전범을 이루었고, 정명환의 『한국 작가와 지성』은 자기 존재와 세계의 의미를 반성적으로 사유하는 이성의 중요성을 강조함으로써 인상 비평을 극복할 수 있는 길을 열어주었다. 외국 문학자들은, 비록 그것이 자학의 몸부림이긴 하였으나, 외국 작가들의 대비를 통하여 한국 문인들의 자기 기만을 통렬하게 드러낸 공적도 갖고 있었다. 송욱·김붕구·정명환의 이광수 비판은 그 좋은 예를 이루는 것이었다.

백철의 사조사와 조연현의 잡지사는 또한 현대 문학 전공의 국문학자들의 연구열을 자극하여, 그들의 선편적 작업을 실증적으로 검토하고, 그들의 한계를 벗어나려는 노력으로 확대되었다. 실증적으로 한국 문학의 전부분을 뒤지는 일은 매우 광범위한 작업이었기 때문에, 국문학자들은 우선 분야사에 매달렸다. 시·소설·비평·희곡은 그들이 매달린 대표적인 분야이었고, 그 분야에 대한 실증적 연구는 거의 완벽하게 행해졌다. 각 분야의 대표적인 업적들은 김윤식(1936~)의 『한국근대문예비평사연구』(한얼문고, 1973), 이재선(1936~)의 『한국현대소설사』(홍성사, 1979), 김용직(1932~)의 『한국근대시사 1』(새문사, 1982), 유민영(1935~)의 『한국현대희곡사』(홍성사, 1982) 등이었다. 그 분야사들은 대개가 그 분야에 나타난 거의 모든 문학적 사실들을 실증적으로 제시하려 하였고(이재선의 『한국현대소설사』는 그 실증성에서 벗어나는 것을 한 목표로 삼은 주목할 만한 특이한 연구서이다), 그것들은 그래서 자료더미 위에 세워진 건축물이었다. 그 태도는 "사실의 재구성에 대한 혐오감을 역사 의식이라 착각하기 쉬운 유혹에서 벗어나기에 힘썼다"는 김윤식의 고백 속에 간명하게 나타나 있었다. 그 분야사들의 실증성을 비판하고, 도전—대응이라는 도식으로 문학사를 재구성하려는 시도는 김윤식·김현의 『한국문학사』(민음사, 1973)에 의해 이루어졌다. 그것은 근대 문학의 상한선을 영정조 시대까지 끌어올리고, 뛰어난 작가와 그렇지 못한 작가를 과감하게 가르고, 뛰어난 작가들이 시대적 압력에 어떻게 대응했나를 살폈으며, 문학 쟝르를 과감하게 해체·재조립하려는 새로운 시도로서 많은 주목을 받았다. 그 시도는 사조사나 잡지사 외의 통사 서술이 어떻게 가능한가를 보여주었다는 점에서 한 선편적 乾범을 이루는 것이었으나, 근대 문학의 기점을 영정조로 잡은 것이나, 좋은 작가들의 선정에 대해서는 많은 이의가 제기되었으며 제기되고 있다. 국문학자들의 노력은 그뒤에 완간되지 않았으나 그 야심적인 계획으로 주목을 끌고 있는 조동일(1939~)의 『한국문학통사 1~5』(지식산업사)처럼, 고전 문학과 현대 문학을 하나의 체계로 설명하려는 당연하지만 무척 어려운 시도로 진전되기도 하고, 분야사의 한계를 느끼고 김윤식처럼 정신사·사상사라고 부르는 분야로 나아가기도 하고, 성기옥·김대행처럼 운율·수사학 등의 문제를 따지는 일반 문학 이론으로 나아가기도 하였다. 그것은 백철의 사조사나 조연현의 잡지사가 폭넓게 극복되고 있다는 것을 보여주는 증거들이다.

    외국 문학자들이나 국문학자들의 문학 연구를 밑받침한 것은 인멸한 작품을 찾아내고 그것을 체계적으로 정리한 전집류들과 교정본들의 발간이었다. 그 전집류들은 중요한 작가들의 대표작을 수록한 전집, 한 개인의 전작품을 모은 전집을 포괄하는 개념이며, 교정본들은 여러 이본을 비교하여 비교적 타당성 있게 정본을 제시한 것을 뜻한다. 대표적인 작가들의 대표적인 작품들을 모은 전집으로 널리 이용된 것은, 백수사판 『한국단편소설전집』(전3권, 1958)과 민중서관판 『한국문학전집』(1959)이었으며, 그뒤를 이어, 신구문화사판의 『현대한국문학전집』(1967)이 발간되었다. 그 전집들의 발간은 구해보기 힘든 여러 작가의 작품들을 쉽게 구해볼 수 있게 만든 장점을 갖고 있었지만, 월북 작가들의 작품을 철저하게 배제, 월북 작가들에 대한 납득하기 힘든 환상을 심어주는 단점도 갖고 있었다.* 상당수의 독자들은 그들의 작품을 읽을 수 없다는

---

* 월북 작가들의 작품집은 홍명희, 『임거정』(사계절, 1985)과 기민근대소설선(기민

이유 때문에 그들의 작품을 고평하고 그들이 굉장한 작품을 쓴 작가라고 생각하고 있었다(나 자신은 그것이 사실이 아니라고 생각한다. 그것은 그들의 작품이 공간될 때 확인될 수 있으며, 그런 의미에서 나는 그들의 작품이 조속히 공간되어야 한다고 믿고 있다. 필요 없는 환상은 정신 건강에 아주 나쁜 결과를 초래하는 법이다). 그 전집들에 앞서서 혹은 뒤이어, 혹은 같이 중요한 작가들의 전집들이 간행되었다. 이광수·김동인·한용운·김소월·이상화·심훈·이효석·김영랑·박용철·이상·유치환·이육사·김환태·김광섭·김현승·김유정·박목월·조지훈·윤동주·김수영·박인환·오영수·박두진·신동엽·김춘수·황순원·김동리·최인훈·손창섭·고은·박용래·최서해·염상섭·채만식 등의 전집 간행은,『이상문학전집』(1956)의 성공 때문에 촉발된 것이었지만, 개별 작가들에 대한 연구열을 크게 고취시켰다. 그 개인 전집은 이제는 다시 새로운 작품을 볼 수 없게 된 작가들의 전집과 아직 작품을 쓰고 있는 작가들의 전집으로 나눌 수 있으며, 황순원 전집의 경우처럼, 전집마다(창우사·삼중당·문학과지성사) 그 내용이 조금씩 달라지는 경우도 있었다. 전집이나 개인 전집에 못지지 않게 중요한 것은, 그 대표적인 예로, 김용직 편『김소월전집』(문장사, 1981), 김종욱 편『원본소월전집』(홍성사, 1982), 이기철 편『이상화전집』(문장사, 1982)과 같은, 훌륭한 교정본들의 출현이었다. 한 작가의 작품을 놓고, 각 작품들의 이본들을 검토하여 정본을 확정하는 작업은 매우 힘들고 고된 작업이지만, 문학 연구에 있어서는 피할 수 없는 작업이다.* 그것은 끈기와 성실만이 열매를 맺게 해주는 작업이다. 그 작업은 주로 시인들의 작품에 대해서 행해졌지만, 소설가들의 작품에 대한 작업으로 확대되어야 할 작업이다. 대학 혹은 대학원에서 한국 문학을 공부하는 학생들이 대폭 늘어난 것은, 비판되어

―――――

사, 1987), 기민근대시선(기민사, 1986)의 발간으로 탈출구가 생겨났다. 그것들은 문공부의 납본필증을 받지 못하였으나, 은밀히 시판되었고, 1988년 2월에는『임거정』의 책 광고를 신문광고란에서 볼 수 있게 되었다. 거기에 촉발되어 나온 재북시인 백석의 시전집(『백석시전집』, 창작과비평사, 1988)과 정지용 전집(민음사, 1988), 김기림 전집(심설당, 1988), 이태준 전집(깊은샘, 1988)은 그 동안의 금기의 상당 부분을 깨뜨린 것으로, 중요한 문화사적 의미를 갖고 있다. 나는 공산주의자들의 전집까지도 결국은 출판되어야 한다고 믿고 있지만, 그것이 언제 이뤄질 것인지는 예측할 수 없다. ──1988

* 아마도 여기에는 복사판 자료집들의 출간이 덧붙여져야 할 것이다. 좋은 자료집의 출간은 연구의 질을 크게 높인다.

야 할 점도 많지만, 그런 작업을 가능케 하는 장점도 갖고 있었다.

⋯⋯그리고 사일구(1960)가 일어났다. 사일구는 성공한 혁명은 아니지만 완전히 실패한 혁명도 아니었다. 그것은, 한글로 사유하고 글을 쓰고 행동하는 세대가 하나의 실천적 세력으로 존재하고 있다는 것을 보여준 사건이었으며, 민주주의가 책에만 씌어져 있는 제도가 아니라 한국민이 싸워 얻어야 하는 제도라는 것을 가르쳐준 사건이었다. 사일구는 해방 직후 마주쳤던 문화적 혼란, 일본어로 사유하고 한국어로 글을 쓰고 행동하는 사유 유형과 분단으로 인한 이데올로기의 경직성을 비판할 수 있는 문화적 역량이 어느 정도 성숙되어 있음을 보여주었다. 사일구 후에 열병처럼 번져나간 주체성·근대화·세대 교체 등의 구호들은 그러한 역량의 발현이었다. 그런 구호들은 한국학이 깊이 있게 발전해가면서 더욱 강력한 힘을 발휘하게 되었다. 타율성 이론의 전거를 이루었던 당쟁과 사대가 새로운 관점에서 해석되었고, 정체성 이론을 비판하기 위해서 자본주의의 맹아를 추적하는 연구가 활발해졌다. 실학이라는 신유학이 새로운 조명을 받고, 그 문학적 성과는 황석영의 『장길산』으로 압축될 수 있겠지만, 근대의 여러 민란들이 새롭게 해석된 것도 그 때문이었다. 새로운 세대들은 심한 열등감 없이 한국사에 접근할 수 있게 되었으며, 그것은 문화적 자신감이라는 측면에서 매우 의미있는 현상이었다. 그 자신감이 지나쳐서, 한국의 고대사를 지나치게 확대 해석하려는 국수주의적 경향이 팽배한 것은 바람직한 것이 아니었지만, 그 자신감 때문에 한국의 과거가 성실하게 조명되기 시작한 것은 바람직한 것이었다. 동학이라든가 대종교·증산교⋯⋯ 등에 대한 관심의 재고 역시 그런 맥락에서 주의 깊게 봐야 할 현상이었다. 한국 비평은 그러한 심리적 자부심을 고취하며, 혹은 그러한 심리적 자부심의 결과로서 60년대 후반부터 활짝 꽃피어났다. 이식 문화론이나 전통 단절론은 새롭게 해석되고 비판되었으며, 후진 아니 주변 문화로서의 한국 문학의 선진성을 강조하는 이론이 나타났다. 그 이론에 의하면, 서유럽의 선진 문화는 제국주의적 팽창주의의 약점을 지니고 있으며, 그것은 제국주의의 피해를 직접 경험한 피식민 국가들의 후진 문화에 의해 극복될 수 있다는 것이었다.

동족 상잔이라는 민족적 수치에서 연유하는 허무주의적이고 패배주의적인 문화 의식은 소시민을 둘러싼 논의에서 그 극복의 계기를 찾았다. 지식인—문인들의 상당수는 자신을 소시민으로 규정했고, 소시민의 특성을 이루는 순응주의·출세주의·냉소주의…… 등에 대한 자각이 없는 한, 소시민의 세계를 벗어날 수 없다고 생각하였다. 생활의 방편이, 아니 뿌리가 되고 있는 소시민 근성에 대한 반성, 자기는 소시민이며 소시민으로 살아가고 있다는 데 대한 자각은 소시민 의식—시민 의식—역사 의식으로 그 논의를 진전시켜나갔고, 소시민 근성에서 벗어나, 한국 사회를 정직하게 보려 한 사람들에 의해, 한국민의 기층을 이루고 있는 농민 의식에 대한 탐구로 확대되었다. 한국 사회에서 농민이 차지하고 있는 위치는 근대화가 진행되어가면서 조금씩 변화하였다. 모든 말들이 그런 의미 변화를 감수하는 것이지만, 근대화 역시 60년대 초에는 서구화를 의미하다가, 70년대에 접어들면서 산업화를 의미하게 되었고, 산업화의 과정에서 새로 생겨난 도시 변두리, 박태순이 외촌동이라고 부른 동네 사람들에 대한 관심이 농민에 대한 관심을 조금씩 조금씩 잠식해 들어갔다. 그 외촌동 사람들은 대개 농촌에서 어쩔 수 없이 밀려나온 이농민들로서, 육체 노동으로 생계를 이어나가는 노동자들이었다. 그 노동자들에 대한 관심이 농민에 대한 관심을 잠식해들어갔다고 나는 썼지만, 그러므로 농민·노동자에 대한 관심은 결국 같은 관심이었다. 그 농민·노동자 들의 실제의 의식과 가능한 최대치의 의식 사이에는 엄청난 거리가 있었으나, 대다수의 논자들은 그 거리에 대한 사유를 명확하게 드러내지 않았다. 혹은 못 했다. (소)시민들의 반성하는 의식은 순응주의자로서의 농민의 의식을 비판하고, 사회 개조의 가능태로서의 농민 의식을 검토하는, 때로는 회의주의자들의 의식이라는 비판을 받았지만, 논의의 경색을 막는, 실제의 의식과 가능한 의식 사이의 의식이었다. 그 의식은, 문학이란 무엇인가, 문학은 무엇을 할 수 있는가를 끊임없이 검토하는 의식이었고, 그 검토는 인문·사회과학의 성과 없이는 불가능한 검토였다. 그런 의미에서, 60년대 후반의 비평가들은, 한 소설가가 비난하듯 부른, 사화과학파들이었다.* 그 사회과

---

* 80년대 중반에 들어서면서 그 사회과학파는 두 갈래로 나뉘게 되었다. 하나는 노동자 농민을 사회 개혁의 주체로 인정하고, 문학인은 그들에 복무해야 한다는 노동자주의이고, 또 하나는 토대만이 상부를 결정하는 것이 아니라, 상부도 토대에 영향을 준다는 중층 결정론을 받아들여 문학의 전문성·자율성을 옹호하려는 문학주의이다. 그 두 경향은 이 사회가 변혁되어야 한다는 명제에 동의하면서 변혁의

학파들은 엄격하게 말하면 인문·사회과학파들이었지만, 그러나 역설적이게도, 문학은 문학이다라고 주장하여 서유럽의 문학 이론을 그대로 답습하는 성향을 비판한다는 점에서, 문(文)·사(史)·철(哲)을 하나로 인식하는 전통적인 사유 방식에 그 맥이 닿아 있었다. 그들은 자기의 취향에 따라 역사학·정치학·경제학·철학·언어학·사회학·심리학…… 등에서 자유롭게 개념을 빌어왔고, 그것은 문학비평의 폭을 크게 넓혔다. 문학비평의 종류도 다양해졌고, 그 편차도 섬세해졌다. 그래서 문학비평을 그 대상으로 하는, 비평학 혹은 비평의 유형학이라고 불러야 할 학문이 생길 수 있을 정도였다.

소설은 학문이 아니지만 소설을 다루는 것은 학문이 될 수 있는 것과 마찬가지로, 비평은 학문이 아니지만 비평을 다루는 것은 학문이 될 수 있다. 모든 학문이 다 그렇듯이, 비평학 역시 비평을 분류하고 그 분류에 의미를 부여하는 작업인데, 그것은 아직 이뤄지지 않았다. 분류가 어려운 것은 그 분류에 원칙이 있어야 하며, 그 원칙이 끝까지 지켜져야 하기 때문이다. 완벽한 비평의 분류는 비평학이 발달한 뒷날에 이루기로 하고, 여기서는 세 범주로 비평가들을 나누고 각각의 비평가들의 저작을 자료로 제시하기로 한다. 비평을 분류하지 않고 비평가를 분류하는 이유는 편리함 때문이다. 한 비평가가 여러 형태의 비평을 쓸 수도 있기 때문에, 비평을 분류하여 서술하게 되면 한 비평가가 여러 비평 범주로 분산되는 일이 일어난다. 그것이 타기할 만한 일은 물론 아니지만, 비평의 분류 자체의 문제가 해결 안 된 상태에서는 오히려 번잡해지기 쉽다. 내가 비평가들을 세 범주로 나눈 것은, i) 모든 비평은 비평가의 문학관의 개진이다; ii) 비평가의 문학관은 그의 세계관의 표현이다라는 생각에 의해서이다. 그 세 범주란 문화적 초월주의, 민중적 전망주의, 분석적 해체주의이다. 문화적 초월주의란 문학이 현실 세계를 초월하는 가치를 갖고 있다라고 믿는 세계관을 뜻하며, 민중적 전망주의란 문학이란 민중에 의한 세계 개조의 실천의 자리이며 도구이

방법, 문학의 위치 등에 의견의 차이를 보인다. 노동자주의의 입장에서는, 문학주의는 소시민 의식에 아직 사로잡혀 있는 사람들의 사유 체계이며, 문학주의의 입장에서는, 노동자주의는 노동자에 편승하여 자신의 소시민성을 은폐하려는 사람들의 사유 체계이다. 그 논의는 우리가 어떤 사회 체제를 위해 싸우는가라는 질문으로 바뀌어야 생산적일 수 있는 논의일 텐데, 그러기 위해서는 깨나가야 할 금기들이 아직도 많다. 금기를 간직하고 싸우는 논쟁은 비틀어지게 마련이다. ──1988

다라고 믿는 세계관을 뜻하며, 분석적 해체주의란 문학이 우리가 익히 아는 경험적 현실의 구조 뒤에 숨어 있는, 안 보이는 현실의 구조를 밝히는 자리이다라고 믿는 세계관을 뜻한다. 같은 분석이지만, 문화적 초월주의에 있어서는 분석은 가치 판단이며, 민중적 전망주의에 있어서는 실천 행위이며, 분석적 해체주의에 있어서는 해체—구축이다. 작품은 물론 가치 판단을 가능케 하는 동적 존재이며, 실천 행위를 고취하는 움직임이며, 숨은 구조가 드러나는 자리이다. 문화적 초월주의에 속하는 비평가들은 유종호·천이두·신동욱·송재영·김우창·김용직·김윤식·김병익·김주연·김준오·최동호·오생근·김인환·권영민·송상일·조남현·이경수 등이며, 민중적 전망주의에 속하는 비평가들은 김병걸·백낙청·이선영·구중서·염무웅·임헌영·김종철·최원식·김영무·김흥규 등이며, 분석적 해체주의에 속하는 비평가들은 이상섭·김치수·김현 등이다. 그들이 펴낸 중요한 저서들의 목록을 보면:

* 유종호(1935~): 『비순수의 선언』(신구문화사, 1963); 『문학과 사회』(민음사, 1975); 『동시대의 시와 진실』(민음사, 1982); 『사회역사적 상상력』(민음사, 1988)

* 천이두(1929~): 『현대한국소설론』(형설출판사, 1969); 『종합에의 의지』(일지사, 1974); 『한국소설의 관점』(문학과지성사, 1980); 『문학과 시대』(문학과지성사, 1982); 『한국문학과 한』(이우출판사, 1985)

* 신동욱(1932~): 『한국현대문학론』(박영사, 1972); 『우리 시의 역사적 이해』(일지사, 1973); 『현대비평』(한국현대문화사대계 1, 고대출판부, 1975); 『문학의 이해』(고대출판부, 1975)

* 송재영(1935~): 『현대문학의 옹호』(문학과지성사, 1979); 『문학과 초언어』(민음사, 1987)

* 김우창(1937~): 『궁핍한 시대의 시인』(민음사, 1977); 『지상의 척도』(민음사, 1981)

* 김용직(1932~): 『한국문학의 비평적 성찰』(민음사, 1974); 『전형기의 한국문예비평』(열화당, 1979); 『한국근대문학의 사적 이해』(삼영사, 1977); 『한국근대시사 1』(새문사, 1982)

* 김윤식(1936~): 『한국근대문예비평사연구』(한얼문고, 1973); 『한국근대작가론고』(일지사, 1974); 『한국문학의 논리』(일지사, 1974); 『문학사와 비평』(일지사, 1975); 『한국현대시론비판』(일지사, 1975); 『한국근대문

학사상비판』(일지사, 1978);『한국근대문학사상사』(한길사, 1984);『황홀경의 사상』(홍성사, 1984);『이광수와 그의 시대』(한길사, 1986);『안수길연구』(정음사, 1986);『김동인연구』(민음사, 1987);『염상섭연구』(서울대출판부, 1987);『이상연구』(문학사상, 1987)

　* 김병익(1938~):『지성과 반지성』(민음사, 1974);『한국문학의 의식』(동화출판사, 1976);『상황과 상상력』(문학과지성사, 1979);『지성과 문학』(문학과지성사, 1982);『들린 시대의 문학』(문학과지성사, 1985);『전망을 위한 성찰』(문학과지성사, 1987)

　* 김주연(1941~):『상황과 인간』(박우사, 1969);『문학비평론』(열화당, 1974);『변동사회와 작가』(문학과지성사, 1979);『새로운 꿈을 위하여』(지식산업사, 1983);『문학을 넘어서』(문학과지성사, 1987)

　* 김준오(1937~):『시론』(문장사, 1982);『가면의 해석학』(이우출판사, 1985)

　* 최동호(1948~):『불확정시대의 문학』(문학과지성사, 1987)

　* 이경수(1943~):『상상력과 부정의 시학』(문학과지성사, 1986)

　* 오생근(1946~):『삶을 위한 비평』(문학과지성사, 1978)

　* 김인환(1946~):『문학과 문학사상』(열화당, 1978);『문학교육론』(평민사, 1979);『한국문학이론의 연구』(을유문화사, 1986)

　* 권영민(1948~):『한국근대문학과 시대정신』(문예출판사, 1983)

　* 송상일(1945~):『시대와 삶』(문장사, 1979)

　* 조남현(1948~):『한국 지식인 소설연구』(일지사, 1984);『한국 현대소설 연구』(민음사, 1988)

　* 김병걸(1925~):『문학과 사회의식』(창문문고, 1974);『리얼리즘 문학론』(을유문화사, 1976);『실천 시대의 문학』(실천문학사, 1984)

　* 백낙청(1938~):『민족문학과 세계문학』(창작과비평사, 1978);『인간해방의 논리를 찾아서』(시인사, 1979);『민족문학과 세계문학·2』(창작과비평사, 1985)

　* 이선영(1930~):『소외와 참여』(연세대출판부, 1971);『상황의 문학』(민음사, 1976)

　* 구중서(1936~):『구도의 언어』(카톨릭출판사, 1975);『문학을 위하여』(평민사, 1983)

　* 염무웅(1941~):『민중시대의 문학』(창작과비평사, 1979)

* 임헌영(1941~　): 『한국근대소설의 탐구』(범우사, 1974); 『창조와 변혁』(형성사, 1979); 『한국현대문학사상사』(한길사, 1988)
　* 김종철(1947~　): 『시와 역사적 상상력』(문학과지성사, 1978)
　* 최원식(1949~　): 『민족문학의 논리』(창작과비평사, 1982); 『한국근대소설사론』(창작과비평사, 1987)
　* 김흥규(1948~　): 『문학과 역사적 인간』(창작과비평사, 1980)
　* 이상섭(1937~　): 『문학연구의 방법』(탐구당, 1972); 『문학비평용어사전』(민음사, 1976); 『언어와 상상』(문학과지성사, 1980)
　* 김치수(1940~　): 『한국소설의 공간』(열화당, 1976); 『문학사회학을 위하여』(문학과지성사, 1979); 『박경리와 이청준』(민음사, 1982); 『문학과 비평의 구조』(문학과지성사, 1984)
　* 김현(1942~　): 『상상력과 인간』(일지사, 1973); 『사회와 윤리』(일지사, 1974); 『시인을 찾아서』(민음사, 1975); 『한국문학의 위상』(문학과지성사, 1977); 『우리 시대의 문학』(문장사, 1980); 『문학과 유토피아』(문학과지성사, 1980); 『젊은 시인들의 상상세계』(문학과지성사, 1984); 『책읽기의 괴로움』(민음사, 1984)

　일제 36년간의 비평 활동에 비교할 때, 해방 후 40년의 비평 활동은 엄청나다고 할 수 있다. 그 엄청난 양의 작업을 해낸 비평가들을 세 개의 범주에 집어넣은 것은 편리함 때문이지, 그들이 그 세 개의 범주에 꼭 들어가 있기 때문은 아니다. 그들은 대개 그 범주를 벗어나는 요소들을 갖고 있으며, 그 요소들의 확인은 그 비평가들의 실제의 모습을 이해하는 데 필요불가결하다. 비평가들의 모든 작품을 비판적 거리를 갖고 읽은 뒤에, 그들을 분류할 기준을 찾아내고, 더 나아가 그들의 비평을 통해 비평 일반 이론을 세우는 일은 매우 시급하고 중요한 일이다. 그런 작업에 관심 있는, 비평학자라고 불러야 할 비평가들은 아직 많지 않으며, 해방 후의 비평에 관심 있는 비평의 상당수는, 백철과 조연현이 식민지 시대의 비평을 다뤘던 것과 비슷하게, 논쟁 위주로 그것을 다뤄, 그것의 선정적인 모습만을 강조하고 있다. 그것은 물론 그것 나름대로의 의미를 갖고 있는 작업이지만, 비평이나 비평가들의 참모습을 밝히는 작업은 아니다. 한 비평가가 어떤 작품 앞에서 어떻게 반응했으며, 그것은 무슨 의미를 갖는가, 그 의미는 보편성을 띨 수 있는가 없는가…… 등에 대한 관심이 넓어지고 깊어질 필요가 있다. 고통스러운 확인이지만, 나 자신도 이 글에서 그 작업을 하지 못하고 있다. 그 비평가들에 의해 김소월(유종호·신동욱), 한용운(김우창·이상섭·백낙청·염무웅), 염상섭(유종호·김우창·김병익·김현), 채만식(김윤식·김치수), 이육사·윤동주(김종철·김인환), 이광수(김윤식·김우창·이상섭), 김수영(유종호·염무웅·김현·백낙청), 신동엽(백낙청·염무웅·구중서·김주연), 황동규(김병익·김현·김우창·유종호·김영무), 정현종(김주연·김현·김우창·이상섭), 최인훈(김치수·김주연·김우창·김치수·김병익·김현), 이청준(김병익·이상섭·송재영·김치수·김현), 조세희(김병익·오생근·김우창), 윤흥길(김병익·김현·오생근·신동욱), 황석영(백낙청·염무웅·김병익·김주연·오생근), 신경림(백낙청·염무웅·유종호·김현) 등에 대한 긍정적·부정적 평가가 뒤를 이어 나타났는데, 그 평가의 의미 역시 깊이 있게 천착되어야 한다.

깊이 있는 비평에 대한 가능성을 나는 새로 비평 활동을 시작한 비평가들에게서 찾아낼 수 있다. 그들이 글쓰기를 시작한 것은 얼마 되지 않지만, 그들의 글은 그들에 대한 기대에 값한다. 그들이 펴낸 책의 목록을 제시해보면*:

* 정과리: 『문학, 존재의 변증법』(문학과지성사, 1985); 『존재의 변증법·2』(청하, 1986)

* 성민엽: 『지성과 실천』(문학과지성사, 1985); 『고통의 언어, 삶의 언어』(한마당, 1986)

* 진형준: 『깊이의 시학』(문학과지성사, 1986)

* 이동하: 『집 없는 시대의 문학』(정음사, 1985); 『문학의 길, 삶의 길』(문학과지성사, 1987); 『우리문학의 논리』(정음사, 1988)

* 민병욱: 『민주주의 지향의 문학』(시로, 1985); 『한국서사시의 비평적 성찰』(시로, 1987)

* 구모룡: 『앓는 세대의 문학』(시로, 1986)

* 장석주: 『언어의 마을을 찾아서』(조형, 1979); 『한 완전주의자의 책 읽기』(청하, 1986)

---

* 나는 이 글을 쓸 때 작성한 서지에 그 이후에 나온 중요한 비평가들의 저서를 추가하였고, 젊은 비평가들의 명단은, 비평서를 출간한 비평가들로 한정하였다. 그 결과 채광석·권오룡·임우기·김명인·김사인 등의 비평가들의 이름이 지워지게 되었다. 그들이, 특히 채광석의 경우는 전집이 되어야겠지만, 곧 비평집을 상자하기를 바란다. 그것은 독자로서의 요구이다. ──1988

* 홍정선:『역사적 삶과 비평』(문학과지성사, 1986)
* 이남호:『한심한 영혼아』(민음사, 1986)
* 이윤택:『우리 시대의 동인지 문학』(시로, 1983)
* 정효구:『존재의 전환을 위하여』(청하, 1987)
* 박덕규:『시의 세상그늘 속까지』(한겨레, 1988)
* 김태현:『열린 세계의 문학』(문학과지성사, 1988)

이 젊은 비평가들은 대개 80년대에 들어서면서 비평 활동을 시작한 비평가들로서, 아직 그들의 세계를 분명하게 말할 수가 없지만, 김수영·김지하·황석영·조세희·정현종 등에 깊은 관심을 갖고 있는 듯이 보인다.* 그들 역시, 내가 위에서 제시한 세 범주 속에 위치시킬 수 있을 것이지만, 그것은 너무 빠른 일이 될지도 모른다. 하기야 50년쯤 지나면, 아마도 4, 5명 정도의 비평가가 살아 남을 것이고, 100년쯤 지나면 2, 3명 정도가 살아 남을 것이다. 그러나 그렇기 때문에 자기 목소리를 갖고 열심히 그리고 성실히 작업할 의욕이 생기는 것이 아닐까.

부기: 내가 이 글을 쓴 것은 1985년 봄이다. 다시 말해 문학이 절규만으로 존재하고 있던 시대에 이 글은 그 절규를 논리로 바꿔볼 수 없을까 하는 고뇌 속에서 씌어졌다. 그뒤 1987년 6·29 이후 민주화 운동의 압력에 의해 정황은 그 이전에 비해 많이 개선되었으나 충분하리만큼 개선된 것은 물론 아니다. 문학비평의 분야에서도, 내가 바람으로 제시한 비평학의 성립을 위한 중요한 움직임이 87년초에 표출되었는데, 그것이 부산 지방의 젊은 비평가들이 주도한 비평의 비평 운동이다. 『『문학과지성』비판』(1987)은 그 운동의 가시적 결과이다. 그 글에서 비판당한 사람 중의 하나로서 나는 그 글의 논리에 승복하는 것은 아니지만, 그 운동의 필요성에는 전적으로 동의한다. 더 정치하고 더 객관적인 비판들이 더 많이 나와야 비평학으로 가는 길은 더 빨리 열린다.

---

* 이 대목은 수정되어야 할 대목이다. 그들은 그 후에 엄청나다고 할 수 있는 비평 활동을 하고 있어, 그들의 관심의 대상 역시 많이 늘어났다. 그들이 취급하는 작가들의 명단을 만드는 것은 아직 시기 상조인 것 같다. ── 1988

60년대 문학의 배경과 성과

　60년대는 사일구와 함께 시작되었다. 사일구가 성공한 혁명이건, 아직도 진행중인 혁명이건, 사일구는 60년대 전반에 큰 영향을 끼쳤다. 60년대를 산 사람치고서, 외국에서 60년대를 보낸 사람이 아니고서는, 사일구의 영향을 받지 않은 사람은 거의 없었다. 사일구는 문화사적으로 두 모습을 갖고 있었다. 하나는 사일구의 성공적 측면에서 연유하는, 가능성의 세계와 현실의 세계는 하나일 수 있다는 긍정적 얼굴이었고, 또 하나는 사일구의 부정적 측면에서 연유하는, 이상은 반드시 현실의 보복을 받는다는 부정적 얼굴이었다. 사일구의 그 두 얼굴을 동시에 바라다본 사람들에게 사일구는 괴물처럼 보였지만, 그것의 어느 한 면만을 바라다본 사람들에게 사일구는 각각 환희와 절망을 뜻하는 것이었다.

　사일구와 함께, 우선은 문화적 자신감이 거대하게 분출하였다. 사일구는 1960년에 20세에 도달했던 젊은 세대들을 문화의 전면에 내세워, 60년대를 그들의 연대로 만들었지만, 60년대를 같이 산 다른 세대들도 젊은 세대들 못지않게, 아니 더 강렬하게 문화의 전면에 내세웠다. 해방 후의 문학 공간을 지배한 것은 시의 박목월·조지훈·박두진·서정주·박남수, 소설의 염상섭·김동리·황순원·안수길, 비평의 조연현·백철 등의, 해방 전에 이미 문학 활동을 시작한 세대들이었다. 그들은 한국어로 사유하고 한국어로 글을 쓸 수 있었던 세대였다. 그들 중의 어떤 사람은 일제와 야합하여 일제 말기에 일본어로 글을 쓰기도 하였으나, 그들은 한국어로 사유하는 것이 더욱 편한 세대였다. 50년대말의 문학 공간은 그들보다 나이가 적은 세대, 시의 전봉건·김춘수·김수영·고은, 소설의 김성한·손창섭·장용학·이호철·선우휘·오상원·서기원·강신재·이범선, 비평의 이어령·이철범·유종호 등의 세대에 의해 활기를 띠게 되었다. 그들은 그러나 그 이전의 세대와 다르게 일본어로 사유하고 일본어로 표현하는 것이 더 쉬운 세대였으며, 그래서 그들은 한국어로 글을 쓰는 것에 대단한 고통을 느낀 세대였다. 그들은 일본어로 사유하고 그것을 한국어로 거의 번역하다시피 하였다. 그 세대는 모든 세대가 다 그러하듯, 앞선 세대를 비판하고, 그들의 세계를 극복하여 그들의 영향을 벗어나려 하였다. 그들이 보기에 그 앞선 세대의 가장 큰 약점은 토속적인 데 있었다. 일본어로 사유하는 데 익숙하였던 그들은 토속적인 것에 당연히 어두울 수밖에 없었으나, 사변적인 데에는 그들보다 뛰어났다. 그들의 거의 대부분은 그래서 무의식적으로 도시적인 것에 매달렸으며, 전통적—토속적—농촌적인 것에는 큰 관심을 보이지 않았다. 그 폐허는 마음 밖의 폐허임과 동시에 마음 안의 폐허였다. 그것은 손창섭의 표현을 빌면 언제나 비가 구질구질 내리는 음습한 곳이었다. 그 두 세대는 서로 격렬하게 싸워가면서 한국 문학의 공간을 키워갔다. 50년대의 말에는, 동아출판사와 정음사의 『세계문학전집』이 발간되기 시작하였으며, 민중서관의 『한국문학전집』이 또한 그러하였다. 그 전집류들은 신구문화사의 『전후문제작품집』의 발간(1961)으로 이어져, 쉽게 독자들이 그때까지의 문학적 업적을 접할 수 있게 해주었다. 사일구와 함께 문화계에 뛰어든 새 세대는 그 업적들에 의지하여 자신들의 세계를 정립해나갈 수가 있게 되었다. 더구나 백철의 『신문학사조사』와 조연현의 『현대문학사』는 새 세대에게 무엇과 싸워야 하며, 무엇을 획득해야 하는가를 탐색할 수 있게 해주었다. 그들은 우선 한국어로 사유하고 한국어로 글을 쓰는 세대였다. 그들은 해방 후 세대의 아픈 상처를 갖고 있지 않았으며, 전쟁 후 세대의 사유/표현의 괴리를 느끼지 않았다. 그들의 한국어는 토속적 한국어와 사변적 한국어를 변증법적으로 극복한 한국어였다. 더구나 그들이 본 세계는 사일구의 푸른 하늘이었다. 그들은 일제하의 반민족적 행위를, 해방 후의 혼란을, 전쟁 후의 폐허 의식을 거리를 두고 바라볼 수 있었으며, 한글을 지키기 위해 애를 써서 얻은 토속성의 세계를, 사실과 유리된 것처럼 보이는 관념의 세계를 뜨거운 애정으로 이해할 수 있었다. 그러나 그들은 그 세계 속에 침잠해 있을 수는 없었다. 그들은 그들 나름대로 한국어의 새 문체를 만들어야 했으며 그래서 새로운 문학의 지평을 열어야 했다. 사유는 현실에 대한 사유이지 현실과 동떨어진 것에 대한 사유가 아니라는 것이 그들의 기본 자세였다.
 사일구 세대라는 명칭으로 널리 알려진 새 세대는 시의 황동규·이성부·정현종·이승훈·최하림·김지하, 소설의 김승옥·이청준·서정인·박태순·박상륭·홍성원·김원일·김용성·이제하·이문구, 비평의 백낙청·김병익·김치수·김주연·염무웅·임중빈·이광훈·조동일 등을 말한다. 그 세대들이 부딪친 세계는 식민지 시대, 해방 후의 혼란, 전쟁 때의 세계와는 분명히 다른 세계였다. 우선 그 세계는 분단된 세계였다. 해방 전의 세대나 전쟁 후 세대에게 분단되지 아니한 한국은 그 실체가 눈에 보이는 것이었으나, 사일구 세대에게 그것은 이상화된 세계, 실체를 만질 수는 없으나 반드시 그렇게 만들어야 하는 세계였다. 그러나 그 세계는 여러 가지 이유로 이룩하기 힘든 세계였다. 분단 체제는 획일화된 이데올로기를 더욱 강화하여 그것에서 벗어나는 것은 그 이전 세대들이 느끼는 것보다 훨씬 힘들게 그들에겐 느껴졌다. 젊은 새 세대에게 있어서 분단의 상처는 실존의 밑바닥 깊숙이 가라앉아 있는 괴물이었다. 그 괴물은 김승옥의 「건」(1962)에서 얼핏 머리를 내민 후, 김원일의 「어둠의 혼」에서야 겨우 그 전모를 드러낼 정도로 실존의 밑바닥 깊숙이 가라앉아 있었다. 새 세대와 그 이전 세대와의 첫번째 차이이다. 그 다음 그들이 부딪친 세계는 일본이 극소화되고 미국이 극대화된 세계였다. 한국의 지식인들은 거의 반세기 이상을 일본에 의지하여 세계의 문화를 이해해왔으나, 해방 후의 지식인들은 일본의 역할이 갑자기 전무해진 이상한 상태와 맞부딪치게 되었다. 새로운 문화를 알아야 되겠다는 민족주의적인 열망 때문에 일본으로 공부하러 갔던 많은 한국인들의 느낌과 다르게, 일본은 이제 민족주의적인 증오의 대상이었고, 일본과 일본을 통해 들어온 문화는 타기할 만한 것이었다. 그 반대 급부로 미국의 역할이 과대하게 커졌다. 일본을 통해 세계 문화를 이해하려 한 한국인들은 이제 미국을 통해 그러하려 하게 되었다. 아니 미국이 바로 세계 문화 그 자체였다. 일본은 이미 매개항으로서의 가치도 잃어버렸다. 이 이상한 일본 부재 현상 때문에, 새 세대들은 일본을 모르는 것을 오히려 자랑으로 여기게 되었다. 거기에 공산화된 중국이 추가되었고, 그래서 새 세대의 세계 의식에 동양 문화의 중심이라 할 수 있는 중국과 일본은 자리를 잡지 못했다. 새 세대의 세계는 미국과 유럽이었다. 새로운 새것 콤플렉스가, 원산지 직수입이라는 형태로 구체화된 것이, 60년대의 문화적 분위기였다. 새 세대는 일본에 대한 콤플렉스가 없는 세대였다. 일본어로 세계 문화—문학에 접한 그 이전 세대들은 중역의 세계에 살았지만, 어느 정도 획일화된 이데올로기에서 자유로울 수 있었고, 일본어를 모르는 새 세대는 미국과 유럽의 문화에 직접 부딪칠 수는 있었지만, 획일화된 이데올로기에서 자유로울 수가 없었다. 그들은 직역 세대였으나, 번역될 수 있는 책들은 한계가 있었다. 새 세대와 그 이전 세대들과의 두번째 차이이다. 그 다음 새 세대가 부딪친 세계는 대중 교육과 대중 매체의 세계였다. 새 세대의 거의 대부분은 대학 교육을 이수한 사람들이었다. 그것은 대학 교육을 거의 꿈꾸지 못했던 그 이전 세대들과 매우 다른 정황이었다. 대학 교육은 이제 일반화되었으며, 인쇄 매체는 대학 교육을 이수한 지식인들에게 제일 친숙한 매체였다. 신문·잡지·주간지는 지식인들의 사유의 결과를 발표할 수 있는 자리였고, 자신이 자신을 마음놓고 의탁할 수 있는 자리였다. 60년대 후반에 이르면서, 대중 교육의 자리는 더욱 넓어졌으나, 인쇄 매체의 문화적 가치는 갈수록 줄어들게 되었다. 그것은 영화·텔레비전의 영상 매체의 등장 때문이었다. 새 세대는 인쇄 매체의 중요성을 깊이 인식하고 있었으나, 새 영상 매체들의 폭발적 선전 가치를 잘 이해하지 못하고 있었다. 그들에게 있어 영상 매체는 저급한 매체였고, 그들이 자신을 의탁할 수 있는 자리가 아니었다. 새 세대의 거의 대부분이 인쇄 매체에만 계속 관심을 쏟고 영상 매체를 멀리한 것은 그것 때문이었다. 그들은 그 이전 세대들과 다르게 영상 매체의 등장을 20대에 겪었으나, 그것을 이용할 줄 몰랐다. 그 이전의 세대가 그것을 이용하기에는 너무 늦게 그 매체 특히 텔레비전의 등장을 만났다면, 새 세대는 알맞게 만났는데도 그것을 이용하지 못했다. 그것이 그 이전 세대들과의 세번째 차이이며, 그 다음 세대와의 첫번째 차이이다. 그 다음 세대는 곧 영상 매체의 중요성을 깨달았던 것이다. 또한 새 세대는 도시화, 그 당시 유행하던 말로는 근대화가 빠른 속도로 진행되는 세계에 살고 있었다. 60년대초만 하더라도 문화의 중심지는 서울이었으며, 명동이었다. 그러나 도시화가 급속히 진행되면서, 문화의 중심지가 여러 곳으로 분산되었으며, 주변의 중요성이 강조되기 시작하였다. 도시화는 이농 현상과 도시 변두리의 판자촌 지역에 대한 관심을 불러일으켰다. 새 세대는 도시화의 긍정적인 면과 부정적인 면을 동시에 보게 되었다. 새 세대는 도시화를 그 이전 세대와 함께 긍정적으로 보았으며, 그 이후 세대와 함께 부정적으로 보았다. 새 세대는 도시화의 부정적 측면을 느끼기 시작했다는 점에서 그 이전 세대와 갈라지며, 그것의 긍정적 측면을 이해하고 있다는 점에서 그 이후 세대와 갈라졌다. 그것이 사일구 세대의 독특한 정황이었다.

사일구 세대만이 자기가 부딪친 세계와 성실하게 싸운 세대는 아니지만, 사일구 세대는 여하튼 힘있게 싸웠다. 그 싸움의 결과가 긍정적으로 나타난 것은 60년대가 지나서였지만, 그 싸움의 시원은 60년대였다. 소설의 경우에 한하여 그것을 정리해보면:

우선, 분단의 문제. 사일구 세대에 있어 분단은 논리의 문제가 아니었다. 그것은 주어진 여건이었으며, 그 여건은 비논리적이었다. 그것은 삶의 전체를 규제하는 억압적 여건이었다. 그들은 분단을 논리적으로 이해할 수 없었으며, 그 결과를 예측할 수도 없었다. 분단은 이미 있는 여건이었으며, 그것이 주는 상처를 그들은 직접·간접적으로 깊이 인식하고 있었다. 그들의 유년·소년 시절에 겪은 제주도 4·3사태·여순반란 사건·육이오는 그것이 너무나도 끔찍한 것이었기 때문에 실존의 어두운 심연 속 깊이 가라앉았다. 그것은 만지면 덧나는 상처였지만, 그 누구도 그 상처를 상처라고 말하지 않았다. 그것은 너무나도 가까이에서 일어난 중요한 사건들이었으며, 가장 가까운 육친이 연루되어 있는 사건들이었다. 그것들을 논리적으로 분석하려 하면 할수록 그것들은 더욱 덧나 논리를 왜곡시켜버리는 것이었다. 그것은 말의 엄정한 의미에서 어두운 실존적 체험이었다. 그들은 그 체험을 의식화하기 위해 싸웠다. 그 체험을 논리화하기는 쉬웠으나 그것을 의식화하여 그것들의 부정적 성격을 지우는 것은 쉬운 일이 아니었다. 그것을 의식화하는 길은 자신들의 유년기의 체험을 위악적으로 표현하거나(김승옥, 「乾」), 육친의 죽음을 어쩔 수 없는 것으로 수락하는 것(김원일, 「어둠의 혼」)이었으며, 그렇게 의식화된 유년기의 체험은 현기영·조정래·홍성원·김원일의 객관적 총체소설로의 길을 뚫었다. 그들이 그린 제주도 4·3사태·여순반란 사건·육이오는 유년기의 절망적인 체험 위에 구축된 것이었으며, 그런 의미에서 곽학송·이병주·선우휘의 4·3사태·여순반란 사건·육이오 묘사에는 유년기의 어두움이 없으며, 성인의 눈으로 사태 파악을 한 세대의 냉랭한 편가름이 숨어 있었다. 곽학송·이병주·선우휘에게는 선택의 문제였던 것이 현기영·조정래·홍성원·김원일에게는 삶의 의미의 문제였다. 나는 왜 이것을 선택했는가가 아니라 이 삶에 과연 의미가 있는가가 그들의 문제였다. 그것은 그들의 전 실존이 걸린 문제였다. 그 문제가 어떤 해답을 얻지 못한다면, 삶은 의미 없는 질곡에 지나지 않을 것이었다. 그 다음 일본/미국의 문제. 사일구 세대는 일본어를 대개 몰랐고, 당연한 결과로 일본을 거의 몰랐다. 그것은 어느 면에서는 행복한 일이었고 어느 면에서는 불행한 일이었다. 그들이 일본에 대해 그 이전 세대들처럼 심각한 콤플렉스를 느끼지 않아도 된다는 점에서는 행복한 일이었으나, 근세사의 상당 부분과 심리적으로 차단된다는 점에서는 불행한 일이었다. 사일구 세대는, 그 이전 세대들이 일본을 통해 발견한 세계를, 일본과 중국을 제외하고 직접 부딪치게 되었다. 매개항 없이 서구의 문물을 받아들일 수 있게 된 것은 좋은 일이었으나, 동양을 멸시하고, 그 동양의 한 부분으로서의 한국의 한 부분을 멸시하게 된 것은 좋은 일이 아니었다. 사일구 세대가 문학의 전범으로 삼은 것은 노장(老莊)·선(禪)·정주학(程朱學)·양명학(陽明學) 등이 아니었고, 그렇다고 실학·판소리·탈춤·민요도 아니었다. 그들이 전범으로 삼은 것은 니체, 키에르케고르, 헤겔, 프로이트, 카뮈, 사르트르, 말로, 생-텍쥐페리, 토마스 만, 헤세, 헤밍웨이, 포크너 같은 외국 문인들이었다. 이들은 전범이었지 경쟁자가 아니었다. 그들이 영원한 모범이 아니라 경쟁자라는 것을 깨달은 것은 훨씬 뒤의 일이었다. 소재상으로 본다면, 사일구 세대는, 그 이전 세대들과 다르게, 이북·일본·만주·중국 체험이 없는 세대였다. 그들은 황순원·이병주·안수길·김정한 등과 같은 세계 속에 있었지만, 같은 체험 공간을 갖지는 못했다. 그들의 체험은 거의 이남에 한정되었으며, 그래서 소설의 공간은 좁았다. 그들의 미국 체험은 기껏해야 이미 송병수(「쑈리 킴」)가 보여준 세계를 추체험하는 정도였다. 미국이 한반도에서 갖는 의미가 무엇인가가 풍속적인 차원에서나마 심각하게 고려된 것은 조해일의 「아메리카」를 통해서였다. 사일구 세대의 미국 경사는 계속된 미국 이민에 의해 문학적 결실을 얻게 되는데, 그것은 70년대에 달성되는 성과였다(박시정·오승재·김지원). 사일구 세대의 미국은 아직은 '미국의 꿈'이라는 표현 속에 집약된 미국이었으며, 역사의 모범이었다.

그 점에서 사일구 세대는 일본 체험 세대와 미국 이민 세대 사이에 낀 과도기 세대였다.

　그 다음, 대학 교육/대중 매체의 문제. 사일구 세대는 거의가 다 대학 교육을 받은 지식인들이었다. 예를 들어 김승옥은 불문학을, 이청준은 독문학을, 홍성원·서정인·박태순은 영문학을, 이문구·강호무·박상륭은 창작법을 정식으로 공부하였다. 그들은 그래서 문학의 최신 기법을 잘 알고 있었다. 그 중에서도 의식의 흐름 수법은 그들 거의 모두가 익숙하게 사용한 기법이었다. 이제는 완전히 보편화되었지만 현재―과거―현재의 직조법이나, 회상법 등은 그들이 애용한 수법이었다. 그것은 처음엔 놀라움과 찬탄으로 받아들여졌다. 감수성의 혁명이니 새로운 정서라는 등의 선전적 문투는 그래서 생겨났다. 그 기법의 쇄신은 김승옥·이청준에게서는 그렇게 심한 것이 아니었으나, 초기의 서정인·박태순·강호무·박상륭에게서는 과감한 시도로 나타났으며, 그래서 사일구 세대의 작품들은 깊은 주의력을 갖고 읽어야 이해될 수 있었다. 그들의 작품은 어느 정도로는 어려운 작품이었다. 그 가장 극단적인 예가 박상륭의 작품들이었다. 쉬운 소설은 그 반작용으로 요구된 것이었다. 줄거리가 재미있고, 딱딱한 지문은 적고, 재치있는 대화가 많은 소설은 곧 어려운 소설들을 뒤덮을 것이었다. 또한 그들은 대학 교육을 받은 지식인이었기 때문에, 지식인의 역할에도 충실하려 하였다. 그 노력은 두 가지 방향으로 진전되어나갔다. 하나는 지식인들을 대상으로 삼는 소설을 쓰는 방향이었으며, 또 하나는 실천을 중요시하는 방향이었다. 이청준·박상륭은 앞의 방향으로 나아갔으며, 박태순·이문구는 뒤의 방향으로 나아갔다. 이청준의 『당신들의 천국』, 박상륭의 『죽음의 한 연구』는 앞의 방향에서 나온 중요한 업적이었다. 소설가―지식인의 대두는 새로운 것이 아니었다. 그것은 이광수가 이미 보여준 유형이었다. 그러나 사일구 세대가 보여준 소설가―지식인은 이광수의 계몽주의자가 아니었고, 냉정하게 사태를 분석하고 종합하는 총체소설가들이었다. 그들은 차라리 염상섭·채만식에 가까운 유형이었다. 그러나 엄격하게 따지면, 소설가는 말을 어느 정도는 공들여 다듬어야 하는 장인이었고, 지식인은 순간순간 일어나는 일들에 대해 즉각적으로 말을 해야 하는 사람이었으므로, 그 두 역할 사이의 모순은 커가지 않을 수 없었다. 그들은 한 비평가의 표현을 빌면 고양이와 쥐 노릇을 한꺼번에

하려는 사람들이었다.
 마지막으로, 도시화의 문제. 조국 근대화는 60년대의 가장 우렁찬 구호였다. 실제로 절대 빈곤에서의 해방은 60년대의 절실한 과제였다. 근대화가 진행되면서 서구에서와 마찬가지로, 한국에서도 여러 가지 모순점들이 서서히 혹은 급격히 노출되기 시작하였다. 근대화는 분업화였으며, 도시화였기 때문에, 이농, 인구 집중, 공해, 노동 쟁의, 빈부 격차의 심화 등의 문제점들이 곧 드러났다. 사일구 세대는 그 문제들과 싸우지 않을 수 없었다. 그 싸움은, 조세희처럼 노동자 세계를 파고들거나, 박태순처럼 도시 변두리, 그의 표현을 빌면 외촌동에 사는 사람들을 분석하거나, 이청준·이문구처럼 귀향·고향 찾기의 심리적 근거를 밝히는 작업으로 문학화되었다. 그 작업들의 결과는 훌륭하고 힘있었다. 조세희의 『난장이가 쏘아올린 작은 공』, 윤흥길의 『아홉 켤레의 구두로 남은 사내』, 박태순의 「단씨의 형제들」, 이문구의 『관촌수필』, 김원일의 『노을』 같은 좋은 작품들은 그런 탐구의 결실이었다. 그러나 그런 작품들이 나온 것은 70년대에 들어와서였다. 그것은 어느 면에서 보면 당연한 일이었다. 김승옥·서정인이 62년에 데뷔하였지만, 박상륭은 64년에, 이청준·이문구는 65년에, 박태순은 66년에, 김원일은 67년에야 데뷔했던 것이었다. 그런 의미에서, 사일구 세대라고 부를 수는 없지만, 50년대말에 글쓰기를 시작하여, 60년대 내내 사일구 세대와 같이 싸워온 최인훈의 존재는, 시에 있어서의 고은·황동규와 함께 주목해야 마땅한 것이었다. 그는 여러 면에서 사일구 세대와 궤를 같이한 작가였다.
 사일구 세대가 60년에 제일 즐겨 다룬 소재는 대학생 생활이었다. 그것은 그 이전 세대들과 다르게 그들이 가장 잘 알고 있는 소재였다. 김승옥·이청준·박태순·홍성원·서정인 등은 대학 생활을 하면서 소설을 썼으며, 그들이 가장 잘 알고 있는 소재는 대학 생활이었으므로, 그것은 곧잘 그들의 소설에 직접·간접으로 이용되었다. 그들이 보는 대학생들은 삶의 의미를 찾으려고 방황하는 방랑인이었다. 그들의 앞에 무한한 가능성의 세계가 펼쳐 있다는 점에서 그들은 행복한 존재였으나, 그들의 삶은 연습이지 현실이 아니라는 점에서 그들은 떠 있는 불행한 존재였다. 대학생들의 부유하는 모습은 낭만적이고 화려하였으나, 비현실적이었고 비역사적이었다. 그 대학생들은 곧 현실과 역사를 발견하여, 땅에 발을 붙이고 살아가지 않을 수 없었다. 그 세대는 대개 30

세를 넘기면서 대학생들의 세계를 떠났고, 새로운 젊은 대학생들은 이문열·이인성·강석경·임철우 등에 의해 새 조명을 받게 될 것이었다.
　……60년대의 소설 양식을 지배한 것은 단편이었다. 그것은 60년대의 조악한 출판계 사정에서 기인한 것이었다. 60년대에는, 소설을 발표할 수 있는 지면이 아주 적었고(『현대문학』『자유문학』『사상계』……), 대가들의 작품집도 흔히 출간이 기피되었다. 신인 작가들로서 넉넉한 지면을 얻는다는 것은 아주 어려운 일이었다. 적은 지면에 많은 사람들의 글을 싣기 위해서는 적은 매수의 글이 요구되었고 그것은 60년대 후반까지 그대로 지속되었다. 60년대에 활동한 작가들 중에서 어렵게 살아남은 작가들은 그 좁은 지면을 잘 이용한 작가들이었다. 그리고 그것을 잘 이용하는 길은 완벽한 짜임새 있는 단편을 만들어내는 길뿐이었다. 뛰어난 단편은 잘 짜인 단편을 뜻하는 것이었다. 60년대에 산 작가들은 곧 지면이 활짝 개방되고, 자기가 쓰고 싶은 것을 마음대로 쓸 시기가 오리라는 것을 모르고 있었다. 그들은 계속 가난한 글쟁이였다.

감동하는 의식의 관용적 역사주의

『들린 시대의 문학』은 80년대에 들어와 김병익씨가 펴낸 두번째 평론집이다. 80년대에 펴낸 두 권의 평론집(『지성과 문학』, 1982;『들린 시대의 문학』, 1985: 문학과지성사)은 그 이전에 그가 펴낸 평론집들과 달리,『지성과 반지성』『문화와 반문화』계열의 문화 시평적인 글들과,『한국문학의 의식』『상황과 상상력』계열의 문학비평적인 글들을 함께 싣고 있다. 그것은 그의 의식이 이제는 문학과 문학을 둘러싼 정황을 서로 엇물린 것으로 인정하고 있다는 한 증거를 이룬다. 그는 문학 작품을 분석하듯 문화적 정황을 분석하고 있으며, 문화적 정황을 분석하듯 문학 작품을 분석하고 있다. 그가 선택하고 있는 분석의 대상은 모든 비평가들이 그러하듯, 그의 관심이 주의를 기울인 대상들이다. 그것들은 대개 문화와 민주주의의 관계를 보여주는 대상들이다.

『들린 시대의 문학』이라는 책의 제목은 매우 당돌하고 충격적이다. 당돌감은 사귀들린, 혹은 귀신들린이라고 써야 할 곳에서 사귀·귀신을 떼버린 데서 생겨나는 것이며, 충격은 풍요로운 소비의 시대(!)를 사귀들린 시대라고 감히 말하는 그의 어투 때문에 얻어진다. 보통의 비평가라면 한 맺힌, 한이 서린 시대라고 쓸 것을 그는 과감하게 (사귀)들린 시대라고 쓴다. 그 표현은 그가 기독교적 세계관과 연계되어 있음을 무의식적으로 드러내주고 있으며, 모든 유형의 광신주의를 혐오하는 개인주의적 합리주의에 그가 기울고 있음을 보여주고 있다. '들리다'라는 말에서 그는 대뜸 성경의 한 구절(마가, 5: 9~20)을 상도해내며, 그것을 인용하고 있는 도스토예프스키의 『악령』을——그것의 원래의 뜻은 '들린 사람들'이다——떠올린다. 그렇다고 그가 들린 사회주의자들을 공격하기 위해 그 말을 사용하고 있는 것은 아니고, 바로 그 구절들을 인용한 뒤에 한 프랑스의 비평가가 많은 귀신들이란 허용된 말만을 광신적으로 되풀이하는 뻔뻔한 말들이라고 주석붙인 그런 정신 아래 그 말을 사용하고 있다. 들린 시대의 문학이란 그 뻔뻔한 말들의 문학이란 뜻이 아니고, 그 뻔뻔한 말들을 반성케 하는 문학이란 뜻이다.

『들린 시대의 문학』은 4부로 구성되어 있다. 1부에서 그가 다루고 있는 것은 문화 전반에 관한 문제이다.「문화와 민주주의」는 "문화와 민주주의의 관계가 결코 자연스럽게 이루어지지 않는다"는 전제 밑에, "민주주의를 향한 결단"과 그 실천에 기울여야 할 지혜로운 노력의 필요성을 논의하고 있다. 그에게 특이한 것은, 민주주의를 향한 결단과 그것의 실천에 기울여야 할 지혜로운 노력이 조직과 조직 내부에서의 비민주적 지도성과 연계되는 것이 아니라, "이 결단과 실천 노력 자체가 민주주의적이고 문화적인 것"이어야 한다는 방법의 민주성과 연계되어 있다는 것이다. 이것은 그의 문화주의의 가장 기본적인 핵심이며, 그가 글쓰기의 초기에서부터 지금까지 계속 지탱해온 중요한 태도이다. 그 문화주의를 그는 열린 문화주의라 부르고 있다. 1부에 실린 두 번째 글「『1984년』과 1984년」은 오웰적 악몽의 표현인『1984년』을 1984년에 읽는,『1984년』의 역자의 느낌을 감명깊게 기술한 글이다. 그것을 번역하던 1967년의 고통스러운 겨울, "일렬로 늘어선 점호 시간에서처럼, 번호는 하나씩하나씩 불려져나가고 오웰의 그 악몽의 해의 전조는 점점 더 실감나게 하기 시작하지만, 그러나 84라는 숫자는 영원히 결석"할 것 같은 비현실적인 감각의 때와, "어김없이〔우리 앞에〕다가서 있는" 1984년 사이의 17년간의 내면적 고통이 그 글 속에서는 분명하게 감지될 뿐만 아니라, 우리의 고통으로 감정 이입된다. 그 고통은 1984년의 세계는 선택되어서는 안 되는 세계라는 실존적 외침이며, 윤리적 결단이다. 1부에 실린 세번째 글「과학 시대와 지성인의 고뇌」는 후기 산업 시대에서 과학의 발달이 자아내는 여러 생산물들에 대한 어두운 전망을 담고 있다. 지식인은 "과학적 생산물의 반인간적 활용을 반대하는 사회적·인간적 진실을 추구"해야 하는데, 역설적이지만 그 추구는 "현대의 과학 기술로 성취된 미디어와 그것의 거대 사회 조직에 기대어 싸워야" 하는 "이중의 고통과 아이러니"의 추구이다. 네번째 글「지식인됨의 고뇌」는, 이문열의『영웅시대』, 님 웨일즈의『아리랑』, 조지 오웰의『카탈로니아 찬가』, 파울 프뢸리히의『로자 룩셈부르크의 사상과 실천』을 읽고, 그것들에 공통된 "어려운 시대와 싸움싸우며 정해진 이념적 목표를 향해 실제의 현장에 스스로를 투신해나간 좌파적 지식인의 내면적 정신과 고뇌, 구체적인 투쟁과 갈등의 궤적"을 뒤따라가보고 "그들의 이념과 실천 사이에 개입해 있을 어떤 간극이나 딜레마"를 이해하려는 의도로 씌어진 에세이이다. 그것들의 검토를 통해 그는 "서구 지식인들은 자유와 대의제를 통해 문제 극복에 개량주의적인 입장을 취하게 된 것 같고, 동구 지식인들은 무산 계급에 통합되면서 기능적 역할을 수행하게 된 것 같다. 그것은 서구에서는 자본주의적 세계관의 지탱 속에 부분적 개선을 요구하게 되고, 동구에서는 그것을 부인하는 입장에서 자본주의의 장점 도입을 조금씩 보이기 시작하는 것과 대조된다"고 말하고, 지금 이 자리에서 지식인들은 "지식인의 몫이 무엇이며 그 속성과 기질은, 특히 계급적 성격과 관련지어 어떤 것인가를 정직하게 반성해봐야" 한다고 주장한다. 그 주장은 악몽의 전체주의를 극복하고, 억압적 힘으로 작용하는 과학 기술에 맞서서 싸우려면 자기 자신이 어떤 사람인가를 철저히 그리고 정직하게 반성해야 한다는 주장이며, 그것이 개인 의식의 각성을 전제한다는 점에서 개인주의적이며, 부정의 의식에 기댄다는 점에서 합리주의적인 주장이다. 「현실의 문화학」은 80년대의 여러 문화적 현실을 바라다보는 에세이들이다. 거기에는, 예술은 비기능적·비합리적·비실용적이지만 그것 때문에 현실의 정치학을 반성하고 비판할 수 있게 해준다는 주장이 담겨 있다. 문화란 "소득—소비가 윤리적인 개인과 사회의 실현 방법으로 사용되도록 유도하는" 거의 최후의 방파제이다; 한국에서도 "정부가 제시하고 수행하고 있는 복지 정책을" 주장할 정당이 있어야 한다; 한국 사회의 대의적 기능이 더욱 신장되어야 한다는 여러 제안들을 다루고 있다. 그 다룸은 에세이의 본질이 그러하듯, 그의 개인적 체험, 책읽기 등에 의거해 있으며 단편적이다. 그러나 그 단편적인 에세이들을 통해 어떤 논리적 글보다 한국 문화의 현장이 직관적으로 감지되고 이해될 수 있음은 그의 에세이들이 정직성이라는 희귀한 자질에 의해 지탱되고 있기 때문이다. 가장 설득력 있는 글은 무엇보다도 먼저 정직한 글이다.

1부에 실린 글들은 다 에세이라는 쟝르에 속하는 글들이다. 에세이는 학술 논문과 창작 사이에 있는 쟝르이며, 자서전과 소설 사이에 있는 쟝르이기도 하다. 그것은 학술 논문의 엄격한 객관성과 창작의 주관성 사이에 끼인 쟝르이며, 자서전의 사실적 전체성과 소설의 허구적 전체성 사이에 끼인 쟝르이다. 에세이는 붓 가는 대로 쓰는 글이 아니라, 개인의 체험이나 책읽기에 의거하여 객관성과 주관성 사이를 오고 가며 자서전적 사실성과 소설적 허구성 사이를 오고 가는 것이다. 그 오고 감을 통해, 단편적 삽화들이나 책에 의거한 인용문들이 삶에 대한 지혜로 변모한다. 이 사회 속에서 이 사회를 더 나은 사회로 만들기 위해서는 어떻게 살아야 하는가라는 질문에 대한 성찰이 이 비평집에 실린 에세이들의 내용이다. 그 성찰은 쉬운 대답에 의해 호도되지 않으며 계속적인 질문에 의해 더 깊어진다. 오웰이 스페인 전쟁 뒤에 자유민주주의자로 옮겨앉게 되는 것을 설명한 뒤에 그가 던지는 무수한 질문들은 그 첨예한 예들이다: "이념적 차원에서 실패로 볼 수밖에 없는 그의 이 같은 좌절 혹은 전향은 어디에서 비롯된 것일까. 이념 자체가 잘못인가, 이념이 실천되는 장 안에서의 잘못인가, 혹은 이념의 실천화 과정에서 야기되는 때로는 우스꽝스럽고 때로는 비참한 실제의 비극을 역사와 이념의 큰 흐름을 흡수하지 못한 오웰 자신의 지적 소인성 때문인가, 아니면 윌리암스가 집요하게 분석하고 있는 것처럼 중산층 지식인이라는 집단적 유전성에서 그기 끝내 못 벗이난 때문인가……" 그의 질문은 계속적인 질문, 끝없이 질문을 부르는 질문이다.

6편의 글로 이루어진 2부는 문학적 에세이, 우리가 흔히 비평이라고 부르는 것들을 모아놓고 있다. 「한국 문학에 나타난 계층 문제」는 "사회 구조의 재편성과 경제적 산업화 과정에서 생산된 소외 집단이 계층적으로 확산·구조화되어가는 양상들을 관찰하고, 그들의 문제성을 제기 의식화하는 데 가해진 문화적 노력"들을 통시적으로 고찰한, 그 방면에 관한 글로서는 서평자가 보기에 가장 뛰어난 것 중의 하나이다. 그는 "작가·시인 들에 의해 제기된 계층—계급적 갈등이" 사회적으로 정당하게 받아들여지기를 바라서 그 글을 쓰고 있는데, 그의 도덕적 성실성과 작품 분석의 치밀성은 그 글에서 감동적으로 융화된다. 그 글의 결론에서 그가 말한, "적어도 계층간의 격차가 조세희와 80년대의 민중주의적 시인들이 관찰하고 있듯이 죄의 차원으로 여전히 남아 있고 거기서 비롯한 갈등을 은폐하는 데에만 노력한다면, 그 갈등은 현상에서 구조로 고착화되어 그 경색된 구조를 변혁시키는 데 더 큰 희생과 충격이 필요하리라"는 예상은 끔찍한 예상이지만 곰곰이 생각해야 할 예상이다. 「80년대 문학의 천착」은 80년대의 문학적 현상 몇 가지를 검토하여 그것의 성격과 의미를 찾아보려는 시도이다. 그가 보기에 80년대의 가장 중요한 문학적 현상 중의 하나는 무크―동인지의 활발한 간행이다. 그 매체는 주로 '문학적 진보주의자'들의 과격한 주장들, 예를 들어 "문학은 개인적·공동체적인 삶의 현실을 직설적으로 드러내고 개혁하는 방법이 되어야 한다"는 주장 등을 강력하게 제시하고 있는데, 그 주장은 문학의 개념을 넓히는, 그래서 문학적 보수주의자들의 관념을 상당량 수정할 수 있는 긍정적 면도 갖고 있지만, 문학을 지나치게 운동만으로 파악, "현실 세력의 장악 운동으로 전락하여 천박한 실천성"이 되어버릴 부정적 면도 간직하고 있다. 그 두 면의 어느 한 쪽으로 그것이 기능할지는 아직 확실하지 않다. 무크―동인지를 매체로 한 문학 활동 중에서 80년대초에 드러난 또 하나의 현상은, "문학의 형태적 과격성과 내용의 과격성"이 어울려 있는 현상이다. 시적 진보주의의 내용적 과격성과 소설적 실험성의 형태적 과격성은 과격성이라는 점에서는 같지만, 그 내용에 있어서는 내용적 과격성은 형태적 보수성과, 형태적 과격성은 내용적 보수성과 연계되어 있다. "방법적 과격성은 그 실험성의 사회적 배경이 중산층적 의식의 표현"이라는 점에서 보수적이며, "내용적 과격성은 시의 형태에 있어서 오히려 완고한 보수성을 띠고" 있어 서로 엇갈린다. 그 이유를 설명하기는 아직 쉽지 않다. 또한 80년대초의 시의 활발한 전개와 소설의 상대적 침체를 분명히 설명하는 것도 쉽지 않다. 그의 종합적 진단은 "80년대의 시대적 성격이 불확정적이고 우리의 그 문학도 역시 불투명하다"는 것이지만, 그 결론에 이르는 과정은 수많은 질문이 제기되어 있는 투명한 과정이다. 서평자로서는 이 글의 제목이 차라리 「80년대 문학의 새로운 주장들」이었으면 오해가 생길 여지가 없지 않았을까 하는데, 왜냐하면 이 글에서는 80년대에 중요한 업적들 중의 상당수가(예를 들면 황동규나 이청준·김원일 같은 작가들의 작품) 의도적으로 제외되어 있기 때문이다. 「민중문학론의 실천적 과제」는 민중문학론의 본거지라 할 수 있는 자실 기관지에 실려 많은 물의를 일으킨 화제의 글이다. 그 글의 전제를 이루는 것은 "변화와 변혁이 두렵기 때문에 현실 고수의 체제 순응을 수락해서도 안 되지만, 타락된 체계에 대한 증오가 격렬하고 이상 사회를 향한 꿈이 정열적이라 해서 이념의 실제에 대한 판단과 사회와 인간 혹은 역사와 미래의 본질에 대한 정확한 인식을 포기해서도 안 된다",는 1부에 실린 에세이들에서 그가 되풀이하여 표명한 열린 문화주의의 태도이다. 그 태도는 모든 문학 행위는 좋은 문학 작품, 세련된 현실을 향한다는 미학적 신념과 연계되어 있다. 그에게 있어 '세련된 현실'이란 갈등과 분열이 가짜로 해소된 현실이 아니라, 성찰의 대상이 될 수 있도록 형태화된 현실이라는 뜻을 갖고 있다. 바로 그 태도에서 민중문학론에 대한 그의 여러 질문들이 생겨난다. 우선, "민중문학에서 실천이라 할 때에 그것은 개혁에의 직접적인 실현 노력만을 가리키는가, 아니면 글쓰기 행위의 특성 때문에 나타날 수 있는 간접적 노력까지 포함하는가, 간접적 노력이 인정될 때 그 간접성은 어디까지 포괄될 수 있는가." 그 다음, "근로자·대학생·교회 등에서 왕성하게 공연되는 마당극·굿놀이 등"의 민중문학적 연희에 대하여: "구비문학이나 서민 연희는 외국에서와 마찬가지로 우리나라의 경우에도 전근대적 농촌 사회의 취락 구조에서 행위되는 예술 형태인데, 도시화·산업화된 오늘의 대중 사회에서 그것은 어느 정도로 유효한 가능성을 가질 수 있을 것인가," 또한 "봉건적 가치 체계로서의 회귀가 어느 만큼 바람직한 것인가." 그 다음, "〔민중문학론의 출발점이 되고 있는 민중과 민중 운동에 대한 질문이지만,〕 그것이 목표로 하고 있는 개혁을 통해 성취하려는 체제의 구체적인 모형이 무엇이며 그것을 수행하는 방법은 어떤 것일까." 그가 제기하고 있는 질문들은 민중문학론자들뿐만이 아니라 우리 모두가 껴안고 씨름해야 할 중요한 문제들이다. 「진실에의 꿈」「사회 변화와 소설의 세계」「모색에서 가능성으로」는 1982, 1983년의 소설 세계를 조감하는 글들로서, 문학비평가로서의 그가 갖고 있는 종합 능력이 유감없이 발휘된 글들이다. 그는 어떤 이론적 근거에 의거해 작품들을 재단하는 것을 조심스럽게 피해, 작품들의 세계 속에 빠져들어가 그것의 문학적 의미를 섬세하게 분석한다. 그가 분석하는 문학적 의미는 좁은 의미의 심미적 의미가 아니라 현실이 문학화되는 과정에서 발생하는 역사적 의미이다. 그 역사적 의미는 "현실이라는 커다란 집단체의 일과 그 구성원이면서 그곳으로만 귀속될 수 있는 개개 인간의 또 다른 모습간의 거리"가 갖는 의미이며, 그 의미 파악은 말의 엄정한 의미에서 그가 개인주의적 합리주의자임을 다시 보여준다.

그의 문학비평의 큰 특색은, 그 자신 그렇게 명확하게 지칭하고 있는 것은 아니지만, 모든 것을 포용하고 받아들여 그것의 역사적 의미를 천착해내는 관용적 역사주의이다. 그의 역사주의 앞에 관용적이라는 한정사를 붙인 것은 그의 역사주의가 자기의 이론에 맞지 않는 것을 계속 도려내는 배타적 역사주의가 아니라, "포용성과 개방성, 그리고 누적적 성취에 '대한' 긍정적 시야"를 갖춘 포괄적이고 종합적인 역사주의라는 것을 선명하게 드러내기 위해서이다. 그것은 물론 사건 나열의 실증주의적 역사주의가 아니며, 역사의 목적이 미리 결정되어 있는 결정주의적 역사주의도 아니다. 그것은 모든 역사적 사실은 역사적으로 이해되고 해석될 수 있다는 해석학적 역사주의이다. 그 역사주의의 성과 중의 하나: "60년대는 4·19와 함께 한글 세대의 부상과 그들을 통한 개인주의 문학의 출현을 가능하게 했고, 5·16의 주체들이 추진한 근대화 작업을 둘러싸고 참여문학론을 제기시켰다. 필자로서는 순수문학적 입장으로 설명된 개인주의 문학이나 참여론을 강조하는 집단주의 문학이나 다 같이 4·19와 근대화가 이념적으로 제시한 정치적 및 경제적 민주주의의 두 측면, 즉 근대적 자아 형성과 그것과 더불은 공동체적 연대성의 표현으로 이해되는데, 이 이해가 동의된다면 60년대의 우리 문학은 그 시대적 명제와 어울린 작업을 틀림없이 하고 있었던 것이다. 70년대 역시, 그 초반부터 주목된 이른바 70년대 작가군의 새로운 창작 경향들, 그리고 그것들이 사회적으로 받아들여진 양상들이 유신과 특히 산업화와 그에 따른 사회 변화의 양상들과 면밀하게 대응되고 있음을 보여준다." 다양한 문학적 사실들과 정치·경제적 사실들의 대응 관계를 살피고 그것들을 개별적인 고립된 사실들로 이해하지 않으려는 그의 노력은, 거기에 반대하는 사람이 없을 수는 없겠지만, 검토할 만한 성과에 다다르고 있다. 서평자 자신도 "순수문학적 입장으로 설명된 개인주의 문학"이나 "참여론을 강조하는 집단주의 문학"과 같은 용어에 약간의 저항감이 느껴지지 않는 것은 아니지만——왜냐하면 60년대 참여파의 기수인 김수영을 집단주의자라고 부르기는 힘이 들며, 순수문학의 기수라 할 수 있을 김춘수를 몰개성주의라고 부를 수는 있을지 몰라도 개인주의자라고 부르기는 어색하기 때문이다──문학적 사실이 정치·경제적 사실과 유관하다는 지적은 유보 없이 받아들일 수 있다. 특히 "70년대 작품들이 다양한 형태와 다양한 방법으로 그 중요한 성취를 얻게 되는 과정이 유신 시대의 정치적 검열을 모면하기 위한 것"이라는 지적 같은 것은 매우 흥미있는 지적이다.

3부와 4부는 작품·작가(시인)론의 모음이다. 3부는 황석영의 『장길산』, 박경리의 『토지』 제3부, 조세희의 『시간여행』, 김원일·이청준 작품 모음 1, 이제하, 홍성원의 『마지막 우상』, 윤흥길의 『완장』을 다룬 글을 모은 것이다, 4부는 『김수영의 문학』, 박이도의 『불꽃놀이』, 이태수의 『우울한 비상의 꿈』, 박남철의 『지상의 인간』, 김광규의 「희미한 옛사랑의 그림자」를 다룬 글을 모은 것이다. 그 중의 어떤 것에도 비평가의 비평 대상에 대한 애정이 가득 들어 있다. 열린 문화주의, 관용적 역사주의를 지탱하는 힘은 비평가의 비평 대상에 대한 애정이다. 그 애정의 문학적 이름은 감동이다. 작품 앞에서 그는 겸허하게 감동한다. 그의 비평적 의식은 감동하는 의식이다. "필자가 신문에 연재되는 『장길산』을 읽으면서 맨 먼저 감동을 받았고, 황석영의 존재를 재인식하면서 이 작품에 벌써부터 큰 기대를 갖게 되었던 것은 길산과 묘옥과의 첫 정사 장면을 묘사한 〔……〕 대목에서였다." "오늘의 우리의 지적인 삶이 경직되고 도식화하며, 근원적인 사랑과 풍요함이 없이 메마르고 상투화되어가고 소문과 강요가 지배하면서 그것에 대한 정직한 성찰이 기피되고 무엇보다 지식인됨 자체에 대한 모멸이 팽배하고 있는 상황에서 이 고전주의 지식인의 자기 확인 행위는 그래서 더욱 감동적일 수 있는 것이다." "그런 모습의 방황하는 서정은 나의 10대에 무척 많은 감동을 주었던 헤세의 『크눌프』의 마지막 장면을 연상시키는 '빨간 콧등을 입김으로 녹이며'에서 보는 그런 세계의 것이다." 감동하는 의식은 대상을 크게 증폭하는 의식이며 더 풍요롭게 느끼는 의식이다. 감동하는 의식만이 대상을 깊게 그리고 넓게 느낄 수 있다. 김병익씨의 의식은 그런 의미에서의 감동하는 의식이다.

그의 비평은 두 방향의 오고 감이다. 한 방향은 구체적인 비평의 대상 속에 들어가 감동하고, 그 감동의 의미를 천착해내 그것을 문화 전반의 의미망 속에 위치시키는 확산의 방향이며, 또 한 방향은 문화적 사실들의 의미를 천착하고, 그것들이 문학 작품 속에 어떻게 드러나고 있는가를 따져보는 집중의 방향이다. 확산하는 의식은 그의 감동하는 의식을 가능하면 작품에서 떼어내려 하고, 집중하는 의식은 그의 추론적 의식을 가능하면 축소화시키려 한다. 그 오고 감의 중심에 그의 비평 의식이 자리잡고 있으며, 그 의식의 장점은 확산하는 의식이나 집중하는 의식 속에 완전히 빠져들어 다른 의식을 망각하지 않는 데 있다.

이광수적 사유의 의미

1977년 이광수에 관한 글들을 모은 책의 서두에서, 서평자는 "이광수는 만지면 만질수록 그 증세가 덧나는 그런 상처와도 같다. 한국 현대 문학사에 지울 수 없는 흔적을 남겼지만, 그의 친일로 한국 정신사에 역시 감출 수 없는 흠집을 만든 사람이 바로 이광수인 것이다"라고 적었다. 서평자는 그 뒤 약 8년간 이광수의 글과 그에 대한 글들을 거의 읽지 않았다. 그것은 서평자에게 해야 할 다른 많은 일들이 쌓여 있었기 때문이다. 그러나 서평자는 김윤식 교수의 1,174면에 달하는 대작 『이광수와 그의 시대』(한길사, 1986)를 읽고, 다시 한번 이광수라는 상처가 크게 덧나는 것을 느끼는 기이한 체험을 하였다. 서평자는 김윤식 교수의 이광수에 대한 열정——열정이 없고서야 어떻게 1,200면에 육박하는 대저를 쓸 수 있으랴——을 느낌과 동시에 어려운 시대를 지식인은, 아니 문인은 어떻게 살아야 하는가라는 질문을 제기받았고, 그래서 이광수에게서 그 전형을 보인 훼절이라는 문제에 다시 거의 절망적으로 부딪치게 되었다.

『이광수와 그의 시대』는 이광수라는 한국 최대의 근대 작가를 그 탄생에서부터 납북까지 대부분 일차 자료를 이용하여 실증적으로 재구성하고, 그 삶의 의미를 사상사적으로 규명해보려 한 야심만만한 저서이다. 한 인물의 삶의 궤적을 있는 그대로 재현하고, 그것의 의미를 되묻는 작업은 그 두 작업을 꿰뚫는 통일적 원리에 대한 자각이 없을 때, 지리한 자료의 나열로 끝나거나, 아니면 가공의 소설로 끝나기 쉽다. 그러나 김교수는 그의 저서에서 실증주의적 지루함과 사상사적 추앙/단죄에서 벗어나 적절한 총체적 시각을 보여주고 있다. 그 총체적 시각은 끼어넣기라고 부를 수 있는 방법론에 의해 얻어진다. 그는 실증적 사실들을 작품 속에 끼어넣고, 작품을 사실 속에 끼어넣으며 서로 끼어넣어진 것들을 더 넓은 것, 예를 들어 계층 의식·세계관, 의미있는 구조 등에 다시 끼어넣어 그것을 설명하고 있다. 예를 들자면『무정』의 영채에게 모델이 있다는 사실 주장은, 영채가 훼손된 새 가치 체계내에서 "유일하게 반짝이는"(p. 555) 훼손되지 않은 가치라는 주장 속에 끼어넣어지고, 그 주장은 영채의 아버지가 선각자였다는 사실 속에 끼어넣어진다. 그 끼어넣어진 것들은 "절개와 순수를 지키는 본래적 가치"가 "철저한 친일파·파렴치한의 노선"(p. 557)에 능욕당하게 되어 있다는 사실 앞에서 어정쩡하게 서 있는 지식층 학생의 계층 의식(p. 558)에 다시 끼어넣어져 설명된다. 이것은 김교수가 골드만류의 이해—설명의 방법론의 진수를 무의식중에 체득하고 있음을 보여준다. 과연 그는 가장 골드만적인 용어들, 예외적 개인, 세계관, 의미 있는 구조, 의식의 최대치 등을 여기저기서 사용하고 있다. 그는 그러나 세계관을 "상승적 계층의 이데올로기"(p. 531)라고 규정하고 있을 뿐 다른 용어들은 별다른 규정 없이 사용하고 있다. 다른 용어들, 특히 예외적인 개인, 구조, 의식의 최대치 등은 그가 부여한 특이한 의미에서가 아니라 일반적인 의미로 사용되고 있다. 세계관이 골드만적 의미로 쓰인다면, 세계관의 유형은 한정되어 있으므로 예를 들어 이 형식의 새로운 지식을 배우자는 진취성이 과연 세계관의 유형에 들 수 있는 것일까 아닐까 하는 점과, 골드만에게서 특이하게 드러나는 것이지만, 세계관은 그것이 같은 것일지라도 시대에 따라 혁명적이 될 수도 있고, 반동적이 될 수도 있기 때문에 이 형식의 진취성이 그 시대에 혁명적이었는가, 아니었는가가 논의되어야 할 터이지만, 그 책에서는, 그런 논의보다는 과장된 실재의 의식에 가까운 뜻으로 쓰이고 있다.

끼어넣기와 병행하여 그 책을 지배하고 있는 원리는 밤의 세계와 낮의 세계의 이분법이다. 밤의 세계란 심정적 세계를 뜻하는 것으로서, 세계를 감정적으로 느끼고 반응하는 세계이며, 낮의 세계란 합리주의적 세계를 뜻하는 것으로서, 세계를 논리적으로 분석하고 관찰하는 세계이다. 낮의 세계는 합리주의를 기반으로 한 논리의 세계이며 그 논리에 의해 근대화된 서양 제국주의와 그 아류인 일본 제국주의의 세계인 반면에(p. 1092), 밤의 세계란 심정적 세계, 비합리적이고 비논리적인 사고를 주축으로 한 믿음의 집단이 보여주는 세계이다(p. 1093). 그 두 세계의 대립에서 항상 이기는 것은 낮의 세계이다: "3·1 운동의 저 심정적 세계가 한 순간 일제로 대표되는 논리적 세계를 초극한 듯하였으나, 다음 순간 그 논리적 세계는 미동도 하지 않았다. 합리주의는 면밀한 계산하에 조금도 착오 없이 진행되었다. 8·15 해방도 사정은 다르지 않다. 해방이 되었을 때 시인들은 금방 유토피아가 도래할 듯이 외쳤다. 모두가 심정적 세계의 도래를 믿고 거기에 취하였다. 그러나 미 군정이 실시되었다. 다시 말해, 서구 제국주의를 낳은 그 합리주의를 기반으로 한 미 군정 및 소련 군정에 의해 논리적 세계는 엄연히 되살아나고 있었다"(p. 1093). 낮의 세계가 이길 수밖에 없는 것은 "알맞는 선, 현실 타협의 길을 발견한 능력"(p. 1092)을 그 세계에 사는 사람들이 갖고 있기 때문이다. 그의 그 도저한 대립적 이분법은 이광수의 설명하기 곤란한 행위를, 예를 들어 그의 친일 같은 것을 설명하는 데 큰 위력을 발하고 있으나, 그 큰 설득력에 비해 논리적 냉철함이 부족하다. 낮의 세계에도 밤의 세계의 요소가 있으며, 밤의 세계에도 낮의 세계적인 요소가 있다고 생각해야, 서평자의 생각으로는 균형이 잡힐 것 같다. 낮과 밤의 이미지를 차용해서 말한다면, 새벽과 황혼의 세계가 있을 수 있다는 말이다. 논리의 세계와 감성의 세계는 대립적인 것이 아니라, 서로가 서로를 감싸는 변증법적인 것이다. 예를 들어 제국주의의 논리성은 낮의 세계에 속하지만, 그 광포성·획일성은 밤의 세계에 속하며, 시적 정의의 성스러움·황홀함·격정성은 밤의 세계에 속하지만 그 당위성·윤리성은 낮의 세계에 속한다. 서평자가 보기에는 그 세계 중의 어느 것이 이기느냐 하는 것은 그리 중요하지 않다. 중요한 것은 차라리 그 세계가 어떻게 섞여 있는가 하는 것이다. 다시 하나의 예를 들자면, 반민특위에서 왜 낮의 논리가 밤의 심성을 이겼는가 하는 질문보다는, 시적 정의는 어떻게 왜곡되었는가, 현실은 친일파 등을 왜 수용했는가를 묻는 질문이 더 중요하다. 그래야 "논리적 세계에 한 발을 딛고 심정적 세계에 다른 발을 디뎠던"(p. 1094) "지식인의 의식의 한계"(p. 1094)가 더 잘 드러나지 않았을까?

끼어넣기와 대립적 이원론으로 무장을 하고서, 저자는 이광수의 거의 모든 국면을 놀라울 정도로 자세히 분석해 재종합하고 있다. 분석하고 종합하는 저자의 글투는 열정적이고 공감적이다. 그가 보기에 이광수의 원형은 "톨스토이적인 것을 오른팔로 하고, 바이런적인 것을 왼팔로 하여 자기 자신의 주체성인 고아 의식을 세운 것"(p. 212)이다. 톨스토이적인 것은 이광수의 윤리 의식을, 바이런적인 것은 그의 미의식을 규정하고 있으며, 그것에 의해 고아 의식에서 솟아나는 사랑 기갈증을 해소하려 한 것이 이광수의 문학이다: "새로운 것과 낡은 것 사이에서 새로운 것에도 형언할 수 없는 갈증을, 낡은 것에도 형언할 수 없는 갈증을 뿜어내는 것, 그것이 『무정』의 이형식이며, 이상주의적인 유순에 끌리면서 동시에 윤정선의 악마주의적 미에로 한없이 빠져드는 『흙』의 작자이다. 작자 개인의 고아 의식에서 빚어진 사랑 기갈증(콤플렉스)이 민족적인 고아 의식에로 승화될 때 『무정』은 탄생하였고, 따라서 『무정』의 깃발 아래 많은 고아들이 환호하였다. 나라 없는 백성이란 〔……〕 '부모 잃은 자식' 같은 것이었다. 이 점에서 춘원은 천부의 자격을 갖추었다. 그는 개인적으로 고아이자 민족적으로 고아였다. 아무도 이 자리를 대신하지 못한다"(p. 212). 이광수에 대한 글 중에서 함축적인 의미를 제일 많이 갖추고 있는 이 대목은 저자의 이광수에 대한 분석의 출발점이며 귀착점이다. 그 분석에 의거하여 그는 이광수의 허구성이 강한 자서전을 재해석하여 새 이광수를 제시한다. 가령, 이광수의 초혼에 대한 회고록에 대해 그는 이렇게 말한다: "춘원의 이 기록은 아마도 허구적일 것이다. 사실과는 거의 관계가 없는 심리적 문제 영역이다. 게다가 이 대목의 기록은 그가 고의적으로 허구화해놓은 것이다. 바로 이 고의적인 점이야말로 그의 마음속의 어떤 비밀을 드러내는 방식이었으리라. 요컨대 우리는 이 에피소드를 통해 우리는 춘원에게 조부의 존재가 얼마나 대단한 것이었나를 알아차릴 수 있다"(p. 63). 고아 의식·사랑 기갈증 때문에 이광수는 조부를 그의 자전적 기록에서 높이고 있다는 기술이다. 또 하나의 예를 들면, 최남선의 비교적 사내다운 법정 태도에 비하여 볼 때 다소 우유부단한 이광수의 반민특위에서의 행동에 대해서 그는 이렇게 말한다: "그러나 춘원도 마찬가지로 진실했음에는 다름이 없다. 다만 그 방식이 달랐을 뿐이다. 단세포적인 표면적 제스처나 행동으로 인간의 가치 여부를 평가하는 것은 극히 유치한 일이다"(p. 992). 반민특위에서의 이광수의 민족을 위해 친일했노라는 말의 밑바닥에서 동우회 사건 때의 이광수의 우유부단함, 도산마저 잃은 고아의 기갈증을 읽은 저자의 깊은 눈은 놀랄 만하다. 그러나 이광수에 대한 그의 열정 공감이 때로 지나쳐, 같은 사항을 되풀이 묘사하거나, 과잉되게 묘사할 때, 그 대목은 지나치게 감정적인 어조를 띤다: "낮의 논리, 논리적 세계의 경우엔 적어도 70퍼센트 이상이 아니면 어떤 일도 시작되지 않는다. 가능성의 확률이 그 이하로는 없기 때문이다. 그러나 심정적 세계에서 50퍼센트 가능성만 있으면 바로 행동으로 나갈 수 있고 또 그럴 수밖에 없다. 〔……〕 추정과 도산, 그리고 이 둘의 동지애를 바라보는 춘원 역시 심정적 세계의 표본적 인물이었다"(p. 420)와 같은 대목이 그러나 많지는 않다.

이광수의 많은 소설 중에서 가장 많은 독자들을 이끌어들인 것이 그의 연애소설이듯, 이광수에 대한 김교수의 책에서 제일 흥미있는 대목은 이광수와 허영숙의 연애 사건을 묘사하고 있는 대목이지만, 진지하고 힘있으며 깊은 성찰을 요구하는 대목은 도산 안창호 사건 이후에 이광수가 친일로 치닫는 부분과 해방 뒤의 그의 처신에 관한 대목이다. 한국 지성사에서 가장 악마적인 절망적 대목을 이루고 있는 그 부분을 기술하는 저자의 손길은 무겁고 무겁다. 그 중에서도 특히 성찰을 요구하는 부분은 반민특위에서의 최남선과 이광수의 태도를 비교하고 그것을 설명하고 있는 부분(pp. 1084~89)이다. 저자에 의하면 최남선이 "친일하게 된 동기는 지사 쪽을 버리고 학자 쪽을 택했음에 있다"(p. 1086). 지사는 "절을 굽히면 모든 것이 끝"(p. 1086)나, '진리'로서의 학설을 추구하는 학자에게는 학설의 진위가 더 중요하다. "지사의 경우와는 비교도 안 될 만큼 단순한 세계"인 학자의 세계를 최남선은 끝내 버리지 않았으며, 그래서 최남선은 반민특위에서도 떳떳할 수 있었다. 그러나 이광수는 지사인 척하였으나 동우회 사건 이후, 다시 말해 안창호 사후에는 "상상력에 기대어 새로운 세계를 창조하는 사람"(p. 1089)으로 자처했기 때문에, "한 인간의 실감을 떠날 수"(p. 1089)가 없으며 거기에서 그의 우유부단함이 생겨난다. 그렇다면 학자나 문인에겐 지사의 절이 필요없는 것일까? 아니 과연 학자나 문인이 노리는 것이 학설이나 새 세계의 창조뿐일까? 이런 본질적인 질문을 낳게 하는 데 이 대목의 충격이 자리잡고 있다. 나는 지사인가, 학자인가, 문인인가? 그 사람들은 말의 올바른 의미에서 무엇을 하는 사람들인가? 분단의 무거움을 걸머지고 그 물음을 되물을 때, 김교수의 『이광수와 그의 시대』는 거대한 하나의 절벽처럼 다가온다. 그 물음을 회피해서는 안 된다라는 게 김교수의 전언 중의 하나이다.

　김교수의 이광수론을 읽고 난 뒤에 내 머리에 갑작스럽게 떠오른 의문 중의 하나는 왜 이광수가 초기 단편들에서 동성애적 취향을 드러냈을까 하는 것이다(p. 586). 「사랑인가」의 주인공이나 「윤광모」의 주인공은 왜 미소년을 사랑하는 것일까? "미소년을 사랑하는 행위는 당시 학생 사회의 유행적 풍조였다"(p. 220)는 설명만으로는 풀리지 않는 어떤 것이 그 사랑에는 숨어 있다. 그렇다면 왜 상머슴 같은 박정호와 "상식을 넘어서는 관계"(p. 921)를 맺게 되는 것일까? "춘원에게 있어 박정호는 문자 그대로 보살이었다"(p. 920)라는 해명만으로는 이광수가 "등이 약간 구부러졌고, 웃은 머슴꾼의 옷"(p. 921)을 입은 박정호와 깊은(?) 관계를 맺게 된 이유가 해명되지 않는다. 그 둘 사이에는 비정상적인 무엇인가가 있다라는 게 서평자의 직관이지만 서평자로서는 그 이상의 추론을 할 수는 없다. 서평자가 암시할 수 있는 것은 허영숙이 이광수에게 남성적 억압체로 변질하자 이광수에겐 여성적인 역을 맡을 남자가 필요해졌으리라는 것이다.

　김교수는 『우리 소설과의 만남』(민음사, 1986)에서 "열정이란 재능을 가리킵니다. 열정 없는 재능은 없지요"(p. 201)라고 말하고 있다. 서평자는 그의 이광수 평전을 읽고, 그 말이 되돌아가야 할 것은 그 자신에게로이다라고 생각하였다. 재능이 바로 열정이라면, 그는 뛰어난 재능이다.

보이는 심연과 안 보이는 역사 전망

I

고난의 시학
—— 한국시의 유형학·1

함석헌의 『뜻으로 본 한국 역사』(한길사, 1983)는 역사서이지만, 역사서로보다는 차라리 수필로 읽어야 할 책이다. 역사서로 그것을 읽을 때, 여러 형태의 역사적 사실들이 그 책에 때로는 완고하게 때로는 완강하게 저항한다. 그것을 그러나 문학적 수필로 읽을 때 그것은 깊은 예지를 간직한 뜻깊은 수필로 나타난다. 나는 함석헌의 문체를 최인훈의 그것과 함께 최상의 것 중의 하나로 생각하는 사람이다. 그의 문체의 비밀은 속도감 있는 단문에 있는데, 여하튼 그의 뛰어나게 힘있는 단문들의 모음이 전하고 있는 가장 중요한 전언은 한국은 고난의 땅이라는 것이다. 기독교적인 세계관에 깊이 뿌리박고 있는 그의 그러한 생각은 모든 인류의 역사는 고난의 역사이며, 고난은 생명의 피할 수 없는 조건이라는 더 폭넓은 세계관에서 연유한다. 그에 의하면 한국의 역사는 몰락과 패망의 역사이며, 지금의——이때의 지금은 40년대일 수도 있으며, 50년대일 수도 있다. 이 글이 처음 씌어진 것은 40년대이며, 처음 간행된 것은 50년대이다——한국의 모습은 로댕의 '갈보이었던 계집'과도 같다. 그 늙은 갈보는 "사회의 무지와 잔인과 비루와 거짓과, 인간 속에 들어 있는 수성, 인격 밑에 숨는 마성"을 다 짊어지고 있다.

그 갈보와 같은 고난의 땅이 갖고 있는 역사적 사명은 무엇일까? 고난의 땅은 갈보처럼 썩어문드러질 뿐인가? 함석헌은 놀랍게도 한국은 세계의 하수구요 늙은 갈보이기 때문에 오히려 더 큰 역사적 짐을 지고 있다고 믿는다. 갈보야말로 자기를 갈보로 만든 것이 무엇인가를 전신 감각적으로 체득하고 있다. 자기가 갈보이지 않으면 안 되게 만든 모든 사회적 불의를 드러내고, 구원은 핍박받은 자들에게 있다는 것을 확실하게 알리는 것이 고난의 땅이 짊어진 역사적 사명이다. "새 역사의 싹은 언제나 쓰레기통에서 나"왔으니, "한국·인도·유대·흑인 이 들이 그 덮어누르는 불의의 고난에서 이기고 나와서 제 노릇을 하면 인류는 구원을" 얻는다. 비록 기독교적인 어휘로 표현되고 있지만, 고난을 당한 자들만이 고난의 뜻을 더 잘 알 수 있다는 함석헌의 전언은 식민지에서, 같은 민족끼리의 가짜 이데올로기의 싸움터에서 강렬한 반응을 얻는다. 그 반응을 자세히 살피는 일은 쉬운 일이 아니다. 그것은 실증적 검토를 요구하기 때문이다. 그러나 그의 전언을 정언화하는 것은 가능하다. 그의 전언을 명제화하고, 그것을 다른 명제들과 관련짓는 것은 해볼 만한 작업이고, 해야 하는 작업이다. 나는 그의 명제를 고난을 당하고 있는 사람은 그 고난의 의미를 되새겨 고난이 되풀이되지 않는 길을 발견하려 한다라고 옮기고, 그것을 고난의 시학이라고 부르려 한다. 고난의 시학은 그러니까 i) 나는 고난받고 있다(혹은 이 땅은 고난의 땅이다); ii) 나는 고난이 새로운 삶의 시작이라고 믿는다(혹은 고난의 땅에 은총이 깃들인다); iii) 고난을 야기한 불의와 힘을 모아 싸워야 한다(혹은 핍박받는 자들은 뭉쳐 불의와 싸워야 한다)라는 단위를 갖는다. 엄격한 의미에서 불의·고난·핍박이 무엇을 뜻하느냐 하는 질문이 그때 가능해지겠는데, 나는 그 말을 함석헌이 사용한 대로 폭넓게——때로는 종교적인 의미로, 때로는 사회·정치·경제적인 의미로 사용하겠다.

고난의 시학을 자기 시의 기본 원리로 선택한 시인은 많다. 특히 4·19 세대와 그 세대의 영향하에서 작업한 후배 세대, 소위 유신 세대의 상당수는, 알게 모르게 그 시학에 침윤되어 있다.
그 시학을 시적 원리로 수락한 혹은 선택한 시인들 전부가 비슷한 시적 경향을 보여주는 것은 아니고, 그 편차는 아주 크다고 할 수 있다. 예를 들어 재치와 감각이 깊이 있게 어우러져 있는 정현종의 시와, 야유와 풍자·절규가 뒤섞여 있는 김지하의 시, 개인적인 상처와 사회적 상처가 교묘하게 삼투되어 있는 이성복의 시, 폐허——사막 속에서 겨우겨우 숨을 내쉬는 길을 뚫으려 애를 쓰는 황지우의 시, 열악한 노동 조건 자체에서 삶의 한계 상황을 보는 박노해의 시들은 다 같이 고난의 시학에 그 뿌리를 두면서도 냄새와 색이 다른 꽃과 열매를 피우고 있다. 이곳은 고난의 땅이지만, 그 고난의 땅을 낙원으로 만드는 길

은 동일한 길이 아니다. 아니 이곳이 고난의 땅이라는 인식마저도 동일하지는 않다. 보라,

유난히 고통 위에 고통 겹치고 恨 위에 한 쌓여 탄식·외침·몸부림이 가득가득 찼는데도 오래고, 맑고, 큰 넋이 생생하게 살아 힘차게 꿈틀거려 장차 큰 해탈, 큰 개벽이 이루어질 조짐이 터지게 무르익은 땅이 하나 있어 눈을 몇 번 비비고서 다시 한번 자세히 보니 그곳이 다름아닌 한반도요 반도 중에서 남조선이라.

라는 시구 속에 드러나 있는 운명 예정설과,

立石을 동쪽으로 돌아 和順으로 5백 리 가면, 雲舟寺에 다다른다. 수천 년 이래 謫仙들이 이곳에 모여 다시 세상으로 나갈 채비들을 하고 있다. 길 가는 이들은 뒤돌아보지 않는다. 돌아보면 모든 자취는 지워져 있고 추억은 미로이느니, 도시 세상으로 나가는 운주 뱃전에 풍운이 물결되어 출렁일 따름이다.

그러므로 길 가는 이들이여, 약과 마음을 얻었으면, 아픈 세상으로 가서 아프자.

라는 수일한 시구 속에 드러나 있는 전도된 세계(신선들이 세계에 쫓겨 나온 게 아니라, 세계에서 보살 세상에 쫓겨와 있다!), 유마주의(이 세계에 한 사람이라도 아픈 사람이 있다면, 나도 계속 아프겠다!) 사이에도 얼마나 먼 거리가 있는 것이랴. 그러나 그 고난을 극복하는 방법들 사이의 거리는 사람들 사이의 거리만큼이나 멀다.

고난의 시학의 기본 구조는 상징주의 시학의 구조와 비슷해 보인다. 그러나 물론 같지는 않다. 동양의 상징주의의 기본 도식은 시인을 귀양 온 신선이라고 보는 도식이며, 서양의 상징주의의 기본 도식은 시인을 대중에게 버림받은 천재로 보는 도식이다. 이백과 보들레르로 대표될 수 있을 그 도식은, 시인은 고난의 땅에 살고 있다는 고난의 시학의 기본 도식과 같아 보인다. 그러나 고난의 시학의 시인들에겐, 이백의 천상의 세계나, 보들레르의 예술의 세계처럼 되돌아갈 세계가 없다. 아니

차라리 그들이 돌아가야 할 세계는 세계 그 자체일 따름이다. 고난의 시인들에겐, 현실 밖에 극락이나 천국이 존재하지 않는다. 극락과 천국이 있다면, 이 땅에 있어야 한다. 그 현실주의는 상징주의의 초월주의와 선명하게 대립한다. 그 현실주의는 또한 시인이 일상인과는 다른 특별한 사람이라는 것을 인정하지 않는다. 시인은, 이 세상에 온 신선이나, 대중들과 다른 천재가 아니라, 이 땅에서 고난의 대열에 서 있는, 아니 이 땅의 고난 그 자체인 일반 사람들과 같다. 그 일반 사람들 중의 하나이다. 시인은 이 세계의 고난을 등지고, 강 속의 달로 달려가거나, 진흙으로 금을 만드는 것이 아니라, 이 세계의 고난 그 자체로서, 고난을 그대로 드러낸다. 그 드러냄이 그의 시인됨을 보장해주는 시적 근거이다. 시인은 특권이 아니라 고난과 핍박의 징표이다.

시사적으로 보자면, 고난의 시학은 40년대의 부끄러움의 시학, 자학의 시학의 연장선상에 있다. 일본 제국주의와 싸우기 위해 일본식의 교육을 받은 많은 사람들의 마음속에는 부끄러움의 감정이 서서히 싹트기 시작한다. 교육을 받으면 받을수록, 무의식적으로 사회에 동화되어 그 사회의 일원으로 살고 싶어지지만, 교육을 받으면 받을수록 그것이 나쁜 욕심이라는 것이 분명해진다. 부끄러움은 그 갈등에서 생겨난다. 지켜야 할 원칙을 알고 있으면서도, 그것을 자꾸만 깨뜨려버리려는 마음의 움직임이 부끄러움을 낳는다. 그 부끄러움의 시학을 가장 분명하게 드러내준 시인이 윤동주이다.

> 죽는 날까지 하늘을 우러러
> 한 점 부끄럼이 없기를,
> 잎새에 이는 바람에도
> 나는 괴로워했다.

라고 쓴 윤동주는, 부끄러움을 느끼지 않기를 바랐지만, 집에서 보내준 학비로, 늙은 교수의 강의를 듣고, 쉽게 씌어지는 시를 쓰는 자신을 부끄러워하지 않을 수 없게 된다.

> 땀내와 사랑내 포근히 품긴

보내주신 학비 봉투를 받아

　　대학 노트를 끼고
　　늙은 교수의 강의 들으러 간다.

　　생각해보면 어린 때 동무들
　　하나, 둘 죄다 잃어버리고

　　나는 무얼 바라
　　나는 다만 홀로 침전하는 것일까?

　　인생은 살기 어렵다는데
　　시가 이렇게 쉽게 씌어지는 것은
　　부끄러운 일이다.

　그 부끄러움은 의식이 자아가 해야 할 일을 못 하고 있다고 느낄 때 생겨난다. 의식이, 사유 주체가 자기를 파괴하려는 혹심한 욕망에 시달리고 있음을 알고, 그것의 파괴성을 최소한도로 줄이려 애를 쓸 때, 부끄러움이 생겨난다. 부끄러움은 자아 포기·방기의 길을 가지 않으려는 의식의 마지막 움직임이다.

　식민지 시대는 그 부끄러움도 느끼기 힘든 시대이다. 그 시대에, 한국인이 한국인으로서 존재한다는 것은 거의 불가능에 가까웠기 때문이다. 심하게 말한다면, 한국어마저 없어졌을 때, 한국인에게 남아 있는 길은 자아 포기·방기의 길과 해외 망명의 길뿐이다. 그러나 망명의 길, 독립 운동의 길인들 쉬웠겠는가. 대부분의 한국인들은 가짜 삶, 자기 정체성을 잃은 삶을 살 수밖에 없었으며, 그 시대에 부끄러움의 시학은 충분히 그 역사적 자리를 획득할 수 있었다. 해방이 되고, 한국인의 자기 정체성이 어느 정도 회복되자, 부끄러움의 시학이 보여준 절실한 실존적 떨림은 어느 정도 그 절실성을 잃고 시적 수사의 일부분이 된다. 그것은 타기할 만한 일도 상찬할 만한 일도 아니다. 모든 시적 움직임은 결국 시적 수사의 한 부분이 되게 마련이기 때문이다. 부끄러움의 시학이 시적 수사의 한 부분이 되어, 남북 분단·민족 상잔의 가짜 이데올로기 전쟁, 계속되는 쿠데타…… 등의 현실을 드러내는 데 일정한 한계를 드러내자, 그것을 극복한 새로운 시학이 얼굴을 내민다. 그 시학을 준비한 것은 기독교적 세계관이지만, 그 시학은 거기에만 매달리지 않는다. 그것은 강력한 흡인력으로 여러 양태의 고난·핍박을 빨아들인다. 그리고 다양한 꽃과 열매를 피우고 맺는다. 그 시학의 이름이 고난의 시학이다.

어두움과 싱싱함의 세계
―― 이승훈의 『당신의 초상』

　시인으로서의 이승훈의 특색은, 자기 시를 가능한 한 의식화시키려는 노력이다. 시작의 순간에, 시를 쓰는 이승훈을 반성하고 성찰하는, 의식화된 이승훈이 나타나, 작업하는 이승훈을 괴롭힌다. 시의 역사를 살펴본다면, 그 괴로운 작업은 대체적으로 봐 말라르메에게서 시작된 것이며, 한국에서는 김춘수가 그 전통을 이어받고 있다. 그 반성·성찰은 대개의 경우 작업하는 자기의 모습에 대한 것이어서, 도취·열광과는 거리가 매우 멀다. 도취·열광은 성찰하기 힘든 영역일 뿐만 아니라, 지적 작업을 차라리 필요로 하지 않는 영역에 속해 있기 때문이다. 말라르메에게는, 작업하고 있는 자신을 명백히 볼 수 있으리라는, 결국 실현되지 못한 믿음이 있었지만――허기야 그 믿음 때문에 수많은 밤을, 램프불 아래서 지새운 것이 아니겠는가――김춘수나 이승훈에게 오면, 프로이트의 정신분석학의 영향 때문에, 작업하는 자아를 아무리 열심히 관찰하고 반성해도, 그 반성적 의식을 벗어나는 것이 있다는 것을 알아, 그 믿음은 많이 약화되어 있다. 말라르메는, 그 믿음에도 불구하고 자신을 넘어서는, 먼 선조들에게서 내려오는 자신 아닌 어떤 것들이 있다는 것을 발견하게 되는 것이지만, 그래서 그 믿음을 절망적으로 반추하는 것이지만, 이승훈이나 김춘수는 그 믿음의 약화 때문에 작업하는 자아의 모습보다는, 작업하는 자아가 무의식적으로 포착한, 의식하는 자아가 놓친 부분을 버리지 못한다.
　이승훈은 『당신의 초상』(문학사상사, 1981) 말미에 실려 있는 「비대상(非對象)」에서 자신의 시적 편력을 다음과 같이 요약하고 있다. 그는 한국시의 소박성이――이승훈의 사전에서, 소박성은 상투성·인습성을 뜻한다――대상의 세계가 어떻게 존재할 수 있는가에 대한 인식론적 회의

가 제대로 제기되지 않았다는 점에 있다고 생각한다. 그 인식론적 회의는 이상과 김춘수에 의해 제기되었을 뿐이다. 이상과 김춘수는 다 같이 '인식론적 갱신'의 가능성을 보여주었는데, 이상은 "격렬하고 한결 심리적인 세계를 지향"하고 있으며, 김춘수는 "다소 온건하고 한결 존재론적인 세계를 지향"하고 있다. 그 두 시인에게 촉발되어, 그는 대상이 어떻게 존재하고 있는가 하는 것을 시적 탐구의 대상으로 삼는다. 그가 쓰는 인식론이란 어휘는, 나는 대상을 어떻게 지적 대상으로 삼는가를 따지는 것보다는, 대상은 어떻게 있는가를 따지는 것에 가깝다. 다시 말해 그의 인식론은, 현상학적 존재론에 가깝다. 대상이 어떻게 존재하는가를 따지자마자, 대상은 그 일상적인 윤곽을 잃고 무정형의 것이 되어버린다. 가령 손수건이나 바위 같은 것을 그림으로 그리려 할 때, 그것들은 흔히 손수건이나 바위 아닌 어떤 것으로 변해버린다. 그 무정형의 대상을 그는 대상의 내면성이라고 생각한다. 대상의 내면 속으로 들어가서, 그가 만난 것은 "어두운 충동의 세계"이다. 에로스가 억압되고, 타나토스가 밖으로 나온 그 어두운 충동의 세계는 '죽음'의 세계이다. 대상의 내면 속에서 그가 이상처럼 향기로운 꽃을 만나지 못한 것은 매우 흥미있는 문제이다. 내면을 열면 풍요한 세계가 전개된다고 보는 것이 일반적인 상상력의 법칙인데, 그는 그 반대로 대상의 내면 속에서 불모성을 본다. 생성을 준비하고 있는 것이 아니라, 그의 대상은 죽음을 준비하고 있다. 대상의 내면으로 여행을 떠난 시인들의 대부분이 그러하듯, 그도 어두운 죽음의 충동이 개인적인 것이 아니라, 보편적인 것이라는 것을 깨닫게 되며, 그래서 원형—신화의 세계로 나아가게 된다. "개인적인 고통과 승화를 어떤 원형으로 제시하고" 싶어진 것이다. 그 원형의 밑에 깔린 것은 "개인적 고통의 세계가 바로 인류의 고통과 직결"되어 있다는 생각이다. 그가 그래서 찾아낸 원형적 이미지는, 피에타, 다시 말해 "죽은 예수를 무릎에 안고 있는 마리아"의 이미지이다. 개인의 이미지를 원형적 이미지로 바꾸자, 어두운 충동의 세계에 "어떤 밝음"이 들어온다. 어두운 충동은, 그가 원형적 세계에서 발견한 신학적 지평 속에서 밝음을 예감한다. 그의 비대상이란, 대상의 내면성, 그리고 그 속에 있는 신학적 의미의 원형성에 다름아니다. 이승훈이 매우 복잡하게 설명하고 있는, 그러나 내가 매우 개괄적으로 요약한 그의 시론은 그의 성찰적 의식이 작업하는 자아를 분석한 것이지만, 그의 시에는 그의 성찰적 의식이 놓친, 그래서 말라르메라면 과감하게 지워버렸을 많은 부분들이 넘쳐난다. 그것들을 그는 '감상의 단편들'이라고 부르고 있다. 그가 감상 덩어리라고 생각하고 있는, 「벙어리」를 예로 들면,

　　서풍 불고 서리 내리면
　　어머니는 우신다
　　아내도 운다
　　하늘은 속였다

　　수수깡 울타리에 이는 바람
　　이제는 없는 퍼어런 보리밭
　　퍼어런 바다
　　퍼어런 하늘

　　하늘 같은 사랑아
　　나는 실컷 살고 싶었다
　　나는 실컷 웃고 싶었다
　　너하고 사랑아
　　싱싱하게 입맞추고 싶었다

라는, 인용된 시에서 알 수 있듯, 감정의 분석보다는, 호소에 더 시적 강조가 주어져 있다. 무엇 때문인지 알 수 없으나, 울고 있는 어머니・아내, 없어져버린 푸르름, 싱싱한 사랑을 희원하는 '나'라는 시적 진전은, 이 시의 뒤에, 푸르름을 잃은 아내・어머니, 새로운 사랑을 희원하는 '시인'이라는 대립이 숨어 있음을 보여준다. 이 시의 감정적 호소는 싱싱해지고 싶다는 무의식적 욕망에서 비롯된 것인 것이다. 시인이 감상이라고 부르는 것은 바로 그 싱싱함일 것이다. 시인의 무의식은 불모성을 바라고 인간 이승훈의 무의식은 싱싱함을 바란다. 거기에 그의 시적 모순이 있다.

　불모성/싱싱함, 그의 용어를 빌면 침묵/웅변의 대립은, 그의 문학에 대한 성찰에서도 그대로 드러난다. 「맨드라미」「문학」에서, 그는 문학을, i) 모든 절박한 노래; ii) 언제나 흐리고 밟히는 것; iii) 어디 숨어버린 사랑; iv) 더욱 가혹하게 시드는 우리의 말; v) 이토록 죄송한

생 ; vi) 공포로 빛나는 시간 ; vii) 괴물과 인간의 싸움 ; viii) 아직 오지 않은 희망 ; ix) 싱싱한 고통과 결부시키고 있다. 문학은 언제나 흐리고 밟히는 것을 절박하게 노래하는 것이지만, 그 문학은 공포로 빛나는 시간, 싱싱한 고통, 오지 않았지만 오고야 말 희망과 결부되어 있다. 그의 문학은 바르트가 유토피아적 기능이라고 부른 기능을 갖고 있는 문학이다. 이승훈의 그 태도와 관련 있게 혹은 관련 없게, 나의 시 읽기를 즐겁게 만든 것은, 「방향에 대한 꿈」과 「다시 흙으로」이다.

　　금이 가는 하늘에
　　무심한 새 하나 끼어 죽는다

　　물론이다 날개도 죽지도 없이
　　하늘의 공포와 입맞춘다

　　어떻게 견디란 말인가
　　달려오는 시간의 모래

　　하늘에 가득차는 악몽
　　손도 발도 없이

　　부러진 죽지로 아아
　　어떻게 방향을 꿈꾸란 말인가

「방향에 대한 꿈」이라는 제목이 붙어 있는 이 아름다운 시는, 시간이라는 공포와 싸우는, 부러진 날개 때문에 다른 곳으로 날아갈 곳도 없는, 인간적 실존을 전율적으로 그려내고 있으며,

　　입술은 바람이 되고
　　눈망울은 천둥이 되고
　　심장은 돌이 된다
　　괴롭던 일 기쁘던 일도
　　화만 나던 사랑도 후회도
　　이제는 님이 빚어야 할
　　한줌의 흙

바다 혹은 하늘

이라는, 「다시 흙으로」라는 제목이 붙어 있는 이 시는, 끊임없이 새로 빚어져야 할 자아, 그 자아 속에서 역시 다시 빚어져야 할 바다, 혹은 하늘을 노래하고 있다. 비록 다시 빚어져도 고통스럽기만 한 삶이라고 해도 그렇다. 그런 의미에서 이승훈은 비극적 세계관에 침윤된 시인이다.

방법적 원리로서의 수다
―― 김정웅의 『천로역정, 혹은』

　김정웅의 『천로역정, 혹은』(문학과지성사, 1988)이라는 이상한 제목이 붙은 시집의 눈에 두드러진 특색 중의 하나는, 시인 자신이 "주역적 표현"[65]이라고 부르기도 하고, "천방지축 횡설수설"[58]이라고도 부르고 있는, 고삐 풀린 듯한 수다이다. 수다를 비교적 싫어하고, 절제를 숭상해온 시인이 갑자기 그 혐오감을 버리고, 수다를 자기 시의 중요한 표현 수단으로 사용하게 된 이유나 시원은 무엇일까? 자기 자신에 대한 설명을 별로 하지 않는 것이 버릇인 그는 그 시원의 자리를 거의 보여주지 않는다. 그는 그의 수다의 시원의 자리를 보여주지 않는 대신에, 수다스러운 그 자신을 보여준다. 수다스러운 시인의 모습은, 이 시인이 과연 김정웅인가 하는 의심을 자아내게 한다. 그 의심을 풀기 위해 그의 시를 천천히 되풀이해 읽으면, 그 수다의 근원을 짐작할 수는 있다. 시인은, 역시 수다스러운 한 편의 시에서,

　　머리 쓰임새 또한 그와 방불하여
　　미련해도 간릉스럽다고
　　그 번뇌라는 것을 일일이 헤아리기 귀찮아서
　　쌀 한 바가지 엎어놓고
　　개다리소반에 뉘를 고르듯 하고 보니
　　종내는,
　　죽고 싶은 마음과 살고 싶은 마음으로
　　편편이 알기 쉽게
　　좌악 갈라치는구나.
　　시쳇말로 하면
　　하나는 절망이요 하나는 꿈이니

난형난제라, 〔50〕

라고 사람의 삶에 대해 사설 풀고 있다. 시인이 보기에, 사람의 마음은 죽고 싶은 마음과 살고 싶은 마음으로 알기 쉽게 쫘악 갈린다. 이 시구에서 중요한 것은 그 두 항의 내용이 아니라 그 두 항으로의 쉽게 갈림이다. 삶이 희망과 꿈으로 쉽게 갈리듯, 시 역시 수다와 절제로 쉽게 갈린다. 마치,

　　선생님은
　　왜, 때론 너무 말이 많고
　　왜, 때론 말이 없나? 〔13〕

에서의 선생님과 같이, 시는 때론 너무 말이 많고, 때론 말이 없다. 그것들은 너무나 확연히 쉽게 갈린다. 시는 말이 많거나, 말이 없다. 그 어느 것을 더 아름답다고 말할 수는 없다. 꽃과 잎을 두고,

　　그 누가 저들의 일생을 두고서
　　꽃과 잎
　　그 어느 쪽이
　　더 아름답다, 함부로 말할 수 있으랴 〔32〕

라고 말하는 시인의 마음속에서 작용하고 있는 원리는, 편가르기는 사람이 편하기 위해서 하는 행위일 따름이지, 어느 한편만이 아름다운 것은 아니다라는 것이다. 그 원리를 무엇이라 부를 수 있을까? 시집에 해설을 쓴 홍신선은 그것을 구비적 상상력이라 이름붙이고 있는데, 나는 시인의 말투를 흉내내 주역적 상상력이라 이름붙이고 싶다. 사실적 상상력은 수다에는 걸맞지만, 동양적 사유를 넘어서는 부분을 갖고 있는데, 주역적 상상력은 그렇지 않기 때문이다. 그 주역적 상상력은, 동양적 지혜라고 알려진 것들, 정말 무서운 것은 닫힌 문이 아니라 열린 문이다〔37〕, 차면 기운다(가득참이 가히 오래지 못함이다〔44〕), 물은 언제나 수평을 이룬다〔72〕 따위의 잠언의 형태로 살아 남은 것들을, 상투적인 표현으로서가 아니라 꿈으로서, 다시 말해 실천하기 힘든 불가능태로 보여주려 한다. 금언의 형태로 주어지는 지혜는 외우기 쉽지만 실천

방법적 원리로서의 수다: 김정웅　279

하기 힘들다. 그 힘든 지혜를 꿈꾸는 상상력이 바로 주역적 상상력이다. 시인의 표현을 빌면 "뒤집어 꿈꾸며 사는 법"〔35〕이다. 뒤집는 까닭은 지혜가 말로만 전달되기 때문이며, 꿈꾸는 까닭은 그 불가능태를 가능태로 바꾸기 위해서이다. 그것은 얽매임 없이 자유롭게 사는 삶을 꿈꾸는 상상력이다. 그 상상력의 입장에서는 수다건 절제건 다 아름답다. 더 아름다운 것은 수다와 절제의 관계일 것이다. 모든 것은 수시로 변하기 때문이다. 수시로 변하기 때문에 사는 데에는 법이 없으며, 스스로 깨닫는 수밖에 없다. 그 한 예로, 시인은 골고다의 예수를 뒤집어 꿈꾸어 보이고 있다.

> 그리하여 예수가 한때 타의로
> 십자가를 높은 곳으로 끌며 겪었던 불행을
> 이제서 뒤집어 생각하고, 되도록
> 더 높은 곳으로 끌어올리려는
> 또 다른 무지에서 벗어나도록
> 각기 스스로 깨닫는 방법에 이르도록 도와주소서 〔67〕

뒤집어 꿈꿈으로써 저마다 스스로 깨닫는 방법에 이르는 것을 바라는 주역적 상상력은 선적인 깨달음에 때로 가깝다. 주역과 주자와 불교를 적당히 뒤섞어버린 것은 중국인들이었지만——철학적 사유 체계란 그렇게 쉽게 확연히 바뀌는 것이 아니다. 중국인들은 주역과 노자의 말로 불교를 번역했으며, 그것이 선으로 가는 길을 열어주었다——동양인들은 대개 그 중국인들의 사유의 틀 안에 있다. 그래서 김정웅도 어쩔 수 없이 주역과 신을 뒤섞는다.

> 물은 모여서
> 언제나 수평을 이루고
> 치솟는 산일수록
> 그 끝봉우리를
> 제 마음의 가장 아래에 둔다 〔72〕

이런 유의 시행들은 주역—선의 뒤섞임을 분명하게 보여준다. 그 주역적—선적 상상력에서, 삶이란 헤맴이며, 그래서,

요새는
떠나지 않은 길도
떠돌다 돌아온 듯해〔113〕

라거나,

요새는
떠돌다 돌아오는 길도
떠나는 길인 듯해〔114〕

라는 애매모호한 상태이다. 헤매다보면 간 곳이 안 간 곳 같기도 하고, 안 간 곳이 간 곳 같기도 하다. 그 애매하고 혼란스러운 상상력 속에서는,

사람이 나고 가는 일도
어느 별자리에 외출 나왔다가
다른 별자리로 씨익 건너가버리는
별똥별 같다……〔77〕

라는 도저한 인식이 가능하다. 그렇다면 그의 상상력은 주역적인 것도, 선적인 것도 아니고, 무속적인 것이 아닐까? 아니 그의 깨달음은 안분자족의 깨달음일까, 돈오점수일까, 아니면 무애의 깨달음일까? 그런 질문을 던지기 무섭게 김정웅의 질책이 들려온다. "예끼 순! 네 가죽을 벗기느니 내 살 먼저 벗어야겠다!"〔14〕.
　시인은,「다시 어느 가을」이라는 제목이 붙은 한 시에서,

내 살아온 일, 울울한 그 잎사귀들
바람의 젓가락으로 뒤집으며
가슴에 불화살처럼 받는 저 햇살들
차라리 얼마나 가려운지
빨리 꼭지 떨어지고 싶은
다시 어느 이 가을〔83〕

이라고 노래하고 있다. 시인은 가을 햇살을 받는 나뭇잎들을 바라보며, 살아온 일을 생각하다가, 곧 떨어져내릴 잎처럼 빨리 떨어져버리기를 바란다. 그가 잎에 의탁한 자신의 몸을 가려워 견디지 못하는 몸으로 묘사하고 있는 것은 그의 수다이지만, 가려워 꼭지 떨어지고 싶어 안달하는 과일나무의 이파리라는 이미지는 아름답다. 그의 시들도 가려워 꼭지 떨어지고 싶어하는 소양증 걸린 시들이다. 그 소양증의 근원은,

　　이상한 술에 더 취해서, 온밤 내내
　　어딘가 모르게 끌려올라가고
　　어딘가 모르게 끌려내려가고 〔59〕

에서 알 수 있는 공포심이다. 그 공포심은 어디에 끌려가고 있다는 것을 알지 못하는 데서 나온다. 그 끌려감은 정치적 끌려감이며, 동시에 형이상학적 끌려감이다. 그의 공포심의 근원은 권력에 대한 것이면서, 존재의 무에 대한 것이다. 그 이중의 공포심 때문에 그의 수다는, 때로 절제로 나타나기까지 하는 그 수다는 다중적이다.

　　또 하나가, 또 하나가
　　둘, 셋, 열, 마흔……
　　설마 설마 하다가 쓰러지고, 또 쓰러지고, 무릎 꿇고,
　　불사르고, 투신하고, 피 토하고, 목매고, 농약 마시고……
　　보이지 않는 사람들이
　　자꾸 자꾸 쓰러지는,
　　들끓는, 뒤엉킨, 헛것이 자꾸만 보이는
　　모든 자신들이 정연한
　　광화문 네거리 〔23〕

라는 정치적 수다가,

　　장님이면서도 장님인 줄 모르며
　　이미 종말에 처해 있음과 같음에도
　　그 같음 깨닫지 못하고 오히려
　　호각 소리만 시끄럽게 드높은 듯한 것은

저희가 저희 있는 곳을 모르고 있다는 의미 아닐는지요? 〔67〕

라는 형이상학적 수다와 서로 얽혀, 과격하면서도 절망적이고, 경련적이면서도 사유적인 시적 공간을 만든다. 그 공간이 김정웅의 주역의 세계이다. 그 세계를 그는 "이상한 술에 취해" 떨며 껴안는다. "자신의 청자 비색을 하나씩/망치로 깨트리는" 꿈을 꾸는 늙은 가마꾼처럼, 그 세계를 깨트려 부수기를 꿈꾸면서. 그러나 그가 그의 시집을 깨트려 찢어버리는 순간에, 그의 시집은 완성된다. 독자로서는 이번엔 자기가 자기 인상을 깨트려야 할 때이다.

부기: 인용문 뒤의 숫자는 시집 면수를 나타낸다.

죽음과 태어남
—— 이성부의 『빈산 뒤에 두고』

　거의 대부분의 문학 작품들은 상처를 그 숨은 원리로 간직하고 있다. 그 상처는 개인적 상처와 역사적 상처를 아우르는 개념인데, 그 상처가 피상적이지 않고 깊이 있는 것이라면, 그것은 대개 분리될 수 없게 붙어 있다. 분리될 수 없게 붙어 있는 상처를, 사람들은 떼내서 따로따로 설명하기도 하고 붙여서 두루뭉수리 설명하기도 하며, 어느 한 쪽을 죽이고 다른 쪽을 과장하여 설명하기도 한다. 그 설명은 저마다 자기 나름의 장단점을 갖고 있다. 한쪽을 죽이고 다른 쪽을 과장하여 설명하면, 그것은 단정적이고 영웅적인 설명이 되기 쉽고, 둘을 함께 붙여 설명하면, 복합적이고 신비적인 설명이 되기 쉽다. 그것을 따로 떼내면, 그것은 대립적이고 사실적인 설명이 되기 쉽다. 내가 여기에서 말하고 싶은 것은 그러나 그런 설명의 유형학이 아니라, 상처가 작품 설명의 숨은 원리로 작용할 수 있다는 그 사실 자체이다. 그 현상이 생겨난 것은 근대 문학의 경험을 통해서이며, 그 이전의 교훈적 문학, 오늘날에는 문학이라 불리우기보다는 차라리 종교적·철학적 사유라 불리울 것들에는, 그것이 극명하게 드러나지 않는 경우가 있다. 근대 문학의 특이한 경험 중의 하나는, 사회를 이루는 여러 계급—계층의, 서로 끌며 서로 밀어내는 이해 관계들 때문에, 상처의 개인적·역사적 유형이 썩 다양하다는 사실이다. 어떤 상처는, 어떤 계급의 인물들에겐 상처이지만, 다른 계급의 인물들에겐 영광일 수도 있고, 또 다른 계급의 인물들에겐 의미 없는 것일 수도 있다. 길항하는 것은 바로 상처들이다. 뛰어난 작품들은 길항하는 상처들을, 가능한 한, 여러 계급의 상처로 확산·분산시켜, 그것이 한 계급에로 집중하는 것을 막는다.
　이성부의 상처 중의 하나는, 80년 5월에 자기가 아무것도 못 했다는 것이다.

>나는 싸우지도 않았고 피흘리지도 않았다.
>죽음을 그토록 노래했음에도 죽지 않았다.
>나는 그것들을 멀리서 바라보고만 있었다.
>비겁하게도 나는 살아 남아서
>불을 밝힐 수가 없었다. 화살이 되지도 못했다.
>고향이 꿈틀거리고 있었을 때,
>고향이 모두 무너지고 있었을 때,
>아니 고향이 새로 태어나고 있었을 때,
>나는 아무것도 손쓸 수가 없었다. ──「流配詩集 5」

 그의 고향은 광주이며, 80년 5월에 그는 서울에 있었다. 그는 고향에서 일어나고 있는 일들을, 숱한 사람들의 죽음을 멀리서 바라보고만 있었다. 고향 사람들은 죽어갔는데, 그는 비겁하게 살아 남았다. 그는 아무것도 하지 못했다. 그것이 그의 상처이다. 그 상처는 개인적 상처이면서 역사적 상처이며, 그는 거기에서 자신의 먼 데 있음, 비겁함을 확인한다. 그러나 그가 아무것도 하지 않은 것은 아니다. 그는 자신이 가까운 데 있지 않고, 먼 데 있으며, 비겁하다는 것을 반성하며, 고향 사람들의 죽음을 통해, 죽음은 바로 태어남, 새롭게 태어남이라는 것을 깨닫는다. 그 반성과 깨달음은 역사적 상처를 통해 당연히, 자연히 얻어지는 것이 아니라, 자기 자신의 내면의 상처를 뒤집어 까발림으로써 얻어지는 것이다. 그 과정의 성실성이 이성부 시의 힘의 근원이다.

>먼 바다를 그리워하고
>가까운 죽음에 눈 돌리는 시들이 있다 ──「寓話」

라고 그는 말한다. 아니 들이댄다. 가까운 곳에 있지 못하고, 먼 데 있었다는 자각은, 역으로, 가까운 곳에서 눈을 돌려 먼 곳을 바라다보려는 시들을──그의 대범함은 그런 시인을 비난하는 것이 아니라, 그런 시를 비난하는 데서도 엿볼 수 있다──참아내지 못하게 한다. 그뿐만이 아니라, 그는 한걸음 더 나아가, 중요한 것, 그리움이나 고향 같은 것은 먼 데 있는 것이 아니라, 가까운 데 있는 것이라고 단언한다.

그리운 것들은
　　　모두 먼 데 있는 것이 아니야.
　　　바로 네 뒤에 있는지도 몰라.
　　　[·········]
　　　모든 고향도
　　　먼 데 있는 것이 아니야.
　　　바로 네 가슴속 깊은 곳에 자리하거든.　　　——「그리운 것들은」

　그리운 고향은 가까운 데 있다. 가까운 데? 제일 가까운 데는 내 마음속이다. 고향은 고향을 가깝게 느끼는 내 마음속에 있다. 고향과 함께하는 마음속에 고향은 있다. 시도 마찬가지이다. 시는 그리운 먼 바다에 있는 것이 아니라, 가까운 자들의 죽음 속에 있다. 죽음? 그렇다, 죽음이다. 그렇다면 내가 죽음을 본 것은 언제인가?

　　　아홉 살 때였다.
　　　나는 가까이서 처음으로 죽음을 보았다.　　　——「그해 여름」

　시인이 죽음을 처음 가까이서 본 것은 육이오 때이다. 그때 그의 나이 아홉 살이다. 아홉 살의 나이로는 조숙하게, 그는 그 죽음을 보고,

　　　아름다운 하늘이
　　　왜 죽음을 몰고 오나.　　　——「그해 여름」

　자문한다. 아름답게만 느낀 하늘에서 쌕쌕이들은 고향을 "때려부"순다. 그 사실을 그의 어투로 바꾸면 왜 먼 곳에 있는 아름다움은 가까운 곳의 추함을 낳는가라는 것이 될 것이다. 아홉 살 때의 그 마음의 움직임은 가까운 곳의 추함, 사나움을 이해해보려는 마음으로 진전되어 나아간다. 그 마음은 마음의 외부에서는 죽어 누워 있는 것들에 대한 탐구·공감으로, 마음의 내부에서는 사나운 것, 불타는 것, 살아 움직이는 것, 다시 말해 피·말·몸 등에 대한 양가적 집착으로 전환된다. 보라,

　　　바랄 것도 더 잃을 것도 없는 사람들은
　　　저녁마다 제 그림자만 데리고 누울 곳으로 돌아간다.

     누워서 세우는 나라를 위해 돌아간다.   ─「깨끗한 나라」

　모든 것을 다 잃어버린 사람들은 "누워서" 편안한 나라를 세우려 한
다. 편안하게 누워서 세우는 나라! 눕는다는 행위는 편안함이라는 속
성과 나라 세우기라는 다음 행위의 준비를 아우른다.

     사랑과 외로움에도 떠돌이로 눕는 것을 배우면서
     희망과 절망을 하나씩 터득하면서   ─「詩의 어리석음」

　눕는 자는 떠돌이로 눕지, 붙박이로 눕지 않는다. 떠돌이로 눕는다는
것은 희망과 절망을 같이 느낀다는 뜻이다. 눕는다는 행위는, 그러니까
떠돌이의 외로움과 사랑, 희망과 절망의 동시적 터득이라는 요소들을
또한 아우른다. 그것은 붙박이의 상습적인, 상투적인 누움이 아니다. 그
것은 떠돌이의 비상습적인 누움이다. 그 떠돌이들이 한 사람만이 아닐
때는? 그때는 함께 눕는 것이 아닐까? 과연,

     함께 드러누운 것들은
     (비록 그것들이 태생은 다르다 하더라도)
     엉터리 촌놈으로서 제멋대로 떠도는 삶으로서의
     個性들을 갖추고 있어 좋다.   ─「土偶」

　드러누운 것들은, 떠돌이의 삶을 사는 엉터리 촌놈의 드러누움이지
만, 함께 드러누워 "주물러놓은 평등(平等)의 꿈인 불을" 지핀다. 삶의
온갖 쓰고 단맛을 다 맛보고, 평등의 꿈을 꾸며 편안히 드러누워 세우
는 나라가 드러눕는 떠돌이의 궁극적 목표이다.

     갈 것이 사라져버린 자리에 남는 고요함.
     사랑으로 힘이 넘치는 거리
     넘치고 넘쳐서 마침내 들끓는 아우성 소리,
     統一을 알리는 폭죽 소리, 만세 소리,
     온 천하를 뒤흔드는 소리.
     사람이 사람으로 당당하게 서고
     사람이 사람으로 꿈을 이룩하고

> 사람이 먼 들판의 平等으로
> 가지런히 드러눕는 소리,
> 이제 그만 와야 할 때가 이르렀구나! ——「呪文을 위하여」

그 떠돌이들은 가지런히 함께 드러눕는다. 가지런히 함께 드러누워, 사람이 사람답게 서는 나라를 세우는 꿈을 꾼다. 그 꿈을 꾸는 사람들의 살결은,

> 누워버린 것들의 여린 살결 ——「들」

이라는 표현을 보면, 여리다. 여린 살결은 갓 태어난 어린 아이의 살결이다. 지쳐 드러누운 것들은 평등의 나라를 꿈꾸는 행위를 통해 생생한 어린애가 된다. 더 추상적인 용어로 표현하자면, 죽음은 탄생이다. 아름다운 하늘은 왜 죽음을 몰고 오는가라는 질문은, 그 마지막 대답으로, 죽음은 탄생이다라는 경구를 낳는다. 그 과정을 이해하면, 고향의 무등산을 노래한 두 편의 시에 나타나는,

> 드디어 와야 할 것을 미리 알고도
> 억새풀 흔드는 바람에게나 귀띔해줄 뿐
> 눈 비비며 드러눕는 산. ——「共同山」

이라는 시구나,

> 기쁨에 말이 없고,
> 슬픔과 노여움에도 쉽게 저를 드러내지 않아,
> 길게 돌아누워 등을 돌리기만 하는 산.
> 태어나면서 이미 위대한 죽음이었던 산.
> 무슨 가슴 큰 역사를 그 안에 담고 있어
> 저리도 무겁고 깊게 잠겨 있느냐. ——「無等山」

의 시구의 드러누워 있는 산의 의미 확산을 쉽게 이해할 수 있다. 그리고 더 나아가, 그 산이 시인의 마음속에 자리하고 있는 산이라는 것까지. 그리고 더 나아가,

>   더 많은 우리 죽음들
>   새롭게 태어남을 만들지 않겠느냐
>
>   ———「流配詩集 8」

 라는 호소까지도…… 드러눕는다라는 행위에 풀이라는 대상을 접붙여, 억압/저항의 도식을 만들어낸 것은 김수영이지만, 이성부는 더 나아가 살아 누워 있는 풀이 아니라, 죽어 누워 있는 것들에서 평등의 나라의 꿈을 본다. 김수영에게 있어, 저항의 준비 단계로 드러난 누워 있음은, 이성부에게 있어, 평등의 꿈의 전제 조건이 되어 있다. 죽어, 함께, 가지런히 누운 사람들이 많아야, 평등의 꿈은 빨리 현실화한다. 그는 그러나 시인이기 때문에, 정치가들처럼, 민주주의는 피를 먹고 자란다라고 말하지 않고, 먼 바다보다는 가까운 죽음을 그리워하라고 말한다. 그것을 문학주의라고 폄하할 수 있을까?

 죽음은 또한 사나운 것, 어두운 것, 살아 움직이는 것에 대한 집착을 낳는다.

>   나는 매끄러운 것이 마음에 들지 않는다.
>   나는 달콤한 美가 마음에 들지 않는다.
>   나는 사나운 것이, 내 그리움의 피가 되기를 희망한다.
>   거칠고 꿈틀거리며, 마음대로 알통이 배겨버린 肉體여
>   드러누운 그대 모습에는 주둥이가 보이지 않는다.
>
>   ———「누드」

 그는 매끄러운 것, 달콤한 것, 아름다운 것보다는 사나운 것, 거친 것, 꿈틀거리는 것에 더 이끌린다. 그것은 속에 '불덩어리'를 간직하고 있기 때문이다. 매끄러운 것, 달콤한 것은 편안하게 일상화된 것이지만, 사나운 것, 거칠고 꿈틀거리는 것은, 편안한 일상에서 벗어나 반란을 일으킨다. 그런 의미에서 그것은 반-일상적인 것, 반-관습적인 것, 반-법률적인 것, 다시 말해 전도적인 것, 뒤집힌 것이다. 그것은 규제되지 않는 것, 아니 규제하지 못한 것이다. 그것은 가까운 것에는 눈 돌리고 먼 바다만 그리워하는 것이 아니라, 가까운 데에 집착하기 때문에 먼 곳을 가까운 곳으로 만들려는 것이다.

>   매끄러움과 달콤함의 밖에 누워

> 우리들 아스팔트 밖에 누워
> 하늘을 향한 그대는 차라리 불덩어리이다   ──「누드」

시인은, 여전히, 누워서 하늘을 바라다본다(시인의 상상 속에서, 아스팔트는 매끄러움과 달콤함의 객관적 상관물이다. 아스팔트는 매끈하고 달콤하다. 그 아스팔트는 현대성·매판성의 한 징표이다). 아니 더 정확히 말하자면, 누워서 하늘을 바라다보는 것은 시인의 몸이다. 시인은 관념보다 구체를 더 지향한다. 그에게는 몸이 정신보다 더 중요하다. 몸은 사납고, 거칠고, 꿈틀거리기 때문이다. 그는 몸을 노래한 한 편의 시를 쓰고 있는데, 그 몸의 노래는 그의 시학이라 할 만하다.

> 몸은 제 눈으로 울고
> 제 입으로 웃는다.
> 몸은 나뒹굴어져서도
> 제 몸으로 저를 할딱거리게 한다.
>
> 몸이 쓰러지며 던지는 한마디 말
> 아스팔트 위에 피투성이가 된 말
> 거짓으로 살아 있을 줄을 모르는 말
> 불타는 말
>
> 몸은 언제나 밖에 있다
> 총칼과 文字와 화려함의 문밖에
> 서울의 금줄 밖에
> 우리들 사랑 밖에
>
> 정신보다도 더 믿을 수 있는 것은 몸이다.
> 살아 있는 것은 오직 몸뿐이다.   ──「몸」

나는 이 시가 80년대에 씌어진 가장 좋은 시 중의 하나라고 믿고 있다. 이 시의 충격적인 전언 중의 하나는, 몸은 언제나 밖에 있다는 것이다. 정신도 때로 밖에 있을 때가 있지만, 몸은 언제나 밖에 있다. 구체적인 것은 모든 규제의 밖에 있으며, 밖에 있으려 하며, 밖에 있게 된다. 몸은 언제나 밖에 있다. 왜? 그것은 불타는 말이기 때문이다. 불타는 말은 관습적인 것, 규제된 것을 참아내지 못한다. 그것은 자기 몸을 내던져 쓰러지면서, 아니 누우면서 불탄다. 불탄다? 그렇다, 몸은 피투성이가 되는 것이 아니라 불타오른다. 피투성이가 된 말, 불타오르는 몸은 밖에 있는 말이며 몸이다. 그것은 살아 있다. 그것은 규제되어 있지 않다. 그래서 시인은 과감하게 말한다: 배반할 수 있는 정신보다 몸을 더 믿을 수 있다. 피투성이가 된 몸은 불타오르는 말이다. 그것은 아름답다(라고 쓰는 나는 가까운 죽음보다 먼 바다를 그리워하는, 물을 부으면 소리 없이 사라질 설탕 같은 사람이 아닐까!). 불타오르는 말은 살아 있어서 아름답다. 사람이 가야 하는 곳은 그 말이 있는 곳이며, 써야 하는 시는 그 말이 있는 시이다.

　　말씀이 살아 있는 것에 가야 한다.
　　반드시 가야 한다.
　　눈치코치 볼 수 없는 말씀 무엇으로부터도 얽매이지 않는 말씀
　　겁내지 않는 말씀 꽃피는 말씀
　　沈默을 밟고 서서 침묵보다 더 크게 빛나는 말씀
　　그 살아 있는 말씀을 찾아가야 한다.　　　　──「말씀을 찾아서」

살아 있는 말, 불타오르는 말, 빛나는 말은 피투성이인 몸의 등가물이다. 원래,

　　말은 꽃피는 짐승이다.
　　슬픔에도 고마워하고 굶주림에도 리듬을 갖는
　　아름다운 한 마리 짐승이다.　　　　　　　──「詩의 어리석음」

에서 볼 수 있듯, 말은 몸이다. 짐승 같은 몸이다. 사납고 거칠고 길들여지지 아니한 몸이다. 그런데 말은 "스스로 완성되면서" 그 사납고 거칠고 길들여지지 아니한 것들을 잃어버리고, "무릎꿇어 엎드린"(「詩의 어리석음」)다. "고요히 숨죽여 고개 숙인"다. 그러나 그 말은 이미 "말이기를 버린 말"이다. 몸도 때로 꿇어엎드린다. 꿇어엎드린 몸은, 우선 불편하다는 점에서, 누워 불타오르는 몸과 다르다. 시인이 꿇어엎드리기보다는 누워 하늘보기를 바라는 것은 그것 때문이다. 한번 꿇어엎드려 침묵한 말은 그 본성을 되돌리기가 그리 쉽지 않다. 편안함은 독약

과도 같기 때문이다. 그 본래의 말, 구체성을 띤 말로 가는 길은 그래서 비탄이다.

서울을 벗어나서 미친개처럼 달려온 몸이
길을 본다, 길은 비탄이다.　　　　　　　　　——「流配詩集 2」

관습에서 벗어나, 미친개처럼 거칠게 달려온 몸은, 되돌아서 길을 본다. 길은 비탄이다. 길은 어딘가로 몸을 이끌어간다. 그런데 되돌아본 길은 관습의 길이다. 그러니 길은 비탄이다. 그런데 길은 쉬지 않고 걸으면 어딘가에 닿는다. 그러니 길은 비탄이다. 비탄 속에서는 길은 의미가 없다. 눈물을 거두고 가야 한다. 눈물을 거두고 간 선인들로, 시인은 정약용·허균·조광조·송시열·정희량·최익현 등을 들고 있는데, 시인이 특별히 애착을 보이는 선인은 허균인 듯, 다음과 같은 찬양의 시구를 남기고 있다:

저녁마다 돌아가는 길 생명으로 가는 길
그림자에게도 피가 도는 길
그대는 그 길을 쉬지 않고 걸어
그래도 그래도 무엇에 다다를 줄을 안다　　　——「流配詩集 4」

그는 어디엔가 다다르지 못했을까? 그는 못 했다고 생각한다. 그는 비겁하게 살아 남아 가만히 있었다. 그럴 리가 있겠는가. 그는 살아 남아 자기는 비겁했으나 먼 데 있는 것보다는 가까운 데 있는 것을 사랑해야 한다는 것을 시로 썼다. 그것이, 다시 한번 묻는 것이지만, 단순한 문학주의일까? 자신의 비겁함을 딛고 넘어서 죽음은 곧 새로운 탄생이라는 것을 깨닫는 시를 쓴 시인은 그의 새로운 삶을 이렇게 노래한다:

녹슨 펜을 삼켜라.
저의 절망의 부스러기를 삼키듯이
사랑이 그리움으로 저를 야위게 하듯이.
저를 무작정 깎아내리듯이.

불을 삼켜라
저의 암울의 덩어리를 삼키듯이.
볼에 볼을 비벼 그 죽음 입맞추듯이.
저를 더더욱 저질러버리듯이.

다가오는 날들을 모두 삼켜라.
그리고 뿜어내라.
숨죽여 가버린 것들이 다시 오듯이.
저를 끊임없이 태어나게 하듯이.　　　　　　　　　—「新生」

　이 절절한 시인의 시 앞에서, 무엇을 더 덧붙이고, 무엇을 더 빼내겠는가. 다만 한마디 췌사로 덧붙인다면, 아름답다! 아름다운 것은, 물론 이 시의 이미지들이 아니라, 이 시를 쓴 시인의 의지이다.

　부기: 이 글은 이성부 시집 『빈산 뒤에 두고』(풀빛, 1989)를 대상으로 한 것이다.

보이는 심연과 안 보이는 역사 전망
—꽃을 보는 두 개의 시선

그 후로 달라진 것은 아무것도 없다
그곳에서 자유로울 수 있는 영혼은 어느 곳에도 없다 〔95〕

1980년대는 광주와 죽음—죽임의 연대이다. 그 연대는, 한국의 지식인들에게는, 40년대 후반의 아우슈비츠와 유대인 학살을 상기시키는, 아니 그것을 실제로 느낄 수 있었던, 불행한 연대이다. 처음에는 분노와 비탄과 절망, 그리고 침묵으로 점철되었던 광주는, 그뒤에는 일종의 원죄 의식으로 변화하여, 그것에 어떤 식으로든 반응하지 않고서는 살수 없는, 물론 육체적으로는 살 수 있겠으나, 정신적으로는 살기 힘든, 그런 장소가 된다. 그곳은 더구나 오랫동안 소외되어온 곳이어서 역사적 숙명론의 흔적——흔적? 차라리 실체가 아닐까?——까지 보여준다. 시인들도 그 원죄 의식에서 자유롭지 못하다. 80년대에 시작 활동을 한 거의 모든 시인들은 어떤 형태로든지 그 원죄 의식을 드러낸다. 어떤 경우에는 자기 과시로, 어떤 경우에는 자기 변호로, 어떤 경우에는 겉멋으로 그런 시인들도 있었지만, 대부분의 시인들은, 성실하고 고통스럽게 광주와 마주친다. 광주 체험은 그러나 너무도 압도적이어서 그것을 시화시키는 데 시인들은 큰 고통을 겪는다. 광주를 노래하는 순간, 그 노래는 체험의 절실함을 잃고, 자꾸만 수사가 되려 한다. 성실한 시인들의 고뇌는 거기에서 나온다. 광주에 대해 눈을 감을 수는 없다. 그렇다고 절실하게 느껴지지 않는 시를 시라고 발표할 수도 없다. 그 고뇌를 예술적으로 현명하게 헤치고 나온 시인들은 불행하게도 많지 않다. 나는 그 고뇌를 성실하게 받아들이고 거기에서 자기 나름의 시적 공간을 확보하는 데 성공한 두 시인의 시를 분석해보고자 한다. 시는 외침이 아니라 외침이 터져나오는 자리라는 것이 그 결과 밝혀지기를 희망한다.

내가 다루려 하는 두 시인은 최하림과 임동확이다. 그 두 시인은 그들의 시적 성과에 합당한 평가를 아직 받지 못하고 있는데, 그 이유는 알 수가 없다.

  이 도시의 보이지 않는
  눈이 나를 보고 있다
  이 도시의 집들이
  나무들이
  창들이
  굴뚝들이
  새벽마다 쏠려가는
  이 도시의
  쓰레기와 병들과
  계급과 꽃
  데모와
  바람과
  바람의 외침들이
  보이지 않는 내 손짓
  보이지 않는 내 몸짓
  보이지 않는 내 소리짓
  을 보고 있다
  보이지 않는 내 맘속의 맘까지도
  저 배반과 음모까지도 보고 있다
  이 도시의 눈들이 내 모든 것을 보고 있다
  오오 나를 감시하는 눈들이 보는 저 꽃
  하늘의 상석에 올려진 아직도
  피비린내 나는
  눈부시고 눈부신 꽃
  살가죽이 터지고
  창자가 기어나오고

신음 소리도 죽은
　　　자정과도 같은,
　　　침묵의 검은 줄기가
　　　가슴을 휩쓸면서
　　　발끝에서 정수리로
　　　오오 정수리로……

　의미심장하게도 80년대 마지막에 발표된 이 시(『문학과사회』, 1989년 겨울호)는, 내 생각으로는 80년대 씌어진 광주시 중에서도 백미일 뿐 아니라, 최하림의 시 중에서도 뛰어난 시이다. 연의 구별이 없지만, 이 시는 실제로는 두 개의 연으로 이뤄져 있다. 중간 부분의 "을 보고 있다"까지가 한 연이고 그뒤가 또 한 연이다. 광주임에 틀림없는 한 도시에서의 시인의 심적 갈등을 그리고 있는 이 시의 전반부는 두 개의 문장으로 이뤄져 있다: 이 도시의 보이지 않는 눈이 나를 보고 있다. 이 도시는 보이지 않는 내 (손/몸/소리) 짓을 보고 있다라는 문장이 그것이다. 우선 문장상으로 보자면, 보고 있다라는 진행형이 눈에 두드러진다. 그것은 과거의 일도 아니고, 미래의 일도 아니다. 그것은 지금 진행되고 있는 일이다. 그 다음 의미론상으로 보자면, 보이지 않는-눈/보는-눈, 보이지 않는-내-짓/보이는-내-짓의 대립이 눈에 띈다. 도회의 보이지 않는 눈이 보이지 않는 내 짓을 보고 있다. 바로 그것이 시인의 마음에 갈등을 일으키는 요인이다. 독자들은 이 대목까지만 읽고서는, 왜 도시의 눈이 보이지 않는지, 왜 내 짓이 보이지 않는지, 그런데도 도시는 무엇을 보고 있으며, 시인은 왜 갈등을 느끼는지 알 수가 없다. 그 갈등은 시의 리듬에 의해 더욱 고조된다. 첫 행의 보이지 않는과 2행의 눈은 분리되기 힘든 단어들인데, 시인은 과감하게 그것들을 분철한다. 그 결과 보이지 않는과 눈이 다 같이 강조된다. 그것은 또한 두 박자, 세 박자의 리듬을 보여줌으로써 시적 혼란을 예감케 한다.

　　　이 도시의/보이지 않는
　　　눈이/나를/보고 있다

　그 다음은 한 박자를 이루는 말들이, 혹은 두 박자와 한 박자의 뒤섞

음이 15행 정도 진행되어, 혼란은 극심해진다. 그리고 마지막의

  을/보고 있다

라는 흥미있는 리듬이 나타나, 보임/안 보임의 대립을 극적으로 부조한다.

 보이지 않는 내 짓이 무엇인가가 밝혀지는 것은 후반에 이르러서이다. 시인은 보이지 않는 것이, 내 맘속의 맘, 배반과 음모라는 것을 밝힌다. 이 도시에서 일어난 일을 둘러싼 어떤 음모와 배반이 보이지 않는 그의 짓이다. 그 배반과 음모를 이 도시의 눈들이 보고 있다. 전반부의 단수형 눈은 후반에서는 복수의 눈이 되어 육체성을 드러낸다. 도시가 본다기보다는, 만나는 사람들마다 보고 있다. 그 눈들은 시인을 감시하고 있다. 무엇 때문에? 이 시의 핵심은 여기에 있는 것이지만, 놀랍게도 시인은 꽃 때문이라고 말한다. 눈들은 한쪽으로는 시인을 감시하면서, 한쪽으로는 꽃을 감시하고 있다. 그 꽃은 싱싱한 아름다운 꽃이 아니라, 하늘의 상석에 올려진 꽃이다. 거기에서 주목할 것은 아직도라는 말이다. 의미론적으로 보자면, 그 아직도는 피비린내 나는에 걸린다. 그러나 시인은 아직도와 피비린내를 분철시켜——전문적인 용어로는 척치시켜, 아직도와 상석을 은연중에 결부시킨다. 꽃은 아직도 피비린내 나며, 아직도 하늘의 상석에 올려져 있다. 그 꽃에 대해 시인은

 i) 아직도 하늘의 상석에 올려져 있다;
 ii) 아직도 피비린내 난다;
 iii) 눈부시고 눈부시다

라고 말한다. 그 묘사에는 광주 사태의 모든 것이 간결하게 함축되어 있다. 그 다음에 후반부에서 흥미있는 것은, 자정과도 같은 뒤에 적힌 쉼표이다. 그 쉼표 때문에

 살가죽이 터지고
 창자가 기어나오고
 신음 소리도 죽은
 자정과도 같은,

은 앞의 꽃에도 걸리고, 뒤의 침묵의 검은 줄기에도 걸리게 되어 있다. 꽃에 걸리면, 그 꽃은 아직도 살가죽이 터지고 창자가 기어나오나, 신음 소리도 못 내는 검은 꽃이며, 검은 줄기에 걸리면, 그 줄기는 살가죽이 터지고, 창자가 기어나와도 신음 소리 하나 못 내는, 그래서 발끝에서 정수리까지 시인을 꼼짝못하게 하는 침묵의 줄기이다. 검은 꽃과 시인을 침묵시키는 줄기는 같은 것이다. 그 겹침이 시인을 전율케 하고 불편하게 하여, 시인은

  침묵의 검은 줄기가
  가슴을 휩쓸면서
  발끝에서 정수리로
  오오 정수리로……

라는 탄식을 토해내며 침묵의 소리로 크게 외친다: 죽은 자들이여 너희는 어디 있는가. 그 외침은 시인의 내적 외침이면서, 시의 제목이기도 해서, 시의 행간마다에 깊숙이 보이지 않게 숨어 있다. 그러나 귀 있는 자들에게는 그 외침이 그 어느 외침보다 더 크게 울린다.
 이 시는 아름답다고는 차마 말할 수 없으나, 아름다운 것 이상인 충격적인 이미지로 꽉 차 있다. 그 이미지들이 이 시의 울림을 크게 만드는 중요한 요소이지만——또 다른 요소는 리듬이다——그것은 침묵의 외침으로 더욱 풍요해진다. 우선 나를 보고 있는 이 도시의 보이지 않는 눈이라는 이미지. 이 도시에서는 모든 것이 눈이다. 눈만으로 이뤄진 릴케의 천사와 다르게 이 도시의 눈은 침묵하는 심연의 눈이다. 도시도 눈이며

  이 도시의 집들이
  나무들이
  창들이
  굴뚝들이
  새벽마다 쏠려가는
  이 도시의
  쓰레기와 병들과

계급과 꽃
데모와
바람과
바람의 외침들이

다 눈이며, 거기에 거주하는 사람들도 다 눈이다. 그 눈들은 이방인들을, 낯선 것들을 보고 있다, 주시하고 있다. 그 눈을 피할 수는 없다. 모든 것이 다 눈인 곳에서는 보이지 않을 도리가 없다. 아무 말 없이 눈을 부릅뜨고 낯선 것들을 주시하고 있는 침묵의 도시, 그 도시에서 전율하지 않을 사람이 어디 있으랴! 그 다음, 눈부시나 아직 피비린내 나며, 아직 하늘의 상석 위에 놓여 있는 꽃. 꽃은 일반적으로 아름다운 것의 은유이다. 그런데 시인의 꽃에서는 피비린내가 난다. 그러면서도 눈부시고 눈부시다. 끔찍한 꽃이다. 그 꽃은 더구나 살가죽이 터지고, 창자가 기어나온 꽃이다. 아름다운 것이 견딜 수 없을 정도로 훼손된 것이 시인의 꽃이다. 그 꽃은 또한 자신이기도 하다. 이 끔찍함이 이 시의 기본 동력 중의 하나이다. 그런 꽃을 보고 난 뒤에는

사랑하였던 바다가 사라지고
검은 바다에 철침 같은 비가 꽂힌다

바다도 검은 바다가 된 것이다. 그 검은 꽃과 검은 바다는 깊이가 없는 심연이다. 그의 심연의 특징은 그 심연의 속이 비친다는 점이다. 꽃은 지고 남아 있는 것은 투명한 심연뿐이다. 왜 속이 보일까? 거기에도 시인의 비밀 중의 하나가 숨어 있다. 다 보이는 심연인데도 우리는 속이 안 보이는 심연이라고 믿고 있는 척할 뿐이다.

속이 비치는 심연 속으로
가고 있었네 심연은
시간이었고 고통이었네
자락마다 진홍빛 꽃들이
피어나고 바다 언덕에서
종소리 울렸네 아직도
살아 있는 날들이여 더불어

사랑하고 더불어 괴로워했던 이별들이여
　　나무들은 그리고 저주받은 내면에서
　　솟아오르는 깊은 소리들은
　　공중으로 퍼져나가고 기억이
　　어룽진 검은 너의 기슭에서
　　바람이 불어오고 넘어지고 또
　　넘어지면서 나는 가고 있었네
　　가고 있었네 만곡을 지나는
　　고대 목선처럼 꽃들이 져내리고
　　종소리 울리면서 사물을 울리는
　　푸른 소리 속으로 속이 비치는
　　심연 속으로 심연은
　　시간이었고 아픔이었네

　이 시는 앞의 시보다 훨씬 평이하게 꽃과 심연과 검은 내면을 노래한다. 문장과 리듬이 그러하며, 이미지 역시 그러하다. 그러나 평이하다는 뜻은 흔히 쓰이듯 평범하다는 뜻이 아니라, 시를 이루는 요소들의 관계가 이해하기 비교적 쉽다는 뜻이다. 보이지 않는 도시의 눈(/들)이 보는 보이지 않는 내 짓은, 속이 비치는 심연으로 바뀌며(보이지 않으니까 심연이며, 보이니까 속이 비친다), 눈부신, 피비린내 나는 꽃은, 심연(바다) 언덕에서 피어났다. 만곡을 지나는 고대 목선처럼 져내리는 진홍빛 꽃으로 바뀐다. 비교적 낯선 이미지인 저주받은 내면, 검은 바다 기슭은 그러니까 속이 비치는 심연의 변형이다. 그 저주받은 내면에서 솟아오르는 깊은 소리는 침묵의 소리의 다른 말이다. 앞의 시를 평이하게 되풀이하고 있는 이 시는

　　심연은
　　시간이었고 고통이었네

라고 말하기도 하고,

　　심연은
　　시간이었고 아픔이었네

라고 말하기도 한다. 심연이 시간인 것은 그 심연을 낳은 사건이 역사적 사건이기 때문이며, 그것이 고통이며, 아픔인 것은 그것은 어떤 방식으로든 치유되기 힘든 상처이기 때문이다. 관념적 사건이 아니라 역사적 사건으로 존재하며, 아직도 우리의 의식을 짓누르는 깊은 상처를 우리는 어떻게 치유해야 할 것인가? 시인은

    이제 나는 가야 한다 가서
    나의 떨린 어깨를 두 팔로 감싸며
    아무 말도 말아야 한다

라고 「우리들이 걸었던 길의 고통의 시간 속에서」에서 말한다. 아무 말도 하지 않고 그 상처를 보고만 있어야 하는가? 그 질문은 고통스럽다.

    최하림은 심연의 밖에서 심연 안으로 들어간다. 그것이 다행인지 불행인지 알 수는 없으나, 40대의 나이에 일어난 광주 사건을 그는 광주의 밖에서 겪는다. 그는 일상적인 사회인으로서 그것을 추체험한다. 그러나 임동확은 사회학자들이 주변인이라고 부르는 인간으로서 그 사건을 직접 겪는다. 그는 일상인이 아니기 때문에 일상적인 삶의 관점에서 그것을 보고 느끼는 것이 아니라, 주변인으로서 그가 믿는 가치 체계에 의해 그것을 보고 느끼고 판단한다. 그는 아직 사회에 편입되어 있지 않기 때문에 주변의 눈치를 볼 필요가 없다. 주변인으로서 중요한 역사적 사건을 체험할 때, 가장 숭고한 반응은 그것에 뛰어들어 자신의 몸을 바치는 것이다. 그것은 영웅적이다. 왜냐하면 그것은 계산되지 아니한, 순진한, 아니 순수한 행위이기 때문이다. 그러나 그것이 쉬운 행위는 아니다. 임동확 역시 그렇지 못했다(그러지 못한 것이 그뿐이겠는가. 나 역시 그러했다. 60년 봄에 나는 경무대 앞까지 갔으나, 총소리가 났을 때, 내 몸은 한 가게 목판 밑에 있었다. 나는 내가 비겁한 놈이라는 자학을 하면서, 경무대 앞에서 장충단까지를 터덜터덜 걸어갔다. 햇빛은 밝게 빛나고, 날씨는 알맞게 쌀쌀했다). 그도 자신을 비겁자라고 생각한다.

    나는 사실 끝까지 남아 있지 않았다

눈과 귀를 막은 채 불타오르는 전쟁터
동료의 죽음과 울부짖음을 외면했다
나는 솔직히 비겁자였다 부어오른 편도선과
발목의 부상을 핑계삼아 전선을 벗어났었다
무기력한 흰 손의 가난한 서정을 좇는 시인 지망생에 불과했다 [91~92]

그는 부어오른 편도선과 발목의 부상을 핑계삼아 죽음의 자리를 벗어난다. 그는 시인이 되고 싶었지, 영웅이 되고 싶지 않았다. 그러나 그것이 그의 일생 내내 그를 불편하게 만들리라는 것을 그는 그때 모르고 있었다. 그는 영웅도 아니었고, 시인도 아니었고, 단지 비겁자였을 뿐이다. 시인으로서 그가 꿈꾼 시는 상징의 시이다.

(어두운 시대의 시의 최고봉은 아무래도 상징이다. 소수인의 독점물일지라도 일정한 긴장과 자기 통제 아래 이뤄지는 상상력의 문학은 암울한 시대 상황과 싸우는 유일한 부드러움이다. 무기다.) [37]

그는 그 상징의 시를 쓸 시인이다. 그런데도 그는 편하지 않다. 비겁자로서 그 잔인한 거리를 견디어내기는 쉽지 않다. 그는 방황한다. 정상적인 일상인으로서 사회에 편입되는 것도 싫고, 그렇다고 예외자로서 사회에서 격리되는 것도 싫다. 그렇다면 그 중간을 선택할 수밖에 없다. 그 중간의 길이 방황이다. 보라,

아, 이제는 피비린내 가득한 거리를 더 이상 견디어낼 수 없어
그 후 나는 석삼 년 동안을 군대 생활로 메꾸었습니다
그럭저럭 복학해 뒷전에 물러나 일년을 보내다가
그것마저 포기하고 해남 대흥사 암자에 은거하다가
어느덧 9년 만에 대학 졸업장을 손에 쥐었습니다 [99]

비겁자는 방황하면서 자기는 평화주의자라고 강변한다. 그는 그러니까 비겁한 평화주의자이다[78]. 평화와 화해를 주장할 수 없는 시대에 그는 시인으로서 평화와 화평을 주장하고 싶어한다. 그의 상징의 시는 부드러움이 무기인 시이다. 그는 그러나

헤매본 자만이 아는 짐승의 시간들 [55]

을 잊을 수가 없다. 짐승의 시간 속에서는 모든 것이 의미를 잃는다. 남아 있는 것은 살기어린 조소와 회의뿐이다.

그때 이후로 우리는 무의미한
역사의 진보를 무조건 신뢰할 수 없었다
모두들 함부로 영혼을 위탁하지 않았고
부활도 화려한 장례식도 믿지 않았다
남은 것은 살기어린 조소와 회의뿐이었다 [41]

그 공포의 도시[40], 저주받은 도시[50]에서 일어났던 일은 인간은 할 수 없는, 짐승의 짓이다. 짐승의 짓을 체험한 사람은 순진하게 역사의 진보를 그대로 믿을 수가 없다. 역사는 때로 우회한다라는 변명도, 압도적인 짐승의 시간을 체험한 사람에겐 췌사이다. 밖에서, 뒤에서, 그것을 체험한 사람은 역사의 우회적 진보에 대해 믿을 수가 있다. 그러나 그는 그럴 수가 없다. 함부로 영혼을 위탁하는 종교도, 부활을 논의하는 종교도, 화려한 장례식과 같은 세속적 위안도, 그는 믿을 수가 없다. 남아 있는 것은 짐승들의 짓에 대한 조소와, 인간에 대한 회의뿐이다. 그것을 우리는 아우슈비츠에서 이미 본 바 있다. 그러나 그것은 이 민족에 의한 유대인 박해였지, 같은 민족의 같은 민족에 대한 박해는 아니었다. 회의와 조소는 그래서 더욱 가중된다. 시인으로서 임동확이 그때 생각한 것은

역사에 대하여
꿈꾸는 것과 침묵하는 일만이 남아 [57]

있다는 것이다. 그는 역사의 진보를 찬미할 수 없다. 그렇다고 부인할 수도 없다. 그러니 침묵하거나, 역사의 진보를 상상력 속에서 꿈꾸는 수밖에 없다. 그는 비겁한 평화주의자이다. 그 평화주의자는 방황하면서——방황하지 않고 열심히 주장하고 선동할 수 있는 자는 행복할진저!——꿈꾼다. 그는 자기의 비겁을 조소하면서 가난한 시인의 삶을 꿈

꾼다. 꿈꾸는 방황 속에서 그는 모든 것을 알게 된다: 인간은 여러 겹의 동물이다.

> 그러나
> 그때 나는 어디에 숨어 있었던 것일까
> 그때 너는 검문소를 피해 논두렁을 밟으며
> 어디로 가고 있었던 것일까
>
> 그리고 무정한 세월이 복류하고 있는 동안
>
> 그대들이여
> 나는 보았다. 나의 안락함 뒤의 엄청난 부정을,
> 너의 너그러운 미소 뒤에 감추어진 적의를,
> 그리고 나의 평화와 구호 속의 지독한 위선을,
> 너의 화려한 성장 속의 그늘을,
> 다시 너와 나의 일치 속에 숨어 있는 분열을,
> 나와 너의 약속 속에 번진 무서운 배반을,
> 천사 속의 악마, 악마 속의 천사를……
>
> 나는 그때 모든 것을 알았다 〔93〕

인간은 천사 속의 악마이며, 악마 속의 천사이다. 그의 이 주장을 그가 역사-사회적 지평을 개인적인 지평으로 축소시켜 역사를 배반하고 있다고 읽어서는 안 된다. 그것은 수사적 장식이고, 실제로 그 엄청난 일을 당한 사람은 그런 수사에 신경을 쓸 수가 없다. 그는 압도적인 체험 앞에서 가장 절실한 문제와 부딪치고 있다. 그때 그들은

> 모두가 생각해낸 최후 진술은, 살고 싶다로 시작해서, 끝내는 저 들꽃처럼 지고 싶다는 것이었다 〔23〕

라고 생각하고 있었다. 죽음을 생각하는 것은 역사의 진보를 믿는 일일까? 죽음은 전신 감각적인 행위일 뿐이다. 그들 중의 몇은 죽었고, 그는 살았다. 역사의 진보? 그것은 꿈속에서나 있을 수 있는 일이다.
 그러나 그는 젊은이답게 절망의 심연에 빠지지 않는다. 그를 절망의

심연에 빠지지 못하게 하는 것은, 저주받은 도시에 대한 회상·기억과 풀꽃처럼 져간 동료들에 대한 추모의 정이다. 그는 그것 때문에 차라리 산다. 그의 시적 승리는, 공포의 도시에서, 좌절하여, 가난한 시인 지망생으로 만족하지 않고, 들풀처럼 져간 동료들의 뒤를 흔들림 없이 뒤따르려는 결의를 보여준 데 있다. 그는 그것이 역사의 진보와 관련이 있는지 없는지 고뇌하는 대신, 그럼에도 불구하고, 그들의 뒤를 이어나가기로 결심한다. 그에게 중요한 것은 체험적 동지애이지, 사변적 논리가 아니다. 체험적 동지애를 그에게 계속 환기시켜주는 것은 과거의 회상·기억이다. 그것은 의식적인 것이 아니라 전신 감각적인 것이다. 그의 첫 시집인 『매장시편』을 가득 채우고 있는 회상한다, 기억한다, 생각한다, 듣고 있다, 보고 있다라는 동사들은 그가 체험적 동지애에 얼마나 끈질기게 매달려 있는가를 절실하게 보여준다. 과거의 사건, 과거의 인간들은 그의 의식 속에서는 아직도 현재적이다. 그는 그 과거의 사건을 부단히 되살려내고, 죽은 사람들의 넋을 진혼하여, 그들의 뒤를 따르려 한다.

가장 낮은 땅에 가장 낮은 키를 가진 들꽃을 묶어, 그대의 꽃병에 담아두고 싶습니다. 봄날, 이 땅에 지천으로 피어오르는 자운영, 토끼풀, 엉겅퀴, 달래, 냉이, 씀바귀, 민들레꽃과 같이 다년생 풀뿌리를 가진 그대들을 기리며, 흐리고 음습한 날이면, 맑은 오월의 바람으로 그대들의 슬픈 얼굴을 닦겠습니다. 순수한 모국어의 오랑캐꽃, 달맞이꽃, 개나리, 진달래, 개철쭉, 삐비꽃, 독새기, 패랭이의 흰 꽃, 노란 꽃, 붉은 꽃을 따다가, 그대들이 힘들게 넘던 험한 바위고개마다 뿌리겠습니다. 밀냄새, 보리꽃, 호밀밭을 지나, 감꽃, 살구꽃, 배꽃, 황매화꽃, 복사꽃, 어우러진 과실나무 봄 산천을 지키며 그대들이 살다간 날들을 더듬겠습니다. 가장 아름다운 계절에 태어나 가장 애틋하게 져버린 그대들 생애 같은 수많은 이 땅의 꽃잎들을 기억하며, 창포꽃, 초롱꽃, 수선화, 봉숭아, 콩꽃, 돌미나리, 마늘꽃으로 푸르러오는 장엄한 대지에 입맞추겠습니다.
기뻐하소서, 이젠 그대들이 가던 길에 피어나던 개꽃, 자주달개비, 메밀꽃, 붓꽃, 백합꽃, 싸리꽃, 등꽃의 향기를 모아 천국으로 향한 그대의 앞길에 퍼뜨리겠습니다. 서른세 송이의 튼튼한 꽃사다리를 만들고, 묵주처럼 이어, 칠월 칠석 가문 은하수 길에 놓아드리겠습니다. 평범하고 정성된 꽃다발의 묵주기도를 서른세 배도 더 넘게 보속으로 올리겠습니다. 아직도 얼굴과 이름을 갖지 못한 많은 꽃들처럼 그대들은 지금도 좁은 목곽 속에 가까스로 발

뻗고 있지만.〔117~18〕

　죽은 자들을 시인은 가장 낮은 땅에 가장 낮은 키를 가진 들꽃이라고 부른다. 그들은 그러나 다년생 풀뿌리를 갖고 있다. 그들은 가장 아름다운 계절에 태어나 가장 애틋하게 져버린 꽃들이며, 그는 그들이 천국에 가 있을 것을 믿어 의심하지 않는다. 그가 최상급의 부사를 붙여 애도하고 있는 그 들풀들의 꽃은, 이름을 갖지 못한 많은 꽃들처럼 아직 신원되지 않은 채 좁은 목관 속에서 가까스로 발 뻗고 있다(서른세 송이의 꽃이라 그가 한정한 것은 무엇 때문이었을까? 나는 그의 의식 밖에 있어 그것을 알지 못한다). 그가 뒤따르려는 것은 그 좁은 목관 속에 간신히 발 뻗고 있는 들꽃이다.

　　흔들리지 않으리
　　스쳐지나는 바람에도
　　터져 꽃망울이 맺힐 것 같은
　　한때의 푸른 상처 속에서
　　아프게 일어서서 밀려올 것 같은
　　그리움 잦은 수척한 가슴께
　　때아닌 봄비가 마른 나뭇가지를 적시고
　　멋대로 웃자란 슬픔의 줄기와 합세하는데
　　흔들리지 않으리
　　오늘도 우리 일용할 양식을
　　이 땅에서 거두고 나눠먹었으므로
　　셀 수 없는 기다림의 나날 속에서도
　　우린 아직 사랑하고 있으므로
　　천근 만근 억누르는 그 산 그 하늘 아래
　　팔만사천의 고해 속에서도
　　흙뿌리를 박고 사는 쑥 같은 이웃들
　　끝내 솟아오르고만 싶은 목숨들 위로
　　생명의 봄비가 내리는데
　　흔들리지 않으리
　　늘 그렇게 꽃이 되고
　　향기가 된 것 같은 우리들
　　간절한 소망 위에

수세미 같은 희망 위에
　　　푸르게 싹터오는 사랑이여 〔79~80〕

　그는 절대 흔들리지 않으리라 다짐하고 다짐한다. 그들이 들꽃이듯 그도 또한 들꽃이다. 그는 그들이 되고 싶다. 그의 미래 전망은 그런 의미에서 활짝 열려 있다.

　최하림의 꽃은 심연에서 솟아오르는 고통의 꽃이다. 그것에 반하여 임동확의 꽃은 미래를 향해 활짝 열린 바람의 꽃이다. 어느 꽃이 더 아름다울까? 나는 알 수 없다. 나는 바라보고, 웃는 대신 운다. 오십의 나이에 울음은 가슴 아프다.

　부기: 최하림의 시는, 『문학과사회』, 1989년 겨울호, pp. 1408~11에 실려 있으며, 임동확의 시는, 임동확, 『매장시편』, 민음사, 1987에 실려 있다. 최하림의 시는 면수를 밝히지 않았으므로, 괄호 속의 숫자는 임동확의 것이다.

II

이야기의 뿌리, 뿌리의 이야기

　이야기를 하고 싶다는 욕망은 사람 모두에게 잠재되어 있는, 아니 숨어 있는 욕망이다. 그 욕망이 얼마나 치열한가 하는 것은 술집에 가보면 쉽게 알 수 있다. 술기운에 욕망의 고삐가 풀린 술꾼들은 지칠 때까지 한 얘기를 또 하고 또 할 정도로 끈질기게 이야기를 한다. 술을 한잔도 마시지 않고, 전화기에 매달려 두 시간, 세 시간씩 자질구레한 이야기를 계속하고 있는 사람들을 볼 때, 이야기를 하고 싶다는 욕망의 광포함에 놀라지 않을 수가 없다. 그 이야기의 가장 중요한, 가장 중요하다는 표현이 지나치다면, 중요한 동력은 어디에서 나오는 것일까? 그 질문은 던지기 쉬운 질문이지만, 대답하기 쉬운 질문은 아니다. 그것은 말하기라는 인간학의 기본 범주의 해명과 관련되어 있다. 우선, 그 문제는 수다/진정한-말의 대립이 근원적인 것인가 피상적인 것인가라는 문제를 낳고, 말하기/행동하기의 관련을 해명하는 문제를 낳고, 정제된 형태의 말하기의 범주 해명이라는 문제를 낳는다. 그 다음, 그 문제는 말하는 주체와 말해지는 것, 그 둘을 아우르는 말의 정황들의 관계 규명이라는 문제를 낳고, 말하는 주체에 중요성을 부여한 역사적 정황의 해명이라는 문제를 낳는다…… 그러니 그 문제가 제기하는 논의의 폭과 깊이는 엄청나게 크고 깊다. 그것을 다 아울러 논의할 만한 능력이 나에겐 없으므로, 나는, 이야기하는 주체는 심지어 수다를 통해서도, 무의식적으로 이야기하지 않으면 견딜 수 없는 어떤 것을 밖으로 드러내려 하며, 그 드러남은 흔히 감춰진, 혹은 변형된 드러남이라는 것을, 단순한 형태의 이야기이건, 복잡한 형태의 이야기이건, 이야기의 종류에 관계없이, 따져보려 한다. 그 따짐은 그러니까 이야기의 심리적 기원을 따지는 것이지, 이야기내의 형식적 구조를 따지는 것이 아니다. 이야기의 심리적 기원을 따지다가, 운이 좋게도, 이야기의 정제된, 복합적 형태인 소설의 기원까지 건드릴 수 있게 되면 매우 기쁘겠다. 그렇게 되지 않더라도 물론 실망은 하지 않겠다.

이야기의 심리적 기원을 따지기 위해 내가 분석의 자료로 선택한 것은 i) 김원일: 「어둠의 혼」(『문학과지성』 12호); ii) 「미망」(『환멸을 찾아서』, 동서문화사, 1984); iii) 「가을볕」(『우리 시대 우리 작가』 8권, 동아출판사, 1987); iv) 「깨끗한 몸」(『마당깊은 집』, 문학과지성사, 1988); v) 『마당깊은 집』(위와 같은 책)의 다섯 편의 단편·중편·장편소설이다. 그것들은 거명된 순서대로, 1973, 1982, 1984, 1987, 1988년에 발표된 소설들이며, 작가가, 31, 40, 42, 45, 46세 때에 발표한 소설들이다. 그 소설들은 다 같이 화자가 나이며, 거의 자전적인 울림을 울리는 소설들이다. 나는 자전소설이라 쓰지 않고, 자전적인 울림을 울리는 소설이라고 썼는데, 그것이 자전적이긴 하지만, 소설적 변용이 가해진 소설들이라는 것을 강조하기 위해서 그런 것이다. 그 소설들은 또한 아버지(「어둠의 혼」)·어머니(「가을볕」)·할머니(「미망」)·동생(『마당깊은 집』) 등의 화자의 가장 가까운 혈육의 죽음을 다루고 있다. 「깨끗한 몸」만이 혈육의 죽음을 다루지 않고 있는데, 그것은 『마당깊은 집』의 전편으로 읽어야 할 소설이어서, 『마당깊은 집』의 죽음에 간접적으로 연결되어 있다. 그 소설들을 분석의 자료로 선택한 것은, 그 소설들을 꼼꼼히 순서대로 읽으면, 김원일이 나라고 부르는 이야기하는 화자의, 이야기하고자 하는 욕망의 심리적 기원이 서서히 드러나기 때문이다.

그 소설들의 줄거리는 매우 간단하다. 어느 정도 간단한가 하는 것을 보여주기 위해, 그리고 물론 분석의 한 절차로서, 그 줄거리들을 제시해보면:

1) 「어둠의 혼」: i) 아버지가 죽었다; ii) 나는 그 시체를 본다.
2) 「미망」: i) 할머니가 죽었다; ii) 어머니와 할머니의 불화가 해소된다.
3) 「가을볕」: i) 어머니가 죽었다.
4) 「깨끗한 몸」: i) 어머니가 목욕탕에 데려가 나를 씻긴다.
5) 『마당깊은 집』: i) 떨어져 살던 나를 어머니가 데려온다; ii) 어머니와 내가 싸운다; iii) 화해한다.

그 짧은 이야기들을 작가는 때로는 백여 매의 단편으로, 때로는 몇백

매의 중편으로, 때로는 천여 매의 장편으로 만들어낸다. 사건들이 워낙 단순하기 때문에, 소설들은 그 사건들과 연관된 작은 삽화들에 의해 지탱되고 있다고 할 정도로 자질구레한 삽화들의 도움을 받고 있다. 그 삽화들은 그러나 무서운 구심력을 보여, 기본적인 줄거리를 더욱 강하게 느끼게 한다. 그 삽화들을 제거해버리면 앙상한 줄거리만 나타나지만, 그 삽화들 덕택으로 그 줄거리는 그 앙상함을 감추고 풍부한 구체성을 획득한다. 그 구체성은 그 소설들에 있어서 가족 관계라는 이름을 갖고 있다. 하나의 사건을 둘러싼 가족들의 여러 형태의 반응이 이야기를 풍부하게 만들고 구체적으로 만든다. 그 다섯 편의 소설에 다 같이 나타나는 가족은, 아버지·어머니·나·동생·누나 등인데, 화자가 깊은 관심을 갖고 뒤쫓고 있는 것은 거의 언제나 어머니와 동생(혹은 튼튼치 못한 형제·자매)이다. 이야기하는 주체가 언제나 연민의 정으로 되돌아보는 것은 성치 못한 형제(자매)이며, 어머니를 보는 그의 눈초리엔 애증이 겹쳐 있다. 어머니에 대해 이야기하는 화자의 그녀에 대한 애증이 얼마나 심한가 하는 것은 어머니에 관한 한, 이야기의 샘이 마르지 않는 것으로도 미루어 짐작할 수 있다. 어머니 이야기는, 이야기하는 화자로선, 아무리 이야기해도 다함이 없는 이야기이다. 아버지나 동생, 그리고 할머니·이모·고모 등은 어머니 이야기를 하면 저절로 딸려나오는 부수품들이다. 위의 다섯 편의 소설들은 각각 아버지·할머니…… 등의 이야기를 하고 있지만, 사실은 다 어머니의 이야기이다. 아니다. 어머니와 아버지, 그리고 나의 관계의 이야기이다.

관계를 이해하려면, 우선 관계항을 알아야 한다. 관계항의 첫머리는 언제나 아버지이다. 그 아버지는 부재하는 아버지이어서, 관계의 숨은 원리로 작동하지 드러난 원리로 작동하지는 않는다. 「어둠의 혼」의 아버지는, 일본서 공부를 했으며(무슨 공부를?), 일제 때 얼마 동안 야학을 하다가 대동아 전쟁이 한창 때 그 문을 닫았고, 밀양의 '조선모직회사' 방화 사건(1948년 겨울)에 관련되어 사람의 눈을 피해 다니다가, "서른 일곱으로 연기처럼 사라진"(1950년초), "닭을 채어가는 들개처럼 늘 숨어서 어디론가 다닌" 사람이다. 이야기하는 화자는 그 아버지의 시체를 직접 확인한다. 그의 나이 14세 때이다. 「미망」의 아버지는 "어릴 때부터 머리가 뛰어나 향리 보통학교를 일등으로 졸업한 뒤 인근 군에서 한둘이 입학한다는 울산 농업학교에 쉽게 합격"하여, 중학을 졸업한다. 졸업 후 "수리조합이니 면서기니 금융조합이니, 그 좋다는 직장을 다 마다하고 모화에서 야학당을 개설하여 농민 운동을 시작했는데, 그것이 왜경의 눈에 사회주의적 민족 운동으로 지목되어 지서를 들락거리기 시작"한다. 해방 후 그는 남로당 모화책이고, 울산지부 조직부장책을 맡았으며, 육이오가 나자 일주일 만에 사라져버려 아직 생사를 모른다. 「가을볕」의 아버지는 삼대독자로서 호열자에 걸려 죽는다. 「깨끗한 몸」의 아버지는 육이오 때 행방불명이 된 사람인데, 아버지의 마지막 모습은 "모택동 복장에 납작모자를 쓰"고 있는 아버지이다. 『마당깊은 집』의 아버지는 마산 상업학교를 나와 고향 진영읍 금융조합 서기를 지냈으며, 서울 수복 직전 가족과 갈라진다. "북한 치하 석 달 동안 서울에서의 아버지 행적과 그뒤 실종을 쫓아 추적하는 지서의 시달림……"이라는 대목을 보면 그도 역시 좌익이었던 것 같다. 위의 다섯 편에 나오는 아버지는, 두 번 이상 되풀이되는 것만을 모으면, 유식하고(먹물을 먹은 사람이고), 야학을 했으며 육이오 때 행방불명이 된 좌익이다. 이해를 쉽게 하기 위해 그것을 도식화하면 다음과 같다. +표는 드러나 있음을, -표는 안 드러나 있음을, ϕ는 변형되어 있음을 나타낸다.

작품 사항	1	2	3	4	5
유 식	+	+	-	+	+
야 학	+	+	-	-	-
좌 익	+	+	-	+	+
행 불	ϕ	+	ϕ	+	+

위의 도표를 보면, 「미망」이, 이야기하는 화자의 아버지에 대한 기본 요소들이 다 갖춰져 있는 유일한 소설이며, 「가을볕」이 거기에 제일 멀리 떨어져 있는 소설이라는 것을 알 수 있다. 좌익을 아버지로 둔 공포에서 해방된 지 십여 년 만에(1973~1982), 아버지에 대한 기억을 할머니·어머니의 입을 빌어 비교적 자세히 털어놓은 뒤에, 이 년이 지나지 않아 이야기하는 주체는 아버지를 역사적 정황에서 거의 완벽하게 떼내, 그에게 새로운 삶을 부여한다. 부재하는 아버지를 존재케 할 수는 없지만, 그를 삼대독자로 만들고, 총살에서 병사(호열자)로 사인을 바꿔

줄 수는 있다. 「미망」의 아버지는 불행한 아버지지만, 「가을볕」의 아버지는, 비록 호열자로 그가 죽었다 해도 행복한 아버지이다. 이야기하는 주체는 이 년 동안에 불행한 아버지를 행복한 아버지로 만든다. 그 극단적인 변용 뒤에, 좌익 운동을 한 행불자라는 온건한 이미지가 고착화한다. 불행한 아버지에 대한 기억이 이야기하는 화자를 얼마나 공포감에 떨게 했는가는 「어둠의 혼」의 한 문단에 은유적으로 잘 묘사되어 있다: "대추나무 뒤편 하늘은 벌써 짙은 보라색이다. 나는 보라색을 싫어한다. 손톱에 물들이는 봉숭아물도, 닭벼슬 같은 맨드라미꽃도, 코스모스의 보라색 꽃도 다 싫다. 어머니의 젖꼭지 색깔까지도 싫다. 보라색은 어쩐지 아버지의 하는 일을 떠올리게 해주고 어머니의 피멍든 얼굴을 생각나게 한다. 보라색은 또 말라붙은 피와 같고 깜깜해질 징조를 보이는 색깔이다. 엷은 보라에서 짙은 보라로, 그래서 야금야금 모든 것을 잡아먹다가 끝내 깜깜한 밤이 온다는 것은 참으로 무섭다. 이 세상에 밤이 없는 곳이 있다면 나는 늘 그곳에서 살고 싶다. 나는 빛 속에 함께 끼여 놀고 싶고, 또 빛 속에서 자고 싶다. 그러나 아버지는 어둠 속에서 총살당할 것이다." 그의 아버지는 빨갱이이고, 그의 집은 빨갱이집이다. 그는 빨간 것이 싫다고도 감히 말 못 하고, 겨우 보라색이 싫다고 말한다. 보라색은 아버지의 색깔이면서, 아버지 때문에 지서에서 매맞고 피멍든 어머니의 색깔이다. 그것은 말라붙은 피의 색깔이다. 그것을 환기시키는 모든 것, 노을·봉숭아물·맨드라미꽃, 보라색 코스모스, 어머니 젖꼭지……를 그는 싫어한다. 그것은 어둠의 색, 악의 색이며, 죽음의 색으로, 빛의 색, 놀이의 색, 삶의 색에 대립된다. 아니, 무엇보다도 그것은 아버지의 죽음의 색이다. 그것은 그를 무섭게 하기까지 한다. "어린 나에게 너무나 큰 수수께끼를 남기고 죽어버린 아버지의 일생을 더듬을 때 나는 알 수 없는 두려움 때문에 사시나무처럼 떤다." 그 싫어함, 그 두려움은 반쯤 피에 젖은 아버지의 시체를 본 뒤에야 극복된다. 그 극복은 그러나 느리고 완만하다. 그가 아버지를 온건하게 기억하게 된 것은 거의 15년이 지나서이다.

관계항의 첫머리는 아버지이지만, 관계항의 고리는 어머니이다. 이야기하는 화자는 어머니에 관한 한, 할 말이, 할 이야기가 너무나 많다. 우선 「어둠의 혼」의 어머니: "아버지는 일본까지 가서 공부를 했다. 그런데 어머니는 한글도 제대로 읽을 줄 모른다." 어머니에 대한 이 극단적인 편하는 주목할 만하다. "어머니는 눈이 크다. 그래서 겁이 많다. 나는 어머니의 눈을 닮았다. 그래서 겁도 많다." 이야기하는 화자는 아버지를 닮은 것이 아니라 어머니를 닮았다. 그것도 겁이 많다는 점에서 그렇다. 그 겁 많은 모자는 그뒤에 온갖 고난을 다 이겨내고 성공한 사회인이 된다. "우린 왜 이렇게 못살까. 어머니 말처럼 모두 아버지 탓일 게다. 아버지가 그짓을 하고 다녔기 때문이다." 어머니는 아버지의 좌익 활동 때문에 그들이 가난하게 산다고 믿는다. 그는 어머니 때문에 아버지를 미워하고 욕한다. 어머니는 지서에 가면 "얼굴〔에〕 온통 피멍이 들어" 되돌아왔으며, 아버지와 순사 욕을 심하게 퍼붓는다. 어머니는 "모든 화풀이를 나에게 한"다(이것을 묘사하는 이야기하는 화자의 태도는 매우 혼란되어 있다. "어머니는 곧잘 모든 화풀이를 나에게 해버리는 버릇에 익숙해져 있다." 자세히 보라, 누가 익숙해 있는가? 어머니가? 내가? 화자의 마음속에서, 어머니와 나의 위치는 서로 바뀔 수 있다). 「미망」의 어머니: "체격이 우람한 여장부인 어머니는 폭식주의였고, 입이 걸어 아무 음식이나 잘 드셨다. 혈압이 높으신데도 특히 돼지고기 두루치기를 즐겼고, 생선 지진 국물에 된장을 곁들인 상추쌈이 나오면 지금도 한 그릇 반을 너끈히 비우셨다. 젊을 때 하도 굶어 나는 그저 먹는 재미밖에 없다고 어머니는 자주 말씀하셨다." "어머니는 드세고 괄괄하고 남달리 부지런했다." 어머니는 "경주의 재산을 다 날려 백수건달이 된 적빈한 유생의 막내딸"로, 좌익 운동을 하는 남편 때문에 지서에서 "타작매를 당"해 전신에 피멍이 들어 되돌아왔고, 남편이 행방불명된 후로는 별별 고생을 다해 아이들을 키운다. 그녀는 오랫동안 멸치포 장사를 한 뒤, 큰아들인 화자 집으로 온다. 「가을볕」의 어머니는 쾌활하고 말이 많고, 남편이 죽은 뒤에 수예로 생계를 꾸려나간다. 그녀는 고혈압을 앓고 있으며, 눈이 크다. 「깨끗한 몸」의 어머니는 "울산 땅의 문벌 있는 유생 집안 출신"으로, 남편이 행방불명된 뒤, 파출부, 직물공장 작업부를 거쳐 바느질로 생계를 꾸려나간다. 화자를 자주 때리고, 병적으로 청결벽이 있다. "키가 크고 몸집이 우람하여 여장부로 통"하던 어머니는, 젖도 크고, 엉덩이도 크다. 『마당깊은 집』의 어머니도 화자에게 매질을 하며, 바느질로 생계를 꾸려나간다. 첫아이를 한 달 만에 잃었으며—이것은 이 소설에만 나오는 특이한 요소이다—남편이 행방불명이 된 뒤에는 지독한 가난에 시달리며 애들을 키운다. 위의 다섯 편의 소설에 나오는 어머니는, 두 번 이상 되풀이되는 것만을 모으면, 유생의 딸로서 우람한 체격이며 고혈압이다. 아버지와 이별한 뒤 아이들과 함께 온갖 고초를 다 겪는데, 생계의 수단은 바느질이다. 그녀는 좌익 운동하는 남편 때문에 지서에서 뭇매를 맞으며, 아이에게 온갖 희망을 건다. 그것을 아버지의 경우와 마찬가지로 도식화하면:

작품 사항	1	2	3	4	5
유생집안	φ	+	−	+	−
큰 몸 집	φ	+	φ	+	−
지서출입	+	+	−	+	−
굶 주 림	+	+	−	+	+
바 느 질	−	φ	φ	+	+
고 혈 압	−	+	+	−	−

위의 도표를 보면, 「미망」과 「깨끗한 몸」이 어머니를 비교적 정확하게 묘사하고 있으며, 「가을볕」이 제일 심하게 왜곡하고 있음을 알 수 있다. 「어둠의 혼」에서, 남편의 죽음을 앞두고 겁에 질린, 혹은 앞으로의 생활을 걱정하는("인자 우리는 우예 살꼬. 밉든 곱든 서방인데 저리 죽고 나면 초롱 같은 세 자슥 데불고 우예 살꼬……") 어머니로 나타난 화자의 어머니는 「미망」과 「깨끗한 몸」에서 어렵게, 생활을 이끌어나가는 여장부로 나타난다. 혼자 생계를 꾸려나가니, 여장부일 수밖에 없으며, 그 꾸려나감의 비극적 요소를 강조하자니, 집안의 양반됨을 드러내지 않을 수 없고, 여성됨을 그래도 강조하자니, 생계의 수단이 여성적인 바느질이 될 수밖에 없다. 그 어머니와 「어둠의 혼」의 어머니가 무의식적으로 혼합·변용된 것이 「가을볕」의, 큰 눈의, 자수로 생계를 꾸려나가는 어머니이다. 그 어머니에겐 불행한 과거가 없으며 행복한 상태의 연장만이 있다. 불행한 어머니는 행복한 어머니이기도 하다. 행복한 어머니를 보여주고 난 뒤에, 화자는 안심하고, 여유있게, 고생하는, 그러나 크게 불행하지는 않은 어머니를 보여줄 수 있게 된다. 어머니와 같이 셋집에서 고생하는 다른 사람들에 비해 어머니는 그래도 살 만한 삶을 살고 있다. 그 어머니가 되풀이하여 화자에게 주입시키는 것은, 아버지처럼 집안 망칠 일을 하지 말고, 훌륭한 사람이 되어 출세하라는 것이다: "뒷날 우리 식구가 이 고생하며 살았을 때를 이야기할라 카모 니가 우

찌하여 살아야 되는 줄을 알고 있제?'/나는 대답을 않고 묵묵히 걸었다. 나는 어머니가 할 다음 말을 이미 알고 있었다. 그 말씀에 보답할 자신감이 없었으므로 푹 꺾은 고개가 들려지지 않았다. 그래서 겨드랑이에서 돋아나던 빳빳한 날개가 갑자기 소금에 절인 푸새처럼 힘없이 축축 처져내림을 느꼈다. 어머니가 걸음을 멈추더니 말했다./'우짜든동 열심히 공부해서 훌륭한 사람이 되는 길밖에 없데이'."

관계항의 마지막은 이야기하는 화자이다. 「어둠의 혼」의 화자는, "내가 영어 숙제를 하고 있을 때……"라는 구절을 보면, 아버지가 죽은 50년초에 중학생이며, 「미망」의 화자는 을지로 3가에 있는 출판사에 다니고 있다. 「가을볕」의 화자는 초급대학을 나와 출판사에 다니다가 지금은 공사 현장에서 일하고 있으며, 「깨끗한 몸」의 나는 월부 판매 출판사 직원으로 이야기의 시간(1952년)에는 국민학교 5년생이며, 『마당깊은 집』의 나 역시 출판사 직원으로, 이야기의 시간(1954년)에는 국민학교를 졸업하고 일년간 쉬고 있다. 이야기 화자에겐 언제나 형제·자매가 있으며, 때로 그 중 하나는 튼튼치 못하다. 「어둠의 혼」의 누나는 정신박약아이며, 막내 만수는 "올챙이처럼 불룩한 배를" 하고 있다. 『마당깊은 집』의 막내 길수는 굶주려 죽는다. 특히 『마당깊은 집』의 길수의 죽음을 묘사하는 화자의 목소리는 서정적이면서도 극적으로 슬프다(화자는 그러나 본능적으로 절망에서 도망하는 방법을 체득하고 있다. 그것은 변용의 방법이다: "하루에 열대여섯 시간은, 머리가 '아뿌다'며 끝없이 게걸거리던 죽기 직전의 그 깡마른 길수의 모습은 생각하기조차 끔찍하다. 아니, 나는 아우의 그 모습을 영양실조로 굶주린 에티오피아의 어린 소년으로 환치하여 떠올림으로써 애써 치우려 한다." 괴롭고 끔찍한 것은 다른 것으로 환치하여 지운다. 그 지움의 방법은 침묵의 방법이 아니라 이야기의 방법이다. 그는 다른 것을 이야기하여 괴롭고 끔찍한 것을 지운다). 또한 화자의 결혼 생활은 불행하기도 하나(「가을볕」) 대개 덤덤하다(「가을볕」에서의 그의 불행은 부모의 행복에 대한 징벌이다. 다 행복할 수는 없으니까, 그는 그를 징벌한다. 그것도 이야기의 한 방법이다). 그 다섯 편의 소설에서, 「가을볕」을 제외하면, 이야기하는 화자의 자리가 어떠하든, 이야기되는 시간은 육이오 직전과 52~54년이다. 북한 치하의 석 달과 휴전선까지의 올라감—밀림은 이야기되지 않는다. 이야기하는 화자가 이야기하고 싶은 시기는 역사적 시기라기보다는 철들 무렵이다. 그 역사적 시기에 어떤 일이 일어났느냐를 이야기하기보다, 내가 철들 무렵 나는 이렇게 삶과 만났다라는 이야기를 화자는 더욱 하고 싶어한다. 객관적으로, 총체적으로 역사적 사실을 분석하고 있기엔 철들 무렵의 고뇌와 절망이 너무 컸기 때문일까? 아니면 작가 김원일에게 그 임무를 떠맡기고——왜냐하면 그는 지금 『불의 제전』을 쓰고 있기 때문이다——화자는 자기 이야기만 하기로 작정했기 때문일까? 철들 무렵에 화자가 처해 있던 가족적 정황은:

1) 아버지는 없고, 어머니가 생계를 꾸려나간다;
2) 그들을 도와주는 사람은 거의 없고(예외가 있다면 이모 정도이다), 그는 집안의 장남이다;
3) 자기가 결국은 집안(어머니와 형제·자매)을 돌봐야 한다.

그 정황을 이해하기에 이르는 과정은 느리고 완만하지만, 그 계기는 경련적이고 충격적이다. 죽음·매질·다짐·울음 등의 계기를 통해 화자는 서서히 자기가 세계의 중심, 가족의 중심임을 깨닫기 시작한다. 우선 아버지의 죽음: "[아버지의 죽음과] 더불어 나는 무엇인가 깨달은 듯한 느낌을 가지게 되었다. 그 느낌을 꼬집어내어 설명할 수는 없었으나, 이를테면 살아나가는 데 용기를 가져야 하고 어떤 어려움도 슬픔도 이겨내야 한다는 그런 내용의 것이었다. 모든 것이 안개 속 같은 신기한 세상, 내가 알아야 할 수수께끼가 너무나 많은 이 세상을 건너갈 때 나는 이제 집안을 떠맡은 기둥으로서 힘차게 버티어나가지 않으면 안 된다. 이런 굳은 결심이 나의 가슴속을 뜨겁게 적시며 뒤채이는 눈물을 달래고 있음을 느꼈던 것이다"(「어둠의 혼」). 세계는 수수께끼 같은 곳이지만, 나는 집안의 중심으로서 그 세계의 중심에 굳게 자리잡아야 한다. 어려움이나 슬픔은 췌사에 지나지 않는다. 그 다음, 어머니의 울음: "내가 고등학교에 입학하던 날 밤, 나에게 처음으로 새 교복을 맞춰주시고 어머니는 우리 형제간을 앉혀놓고 [가족 관계] 말을 하시며 우셨다. 그 울음은 너무 절절하여 나도 아우도 따라 울지 않을 수 없었고, 우리 세 모자는 울음으로 밤을 밝혔다. 그 거칠고, 어떤 면에서는 모질기까지 한 어머니를 내가 뜨겁게 이해하게 된 것이 바로 그날 밤 이후였다. 우리 형제를 숯포대 매질로 키워올 때도, 그 매가 서른둘에 청상이 되신 뒤 홀몸으로 세파를 이겨온 분풀이와 설움의 또 다른 표현임을 알고 나는 순종으로써 달게 받아들였던 것이다"(「미망」). 그가 홀몸으로 아이를 키우기가 얼마나 힘든가를 깨닫게 된 것은 고등학교 입학

때 어머니의 울음을 통해서이다. 그날 이후 어머니에 대한 원망·증오는 순종으로 뒤바뀐다. 세상 물정을 알게 되었기 때문이다. 아버지의 죽음을 통해 자기가 집안의 기둥이라는 것을 느낀 그로서도, 어머니의 슬픔을 이해하는 데는 몇 년이 더 걸린 셈이다. 어머니의 슬픔을 이해하기에는 그는 너무 어리고, 그리고 너무 남자 본위였던 것이다. 그것과 관련되어 있는 매질과 다짐: "고향으로 내려오면 어머니는 그 동안의 내 행실과 공부 정도를 울산댁과 이웃 사람들에게 염탐하고서는 반드시 무슨 이유든 끌어대서 매질로 당조짐을 놓고는 대구로 떠났던 것이다. 밤늦게까지 공부는 뒷전이고 장터거리를 싸돌거나 극장 앞을 기웃거린다, 구슬치기를 얼마나 했기에 손이 가마귀처럼 그 꼴이냐, 이 시골에서도 학교 성적이 늘 중간밖에 못하는 너를 장자로 믿고 이 에미가 어떻게 살겠느냐, 제 몸조차 깨끗이 씻지 않는다는 그런 결점을 잡아, 거기에다 박복한 당신의 설움까지 덤으로 얹어 곡지통을 터뜨리며 매질을 했었다"(「깨끗한 몸」). "'길남아, 길은 오직 하나다, 니가 크야 한다. 걸대(왕대)같이 얼렁 커서 뜬뜬한 사내 구실을 해야 한다. 그래야 혼자 살아온 이 에미 과부 설움을 풀 수가 있다'"(『마당깊은 집』). 얼른 커야 한다. 그 자람은 나이들고 키가 커지는 것만을 의미하지 않는다. 그것은 큰사람이 되는 것까지를 의미한다. 이야기하는 화자가 가족적 정황을 정확하게 이해하게 되자 보여주는 첫 반응은 그 정황에서 도피하고 싶다는 간절한 욕망이다: "어머니의 말처럼 장차 내가 집안의 의지기둥이 되려면 남을 딛고 일어서야 하는데, 그러자면 정직과 성실만으로는 어렵고 실력·체력·노력, 거기에다 탐욕·교활·언변 따위까지 갖추지 않으면 안 되었다. 나는 도무지 어머니의 그 한을 풀어드릴 수 없을 것 같았다. 어서 세월 흘러 머리 허옇게 센 노인이 되고 싶다고 내가 생각하기 시작한 것도 그날 아침 어머니의 그 말을 들었을 때부터였다. 〔……〕 나는 그만 암담해져 빨리 늙은이가 되어 나에게 기대를 거는 모든 이들의 시선으로부터 무관심의 대상으로 남고 싶었다"(『마당깊은 집』). 너는 이 집안의 의지기둥이다라는 어머니의 말이 무엇을 의미하는가를 깨닫는 순간, 이야기 화자는 그의 뻔한 앞날에 암담해져 거기에서 도망하려 한다. 나에게 관심을 갖지 말라, 나에겐 의지기둥 노릇을 할 자질이 없다라는 것이다. 그 도피는 그러나 상상 속에서나 가능한 도피이며, 어머니의 매질·다짐·울음 때문에 도저히 성공할 수 없는, 성공하게 되어 있지 않은 도피이다. 그는 어머니에게 계속 볼모로 잡혀, 집안을 떠맡아야 한다. 부재하는 아버지 대신에, 그는 그 자신이 아버지이며 아들이 되어야 한다. 어머니에게 있어서, 그는 아들이며 동시에 남편이다. 그는 어쩔 수 없이 형제·자매에겐 아버지로, 어머니에겐 남편-아들 노릇을 해야 한다. 남편으로서, 그는 어머니를 독차지할 수 있지만, 동생들 때문에 실제로는 그럴 수 없다. 아들로서 그는 어머니에게 투정을 부릴 수 있지만, 실제로는 아버지가 없기 때문에 그럴 수가 없다. 그는 철들 무렵 자기도 모르는 사이에 덫에 갇힌 것이다. 그 덫의 이름은 가족이며, 그 덫을 놓은 사람은 어머니이다.

이야기하는 화자의 가족들간의 관계는 애증이라는 심리적 뿌리를 갖고 있다. 어머니는 아버지에 대해, 나는 어머니에 대해 애증을 느낀다. 어머니는 아버지에 대해, 더 잘살 수 있었는데, 좌익 운동을 해 집안을 망쳤다라는 증오와 그럼에도 불구하고 그가 아이들의 아버지라는 데서 연유하는 사랑을 동시에 느끼며, 나는 어머니에 대해, 자기를 다른 아이들같이 대해주지 않는 데 대한 불평·증오와 그럼에도 불구하고 자기가 가족을 책임져야 한다는 데에서 연유하는 사랑을 동시에 느낀다. 어머니는 아버지 욕을 하다가, 그가 죽게 되자 이젠 어떻게 사느냐고 울음을 터뜨리며(그녀에게 그토록 고통을 준 남편이 죽는다면 오히려 시원하지 않을까?), 나는 "나에게 유독 극악을 떤" 어머니를 미워하면서도, 그 어머니의 설움을 깊이 이해한다. 그 이중의 애증은 아버지가 존재하지 않기 때문에 생겨난 심리적 반응이다. 아버지가 살아 있다면, 어머니/아버지, 나/아버지의 대립은 또 다른 면모를 보였을 것이다. 예를 들어, 어머니는 가출을 했을지도 모르며, 나는 부랑자가 됐을지도 모른다. 그러나 아버지의 부재는 그 가능성을 막아버린다. 부재하는 아버지는 비현실이며, 곁에 있는 어머니는 현실이다. 부재하는 아버지를 놓고, 나와 어머니는 새 관계, 아버지-아들, 아내-어머니의 관계를 구축한다. 부재하는 아버지가 심리적 질곡으로 작용하지는 않는다. 부재하는 아버지는 가족들의 결속을 다져주는 긍정적 역할을 맡는다. 다시 말해 이야기하는 화자에겐 외디푸스 콤플렉스가 없다. 옛날에 아버지가 있었다, 그 아버지는 죽고, 내가 곧 아버지가 되었다. 외디푸스 콤플렉스는 아버지가 되려는 심리적 움직임이다. 그런데 그는 이미 아버지가 되었다. 죽은 아버지는 방해물이 아니라, 환영이다. 그 환영은 아버지가 된 나에게 내 가족을 네가 책임지라고 말한다. 그는 책임지기 싫다고 그 환영에게 대답한다. 나에게 관심을 갖지 말아달라는 것이다. 그것은 이뤄질 수 없는 서원이다. 그는 자기가 만들지 않은 가족의 아버지로서 가족들을 돌보고, 자기 가족의 역사를 만들어야 한다. 아버지는 역사를 만드는 사람이기 때문이다. 그가 만드는 역사는 한 가족의 역사이며, 이야기하는 나는 역사의 주인이며 관찰자이다. 그는 부재하는 아버지에 대해서는 꼼꼼하게 이야기할 수 없지만, 어머니와 형제·자매에 대해서는 그럴 수 있다. 아니다, 그가 역사를 만들고 관찰하는 것이 아니다. 그는 그가 역사를 만들고 관찰한다고 이야기할 수 있을 뿐이다. 그는 진짜 아버지가 아니라, 부재하는 아버지를 대신하고 있기 때문이다. 그가 실제로 만들고 볼 수 있는 이야기는 그의 아내, 아이들의 이야기이지, 어머니, 형제·자매의 이야기가 아니다.

  부재하는 아버지를 대신하는 가짜의 아버지는, 처음에는 아들의 모습을 그대로 간직하고 있다. 보라, 그 가짜 아버지는 막내 아우에게 어머니를 빼앗겼을 때의 울분을 이렇게 이야기하고 있다: "전쟁이 났던 해 사월, 막내아우가 태어났을 때, 나는 아우에게 젖꼭지를 물린 어머니의 젖을 자주 보았었다. 그때만 해도 정말 만져보고 싶도록 불룩하게 솟은 큰 젖이었다. 그 젖을 혼자 차지하여 쪼물락거리는 막내아우를 보면 은근히 부아가 끓어오르기도 했었다"(「깨끗한 몸」). 막내아우에게 어머니의 젖을 빼앗기고 은근히——정말 은근히일까? 사실은 맹렬히가 아닐까?——부아를 끓이는 사람은 아버지일 수 없다. 아버지라면, 당연히 귀여워해야 할 것이다. 그 아들은 가짜 아버지나마 아버지가 되기 위해 가족간의 유대를 점점 부인하기에 이른다. 내 아버지와 어머니는 내 아버지와 어머니가 아니다. 그 부인이 오래가지는 않는다. 그러나 그것은 자주 되풀이된다.『마당깊은 집』은 그 부인—확인의 과정을 자세히 보여주는 흥미있는 소설 중의 하나이다. 이야기하는 화자에 의하면 그 과정은 야속함—의심—부인—확인의 절차를 거친다. 우선 야속함: "다른 집 애들과 달리, 아니 누나와 길중이도 학교에 가는데, 학교도 못 다니며 고생한다는 말씀도 안 해주시다니, 그런 말을 목구멍 안으로 중얼거리면 나는 금세 서러움으로 눈물이 핑글 돌았다." 서러움, 핑글 돈 눈물은 야속함의 육체적 반응이다. 나도 아들인데, 왜 나는 유독 심하게 다루는가라는 게 야속함의 이유이다. 그 다음, 의심: "나는 장가를 간 뒤에까지 때때로, 나는 다리 밑에서 주워온 자식이 아니면 아버지가 다른 여자로부터 나를 낳아 집으로 데려오지 않았을까 하는 혐의를 잠재적으로 가지고 있었다"(다리 밑에서? 진실을 말하자면 다리 밑이 아니라, 다리 사이에서이다). "데려왔거나 주어온 자식은 이래저래 설움이 많다고 기분이 상해 있을 때, 그렇게 일하기 싫으면 점심 굶으면 된다는 어머니의 빈정거림이 떨어졌다. 굶기려면 굶기지. 나는 정말 오늘 신문 배달도 안 하고 집을 떠나버릴 테야." 나는 데려온 아이이거나, 아버지가 다른 여자에게 낳은 아이다. 그 지적에서 특이한 것은 나는 여하튼 어머니의 아이가 아니다라는 생각이다. 아버지가 다를 수 있다는 생각은 그에게 거의 없다. 다른 것은 어머니이다. 그 의심·혐의가 구박이라는 실증을 얻게 될 때, 그는 가출하고, 모자 관계를 부인하기에 이른다. 그 다음, 부인: "아니다. 나는 집으로 안 들어갈 끼다. 어무이는 날 기다리지도 않아. 너한테 인제사 하는 말이지만 난 사실 우리 어무이가 낳은 자슥이 아니거덩. 아부지가 어데서 나를 낳아 집으로 델고 왔어. 그래서 날 낳은 어무이가 누군지 얼굴도 몰라." 가출한 뒤, 이야기 화자는 자기는 아버지가 다른 데서 낳아 데리고 온 아이라고 단정한다. 그는 업둥이가 아니라 서출이다. 어머니의 부인은 아버지에 대한 묘한 그리움, 그리고 한핏줄인 형제들에 대한 아쉬움을 낳지만, 그는 아버지의 과거를 수소문할 생각도, 진짜 어머니를 찾아볼 생각도 하지 않는다. 그에게는 어머니에 대한 반발, 거기서 야기된 가출, 부인이 너무 압도적이다. 그외의 것은 변덕스런 이야기일 뿐이다. 어머니가 그에게 애정을 표시하면, 그는 곧 항복해버릴 것이다. 마지막으로, 사랑의 확인: "아침 밥상을 받자, 콩나물과 대파건더기 사이에 쇠고기 기름이 동동 뜨는 고깃국이 내 밥그릇 옆에만 놓여 있음을 알았다. 그뒤로도 그렇다, 그렇지 않다로 변덕이 죽끓듯 했지만, 그 순간만은 내가 어머니의 아들임을 마음 깊이 새겼다. 목이 메여 밥이 잘 넘어가지 않았고, 어머니는 여전히 아무 말씀이 없었다." 어머니의 사랑을 확인하는 이 문단에서는 두 가지 대목이 의미있다. 하나는 그 순간만은 자기가 어머니의 아들이라는 것을 굳게 믿었다는 대목이다. 그는 그뒤로도, 장가를 간 뒤에까지도 변덕이 죽끓듯, 의심—확인을 계속한다. 잘 대해주면 믿고, 안 그러면 안 믿는다! 이 투정 많은 아들의 마음의 변덕. 또 다른 하나는 어머니는 여전히 말이 없다는 대목이다. 어머니는 언제나처럼 부인도 승인도 않는다. 어머니는 어머니일 따름이다. 나무가 자기가 나무가 아니라는 것을 부인도 시인도 않듯, 어머니는 어머니일 뿐, 그것을 의심하는 말을 부인도 시인도 않는다. 변하는 것은 아들이지 어머니가 아니다. 그 어머니는 되풀이하여 말한다: "지가 맡은 일은 어짜든둥 지 힘으로 끝장을 봐야지." "니가 크야 한다. 걸대〔왕대〕같이 얼렁 커서 뜬뜬한 사내 구실을 해야 한다." "너는 애비 없는 집안의 장남이다." 어머니의 그 완강한 교훈적 자세가 아이의 변덕을 불러일으킨다. 그 변덕의 진짜 의미는 나는 내식으로 마음대로 살고 싶어요이지만, 그는 어머니 때문에 어쩔 수 없이 가짜 아버지가 된다. 그것을 우리는 성숙이라고 부른다. 성숙한 의식은 가짜 아버지의 의식이다. 그것을 사회화라고 불러야 할까, 자기 기만이라고 불러야 할까? 아노미 상태의 사회에서는 그것이 자기 기만이겠지만, 안 그런 사회에선 사회화일 것이다. 그렇다면 육이오를 전후한 한국의 사회는 어떤 사회였을까?

　김원일의 위의 다섯 편의 소설은 단순한 가족에 대한 소설이 아니라 이야기하는 화자가 가족에 대한 이야기를 하게 되는 과정을, 아들이 가짜 아버지가 되어가는 과정을 점점 사실적으로 내보여주는, 가족에 관한 회귀한 소설이다. 「어둠의 혼」에서, 김원일은 글을 쓰기 시작한 뒤 7년 만에, 그의 가족에 대한 비밀스런 이야기의 한 자락을 펼쳐보인다. 유식한 좌익 아버지와 무식한 일상인 어머니의 대립을 기본 틀로 간직한 채, 그는 숨기고 싶은 아버지의 죽음을 극적으로 드러낸다. 아버지의 시신을 보며 저 가슴이 내가 어리광을 부리던 그 가슴인가라고 자문하는 어린 아이의 모습은 그 비극적인 장면의 절정을 이룬다. 보라색을 싫어하는 아이는, 『노을』(1978)에서는 노을을 긍정적으로 수용하는 직장인으로 자라난다. 그런데도 가족에 대한 이야기를 계속하고 싶다는 욕망은 사라지지 않는다. 그 욕망을 달래기 위해 그는 우회적으로 할머니의 죽음을 이야기한다. 「미망」은 할머니의 죽음을 빌미삼아, 아버지와 어머니를 다시 이야기의 대상으로 부각시킨다. 아버지는 좌익 운동을 하다 육이오 때 행방불명이 되었고 어머니는 그 아버지에 대한 애증을 이야기 화자에게 그대로 전이한다. 아버지와 어머니의 모습은 거의 원모습에 가깝게 재현된다. 할머니의 죽음은, 더 나아가, 어려울 때

자기 가족을 도와주지 않았기 때문에 할머니와 불화 관계를 유지한 어머니와 할머니의 불화를 극적으로 극복시킨다. 불화를 극복하면서, 어머니는 화자에게 자기의 할머니에 대한 불만을 구체적으로 납득시킨다. 나는 어머니를 이해하고, 어머니와 할머니의 화해를 객관적으로 수용한다. 불화가 없는 가족은 행복한 가정이다. 그는 행복한 가정을 억지로 꾸민다. 그것이 「가을볕」의 세계이다. 그 행복한 가정을 이야기하는 화자의 어조는 밝고 높다. 그런데 그 밝고 높은 어조 속에 그 가정을 부인하고 싶은 무의식이 솟아오른다. 「가을볕」의 어머니는 자기가 키운 삼형제라는 말을 두서너 번 되풀이하지만, 실제의 그녀의 아이들은 삼남매이다. 삼남매를 삼형제라고 자꾸 부름으로써, 「가을볕」의 어머니는 그 행복한 가족의 외양 밑에 뭔가가 숨겨 있음을 암시한다. 그 이전의 소설에서와는 다르게, 그 소설의 아버지는 호열자에 걸려 죽고, 어머니는 바느질이 아닌 자수로 생계를 꾸려나간다. 호열자는 얼마나 탈이념적이며 자수는 바느질에 비해 얼마나 고상하며 예술적인가. 그 완전한 전도로도 김원일의, 가족에 대해 이야기하고 싶은 욕망은 다하지 않는다. 그는 다시 원래의 정황으로 되돌아가, 가능한 한 변용을 줄이고, 아니 거의 없애고, 왜 가족에 대해 이야기하고 싶은 욕망이 끝없는가를 성찰하려 한다. 「깨끗한 몸」에서, 김원일은, 누나와 동생보다는, 막내동생 때문에, 어머니를 독차지한 막내 때문에 그 욕망이 생겨난 것이 아닐까 자문한다. 그럴 수도 있을 것이다. 그러나 그것만은 아니다. 그는 더 깊이 나아간다. 그는 『마당깊은 집』에서 그 욕망의 뿌리를 만난다. 어머니는 아들인 나를 가짜 아버지로 만들려 했다. 어머니는 아버지에 대한 분풀이를 나에게 했으며, 자기의 설움을 가짜 아버지로서 내가 위로해주기를 바랐다. 나는 그러기 싫었지만 어쩔 수 없이 그 역할을 떠맡았다. 그 역할을 떠맡으면서, 나는 내 어머니가 내 어머니가 아닐지도 모른다고 생각했다. 내 어머니가 내 어머니가 아니라면, 나는 어머니와 아버지에 대해 내 나름대로 내 기호에 맞게 이야기할 수 있다. 나는 내 마음대로 내 가족을 꾸며낼 수 있다! 그 가능성이 김원일로 하여금 계속 아버지와 어머니에 대해 이야기할 수 있게 만든 여건이다. 『마당깊은 집』은 이야기하는 화자가 왜 자기는 가족에 대한 소설을 계속 쓸 수밖에 없는가를 보여주는, 화자의 욕망의 뿌리를 보여주는 희귀한 소설이다. 나는 진짜 아들이면서 가짜 아버지이다. 어머니는 진짜 어머니이면서 가짜 아내이다. 가짜 아버지와 가짜 아내가 만들어내는 이야기는 끝이 없다. 해석은 새 해석을 부르고, 새 해석은 새 사실을 부른다. 가족들은 조금씩 조금씩 신분을 달리하며 그 한없는 이야기를 구성하는 데 도움을 준다. 아버지와 어머니를 마음내키는 대로 변용할 수 있다면 무슨 변용인들 불가능하겠는가. 무의식의 밑바닥에서 이야기하는 화자의 변덕스런 욕망에 의해 변용된 가짜 사실들은, 의식의 표면으로 진짜처럼 나타난다. 그 진짜처럼 나타나는 것이 과연 진짜일까? 그런 반성을 하다보면, 이야기는 느릿느릿 속도를 낮춰, "월간 잡지『샘이 깊은 물』88년 6월호에 실린 그분〔서준식씨〕의 글을 읽으며, 나는 정태씨를 떠올리지 않을 수 없었다. 그 글 속 88쪽에 있는 이런 구절은 바로 정태씨에 관한 보고서에 다름아니다"라는 식의 묘사를 가능케 한다. 가짜일 수도 있을 사실들을 진짜처럼 떠올리게 하는 무의식의 변용 현상은, 가짜 아버지라는 가짜 신분이 화자에게 얼마나 억압적이었나 하는 것을 거꾸로 보여준다. 그렇다면 이야기하고 싶은 욕망은 억압에서 벗어나려는 욕망과도 같다. 억압에서 벗어나려니까, 이야기는 변용되고, 뒤틀린다. 그 뒤틀린 것을 바로 고치려는 의지 자체도 뒤틀린 욕망의 한 모습이다. 억압은 분위기로 드러나지 정확한 사실로 드러나는 법이 없다. 억압된 것은 그것을 드러나게 하려는 의지에 의해 그 억압적 성격을 어느 정도 잃을 뿐이지, 완전히 비억압적인 것으로 변화되지는 않는다. 가짜 아버지가 되기 싫다는 욕망은 그것을 드러내도, 이성화해도 완전히 사라지지 않는다. 다만 부정적 성격을 거의 잃을 따름이다. 부정적 성격을 잃은 억압된 것을 이야기할 때, 그것은 서정적 분위기를 띤다. 그것은 추억의 형태로 존재할 따름이다. 과연 앞의 세 편의 소설에 비해 뒤의 두 편의 소설은 얼마나 서정적인가!

모든 글은, 그것에 저항하는 글까지를 포함하여, 개념화를 지향한다. 개념화의 첫 단계, 아니 마지막 단계는 명명 작업이다. 나는, 이야기하는 화자가 자기의 변덕스러운 욕망에 따라 자기의 가족적 정황을 바꿔 이야기하는 이야기를, 프로이트와 그 프로이트를 뒤따라간 마르트 로베르의 뒤를 이어, 가족소설 Familienroman/family romance 이라고 부르고 싶다. 정통적인 프로이트주의자를 자처하는 라플랑슈와 퐁탈리스가 펴낸 『정신분석학 사전』(1967)은, 가족소설을 "예를 들면 자기를 업둥이라고 상상하면서, 자기 부모와의 관계를 주체가 상상 속에서 변경하는, 그런 환영을 지시하기 위해 프로이트가 만들어낸 말"이라고 설명하고 있다. 프로이트는 1909년 오토 랑크의 『영웅 탄생 신화』에 실린 한 글에서 그 용어를 쓰고 있지만, 그 현상을 주목한 것은 그 이전이다. 그 환영은 편집광적인 헛소리에 숱하게 드러나 있으며, 신경증 환자에게서도 여러 변형을 거쳐 드러난다. 어린애는 "실제의 부모에게서 자신이 태어난 것이 아니라, 명망 있는 부모 혹은 명망 있는 아버지에게서 자기가 태어난 것이라 상상하여" 어머니가 사통을 했다고 생각하거나, 자기가 바로 적자이며 형제·자매가 오히려 사생아라고 믿는다. 그 환영은 외디푸스 콤플렉스가 주는 억압 때문에 생겨난다. 그것의 정확한 동기는 수가 많으며 복합적이다: 어느 면으로는 부모를 낮추고 싶고, 어느 면으로 높이고 싶은 욕망, 위대해지고 싶은(아버지를 죽이고 싶은) 욕망, 근친상간을 막는 장해를 교묘히 피해가려는 시도, 형제간의 경쟁의 표현…… 등이 그 동기들이다. 그런 프로이트의 설명은 김원일의 다섯 편의 소설이, 가족소설의 소설적 변용이라는 것을 타당성 있게 받아들이게 한다. 아버지는 범법자이지만, 운동가이기도 하며, 어머니는 거칠지만 자상하기도 하다(부모를 낮추면서도 높이고 싶은 욕망). 나는 집안의 기둥이다라는 자부심·부담(위대해지고 싶은 욕망). 아버지가 없으니, 어머니와 여탕에 들어갈 수밖에 없다. 깨끗하게 몸을 씻으려는 욕망은 더러운 마음을 감추려는 욕망이다(근친상간을 피해가는 시도). 막내에게 어머니를 빼앗긴 뒤의 부아 끓음(형제간의 경쟁). 김원일의 소설에는 프로이트가 든 거의 모든 동기가 산적해 있다. 그는 그 어떤 동기에 의해서이건, 가짜 아버지에 대한 이야기를 계속 꺼낸다. 어린애에게 부모는, 그들이 그를 지켜주고 보호해준다는 의미에서, 왕이나 신과 같은 존재이다. 어린애는 그들의 사랑을 받고, 그들의 울타리 안에서 행복하게 자라나면 된다. 그러나 나이가 들면서, 동생이 생기면서, 그 낙원이 파괴된다. 더구나 아버지가 범법자로 몰려 죽고, 어머니는 지치고 추한 모습으로 나타난다. 어머니는 이미 자기를 보호해주고 지켜주는 신이 아니라, 자기를 가짜 아버지로 만들려는 잔인한 현실이다. 그는 무의식적으로 유년 시절의 낙원으로 되돌아가려 하지만, 그것은 불가능하다. 거기에서 일종의 심리적 야합이 생겨난다. 나는 어머니의 아들이 아니다. 그는 자기 변덕에 따라 새 부모를 만들어낸다. 그 앞에는 새 가능성이 열리고, 그는 어느 정도 자유로워진다. 그는 유년기의 낙원을 한 없이 연장시키고 싶은 욕망과 새로운 자유를 살아야 한다는 당위 사이에 찢겨 갈등을 계속 일으킨다. 그 갈등을 제대로 다스리게 되는 것은 그가 성숙하여, 유년기의 낙원이라는 것은 없으며, 어머니는 거칠고 평범해도 자기 어머니라는 것을 인정함으로써이다. 어머니는 어머니이고, 낙원은 없다. 나는 장남으로서 내 가족을 책임져야 한다. 그 책임감은 사회화의 결과이며 동시에 자기 기만의 결과이다. 그는 사회 속에 어떤 형태로든 자리잡으며, 동시에 자신의 새 가능성을 버린다. 그러나 김원일의 이야기하는 화자의 특이성은, 사회화가 사회의 여러 고질적인 악덕들과 야합을 뜻하는 것이라는 것을 분명히 깨닫고, 계속되는 이야기를 통해 자기 사회화의 역사적 의미를 되묻고 있다는 데 있다. 훌륭한 사람이 된다는 것은 성공한 사람이 된다는 것을 뜻하고, 성공한 사람이 된다는 것은 "탐욕·교활·언변까지를 갖추"는 것을 뜻한다. 이야기하는 화자는 그것을 분명히 깨닫고 있다. 동시에 그는 어렵고 가난하게 사는 사람들이 자기네 집안 사람들뿐만이 아니라는 것을 깨닫고, 그의 아버지가 단순한 범법자가 아니라는 것을 깨닫는다.『마당깊은 집』에서 그가 준호 아버지(우익)와 정태씨(좌익)를 다 같이 공정하게 다루게 되는 것은 그것 때문이며, 그가 상이군인의 아픔이나, 비전향자들의 고집을 이해하게 되는 것도 그것 때문이다. 이야기하는 화자의 가난·고통은 개인적인 뿌리를 갖고 있으면서도 사회적 뿌리를 갖고 있다. 그 두 뿌리가 사실은 하나의 뿌리라는 것을 인식한 데에『마당깊은 집』의 소설로서의 뛰어난 점이 있는 것이지만, 나로서는 어쩔 수 없이, 그의 이야기하고 싶은 욕망의 심리적 뿌리에 집착한다. 그래야 되기 때문이 아니라 그것이 이 글의 주제이기 때문이다. 굶주리면서 잔뜩 매만 맞고 자란 가짜 아버지여, 진짜 아버지가 되어 편안하게 살지 말라, 그 편안함이 때로 너에겐 가시밭이리라.

낭만적 예술의 한 극점
―― 탐색의 끝: 죽음

　유익서의 『민꽃소리』는 두 개의 이야기가 서로 떼어놓을 수 없게 단단하게 엇물려 있는 소설이다. 그것은 한편으로는 한국 음악에 대한 깊은 애정과 공감에서 우러나오는, 한국 음악의 명인들에 대한 이야기이면서, 또 한편으로는 불행한 결말로 끝이 날 수밖에 없는 낭만적 사랑에 대한 이야기이다. 그 두 이야기는 다 같이 성공하는 순간에 좌절한다는 붕괴 구조를 갖고 있다. 한국 음악의 명인들은 뼈를 깎는 고된 수련 끝에 명인으로 성공하지만, 성공의 순간에, 대중의 몰이해라는 좌절을 맛본다. 그 명인들의 성공을 확인하는 것은 그와 그의 동료들이며, 대중들의 무관심·몰이해에 진저리를 치는 것도 그와 그의 동료들이다. 그 명인들을 감싸고 있는 것은 동료들의 이해와 연대감이다. 소설의 주인공들의 사랑은 미인과 추남(병신)의 비극적 사랑이다. 그들의 사랑은 완벽한 결합에 의해 성공하지만, 그 순간, 주위 사람들의 인정을 받지 못한다는 점에서 좌절한다. 좌절하는 사랑의 끝은 언제나 그러하듯 죽음이다. 그 두 개의 좌절의 이야기는, 소설 속에서 교묘하게 얽혀, 그것을 따로 떼내 읽을 수 없게 만든다. 사랑의 추이를 따라가다보면, 그것을 연인들의 이야기로 읽고 싶어지고, 명인들의 이야기를 따라가다보면, 그것을 사랑의 이야기로 읽고 싶어진다. 그 얽혀 있는 두 개의 이야기는, 좌절하는 영웅들의 이야기이며, 그런 의미에서 그것은 영웅담의 골격을 따른다. 비범한 탄생, 고된 수련, 높은 명성, 모호한 사라짐(왜 죽었는지 어떻게 죽었는지, 알 수 없는 죽음)이라는 영웅들의 삶은, 거의 그대로 재생산된다. 그 영웅들은 좌절할 운명을 갖고 태어난다. 그 좌절하는 영웅들을 소설가는 민꽃이라고 은유하고 있다. 민꽃은 꽃 없이 번식하는 식물이다. 꽃이 없다는 것은 화려하게 드러난 삶을 살지 못한다는 것을 뜻한다. 좌절하는 영웅들은 민꽃처럼 화려하게 삶을 살지 못한다. 그들은 꽃 없이 열매맺은 사람들이다. 좌절하는 영웅들이 현대 사회에서 갖는 의미는 무엇일까? 그들은 시대 착오적인 인물들이 아닐까? 현대 사회는 영웅을 필요로 하지 않는 사회가 아닐까? 그러나 그런 의문에, 유익서의 소설은 강렬하게 항의조로 대답한다. 그 좌절하는 영웅들은 타협하고 야합하지 않는 영웅들이며, 그들의 비타협성・비순응성은, 그것 자체가 현대 사회의 순응적 성격에 대한 비판이다. 그들은 현대 사회의 부정성 자체이다. 그들의 비타협성은 어디에서 오는가? 그들의 비타협성의 뿌리는 순결함(순진함)이다. 정신이 아주 높은 단계에 이르렀을 때 드러나는 순결함은 출세 지향적 순응을 견디어내지 못한다. 순결함은 그러나 오래 견디기 힘든 상태이다. 그것은 절정이며, 그런 의미에서 한계이다. 거기에 가면, 일상성이나 육체성은 죽어버린다. 순결한 영웅들이 결국 일상적 삶을 견디어내지 못하는 것은 그것 때문이다. 육체를 갖고, 생활을 영위하며, 정신의 순결함을 오래 버틸 수는 없다. 아니, 그러기는 힘들다.

『민꽃소리』는 우선 한국 음악의 명인들의 이야기이다. 그 소설에 등장하는 거의 모든 인물들은 명인이거나, 명인에 가까운 사람들이다. 그 인물들은 명인이 되고 싶어서 된 명인이 아니고, 어쩔 수 없이, 타고나서 명인이 된 명인이다. 그들은 명인이 될 소명을 갖고 태어난 사람들이다. 여기서 나는 유익서의 중요한 전언 중의 하나를 만난다. 그것은 예술가는 타고난 사람이다라는 전언이다. 예술가는 만들어지는 것이 아니라, 타고난다. 정명재, 그의 아버지, 김송죽・이양금…… 등은 다 타고난 예술가들이다. 예술가는 타고나야 한다라는 예술관은, 서양에서는 낭만주의 이후에 보편화된 예술관이지만, 동양에서는 그 전통이 매우 깊은 예술관이다. 예술은 기예이지만, 기예만은 아니고, 사람의 품격이 드러나는 자리이다. 예술가는 예술 속에 자기 혼을 실어나를 수 있어야 한다. 그 예술관은, 그래서 당연히 개성을 존중하고, 혼을 존중하는 결과를 낳는다. 우선, 춤의 명인인 이양금의 말: "몸짓만 예쁘게 한다고 춤이 되는 것이 아니라는 걸 나는 뒤늦게 깨우웠던 것이다. 혼을 실어야 춤이 된다는 아주 평범한 사실을 나는 최근에야 깨우친 것이야." 그 다음, 정명재의 말: "이를 테면 거문고를 탈 때 만약 손으로만 타는 것이라면 아무 손이라도 같은 거문고 소리를 낼 것이다. 그러나 거문고

소리는 사람마다 다 같지 않다. 다 같은 손으로 타는 것이지만 사람사람에 따라 그 소리가 다르다. 그 까닭은 손으로만 타는 것이 아니라 손이 아닌 다른 그 무엇이 타기 때문이라는 것이었다. 〔……〕 가야금도 거문고도 손으로 타는 것이 아니라 혼으로 타는 것이라고." 개성이나 혼은 전수될 수 있는 것도 아니며 습득될 수 있는 것도 아니다. 그것은 오랜 수련과 고통이 타고난 재주에 실려야 한다. 아니, 타고난 재주란 바로 그 개성 있는 혼에 다름아니다. 그래서 명인들은 차라리 기인에 가깝다. 혼의 예술은 기예의 예술이 아니기 때문에, 그 예술을 보여준 명인이 죽으면 같이 없어진다. 서양 음악은, 다른 예술도 마찬가지이지만, 기예의 예술에 가깝기 때문에, 쟝르의 구분이 가능하지만, 한국 음악은, 혼의 예술이기 때문에, 그 예술가의 이름을 더 따른다. 쟝르보다는 이름, 사람이 더 중요시되는 것이다. 가장 뛰어난 음악은 가장 높은 수준의 혼의 음악이며, 그 혼이 없어지면, 그 음악도 사라진다. 남는 것들이 물론 있지만, 그것은 껍질일 따름이다. 명인의 이름, 그의 삶이 바로 음악이다. 그 음악은 무의식적으로 절정을 향한다. 음악의 가장 심오한 절정은 침묵이며, 죽음이다. 유익서의 예술관, 아니 그의 소설 속의 명인들의 예술관은, 혼은 절절한 슬픔을 간직하고 있어야 한다고까지 나아간다. 인간의 감정 중에서 제일 정직한 것이 슬픔이다. "슬픔보다 더 높은 경지의" 감정은 없다. 슬픔을 절절히 표현할 때, 혼은 가장 깊게 날은다. 슬픔을 예술의 가장 기본적인 정조라고 본다는 점에서, 명인들의 음악은 고통스럽다. 그것은 사람을 편하게 해주는 것이 아니라 고통스러운 감동으로 이끌고 간다. 예술가는 타고나야 하며, 혼을 예술에 실어야 하며, 제일 중요한 감정은 슬픔이라는 유익서의 소설에 표현된 예술관은, 타고난다는 선천적 자질을 중요시한다는 점에서, 엘리트주의 예술관이며, 슬픔을 높이 평가한다는 점에서, 병든 예술관이다. 그것은 또한 개성을 존중한다는 점에서, 개인주의적인 예술관이다. 그 예술관을 낳은 예술은, 그것을 이해하는 자에게만 이해되는 예술이다. 그것은 비의로 전달되는 예술이며, 자기가 싸워 얻어야 하는 예술이다. 유익서에게 특이한 것은, 그 예술 이해가 제도적인 이해라는 것이다. 그의 낭만주의 예술관의 논리를 그대로 따르면, 예술 이해는 직관적 이해이다. 그런데 그는 한국 음악은 학교에서의 교육 제도가 바뀌면 더 깊게 이해되고 수용될 수 있다고 생각한다. 그의 그런 생각을 대변하고 있는 인물이 김태권 교수이다. 한국 음악이 깊이 있게 이해되지 못하는 것은, 그렇게 되게 교육시켜왔기 때문이다: "내가 늘 주장하는 말이지만 그것은 우리 음악 교육이 우리 음악을 사랑해줄 사람을 키우는 일을 오랫동안 제도적으로 소홀히해왔기 때문이다. 우리나라 음악 교육은 몇 세대에 걸쳐 제도적으로 국민들에게 서양 음악을 사랑하도록 가르쳐왔을 뿐 우리 음악을 사랑하도록 가르치지 않았던 것이다." 제도적으로 한국 음악을 교육하게 되면, 한국 음악에 대한 이해는 깊어지고 넓어질 수 있다. 그러나 그 이해가 직관적 이해로 진전될 수 있을까? 제도적 이해에서 직관적 이해로 가는 길은 직선일까? 유익서는 그것을 문제로 제시하고 있지 않지만, 그의 소설에는 그 문제가 숨어 있다. 다시 말해 제도적으로 훈련시키면, 혼의 예술도, 기예의 예술처럼, 이해될 수 있을까? 그렇다면 그 혼은 기예의 다른 말이 아닐까? 그의 소설은 그 속에 그의 예술관을 구축하고 해체할 가능성을 감추고 있다. 그 가능성이 그의 소설의 활력의 근거이다. 아니, 기원이다. 그는 한국 음악이 제도적으로 폭넓게 교육되기를 바란다. 그러나 그가 교육되기를 바라는 높은 수준의 예술은 직관적인 이해를 요구한다!

『민꽃소리』는 또한 순결한 두 젊은이의 사랑의 이야기이다. 그 이야기는 미인과 야수의 사랑 이야기의 변형이다. 그 변형은 이중의 변형이다. 한 변형은, 헌신적인 야수와 오만한 미인의 위치 전도이며——『민꽃소리』에서 헌신적인 것은 야수가 아니라, 미인이다——또 한 변형은 행복한 결말이 아니라 불행한 결말이라는 변형이다——그들의 사랑은 결혼으로 끝나지 않는다. 그 두 변형은, 그 사랑 이야기가 일상적이고 사실적인 이야기가 아니라, 환상적이며 낭만적인 사랑 이야기라는 것을 입증한다. 일상적이고 사실적인 사랑 이야기는, 거친 야수가 미인의 손에 길들여져, 야수의 탈을 벗고, 일상인이 되는 과정을 묘사하기 때문이다. 그런데 유익서의 사랑 이야기에서, 야수는 끝까지 야수이며, 미인은 그 야수를 길들이는 데 실패한다. 그 실패는 미인의 파멸로 끝이 난다. 그 변형이 주어지고 있음에도 불구하고, 그것은 사랑 이야기의 정석을 꽤 많이 따라간다. 우선, 미인은, 어떤 계기를 통해 단번에 그를 사랑하게 된다. 그 계기는 최양수가 정명재의 대금을 처음 들었을 때 찾아온다. 병신이라고 경멸하던 사람이 그 순간 위대한 예술가로 변한다. 정명재의 대금을 처음 들었을 때의 최양수의 느낌: "그러고도 나는 한동안 아득한 감동으로부터 깨어나지를 못했다." 그녀는 한동안 아득해 있다. 아득해 있다는 것은 이성을 잃었다는 뜻이다. 이성은 그녀를 떠나고, 그녀는 감각적 인식의 바다를 헤매다 깨난다. 이성을 되찾아 깨났어도, 그 깨남은 이전의 깨남이 아니다. 그것은 새로운 깨남, 개안이다. 그녀는 새 정명재를 만난 것이다: "그의 산은 다른 사람들의 산보다 몇 천 미터는 더 높았고 그의 계곡은 다른 사람들의 계곡보다 몇 천 길은 더 깊었고 그의 바다는 다른 사람들의 바다보다 몇 천 배는 더 넓었다." 그는 다른 사람보다 몇 천 배——한없이라는 뜻이다——뛰어나다. "그날의 나는 여느 때의 내가 아니었다." 자신 속에만 칩거해 있던 그녀는 처음으로 타인에게 눈을 돌려, 그의 위대성에 완전히 압도된다. 그 다음, 대번에 반한 여자답게, 그녀는 그 앞에만 서면 얼어붙는다. 그의 앞에서는 말도 잘 안 나오고, 몸도 제대로 움직이지 못한다. 그의 불구는 약점이 아니라, 위대성의 표징이며, 세계는 위대성에 눈멀어 있다. 아니 세계는 그의 위대성에 적대적이다. 그 다음, 미인은 야수에게 헌신적이지만, 야수는 미인에게 별 관심을 갖지 않은 것처럼 보인다. 그녀가 그를 처음 뒤따라갈 때의 반응을 그녀는 이렇게 묘사한다: "그는 내가 버스에 동승한 줄 알고 있을 것임에도 불구하고 한번도 내게 눈을 주지 않았다. 그리고 버스에서 내려서도 그는 나를 결코 돌아보지 않았다." 그는 그녀를 결코 돌아보지 않았다라는 표현은, 그 정황의 절망적 분위기를 암묵적으로 보여준다: 결코라는 말이 갖고 있는 그 어두운 무게. 그래도 그녀는 그에게 헌신적이다. 저런 예술은 내가 지키겠다라는 것이 그 이성적 이유이다. 그의 고통·고난·수난은 억울한 것이며 잘못된 것은 그에게 적대적인 세계이다. 그 예술을 지킬 수 있는 것은 나뿐이다. 그 사실에서 흥미로운 것은, 그녀가 결코 나는 그를 사랑한다라고 말하지 않았다는 것이다. 그녀는 그를 지키기 위해 그에게 헌신적이다. 그것이 사랑일까, 아닐까? 내가 그를 지킨다는 것은 내가 그를 보호한다는 뜻이다. 보호는 어머니의 사랑이지, 이성의 사랑은 아니다. 그렇다면, 그 두 젊은이의 사랑은, 모자간의 사랑의 변형일까? 태아같이 쪼그리고 자는 남자, 생활 능력은 조금도 없고, 고집과 오기만으로 뭉쳐진 남자를 어머니같이 보호해주지 않으면 어떻게 하겠는가? 그 둘의 첫 정사 장면을 묘사하고 있는 문단은 그것을 여실히 보여준다: "그런데 어이없게도 그는 욕조 안에서 가늘게 코를 골며 잠들어 있었다. 나는 실소를 머금으며 놀란 가슴을 가까스로 쓸어내렸다. 놀랐던 가슴이 가라앉자 이번에는 그 동안 얼마나 지치고 피곤했으면 저러랴 싶은 측은한 생각에 가슴이 미어지는 것 같았다. 그의 머리를 가슴에 푹 안아주고 싶은 충동이 불끈 일어났다. 나는 그의 앙상한 어깨를 잡고 조심스레 흔들었다. 잠든 채 물 속에 잠기기라도 하면 그대로 죽어버릴 수도 있지 않을까 하는 두려움 때문이었다. 〔……〕 나는 그의 등뿐만 아니라 팔이며 다리며 지쳐 있는 그의 육신을 온통 새까맣게 뒤덮고 있던 피로를 정성들여 조금씩 조금씩 벗겨나갔다. 그는 조금도 저항하거나 거북해하지 않았다. 내게 온몸을 다 맡겨놓고 한겹 한겹 피로가 씻겨나가는 것을 편안하게 즐기고 있는 듯했다. 그의 몸을 뒤덮고 있는 피로를 조금씩 조금씩 벗겨나가는 동안 나는 비로소 그가 나를 온전히 받아들이고 있다는 사실을 최초로 실감하는 그런 뿌듯함을 맛보았다. 그는 비로소 나의 존재를 받아들인다는 사실을 묵시적으로 그렇게 나타낸 것이었다. 그날 밤 그는 뜻하지 않게 처음으로 나를 요구해왔다." 가출했다 돌아온 정명재를 최양수는 욕조에 집어넣는다. 그녀는 그가 목욕하는 동안 음식 준비를 한다. 음식 준비를 하다, 30분이 지났는데도 그가 나오지 않자, 그녀는 욕실로 달려들어간다. 그는 어이없게도 욕조 안에서 코까지 골며 잠들어 있다. 그녀는 (천진난만하게) 잠들어 있는 그를 보고 (어머니같이) 측은한 생각에 사로잡혀, (어머니같이) 그를 가슴에 폭 안아주고 싶은 충동을 느낀다. 그는 30대 후반의 남자를 (어린애같이) 씻어준다. 그는 (어머니에게처럼) 온몸을 맡겨놓고 편안해한다. 그 편안함에서 그녀는 그가 비로소 그녀를 온전하게 받아들이고 있음을 실감한다. 그 모자간의 사랑에는 육체가 사상되어 있다. 그들의 첫 정사 장면도 육체적 합일이라기보다는 정신적 합일에 가깝다. 그가 그녀를 요구한 것은 뜻하지 아니한 일이며, 그것을 그녀는 망설이지 않고 수락한다. 그들의 사랑이 육체 없는 사랑이 되리라는 징조는, 『민꽃소리』에서, 내 생각으로는, 제일 끔찍한 대목인, 최양수의 구토 사건에 암시적으로 드러나 있다. 최양수가 정명재를 위해서 처음으로 밥을 했을 때, 그래서 같이 밥을 먹을 때, 그의 찌그러진 왼쪽 눈을 보고 그녀는 격렬한 구역질을 느낀다: "나는 〔……〕 어설픈 식사를 시작했다. 그런데 그것도 오래 계속하지를 못했다. 갑자기 나는 숟갈질을 멈추지 않을 수 없었다. 속에서 울컥 구토증이 치받혀 올라왔기 때문이었다. 정명재의 왼쪽 눈이 원인이었다. 어쩌다 그의 왼쪽 눈을 본 순간 속이 확 뒤집혔던 것이다. 민숭하게 꺼져들어간 그의 왼쪽 눈과 헐렁한 오른쪽 바짓가랑이가 까닭 모르게 와락 구토증을 일으켰던 것이다. 명치 끝에 불이 붙고 침샘에서는 신물이 철철 흘러넘쳤다. 이빨을 악물고 버티려 했으나 저도 모르게 신음이 터지고 말았다." 사랑하는 사람의 육체가 '까닭 모르게'──왜 까닭을 모르겠는가. 다만 사랑하는 의식이 그것을 억지로 감추고 있을 따름이다──구토증을 불러일으키는 사랑은, 일반적인 넓은 의미의 사랑이 아니다. 사랑은 사랑하는 사람의 육체를 신비화하는 데서 시작한다. 그런데 그녀의 사랑은 그의 육체를 탈신비화하고, 나아가 동물화하고 있다. 육체를 동물화하는 사랑은 정신의 사랑일 수밖에 없다. 사랑하는 사람의 야수성은 앙상한, 구역질나는 육체에 깃들여 있는 것이 아니라, 정신에 깃들여 있다. 정신의 높이만이 그 사랑의 지주이다. 최양수의 정명재에 대한 사랑은 육체 없는, 정신만의 사랑이다. 정신만의 사랑은, 육체만의 사랑이 그러하듯, 환상적인 사랑이다. 그것은 비현실적이며, 비인간적이다. 그들의 이상한 모자간의 사랑은 그 비현실적인 사랑의 당연한 귀결이다. 어머니만이 육체의 욕망을 참고 견디어낼 수 있다. 그러니 엄격하게 말해 정명재와 최양수의 사랑은 사랑이면서 사랑이 아니다. 그들의 사랑은 나─너의 가운데에 있지 않다. 그것은 그들 앞에 혹은 뒤에 있다. 다시 말해 그들은 그들의 사랑을 사랑이라고 느끼고 그것을 사랑이라고 말하지 않았지만, 그들의 앞에서, 혹은 뒤에서 우리는 그들의 사귐을 사랑이라고 부른다. 그 사랑은 결실을 못 보고 좌절한다는 점에서, 다시 유익서의 비유를 빌면, 민꽃 사랑이다. 그 민꽃 사랑은 사랑을 구축하며 동시에 해체한다. 나는 그를 보지 않고 살 수 없다. 그러나 이런 육체 없는 사랑도 사랑인가. 구축되면서 해체되는 그들의 사랑이 갖는 의미가 있다면, 그것은 육체만의 사랑에 대한 비판일 것이지만, 그들의 정신적 사랑도 불구의 사랑이기는 마찬가지다. 그 불구의 사랑을, 예술은 새로운 윤리를 요구한다는 명제가 뒷받침하고 있다. 예술가들, 아니 뛰어난 예술가들은 그런 사랑을 할 수 있다. 정말 그럴까?

나는 유익서의 『민꽃소리』를 서로 다른 두 개의 판본으로 읽었다. 아니, 이렇게 간단하게 표현해도 된다면, 나는 『민꽃소리』를 두 번 읽었다. 한 번은 월간지에 연재될 때 읽었고, 또 한 번은 이 글을 쓰기 위해서 읽었다. 처음 읽을 때, 그것은 나에게 콰지모도와 에스메랄다(위고, 『노트르담의 곱추』)의 변형처럼 느껴졌다. 그것은 또한 김동인의 「광화사」나 더 위로 거슬러올라가면 「박씨전」과 연관을 맺고 있는 소설이었다. 내가 그 소설에서 재미있게 읽은 것은, 정명재가 부는 대금 소리를 최양수가 처음 듣는 장면, 음식 먹으면서 구역질하는 장면, 그리고 인정전에서의 춤 장면 등이었다. 그것들은 연애소설의 한 아름다운 변주였다. 그러나 두번째 읽자, 그 소설은 그 이전의 소설과 사뭇 다른 소설로 나에게 나타났다. 그것은 차라리 기인전에 가까운 소설이었다. 그 이전에 감동을 느꼈던 대목들의 빛은 많이 바래고, 명인들의 고된 수련이 더욱 중요하게 나에겐 보였다. 생활을 버리고 예술을 완성하기 위해 자신들을 파멸시켜가는 명인들의 이야기가 그 소설에서는 자전적 기록이라는 소설 쟝르와 결부되어 있었다. 그러자 나에겐 김송죽·이양금의 교육 방식이, 정명재·최양수의 고통스러운 수련 과정이 더욱 중요한 의미를 띠게 되었다. 한국 음악의 원류가 과연 구음 시나위인가, 예술 교육은 어떻게 해야 할 것인가 따위의 문제들에 나는 어쩔 수 없이 마주 부딪치게 되었다. 나는 그 두 번의 책읽기에서 만난 두 편의 『민꽃소리』를 어떻게 해야 하나로 만들 수 있을까 고민하다가, 그 두 개의 소설이 다 같이 삶의 의미의 탐색이라는 주제를 갖고 있음을 알게 되었다. 그 의미는 단일한 의미가 아니다. 그것은 만들어지면서 파괴되는 그런 어떤 것이다. 그것은 말 속에 담긴 의미처럼, 전달되는 정황에 따라 바뀐다. 바뀌지 않는 것은 탐색이라는 행위뿐이다. 그 탐색의 끝은, 아쉽지만, 죽음이다. 그러나 멀쩡한 육신을 갖고서도, 마비된 정신을 갖고 있는 것 또한 죽음이다. 그것은 더 처참한 죽음이다. 탐색자들의 죽음은 죽음이면서 삶이다. 그 탐색 자체가 하나의 의미이기 때문이다.

병든 세계와 같이-아프기
—『칠조어론』의 주변

박상륭의 얼굴도 이제는 확실히 기억나지 않는다. 아니다. 그의 얼굴이나 몸짓·목소리까지도 생생하지만, 내가 보지 못한 이십여 년의 세월 동안 그가 어떻게 변했을까가 기억나지 않는다. 그에 대한 기억이 너무나 강하기 때문에, 그가 어떻게 변했으리라는 것이 상상되지 않는다. 그는 언제나 이십대 후반의 청년 모습을 하고 있다. 거무튀튀하고 여드름 많은 얼굴, 짙은 웃음과 깨끗한 치아, 손에 든 인삼주, 단정한 옷차림으로 나타나서, 내가 소주나 맥주만 마실 때——아, 즐거운 그때!——너는 왜 막걸리는 안 먹느냐고 야단치던 목소리로 외치고 있다: 나는 삶의 실상을 봤네! 그런 그를 나는 확실히 기억해낼 수 없다.

그와 나는 한 달에 한두 통의 편지를 주고받는다. 나는 주로 책 부탁을 하거나, 내가 다니는 산 이야기를 하고, 그는 주로 그의 사유의 근황을 조리정연하게 원고지 십여 매 분량으로 써보낸다. 나도 알고 있다. 모국어로 지껄이고 싶을 때 상대가 없으면 편지를 쓰는 수밖에 없다. 그가 쓰는 말들은 단순한 일상적인 말들이 아니라, 자기의 욕망이 교묘하게 투영된 왜곡되고 비틀어진 말들이다. 그 말들 사이사이마다, 야, 이놈아, 나는 쓸쓸하단 말이야, 나는 너희들이 보고 싶단 말이야, 나는 여기가 싫단 말이야……가 숨어 있다. 그 비틀어진 말들이 그의 꼼꼼한 글씨로 씌어진 편지를 읽는 사람의 오장을 섬세하게 뒤튼다. 말들의 욕망이 너무 강할 때 말들은 튄다. 사유의 맥락이 잡히지 않는다. 그 반대의 경우도 물론 있다. 그의 편지는 튀는 말들로 이루어진 것들이 그렇지 않은 것들과 거의 같은 분량이지만, 튀지 않는 것들은 김 빠진 맥주같이 건조하고 맛없다(나쁜 놈, 그가 항상 쓸쓸하길 너는 바라는 것인가!).

그가 『칠조어론』에 대해 쓰기 시작한 지는 몇 년 된다. 그의 두 권의 책이 문학과지성사에 공간된 후에 그는 그의 사유를 정리해볼 생각을 하기 시작한 모양이다. 그 원래의 모습은 뚜렷하지 않으나, 나와의 문통이 계속되면서 그의 사유는 명확해지고 뚜렷해지고 힘있게 된다. 최근의 그의 편지의 몇 대목은 그의 작품의 구성과 내용을 뒤는 글로 함축적으로 표현하고 있다.

선가네 칠조는 건재하고 건재하다. 문제는, 제삼부로 된 책의, 제일부의 서장으로서, '잡설록'(칠조의 법설 말이지) 두 장이, 이천오백여 장이나 된 거기서부터 이미 시작되어 있는바, 저것만 한 권의 책이 돼도 작은 부피는 아닐 것 같은데, 누가 저런 것을 읽겠다고, 푼전을 털겠는가. 그것은 우울하게 하는 일이다. (1989. 1. 4)

이 사내는, 소설가로서는 끝난 바며, 그렇다고, 불학이다보니, 학자가 될 수도 없는 데다, 그렇다고, 제대로 한몫의 장사꾼도 갖춘 바가 없어, 스스로 변명하기는, 'prophet'이라고 하고, 지내는데, 그는 잡설의 'prophet'이더라. 실학적 부분만 사상한 비언어 언어 체계가 잡설인 듯한데, 그럴 것이, 저잣거리에서는 그 중 밑도는 말(가 태평하시고, 아해들도 다 무고하신갑?— 하는 따위가, 실학적 부분을 드러내는, 어골이 될 터이다), 그리고 산정에서는 그 중 윗도는 말(조사는 무슨 볼일이 있어, 서역에서 왔다느뇨? 면벽구년하려고! 따위가, 그곳에서는 말의 척추를 이룰 것이다)이 그것이기 때문이다. 그 양자는 그리고 같은 말인 것이 분명하다. (1989. 5. 23)

여전히 나의 믿음은, 불자며, 보살들이며, 신들은 우리들 인간을 입어 내려와야 되며, 칠조, 팔조, 구조 들도 대를 이어야 된다고 하고 있다. 나의 그리고 하나의 문제는, 이제 우리는, 자신을 맨 먼저 포함하여, 어떻게 우리 세상을 도울 수 있는가, 그것에만 있다. 왜냐하면, 생로병사로, 내가 불쌍하던 것이다. (1989. 10. 19)

이 편지들을 보면 그가 삼부작을 계획하고 있음을 알 수 있다(그가 생각한 최초의 제목은 '잡설록'이다). 중관파의 시조인 용수에게서 이끌어 온 '중관'은 그 삼부작의 첫 권이다. 그 세 권이 어떤 모습을 띠게 될는지 그는 자세히 말하고 있지 않다. 그래서 나는 그 세 권의 육화된 모습을 정확히 그려내지는 못한다. 그러나 첫째권의 중관이라는 말이 나타내려는 것은 두 가지이다. 하나는 그의 사유가 불교적인 것에 더욱 기울고 있다는 것이고, 또 하나는 그의 사유가 대승불교적인 것이라는 것이다. 그 전편인 『죽음의 한 연구』에서는 차라리 기독교적인 사유와 탄트리즘이 더 큰 소리를 내고 있는데, 그가 이민간 기독교의 본고장에서 더욱 불교적으로 되어가고 있다는 것은 주목할 만한 현상이다. 그의 그런 현상은 갑자기 생겨난 것이 아니다. 그는 원래 자아 구원보다는 자아 완성을 더 꿈꾸는 불교적인 인간이다. 그 다음 그의 불교가 대승 불교라는 것은, 중관론을 쓴 용수 자체가 그런 인물이지만, 그가 바라는 것이 소승적인 자아 완성이 아니라, 중생이 아프다면 자기도 아프지 않을 수 없다는 적극적인 자아 완성──유마경에 분명히 나와 있는 사유의 소유자라는 것을 의미하고 있다. 그의 아픔은 아프되 아프지 않으며, 아프지 않되 아프다. 남의 아픔 때문에, 남의 아픔과 함께, 아프기 때문에 아프며, 자기 아픔의 모습과 의미를 알기 때문에, 아프지 않다. 바로 그런 인간(?)을 그는 문화적·예술적 대속양[19]이라는 기독교적 어휘, 아니 차라리 인류학적인 어휘로 표현하고 있다. 그 대속양은 지라르가 쓰는 의미의 희생양과 같다. 그는 제의적 희생물이다. 그는 성이면서 동시에 폭력인 그런 희생물이다.

그는 자신이 불자도 학자도, 장사꾼도 아니라고 말한다. 그는 구태여 그를 정의하자면, 예언자에 가깝다. 그러므로 그가 쓰는 것도 소설이나 작품이 아니라, 잡설·변설·어론에 가깝다. 그는 예언자이지만, 그는 구약의 선지자들처럼 하느님의 부름을 받은 사람이 아니라, 그가 스스로 그렇게 된 예언자이다. 그 예언자는 하느님나라의 도래를 외치고, 불의와 불신앙을 매섭게 탓하는 대신, 나도 너희들과 같이 아프겠다라고 말한다. 그런 의미에서도 그는 유마이다. 세상이 텅 비어 있는데, 자신이 그곳을 무엇으로 채워야 할지, 그러면서도 그 채움 때문에 공이 공이 아닌 것이 아닌 어떤 공을 꿈꿀 수는 있는 것인지, 그는 심각하게 떠든다. 그 떠듦은 그러나 소음이 아니라 가르침이다. 그것은 모든 것이 공이고 무이고, 색이고 유라는 것을 보여준다.

『칠조어론』의 칠조는 『죽음의 한 연구』에서 차용된, 중국 선의 육조 혜능에서 연유한 것인데, 그의 칠조는 시간적 계기로서의 칠조가 아니라──실제로 육조는 그의 제자에게 그의 의발을 전하지 않았고, 그것을 전하는 것도 금했다──완성자로서의 칠조이다. 그 칠조의 칠은 피타고라스 학파가 말한 대로 완전수이다. 그의 칠조는 그러니까 유마경의 주인공에 가깝다. 그는 돈오하였으나, 그의 육신은 중생의 육신이다. 그 육신은 아픈 육신이다. 박상륭은 신화나 설화에 칠조가 나타나지 않고 있는 것을 잘 알고 있다. 완성자는 아픈 중생의 모습으로 나타나지 않는다. 단 한 번의 예외가 역사상 있었으나, 그는 삼위일체 중의 한 분, 성자였다. 다시 말해 칠조가 아니었다. 그런데도 그는 중생의 모습으로 나타난 완성자를 그리려 한다. 아니 그의 사유의 흔적을 따라간다. 이 세계가 아픈데, 어찌 내가 아프지 않을 수 있겠는가! 그런 의미에서 칠조는 한없이 자기 증식하는 완전자이다. 그는 자기 속에 팔조를 내포한 칠조이다: "육조는, 칠조에게다, 팔조의 씨앗을 담보해두고 있어, 그 불덩이를 수용하여, 키워낼 만한, 자궁을 기다리고 있다"[17].

한국에서는 보기 드문 형이상학적, 아니 종교적 소설을 이룰 이 소설은, 주인공인 촛불승의 잡설──그 자신의 말을 빌면, 품바꾼의 품바와, 한국의 전래 신화, 민담과 육조, 예수의 삶이 교묘하게 뒤섞인 그의 전반생으로 이뤄져 있다. 그가 얼마나 많은 책을 읽었으며, 그것을 어떻게 소화했는가를 따져보는 것은 흥미있는 일이겠으나, 이 글의 범위를 벗어난다. 나는 다만 그가 그 소설에서 제시한 흥미있는 한 면만을 보여주고 싶다. 그것은 그가 보는 인간과 문화이다. 그에 의하면, 인간은 병에다 그 기초를 둔, 매우 문화적인 동물이며, 동시에 매우 불순한 신이다. 그래서 인간은 고통과 어울려 살지도 못하면서, 그것 없이 살지도 못한다[86]. 그가 앓는 병은, 시작도 없이 쌓인, 모든 악이다[368]. 다시 말해 육체라는 악이다. 인간은 그 악에서 벗어나기 위해 세 종류의 정신적 장치를 개발한다: 무속·예술·종교. 무속은 명계에 또아리 틀고 있는 문화이며, 예술은 생계에 또아리를 틀고 있는 문화이다. 종교는 그것보다 더 높은 세계로 인간을 끌어올리는 장치이다. 그의 표현을 빌면, 예술은, 어떤 종류의 동물이, 축생도를 극복한 그 총계이지만, 다시 그가 갇혀들게 된 세상에서, 그보다 더 높은 세계로 그를 끌어올리는 것은 못 된다[34]. 그것을 도해하면:

	밝 음	어두움
문 화	예 술	무 속
해 탈	종 교	

그가 그의 표현을 빌면, 이야기꾼·소설객으로서 이야기만을 하지 않고 자꾸 종교 쪽으로 이끌리는 것은 종교가 갖고 있는 그 초월성·해탈력 때문이다. 그가 지나치게 그 쪽으로 가까이 갈 때, 이야기꾼은 예언자로 바뀐다. 그 전에 그런 예가 없는 것은 아니다. 그 예는 차라투스트라의 니체이다. 그의 종교는 물론 어느 특정한 종교가 아니다.

나는 그의 소설이 그런 잡설만으로 이뤄져 있는 것이 아니라, 소설다운 아니 시다운 부분으로도 이뤄져 있음을 보여주기 위해 아주 아름다운 한 문단을 인용하고자 한다. 장자의 나비의 꿈을 변형한 그 문단은 그 호방함과 우수로 되풀이해 읽을 만한 대목이다:

한 우주는, 잠이거니, 도류여 나비님, 도류가 만약, 어느 특정한 잠을 고집하여 그 잠속으로만 들어가야 된다는, 그런 업보를 떨쳐버릴 수만 있다면, 꼭 닫힌 한 우주는, 그 자체가 열림인 것——모든 통시태의 모태, 공시태, "한 물방울이 대양에 합류"하든, "한 대양이 한 물방울에 합류"하든, 거기 무슨 다름이 있지는 않을 것. 그리하여 도류가 만약, 도류의 밖은, 도류가 깨워내야 하는, 깊고도 넓은 하나의 잠이라고 알기 시작한다면, 그때로부터 도류는 당분간, 일종의 법열이라고도 해야 할, 한 어리둥절함을 느끼게 될 것인뎁지, 그도 그럴 것이, 도류가 이제껏, '남'이라고, '밖'이라고 여겨왔던 것들과, '자기'라고 '안'이라고 해왔던 것들과의 사이에서, 경계가 없어져버린 때문이거든읍. 제길헐, 한 대양이, 한 물방울 속에로 흘러들었어도, 저 한 물방울의 크기에는 별다름이 없음을!

크고 아름답다!

……그러나 그의 소설의 매력은 그의 문체에 있다. 그의 문체는 두 가지의 특성을 갖고 있다. 하나는 그가 밑도는 말(잡설)이라고 부르는 일상적인 말들(/형이하학적/육체적)과, 그가 웃도는 말(예언자적 말)이라고 부르는 논리적(/형이상학적/사변적) 말들이, 박태원의 장거리 문체를 능가하는 긴 문장 속에 뒤섞이어 있다는 것이다. 대부분의 경우, 육체

적 언어와 사변적 언어는 서로 따로 놀기가 쉬운데, 그의 경우에는 그 둘이 가를 수 없을 정도로 탄탄하고 억세게 꽉 붙어서 교묘한 긴장 관계를 유지하고 있다. 그래서 쉬운 말인가 하고 접근하면 어렵고, 어려운 말인가 하고 멀리하려 하면 잡아끈다. 묘한 흡인력을 갖고 있는 문체다. 그런 문체는 한국에서는 이상을 제외하면 거의 보기 힘들며— 이문구의 문체도 어느 면에서는 그와 유연하지만, 그에게는 사변적인 것이 드물다—외국에서도 그러하다. 내 기억으로는, 구태여 찾자면 프루스트의 문체에나 가까울까. 그러나 프루스트의 문체는 박상륭의 문체에 비하면, 너무 단정하고 차분하다. 또 하나는 그의 글투는 말투와 거의 같지만, 그의 말투는 그가 외국에 오래 있어, 그 육체성—현장성이라는 말이 더 어울릴지 모르겠다—이 중성적이라는 것이다. 그의 말은 한국어이며, 한국어 중에서도 토속어에 가깝지만, 그 토속어는, 현장에서 멀리 떨어져 있는 토속어이어서, 기묘한 환상감을 불러일으킨다. 그 환상감을 무엇이라 부를 수 있을까? 나는 그것을 육체 없는 육체적 말이라고 부르고 싶다. 그의 문체는 특이한 문체이다. 그의 소설의 어떤 문장에도 그의 특성은 유감없이 드러난다. 그는 자신을 감추고는 살지 못하는 작가이다.

나는 그가 말하는 의미와는 약간 다른 의미로, 다시 말해 육체적으로 쇠약해 있다. 승조는 사람이 육체를 갖고 있는 것이 제일 큰 우환이라고 말했지만, 육체를 갖고 있는 것이 큰 기쁨인 것도 사실이다. 내가 아프다는 소식을 받고, 그는 이렇게 써보냈다:

도류가—그는 나를 관악이라고 부르거나 도류라고 흔히 부른다. 아마 애칭일 것이다—보내준 엽서를 받고 도류의 건강이 쾌치 않은 듯하다고 느끼게 되다보니, 여러 가지로 마음이 불편하고 그렇다. 그럼 나도 물론 한 가지는 아는데, 그럴시, 한 세계, 한 세기가 앓고 있는데, 도류만 피둥거린달 수는 없다는 것이다. 한 세기, 그럴 한 세계가 애절히 불러, '잠'을 떨치고 내려오지 않으면 안 되는 자들이 있고, 그러다보니, 그런 자들은 별수없이, 노상 아플 수밖에는 없는데, 그럴 것이, 저런 자들이 떨치고 나온, 그 '잠'이 다시, 저 한 세기, 그 한 세계(집단 말이지)가 되다보니 그렇다. 그래서 그런 자들의 아픔은, 그 자신들의 것이 아니어서 무고한 아픔인데, 그러나 도류의 그런 아픔은 그 마음으로 드러내는 것만으로도 견뎌낼 수 없는 것을, 또 뭣할라고 몽피에다까지──몽피란 꿈의 껍질을 뜻한다. 삶은 꿈이니까, 꿈의 껍질은 삶의 껍질이다──드러낼 일이겠냐? 그래도 어쨌든, 지난번 편지에 내가, 효력이 크도록, 참하게, 축귀문도 하나 짓고, 또 손가락 끝에 침 발라, 대판 한번 축귀도 한 일도 있고 하니, 그 효험이 아니 나타날 도리는 없다고 여기고 있다. 어쨌든 몹시 조심하여, 대소의 앓음귀신나부럭지늘이 범접지 못하게 할 일려. (1990. 1. 10)

아마도 친구의 육체적 질병에 대한 그의 형이상학적 반응은 이것이 정확한 것일 것이다. 그것만으로 부족해서, 그는 마지막에 한마디를 덧붙였다: "한번 보려 가랴." 나는 그 말에서 그의 짙은 우정을 느낀다. 정은 때로 모든 것을 뛰어넘는다. 정으로 모든 것을 뛰어넘는 모습은 아름답다. 거기에는 집착이 없기 때문이다.

박상륭적인 의미에서건, 육체적 의미에서건, 삶은 아픔이며, 늙음이다. 그러나 놀라워라, 그 아픔과 늙음 사이로, 구원의 뜨거운 빛이 스며든다. 그 뜨거운 빛은 무엇이 인연이 되어 생겨난 것일까? 그것도 모였다 흩어지는 인연의 모임일까? 나는 다시 눈을 감고 묵상한다. 내 마음 속의 빛이 어둠이 아니기를 빌면서.

부기: 인용문 뒤에 달린 숫자 중에서 날짜가 아닌 것은 박상륭의 『칠조어론』(문학과지성사, 1990)의 면수를 나타낸다.

원문 출처

분석과 해석

술취한 거지의 시학: 정현종,『거지와 광인』해설, 나남, 1985.
숲속의 환상적 아름다움: 미확인(1985년 봄).
치욕의 시적 변용: 이성복,『남해금산』해설, 문학과지성사, 1986.
속꽃 핀 열매의 꿈:『문예중앙』, 1986년 가을호.
유랑민의 꿈: 마종기,『모여서 사는 것이 어디 갈대들뿐이랴』해설, 문학과지성사, 1986.
울음과 통곡: 나남문학선 제16권, 나남, 1987.
떨어지는 새의 아픔:『현대문학』, 1987년 9월호.
무거움과 가벼움: 오규원,『가끔은 주목받는 생이고 싶다』해설, 문학과지성사, 1987.
상처와 치유: 천양희,『사람 그리운 도시』해설, 나남, 1988.
계단만으로 된 집:『말과 삶과 자유』, 황순원 선생 고희 기념 작품집, 문학과지성사, 1985.
달관의 역사적 의미: 김원일,『바람과 강』해설, 문학과지성사, 1985.
떠남과 되돌아옴:『현대문학』, 1986년 12월호.
덧붙이기와 바꾸기: 조해일,『임꺽정에 관한 일곱 개의 이야기』해설, 책세상, 1986.
객관적 현실주의로의 길: 오늘의 역사 오늘의 문학 제15권, 중앙일보사, 1987.
닫힌 소설 미학을 뛰어넘어: 오늘의 역사 오늘의 문학 제25권, 중앙일보사, 1987.
증오와 폭력:『문학과사회』, 1988년 봄호.

폭력과 왜곡:『문예중앙』, 1988년 여름호.
소설은 왜 읽는가: 한국일보, 1985(?).
비평의 유형학을 위하여:『예술과비평』, 1985년 봄호.
60년대 문학의 배경과 성과: 미확인(1986년 겨울).
감동하는 의식과 관용적 역사주의: 미확인(1985년 12월).
이광수적 사유의 의미:『예술과비평』, 1986년 가을호.

보이는 심연과 안 보이는 역사 전망

고난의 시학:『심상』, 1988년 10월호.
어두움과 싱싱함의 세계:『심상』, 1981년 9월호.
방법적 원리로서의 수다:『현대문학』, 1989년 2월호.
죽음과 태어남: 이성복,『빈 산 뒤에 두고』해설, 풀빛, 1989.
보이는 심연과 안 보이는 역사 전망:『문학과사회』, 1990년 가을호.
이야기의 뿌리, 뿌리의 이야기:『문학과사회』, 1989년 봄호.
낭만적 예술의 한 극점: 유익서,『민꽃소리』해설, 문학과지성사, 1989.
병든 세계와 같이-아프기: 박상륭,『칠조어론 1』해설, 문학과지성사, 1990.

김현 문학전집 ⑦
분석과 해석/보이는 심연과 안 보이는 역사 전망

초판 1쇄 발행_1992년 12월 5일
초판 5쇄 발행_2015년 6월 19일

지은이_김현
펴낸이_주일우
펴낸곳_㈜문학과지성사

등록번호_제1993-000098호
주소_121-894 서울 마포구 잔다리로7길 18(서교동 377-20)
전화_02)338-7224
팩스_02)338-4180(편집) 02)338-7221(영업)
전자우편_moonji@moonji.com
홈페이지_www.moonji.com

ⓒ 김현, 1992. Printed in Seoul, Korea

ISBN 89-320-0583-4
ISBN 89-320-0502-8(전16권)

* 이 책의 판권은 지은이와 ㈜문학과지성사에 있습니다.
  양측의 서면 동의 없는 무단 전재 및 복제를 금합니다.